RÉPUBLIQUE FRANÇAISE
13 AVR 07
PRÉFECTURE DU CANTAL

L'ANCIEN RAULHAC

Depuis ses Origines jusqu'à la Révolution

PAR

M. l'Abbé Bernard POULHÈS

Curé de Raulhac, Chanoine honoraire de Saint-Flour

IIᵉ PARTIE

AURILLAC

IMPRIMERIE MODERNE, 6, RUE GUY-DE-VEYRE

1907

L'ANCIEN RAULHAC

Depuis ses Origines jusqu'à la Révolution

PAR

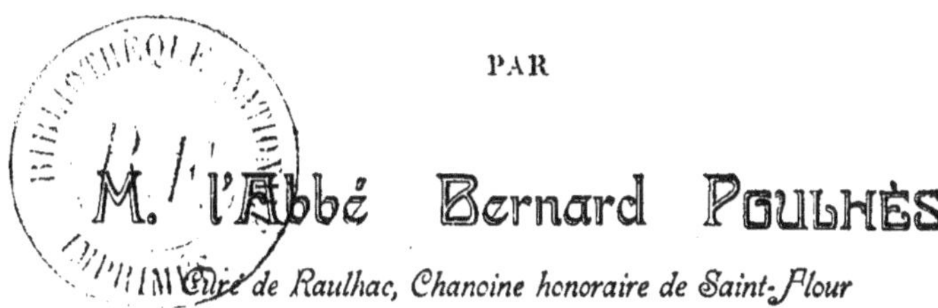

M. l'Abbé Bernard POULHÈS

Curé de Raulhac, Chanoine honoraire de Saint-Flour

DEUXIÈME PARTIE

ORGANISATION CIVILE

3°LK7
3h752.
(2)

AURILLAC
IMPRIMERIE MODERNE, 6, RUE GUY DE VEYRE
1907

PRÉFACE

L'accueil bienveillant que le public et la presse ont fait il y a trois ans à la première Partie de cet ouvrage me détermine à publier la seconde. J'avais d'ailleurs promis qu'après le Raulhac religieux il y aurait un Raulhac seigneurial, civil, « laïque » et je tiens parole. Mon Livre ayant ainsi deux aspects ou deux points de vue différents, sera plus complet, et intéressera par là-même un plus grand nombre de lecteurs.

Parmi ceux-ci, les uns aiment davantage l'Eglise et les choses d'Eglise. Ils sont curieux du passé de nos paroisses, de leur origine, de leur organisation, parce qu'ils savent que partout la paroisse a précédé la commune ; et en esprits logiques qu'ils sont, ils désirent connaître la première cellule avant d'étudier la seconde. Ceux-là ont déjà reçu satisfaction avec le premier volume, puisque nous leur avons montré l' « Ancien Raulhac » avec son clocher, ses annexes, son prieuré, sa communauté de prêtres, ses chapellenies, ses diverses institutions d'enseignement, d'assistance et de prières. — Les autres préfèrent considérer l'établissement communal et la vie civile qui s'y rattache. Parlez-leur de la noblesse et des seigneurs d'autrefois, de leur prédominance, de leurs immunités, de leurs droits féodaux, de leur mainmise sur l'entier corps social, voilà ce qu'ils désirent savoir ; et quand vous leur aurez montré la main du noble partout, parlez-leur du paysan, de son vasselage, de ses impo-

sitions, de ses charges, voilà ce qu'ils tiennent à savoir encore. Ceux-ci trouveront dans ce second volume un exposé, qui répondra peut-être à leur état d'esprit, aux problèmes qui les tourmentent, aux solutions qu'ils cherchent, aux idées nettes et précises qu'ils désirent avoir. Nous leur montrons l' « Ancien Raulhac » avec ses châteaux, ses seigneuries, ses justices, ses impôts, son commerce, ses hommes de loi ou d'affaires — notaires, juges, avocats, médecins — ses notabilités qui occupent une place à part et forment le Chapitre des illustrations locales.

Cet exposé n'apprendra rien, sauf quelques détails, aux spécialistes qui me liront ; mais à ceux qui ne sont pas versés dans les études de ce genre, il apprendra peut-être ce qu'ils ne connaissent pas, ce qu'ils n'ont jamais appris, ou qu'ils n'ont appris que sous un faux jour. Je me suis souvent demandé comment il se fait que dans nos écoles, où l'on enseigne aujourd'hui tant de choses, on n'enseigne rien, absolument rien de l'histoire locale. Voilà des enfants qui savent ce qui s'est passé dans la Grèce antique, dans la Rome des consuls et des Césars, dans l'Europe moyennageuse et moderne, dans la France surtout, depuis ses origines jusqu'à nos jours, et qui ne savent pas ce qui s'est passé chez eux, dans leur propre commune, même dans un temps très rapproché de nous, à l'époque de la Révolution, par exemple. Que faisaient leurs ancêtres, et quelle idée faut-il se faire de leurs mœurs, de leur habitation, de leur habillement, de leur manière de vivre ? Ils l'ignorent. Comment étaient-ils organisés, qui présidait l'assemblée de paroisse, qui entretenait l'église, qui donnait l'instruction, qui rendait la justice, qui répartissait et levait l'impôt, qui convoquait les milices nationales au moment du danger, qui allait à la guerre et qui n'y allait pas ? Ils l'ignorent encore. Quels étaient les privilèges des uns et les charges des autres ? Ils l'ignorent toujours. Le maître ne l'a pas dit, et le maître ne l'a pas dit parce que ce n'était pas dans le programme... alors pourquoi le programme ne le portait-il pas ?

Cet exposé, j'ai essayé de le faire avec la plus grande impartialité. J'ai montré les nobles avec leurs qualités, sans doute, mais aussi avec leurs défauts ; et si j'ai dit que le paysan français du XIII⁰ siècle vivait dans l'aisance, je n'ai pas caché que celui du XVIII⁰ ployait sous le fardeau. La vérité n'a pas deux faces, elle n'en a qu'une, elle est ou elle n'est pas : est est, non non ! Il est des gens qui ont pour tout crité-

rium le parti pris, et quand le parti pris les aveugle, que voulez-vous que soient leurs opinions et leurs jugements sur les hommes et sur les choses ? Je ne suis pas de cette école, et j'ai la prétention d'avoir écrit, non pas pour tromper, mais dans l'unique but d'instruire, et mon unique moyen a été le docu-ment. *Le* document, *le* fait, *le texte précis, voilà mes sources, et s'il en est qui trouvent que je n'ai pas assez flatté le portrait de tel personnage ou que j'ai trop chargé celui de tel autre, libre à eux de me discuter et même de me jeter la pierre : le public lettré appréciera.*

Raulhac, 22 janvier 1907.

VUE GÉNÉRALE DE RAULHAC

CHAPITRE PREMIER

LA COMMUNE DE RAULHAC

I. Sous la tutelle des seigneurs. — II. Assemblée des habitants ou corps commun. — III. Quelques délibérations de l'époque. — IV. Luminiers, jurés, consuls, syndics. — V. Trois mandements et neuf quartiers. — VI. Démembrement de la paroisse et formation de de trois communes en 1789.

Les communautés d'habitants, sous l'ancienne monarchie, se distinguaient en deux classes : les unes, en petit nombre, considérées comme villes, avaient à leur tête une commission administrative, qui dans le nord de la France portait ordinairement le nom d'*échevinage,* et dans le midi s'appelait *consulat.* Les autres, les communautés rurales, n'avaient pour seuls magistrats que les officiers de justice désignés par les seigneurs. L'administration communale s'y exerçait par un conseil qui n'était autre que l'assemblée des habitants. Le rôle de pouvoir exécutif et de comptable était rempli par des agents qu'on appelait luminiers, jurés, consuls, syndics, qui étaient élus par cette assemblée et qui ne devaient compte qu'à elle de leur administration.

La paroisse de Raulhac faisait partie de la seconde catégorie. Elle était la plus grande de tout le pays du Carladès, et une des plus vastes de la province d'Auvergne. Elle avait une superficie de 6.000 hectares, et s'étendait du moulin de Messillac jusqu'au delà de la Chapelle du Cantal. Elle comprenait 40 villages, 25 hameaux, 450 maisons et une population de 2.500 habitants. Mais cette population était dispersée, et de centre important, de grosse agglomération ayant l'air ou l'apparence d'une ville, il n'en existait pas. Aussi n'est-on pas étonné de ne pas trouver de charte de commune en sa faveur, et en l'absence d'une charte de franchises, ses habitants ne forment pas de corporation légale ; ils n'ont donc pas le droit de s'assembler, de délibérer, de s'imposer sans la permission du seigneur, encore moins celui d'avoir des armes, de s'allier, de faire la guerre ou la paix, etc. ; ils n'ont ni sceau, ni maison commune, ni beffroi, ni juridiction, et l'organisation, l'autonomie, la vie libre paroissiale existe, mais l'organisation, l'autonomie, la vie libre municipale n'existe pas.

II

Mais si les habitants de Raulhac n'étaient pas établis en corporation, s'ils n'avaient pas de droits politiques, s'ils ne jouissaient pas des libertés communales, ils pouvaient du moins avec l'autorisation de leur seigneur se réunir et traiter des affaires intéressant la paroisse. S'agit-il, par exemple, d'un pont à construire, d'un chemin à rétablir, d'un édifice public à réparer, d'une imposition extraordinaire à voter, et en matière de tailles où les réclamations sont si fréquentes, s'agit-il d'examiner une de ces réclamations, de diminuer une cote ou de l'augmenter, de donner tort aux consuls contre les particuliers ou tort aux particuliers contre les consuls, immédiatement le corps commun est saisi et s'assemble le dimanche à la sortie de la grand'messe. Tous les chefs de famille sont là devant la porte de l'église paroissiale, avertis par la cloche qui a sonné la convocation. Au milieu d'eux un notaire est présent, qui suit attentivement la délibération, la couche par écrit, et en garde l'original parmi ses « notes et protocoles », c'est-à-dire la met au rang de ses minutes. Sans cette intervention la délibération n'aurait pas un caractère authentique. Tous d'ailleurs ont droit de la signer, parce que tous ont voix délibérative, qu'ils soient fermiers ou propriétaires, roturiers ou nobles, ecclésiastiques ou bourgeois, C'est l'administration par le peuple, parce que c'est la consultation populaire, c'est le *referendum* pour toutes les affaires importantes, c'est le suffrage universel déjà appliqué au moyen-âge et que la Révolution de 1848 n'a pas créé mais simplement remis en vigueur, Il n'y a qu'à lire les procès-verbaux du temps pour constater cette participation de tous et de chacun à la gestion de la chose publique : ils ne mentionnent qu'une partie des habitants présents, mais ils ajoutent que beaucoup d'autres ont comparu, les uns signataires, les autres non signataires de l'acte ; en sorte qu'il n'y a que ceux qui se sont exclus eux-mêmes de l'assemblée, qui n'ont pas voulu assister à la discussion, qui se sont tenus volontairement à l'écart, il n'y a que ceux-là qui n'administrent pas parce qu'ils ne veulent pas faire acte d'administration.

Le droit de convoquer le corps commun appartenait légitimement aux véritables seigneurs de Raulhac, qui n'étaient autres, du moins à partir de 1643, que les princes de Monaco, qui avaient succédé aux rois de France dans la possession du Carladès. Mais les princes de Monaco comme les rois de France se souciaient bien peu sans doute de leurs administrés de Raulhac, et la vallée du Goul, si lointaine et si mal desservie ne dut pas souvent recevoir leur visite. Toutefois il n'est pas improbable que l'un d'eux y soit venu entre le 6 et le 27 septembre 1668, pendant le séjour qu'il fit à Vic et que nous avons mentionné dans la première partie de cet ouvrage. Cromières était une de leurs possessions, et l'on aime toujours à visiter ce qui vous appartient. Quoi qu'il en soit, les apparitions des Grimaldi étaient rares — si tant est qu'elles se soient jamais produites, — et en l'absence du vrai seigneur, le droit de convocation était pratiquement exercé par les seigneurs de Cropières, qui agissaient alors en qualité de coseigneurs de Raulhac, bien qu'ils ne possédassent du bourg qu'une infime partie. Aux XVIIe et XVIIIe siècles c'était principalement l'intendant d'Auvergne ou plutôt son subdélégué à Aurillac, qui convoquait.

III

Les questions à traiter, avons-nous dit, étaient toutes celles qui intéressaient la communauté des habitants et qui avaient un caractère d'utilité publique. Les principales et celles qui se présentaient le plus souvent, étaient celles relatives à l'impôt. Chaque année il fallait élire neuf consuls pour la répartition et le recouvrement des tailles, et aussi pour l'examen des récla-

mations que suscitait ce travail épineux. Le contribuable
faisait-il appel au tribunal de l'Election à Aurillac ou devant
la Cour des Aides de Clermont-Ferrand, il fallait, pour soutenir
le procès, que les consuls fussent munis d'une procuration
expresse du corps commun, et par conséquent il y avait lieu
de réunir l'assemblée des habitants. En dehors de l'impôt, il
fallait entretenir l'église, le cimetière, les chemins, etc., et pour
l'un ou l'autre de ces objets les convocations étaient indispensables. L'église appartenait au chapitre cathédral de Saint-
Flour depuis le XIVᵉ siècle, et Messieurs les chanoines voulaient
bien en entretenir le chœur, mais la nef et les cloches étaient
laissées à la charge de la paroisse. Les chapelles étaient entre-
tenues par les familles qui les possédaient. Le presbytère
n'existait pas encore, et le curé de Raulhac touchait une indemnité de logement de 30 livres, qui était inscrite annuellement au
budget.[1] Le 15 mai 1696 cette situation cessa : par testament en
date de ce jour, Annet Cat de Rastinhac, fils naturel du seigneur
de Messillac, légua à la communauté des habitants de Raulhac
sa maison d'habitation sise à une extrémité du bourg pour en
faire la demeure du sieur curé et de ses successeurs à l'avenir.
Ce fut le premier immeuble appartenant à la commune, et qui
n'a pas cessé de lui appartenir depuis.

Le corps commun devait donc veiller sur toutes les affaires
intéressant la paroisse, et se réunir chaque fois qu'une de ces
affaires était en jeu. De là des assemblées plus ou moins intermittentes, des délibérations plus ou moins espacées, qu'on
trouve dans les anciens documents et qui sont comme un reflet
de la vie communale aux diverses époques. — En 1345, les
habitants de Raulhac se réunissent pour étudier la grosse
question de la dîme, et en déterminer la quotité dans toute
l'étendue de la paroisse. Il est réglé qu'elle sera perçue à la
20ᵉ gerbe sur les domaines des seigneurs et à la 16ᵉ sur les terres
des paysans. Mais ce règlement ne peut avoir force de loi que
s'il est approuvé par le prieur de la paroisse. Des procureurs
sont donc nommés pour poursuivre l'affaire et porter la décision
du corps commun devant le cardinal Etienne Aubert, évêque
de Clermont et prieur de Raulhac. Les deux parties se rencontrent dans le comtat Venaissin à Villeneuve d'Avignon et y
signent l'accord solennel et décisif sur cette grave et capitale

---

[1] Voir rôles de 1687, 1688, 1689, etc., min. Boissy, ét. Gizolme,
Vic-sur-Cère.

question. — En 1528, il s'agit de la création de quatre foires à Raulhac, deux au bourg et deux au village de Pailherols, annexe de cette paroisse. Les habitants se réunissent de nouveau à la requête de Nicolas de Fontanges, seigneur de Cropières, et après avoir délibéré sur la matière, ils décident qu'une pétition sera rédigée et adressée au roi pour solliciter ladite création. Le roi fait droit à leur supplique, et l'ordonnance de juin accorde les quatre foires demandées. [1] — En 1609, l'église de Raulhac a subi le contre-coup funeste des guerres de religion, et ses murailles sont en grande partie abattues. Il s'agit de les relever et d'empêcher la ruine totale de l'édifice, qui sous le marteau destructeur des Huguenots, est devenu impropre à la célébration du service divin. On s'assemble, on discute, on précise les travaux à faire, ou plutôt on les fait préciser par ministère d'expert, et quand le montant de la dépense est arrêté, quand les évaluations atteignent, au bas mot, le chiffre de 3.600 livres, somme énorme pour le temps, il est convenu entre le Chapitre cathédral de Saint-Flour et les habitants de Raulhac que la moitié de cette somme sera supportée par le Prieur et l'autre moitié par la paroisse. Un arrêt du Conseil autorise les habitants à s'imposer extraordinairement le 24 avril 1610. [2] — En 1660, le corps commun est convoqué pour donner son avis sur la taxe d'office, qui a été imposée sur les sieurs de Rastinhac et del Cayre pour les biens qu'ils possèdent dans la paroisse, et qui s'élève pour chacun d'eux à la somme de 75 livres. Ceux-ci ont trouvé excessive cette taxe, et ont menacé les consuls, dans le cas où ils la leur appliqueraient, de leur intenter un grandissime procès devant le tribunal des Elus d'Aurillac. Les consuls ne veulent agir que conformément au vœu des habitants, et en conséquence ils demandent s'il faut maintenir la dite taxe ou s'il faut la réduire. L'assemblée se prononce unanimement pour le maintien, et le maintien est voté. [3] — En 1685, nouvelle assemblée, nouvelle délibération, et pour un semblable motif. Cette fois c'est Jean Froquières, notaire royal, qui est en cause, qui proteste contre la taxe d'office de 60 livres dont « Monseigneur » l'intendant a jugé à propos de le frapper, et qui dénonce aux consuls l'opposition par lui faite à cette taxe dans un mémoire instructif et contenant tous les éléments de sa défense. Mis en

---

[1] Arch. nat. JJ 243, fol. 136.
[2] Arch. nat. E 26 A, fol. 81.
[3] Min. Froquières.

demeure de faire connaître leur sentiment, les habitants se prononcent pour une réduction, et laissent aux consuls le soin de la faire selon « leur loyauté et conscience ». [1] — En 1730, une affaire d'une importance capitale a surgi tout à coup, et l'émotion est à son comble dans le bourg et dans les quarante villages de la commune. Les fermiers de la dîme ont émis la prétention de la percevoir à raison d'une gerbe sur onze, alors qu'elle n'est due dans la paroisse de Raulhac qu'à raison d'une gerbe sur seize. La différence est trop sensible pour ne pas soulever une masse de protestations. Le 10 septembre, à l'issue de la grand'messe, les habitants se réunissent dans le cimetière, et décident d'arrêter à tout prix les empiètements déraisonnables des fermiers concussionnaires. On les actionnera devant la cour d'appeaux de Vic, et l'on invoquera contre eux le Traité de 1345, qui constitue l'argument sans réplique, puisqu'il a fixé la dîme à la 16e gerbe et qu'il a été invariablement observé depuis. Antoine Dufayet, du village de Bouygues, est nommé syndic, et chargé en cette qualité de soutenir énergiquement la cause des habitants devant la justice. [2] Malheureusement avant qu'il ait pu remplir son mandat, la mort l'enlève, et comme il est indispensable de le remplacer, les habitants se réunissent de nouveau le 19 octobre 1732, et nomment pour leur procureur Guillaume Bécat, chirurgien du village de Puechmourier. Le procès continue, et une enquête minutieuse a lieu les 13, 14 et 15 septembre 1735. Elle aboutit à la reconnaissance des droits des habitants et à la condamnation des fermiers du Chapitre, qui sont déboutés de leurs prétentions par une sentence du siège d'appeaux de Vic du 6 août 1737. [3]

En 1755, le 12 janvier, c'est un bail à ferme qui provoque la réunion des habitants, convoqués par M. de Valady, marquis de Roussille et lieutenant du roi en Auvergne. A l'appel du seigneur de Cropières, agissant comme coseigneur de Raulhac, ont comparu, dit la délibération, messire Guillaume de Laveissière de Beauregard, écuyer, sieur de Vitrac, habitant son château du Mas, François Rustain, marchand, Joseph Combes, marchand, Antoine Bos, de Raulhac, Jean Julhes, Jean et autre Jean Bos, de Barriac, Joseph Montjou, Étienne Fresquet et

---

[1] Min. Comblat de Peyre.

[2] Min. Rastinhac, ét. Fabre, Raulhac. L'original de cette délibération est revêtue d'une soixantaine de signatures. Une expédition est homologuée par Trudaine, intendant d'Auvergne.

[3] Min. Rastinhac, ét. Fabre, Raulhac.

Jean Bos, de Lavergne, Joseph Poulhès, de Golusclat, Etienne Poulhès, de Lagarde, Jean Cazes, de la Cairie, Antoine Bos, d'Albospeyre, tous signataires de l'acte, et un grand nombre d'autres qui n'ont pas su signer. L'assemblée a entendu diverses observations, et finalement les cloches ont été affermées pour six ans, à raison de 3o livres par an, à Joseph Nicolaudie, Blaise Bonnefons, et Pierre Coutel, journaliers de Raulhac, Les preneurs s'engagent à sonner tous les offices religieux de la paroisse, en se conformant aux ordres de M. le curé et aux tarifs précé_ demment en vigueur sans rien innover en la matière. Ils devront aussi sonner en cas d'orage « imminent », et payer quarante sous pour toute contravention qui sera relevée contre eux. Le prix de ferme sera versé chaque année entre les mains de messire Joseph Ouvrier, vicaire, et de Jacques Delmas, marchand, tous deux habitant Raulhac, que les délib érants nomment spécialement à cet effet, et qui auront seuls qualité pour donner quittance. [1]

En 1759, c'est une question de chemin qui est sur le tapis, et cette fois ce n'est pas seulement la paroisse de Raulhac qui se remue, ce sont les collectes voisines de Jou et de la Capelle. Barrez qui lui apportent leur concours et joignent le urs délibé rations à la sienne. Il s'agit de la route qui part de la Capelle-Barrez et va à Aurillac en passant par les villages de Peyre et de Froquières, et qui aboutit au bout de la côte à ce qu'on appelle la « Croix des Sept-Chemins ». Cette route, disent les délib é rants, est « l'unique » pour transporter les fromages du Cantal à Aurillac et dans les régions du Languedoc, et les vins du Limousin et de Cahors à Saint-Flour. Elle a donc une importance capitale. Or voici que les orages l'ont tellemen ravinée, que les voitures y versent et que les bestiaux y périssent chaque jour, en s'embourbant dans les ornières et en tombant dans les précipices que le torrent y a creusés. Pour y maintenir la circulation, il est indispensable que des réparations y soien₁ ordonnées et effectuées le plus tôt possible. C'est pourquoi les trois collectes réunissent leur voix afin qu'elle arrive plusi puissante à l'intendant, et que par lui il soit statué sans déla sur la présente requête. [2]

L'intendant d'Auvergne était alors M. de Balainvilliers, administrateur aussi expéditif qu'intelligent. Sitôt qu'il eut reçu

---

[1] Min. Rastinhac, ét. Fabre, Raulhac.
[2] Ibidem.

les trois délibérations portant les dates du 1ᵉʳ et du 8 avril, et qu'il eut appris que dans chacune des paroisses intéressées on avait nommé un syndic spécial pour s'occuper de cette affaire, il écrivit à M. de Vixouse, son subdélégué à Aurillac, pour lui demander un rapport sur l'état des lieux, sur la nature des réparations à faire, et sur la part du travail qu'il conviendrait d'assigner à chaque collecte. Cette lettre était suivie d'une ordonnance spéciale, commissionnant M. de Vixouse pour l'organisation des corvées et le règlement des mesures à prendre pour en assurer l'exécution (24 avril). [1]

En 1778, c'est une question à part, une question d'ordre judiciaire, qui est soumise à la délibération du corps commun. La réunion est très nombreuse, et compte des prêtres, des nobles, des bourgeois, des marchands, des laboureurs, des journaliers : Jean Coffinhal, curé, Jean Bos, vicaire, Antoine Madarieu, communaliste, Joseph de Laveissière de Beauregard, écuyer, sieur de Lacalm, Antoine Brosses, maître en chirurgie, Jacques Celier, syndic de la paroisse, Joseph Combes, marchand, Guillaume Prunet, laboureur, Jean Delpuech, laboureur, Jean Bos, laboureur, François Nicolaudie, Guillaume Caze, Géraud Caupeil, Antoine Delpuech, Bertrand Porte, Antoine Estampe, Jean Caze, maréchal, du lieu de Raulhac ; Antoine Sobrier, bourgeois, de Peyre, Jean Poulhès, marchand, de la Cairie, Jean Poulhès, marchand, de Lagarde, Jean Bos, marchand, du village d'Esquiès, Antoine Troupel, du village de Combourieu, Jean-Baptiste Bersanges, de Poulhès, Antoine Bos, marchand, Antoine Sabatier, laboureur, Jean Ouvrier, d'Albospeyre, Géraud Bos, du Mont, Jean Malmeja, laboureur, de Goul, Jean Bos, marchand, et Jean Magne, de Lavergne, Jean Troupel, marchand, du village de Froquières, Jean Fabre, laboureur, du village de Faliès, Jean Lagarde, du village de Bouygues, Jean Bos, marchand, Jean Julhe, marchand, Jean Soubrier, marchand, et Antoine Mialet, du village de Barriac, Pierre Modenel, laboureur, et Antoine Troupel, du village de Brommet, Pierre Mialet, laboureur, du village de Feyssergues, [2] etc., lesquels faisant la plus grande et la plus *saine* partie des habitants de la paroisse de Raulhac, ont délibéré, le 6 septembre comme il suit :

---

[1] Min. Rastinhac, ét. Fabre, Raulhac.

[2] Dans cette énumération ne figurent ni les habitants de Pailherols ni les habitants de Badailhac, qui se réunirent pour le même objet et délibérèrent à part dans leurs mandements respectifs.

Un magistrat haut placé a été suspendu de ses fonctions par l'intrigue, la cabale et les fausses accusations de ses adversaires, qui se sont livrés contre lui à une campagne déloyale d'écrits injurieux et de libelles diffamatoires, essayant ainsi de le discréditer, tant dans la capitale où ils n'ont que trop réussi que dans la province auprès des populations du ressort, où ils ont misérablement échoué. Ce magistrat qui est le vicomte de Sistrières, lieutenant général à Vic, occupait son siège depuis vingt-cinq ans et y rendait la justice à la satisfaction générale. Sa capacité et son intégrité étaient au-dessus de tout soupçon, et l'équité de ses jugements ne faisait doute pour personne. Sa délicatesse allait si loin que, lorsqu'il devait s'absenter, il faisait surseoir à toute décision importante jusqu'à son retour. Bref, c'était bien un des meilleurs officiers de justice qui aient paru dans le pays, et pour le remplacer il serait bien difficile, pour ne pas dire impossible, de trouver un homme d'un mérite égal au sien. C'est pourquoi les délibérants, considérant la *perte irréparable* que feraient les justiciables du ressort et en particulier ceux de la paroisse de Raulhac, si ledit vicomte de Sistrières n'était pas bientôt rétabli dans sa charge, demandent à l'unanimité son rétablissement ; et joignant leurs regrets à la *consternation publique,* ils nomment pour syndic le porteur de la présente délibération pour poursuivre ledit rétablissement, et porter à qui de droit l'expression de leurs vœux, « dictés par la pure vérité et le bien public ». Ont signé les quarante habitants susnommés, un plus grand nombre d'autres s'étant excusés de ne savoir pas le faire, de ce requis. La délibération est tenue en présence de maître Jean-Baptiste Coffinhal, avocat et conseiller du roi au bailliage de Vic, et du sieur François Viallar, du lieu de la Croix-Barrès, par devant Pierre Bersanges, notaire royal à la résidence de Raulhac. [1]

Le 7 juillet 1783, l'évêque de Saint-Flour, Claude-Marie Ruffo, était en visite pastorale à Raulhac. Il ordonna certaines réparations à faire à l'église, et entre autres la réfection du pavé. Peu après une requête fut adressée, on ne sait par qui, à l'intendant d'Auvergne pour lui demander d'user de son autorité, afin de faire exécuter le plus tôt possible les susdites réparations. L'intendant écrivit à M. Pagès de Vixouse, son subdélégué à Aurillac, et lui enjoignit de convoquer le corps commun en vue de la création des ressources nécessaires. L'ordre fut

____

[1] Min. Fabre, Raulhac.

transmis au syndic des habitants le 16 août 1785, et le 4 septembre suivant eut lieu devant la porte de l'église l'assemblée de paroisse. Ceux qui la composaient reconnurent sans peine que les réparations demandées étaient urgentes, et de plus qu'il fallait reconstruire le mur de l'église du côté du couchant qui menaçait ruine. Mais ils déclarent en même temps qu'ils n'ont pas d'autres deniers dans la caisse de fabrique que ceux destinés à l'entretien de la toiture. Ils consentent que une somme de mille livres soit imposée sur le rôle de 1786, mais ils demandent que cette imposition frappe aussi bien les mandements de Pailherols et de Badailhac que celui de Raulhac, parce que l'église de Raulhac est l'église *matrice*. Cette somme de mille livres permettra de commencer seulement les réparations, car, disent-ils, il ne leur est pas possible de les faire toutes dans la même année à cause de la misère qui règne dans le pays. Ils ne peuvent plus nourrir leurs animaux, et ils sont obligés de les égorger ou de les vendre à vil prix. Ils terminent en demandant à l'intendant une réduction du principal à la taille de la paroisse. La délibération est signée par Sobrier, de Peyre. [1]

Ce système d'administration par le corps commun, convoqué au son de la cloche le dimanche à l'issue de la grand'messe, et délibérant sur les affaires publiques devant la porte même de l'église, était plutôt paroissial que communal, et dès lors avait un caractère trop religieux pour être maintenu par la Révolution, qui voulait avant tout laïciser les services. Il fut donc supprimé comme n'étant plus conforme aux idées nouvelles, et de l'assemblée générale des habitants le pouvoir passa aux municipalités ou aux corps élus, institués par la loi du 14 décembre 1789.

IV

Régie et administrée par le corps commun, la paroisse rurale n'avait pas de représentation, ni de délégation permanente comme les villes qui possédaient une charte de franchises et un consulat. Mais elle pouvait nommer un mandataire spécial pour chaque affaire qui se présentait, un mandataire chargé d'agir pour elle, de parler pour elle, de négocier et de traiter au nom d'elle. Ces mandataires spéciaux ou procureurs prirent diffé-

---

[1] Communication de M. Morisque.

rents noms suivant les différentes époques, et s'appelèrent successivement *luminiers, jurés, consuls, syndics.*

Les *luminiers* figurent dans les plus anciens documents, et il y en a partout, dans les plus petites comme dans les plus grosses paroisses. Ils ne sont pas seulement les membres du Conseil de fabrique de leur temps, mais aussi les administrateurs des biens communs de la communauté d'habitants dont ils font partie. Presque toutes les paroisses, pour ne pas dire toutes, au moyen-âge, forment une communauté civile, c'est-à-dire une agrégation de familles habitant le même territoire et ayant en commun des pâturages, des bois, des revenus. Or dès qu'il existe un patrimoine commun, il faut des délégués pour l'administrer, et c'est le rôle des luminiers qu'élisent les habitants. Les luminiers de Raulhac sont mentionnés dans le testament de noble Pierre de Bénavent, seigneur de Messillac, qui leur lègue cinq sous tournois le 16 août 1439. Plus tard vers 1480, on les voit vendre une rente foncière à noble Jacques de Montamat, seigneur de Montamat, Polminhac, Folholes, Murat-Lagasse et coseigneur de Taussac. Evidemment dans cet acte ils n'agissent pas pour leur compte personnel, ils remplissent un mandat que leur ont conféré les habitants, ils gèrent les deniers communs par délégation, et c'est ici le cas de dire avec Basmaison que « ce titre de luminier » est significatif de la légitime approbation d'un corps et assemblée de peuple. [1]

Au XVIe siècle, les délégués, les représentants des communautés rurales prennent un autre nom : ils s'appellent *jurés, juratus,* qui a prêté serment. Le 19 septembre 1549 eut lieu à Aurillac une assemblée générale, à laquelle assistèrent Aimeri Isachar, syndic de Mauriac, Césari Armand et Césari Verdier, consuls de Maurs, Allard Faghol, consul de Pleaux, Antoine de Passafons, consul de Laroquebrou, et Amauri Sarrauste, bourgeois de la même ville, Pierre Vernhes, juré de Saint-Simon, Guillaume Navarre, juré de Celles-en-Jordanne, Antoine Viallar, juré de Giou, *Jacques Coffinhal, juré de Raulhac,* Jean Griffuel, juré de Jou-sous-Montjou, Pierre Delhostal, juré de Labrousse, Jean Lacalm, juré de Saint-Mamet, Jean Boissadel, juré de Cayrols, Antoine Bailliaz, juré de Parlan. Il s'agissait de nommer un député chargé d'aller à Clermont représenter le Haut-Pays à l'assemblée du Tiers et commun état, convoquée en cette ville par les commissaires du roi au sujet de la suppres-

---

[1] Chabrol, coutume d'**Auvergne**, T. 1er, **page 59.**

sion des greniers à sel. Le choix tomba sur le premier consul Dulaurens, qui dut aussitôt partir en compagnie d'un homme de robe longue, et se rendre à la capitale de la province pour remplir la mission dont il avait été investi. [1]

Vingt-cinq ans plus tard, nous voyons pour la première fois apparaître les *consuls* de Raulhac ; ce sont à la date du 10 mars 1571 : Antoine Delsolier, du village de Combourieu, Jean Ginioux, du village de Brommet, et Durand Combourieu, du village du Mont.

L'acte dans lequel ils figurent est assez intéressant. Le roi Charles IX, à court d'argent, avait décrété un emprunt de 120.000 livres tournois, qui fut perçu de la manière suivante : M<es> Jean de Pierrefite, trésorier de France, Gilbert Assolent, général des finances, en la charge et généralité de Languedoil, Jacques Dubourg, président au présidial de Riom et lieutenant général en la sénéchaussée d'Auvergne, et le sieur d'Ally gentilhomme de la maison du roi, commissaires ordonnés par le roi sur le fait des emprunts généraux et particuliers, mandèrent aux consuls de chaque paroisse d'Auvergne la somme à laquelle ladite paroisse était taxée, leur laissant le soin de faire la répartition sur les habitants les plus « aisés ». En conséquence les consuls de Raulhac dont la paroisse était taxée à 3oo livres, imposèrent Jean Cody et Gabriel Sobrier, de Raulhac, le premier de 120 livres, le second de 18o livres, et en échange vendirent à l'un 10 livres de rente et à l'autre 15 livres, au denier douze, à percevoir sur les recettes de la généralité de Riom. Le fait est consigné dans les minutes de Barata, notaire à Aurillac. [2]

Cette institution des consuls dura pendant tout le XVIIe et XVIIIe siècles, et comme pour cette période assez rapprochée de nous les documents ne manquent pas, on peut, à la clarté de ces documents, se faire une idée très exacte de leurs fonctions. Les consuls de Raulhac ne sont pas des administrateurs, ils n'ont pas mission de s'occuper de la chose publique en général, ils tiennent du corps commun un mandat limité, celui de répartir la taille entre tous les contribuables et d'en opérer le recouvrement dans leurs quartiers respectifs. En dehors de l'impôt et des questions qui s'y rattachent ils ne sont rien. C'est donc improprement qu'on les appelle consuls. Leur véritable

---

[1] Communication de M. Esquer, archiviste du Cantal.
[2] Du même.

nom serait celui de collecteurs. Lever les deniers royaux et les
verser au receveur des tailles à Aurillac, c'est là toute leur
occupation, et ce rôle n'est pas une sinécure comme nous le
verrons plus tard.

Derrière les consuls, toujours aux XVIIe et XVIIIe siècles,
on voit apparaître un autre personnage dont la fonction n'a
rien de commun avec la leur, et même en est totalement différente : c'est le *syndic*. Lorsque l'assemblée des habitants s'est
réunie, lorsqu'elle a pris une délibération et qu'il s'agit de la
faire exécuter, pour poursuivre cette exécution, en surveiller la
marche, en assurer le résultat, un homme est nommé qui a la
confiance du corps commun, qui est honnête, intelligent,
instruit, avisé, qui n'a pas toutes les aptitudes en général, mais
qui a une aptitude spéciale pour l'affaire qui se présente, et qui
mieux que tout autre saura la faire aboutir. A tel genre d'affaires
tel genre de négociateurs ; à tel mandat, tel mandataire.

Le syndic est donc un homme de circonstance, un délégué
temporaire, nommé pour traiter une affaire spéciale et dont les
pouvoirs expirent une fois cette affaire terminée. Les consuls
sont renouvelables tous les ans ; le syndic reste en place tant
que dure la poursuite ou le règlement du litige qui lui a été
confié. Son mandat est à brève ou à longue échéance, selon les
difficultés qu'il rencontre et qui lui rendent sa tâche plus ou
moins laborieuse. Défenseur de la communauté, il en gère les
intérêts tantôt en plaidant, tantôt en transigeant, tantôt en
instance et tantôt en appel, et suivant qu'il prend tel parti ou
tel autre, l'affaire est susceptible d'une prompte solution ou d'un
retard prolongé.

En résumé, l'administration communale à Raulhac s'exerçait
à la fois par les seigneurs de Cropières qui convoquaient le corps
commun, par le corps commun qui délibérait sur les affaires
publiques, et par les délégués de ce corps qui étaient chargés de
le représenter et de faire exécuter les délibérations prises. Mais
il ne faut pas croire que ce mode ait été invariablement le même.
Au XVIIIe surtout nous voyons les intendants substituer leur
autorité à celle des seigneurs, et leur ravir peu à peu la tutelle
et la direction des communautés rurales. D'autre part l'institution des syndics ne se précise bien qu'à cette époque, et si en
tout temps les paroisses eurent des délégués, elles n'eurent pas
des délégués pour chaque affaire comme sous les successeurs
de Louis XIV. La mobilité fut ainsi la caractéristique de
l'administration municipale, et les variantes durèrent jusqu'à

la Révolution qui devait tout anéantir et tout réédifier sur des bases nouvelles.

V

La paroisse de Raulhac était divisée en trois mandements et neuf quartiers, du moins aux XVII° et XVIII° siècles, car primitivement ces divisions et ces subdivisions n'existaient pas, la paroisse ne formait qu'un seul corps et il n'y avait qu'une assemblée délibérante. Mais deux chapelles ayant été fondées, l'une à Badailhac et l'autre à Pailherols pour la commodité des habitants de la montagne, ceux-ci se détachèrent peu à peu de l'église-mère, et la décentralisation religieuse prépara insensiblement la décentralisation civile. Il y eut trois districts, un principal, le mieux placé et le plus riche, qui garda la plus grosse agglomération, c'était celui de Raulhac, et deux accessoires, qui reçurent le ton du premier et évoluèrent autour de lui comme des satellites autour de leur planète ; ce fut celui de Pailherols, qui avait des fonts baptismaux en 1640, qui eut un cimetière en 1688, et à la même époque des registres de baptèmes, mariages et décès, qui étaient remis annuellement à l'église-matrice, et celui de Badailhac, qui n'avait ni registres ni fonts baptismaux, et qui n'eut un cimetière qu'à partir de 1780. Les trois districts s'assemblaient et délibéraient séparément, mais leurs charges n'étaient pas tout à fait les mêmes. C'est ainsi que le mandement de Raulhac ne contribuait pas aux réparations des chapelles de Badailhac et de Pailherols, tandis que les mandements de Pailherols et de Badailhac devaient toujours supporter leur part d'entretien de l'église-matrice.

Les mandements se subdivisaient en quartiers. On appelait quartiers les portions du territoire paroissial attribuées à un consul ou collecteur. On en comptait neuf dans la paroisse qui étaient ainsi formés :

Le premier renfermait les villages de Feyprat, Sistrières, Pailherols, Pailhès, le Pouget, les montagnes de Banc, de la Cipière et autres ; le deuxième, les villages de la Bonétie et de Griffoul, plus les montagnes du Bouïssou et autres ; le troisième, les villages de Brommet et de Barriac ; le quatrième, ceux de Florac et de Feyssergues ; le cinquième, ceux de Montjou, Peyre en partie, [1] Cropières, Puechmourier, Lavergne, la

---

[1] L'autre partie appartenait à la paroisse de Jou.

Cairie, Goul et Valduchez ; le sixième, ceux de Raulhac, Combourieu, Laveissière, las Clausades, Courbelimagne et Messillac ; le septième, ceux de Bassignac, le Cayre, Poulhès, Albospeyre, Lagarde, la Soyë, Esquiers et Golusclat ; le huitième, ceux du Mont, la Maisonade, Froquières, Falhès, Vixe, Guimontel et Bouygues ; le neuvième, ceux de Morzières en partie, [1] Rouffenac, Ladoux, le Pajou, le Vocam, Loubejac en partie, [2] la Calsade, Montcalvy et Badailhac. Les six premiers quartiers occupaient tout le territoire situé sur la rive gauche du Goul, et les trois derniers tout le territoire situé sur la rive droite.

La paroisse de Raulhac ainsi composée avait une superficie de 6.000 hectares. Elle s'étendait depuis le ruisseau de Rastène, d'un point à prendre sous le village de Courbeserre jusqu'au delà du Puy-Gros dans la direction du Plomb du Cantal. La ligne droite qui réunit ces deux points extrêmes a une longueur de plus de 21 kilomètres, et tandis que le premier n'est situé qu'à une altitude de 580 mètres, le second dépasse 1.600 mètres. Aussi quelle variété de sites, de terrains, de cultures, de productions, de climats ! Le haut et le bas pays, la montagne et la vallée s'y donnent la main, s'y juxtaposent, chacune avec les attributs qui les distinguent : l'une avec ses burons, ses fromages, ses vacheries, l'autre avec ses fermes, ses labours, ses céréales ; l'une avec la nudité de ses plateaux, l'autre avec la richesse de sa végétation ; l'une avec l'ornement pur et simple de ses genêts, l'autre avec ses bosquets verts et ses milliers d'arbres fleuris ; l'une avec la neige, la tourmente, l'écir, les longs hivers, l'autre avec la pluie douce, les vents légers et les printemps aventifs. Les différences sont profondes et les contrastes nombreux.

VI

Ce vaste territoire, que pour la commodité des consuls on avait divisé en trois mandements, servit à former trois communes en 1789. Les quatre premiers quartiers composèrent la commune de Pailherols ; le cinquième et le sixième, la commune de Raulhac, en prélevant d'une part le village de Montjou pour l'attribuer à la commune de Jou, et en y ajoutant d'autre

---

[1] L'autre partie relevait de Cros.
[2] L'autre partie dépendait de Carlat.

part les territoires de Golusclat, Esquiers et la Soyë que l'on enleva au septième quartier ; les septième, huitième et neuvième quartiers constituèrent la commune de Badailhac, mais avec attribution d'une part à la commune de Jou des villages de Bouygues et Guimontel, et d'autre part avec addition du village de Rentières, qui faisait partie autrefois de la paroisse de Jou.

Ainsi délimité le territoire de la commune de Raulhac resta sans changement pendant un demi-siècle. Mais cette division ne faisait pas l'affaire des habitants des villages de la vallée qu'on avait annexés malgré eux à la commune de Badailhac. Leur nouveau chef-lieu paroissial et communal, situé sur un plateau élevé, était très éloigné, et d'un accès difficile, surtout en hiver. Ils firent entendre plainte sur plainte, mais pratiquement ils subirent, s'ils n'acceptèrent pas, le fait accompli. Vers 1840 ils prirent une résolution énergique, et une pétition demandant le retour à la mère-patrie fut organisée et signée à l'unanimité par les villages de Poulhès, Albospeyre, Lagarde, la Maisonade, le Mont, Rentières, Froquières et Faliès. Le Conseil général partagea le gâteau et rendit les quatre premiers villages à la commune de Raulhac, mais laissa les quatre derniers à celle de Badailhac. Depuis cette époque la commune de Raulhac n'a pas subi de changement territorial, et sa superficie a été portée à 1.684 hectares par suite de la modification dont nous venons de parler.

CHAPITRE II

LE SEIGNEUR DOMINANT

I. Le châtelain de Cromières, seigneur de Raulhac, et celui de Cropières, co-seigneur. — II. Cromières sous les Rolland (1326-1414). — III. Cromières sous les d'Armagnac (1414-1477). — IV. Sous les Bourbons (1490-1527). — V. Sous la Couronne (1531-1643). — VI. Sous les princes de Monaco (1643-1790). — VII. Terrier de 1657 et bail emphytéotique de 1668.

I

La première question qui se pose est celle-ci : à qui appartenait la seigneurie de Raulhac ? S'il faut en croire le *Dictionnaire Statistique du Cantal,* cette seigneurie aurait d'abord appartenu à la maison de Roquefeuil, et ensuite elle serait passée au marquis de Montpeyroux. [1] C'est là une erreur grossière, une de ces affirmations gratuites et dénuées de preuves, qu'il ne faut pas laisser s'accréditer parce qu'à la longue elles prennent de la consistance, finissent par faire autorité, et faussent ainsi l'histoire du pays. Disons tout de suite que M. Paul de Chazelles s'est trompé, qu'il a mal lu ou mal interprété les textes, et qu'il a peut-être confondu avec une autre localité. Ce qu'il y a de certain, c'est que le seigneur de Raulhac, le vrai seigneur, le seigneur dominant, c'était le prince de Monaco en 1657, le roi en 1535, les Bourbons en 1506, Jacques d'Armagnac

---

[1] Art. Raulhac, Tome V. page 77.

en 1475, Vesian Rolland en 1394, et Aymeric Rolland en 1353. Les reconnaissances, les titres, les actes de l'époque, tous les documents sont d'accord à ce sujet. Ce qui n'est pas moins certain, c'est que le seigneur de Puechmourier en 1503 et les seigneurs de Cropières à partir de 1561 prennent dans tous les titres la qualité de co-seigneurs de Raulhac. Le bourg de Raulhac relevait donc à la fois de Cromières et de Cropières, de Cromières pour la plus grande partie et de Cropières pour la plus petite. Ajoutons que Messillac revendiquait aussi cinq ou six maisons, les unes en seul, les autres par indivis avec le prince de Monaco.

A tout seigneur tout honneur. Le seigneur dominant étant le seigneur de Cromières, c'est par l'histoire de cette châtellenie que nous allons commencer. Cromières était jadis un château fort, *castrum Cromerii*, un château à triple enceinte, dont les vestiges subsistent encore et marquent très visiblement les défenses de la place du côté du midi. Aujourd'hui ce n'est plus qu'une ruine, tellement dissimulée dans l'épaisseur des broussailles, qu'elle est totalement invisible à la plus petite distance, et qu'il ne faut pas être de très près, mais sur les lieux mêmes pour l'apercevoir. On la trouvera à 2 kilomètres de Raulhac, en explorant le bouquet d'arbres qui domine la route de Vic, quand on a dépassé le village de Goul et qu'on n'a pas encore atteint celui de Cropières.

II

Cromières semble avoir appartenu d'abord à une famille de ce nom. On trouve en effet un certain Guy de Cromières chevalier, vivant à la fin du XIII° siècle, 1299. Puis viennent les Rolland, seigneurs de Cromières, de la Bastide, de Vieillevic en Auvergne, de Valon et de Villecontal en Rouergue. Ils occupent la plus grande partie du XVI° siècle et le commencement du XV°. Guibert de Vigouroux, beau-frère de Guillaume Rolland, était seigneur en partie de Cromières en 1326. Aymeric Rolland fut seigneur de Cromières de 1353 à 1356, Olivier Rolland, son fils, de 1360 à 1366, Vesian Rolland, son petit fils de 1374 à 1394, et Pierre Rolland, son arrière petit-fils de 1400 à 1410. [1]

D'où venaient ces Rolland, seigneurs de Cromières, dont la

---

[1] Communication de M. Salesse, capitaine du génie, membre de la Société la Haute-Auvergne.

notoriété rivalise avec celle des Rastinhac de Messillac et celle
des Scorailles de Cropières, les plus grandes familles de la vallée du Goul ? Ils étaient certainement originaires de la ville
d'Aurillac, « villæ Aurilaci », et ils appartenaient à cette famille bourgeoise et distinguée qui donna plusieurs consuls à la
cité de Saint-Géraud pendant le cours du XIIe siècle. Comment
s'établirent-ils à Cromières, sur une châtellenie qui ne faisait
pas partie de leur patrimoine, et qu'ils devaient posséder au
moins pendant quatre générations ? Voici une hypothèse qui ne
semble pas improbable :

Aymeric Rolland était le neveu du cardinal Aymeric de
Chalus, qui fut gouverneur de la Romagne, en Italie, pour le
compte des papes d'Avignon. Il succèda à son oncle dans ces
hautes fonctions, et gagna beaucoup d'argent, peut-être en pres-
surant ces populations lointaines auxquelles on avait imposé
une administration française. De retour dans le Cantal, les
mains pleines d'or, nous le voyons solliciter et obtenir des lettres d'anoblissement en 1355, et acheter des châteaux sur les
confins de l'Auvergne et du Rouergue. Celui de Cromières
ayant été mis en vente par suite de l'extinction de la famille
primitive, il en aurait fait l'acquisition vers 1330, et l'aurait
ensuite transmis à ses enfants. [1]

Aymeric Rolland avait épousé Aladie de Pierrefort, qui lui
apporta en dot la seigneurie de Valon sur les côteaux escarpés
de la Truyère, mais qui ne lui laissa point d'enfants, ce qui ne
l'empêcha pas de faire souche et d'avoir jusqu'à sept bâtards,
deux filles dont on ignore la destinée, et cinq garçons, dont
trois obtinrent des bénéfices ecclésiastiques en Italie. Olivier,
qui lui succéda, n'a pas laissé trace dans l'histoire, mais les
deux suivants furent mêlés à de gros événements, qui sans leur
avoir acquis une grande célébrité, ont fortement attiré sur eux
l'attention des historiens et des chroniqueurs.

C'était pendant la seconde période de la guerre de Cent ans.
Les Anglais, sous la conduite du fameux Caupène, occupaient
Carlat, et de ce point extrèmement fortifié ils menaçaient tous
les châteaux du voisinage. Vesian Rolland, seigneur de Cromières, voulant mettre cette place en sûreté, en confia la défense
à un capitaine valeureux nommé Louis de Cère. La forteresse
résista trois ans, 1385-1388, mais une nuit que les gardiens ne

---

[1] Du même.

veillaient pas ou veillaient mal, voici qu'une troupe hardie, commandée par Jacques Breton, de la garnison de Carlat, et de l'obéissance du roi d'Angleterre, se présente à l'improviste sous les murs de la place et donne l'assaut. La citadelle est emportée, grâce à la surprise, à la confusion, au désarroi produit à une telle heure par une pareille attaque. Cependant le capitaine parvient à s'échapper, et l'Anglais qui l'a vaincu, qui a reçu sa foi, du moins le prétend-il, de crier à la déloyauté et d'en appeler contre son adversaire au *jugement de Dieu*. Un combat singulier est décidé, et les deux champions se donnent rendez-vous à Rodez pour le 3o décembre 1388. Au jour convenu, ils viennent l'un après l'autre occuper le poste périlleux, et devant le comte d'Armagnac assisté des plus hauts seigneurs du pays, on les voit jurer sur le missel et sur la croix, le premier que sa querelle est juste, le second que sa défense ne l'est pas moins. Ils affirment en outre que leurs armes ne sont point enchantées par sorcellerie, et qu'ils ne portent sur eux ni pierres, ni écrit, ni brevets, ni charmes d'aucune espèce qui les puissent aider ou soutenir, ne se fiant qu'à Dieu et à leur bon droit. Puis deux gants sont jetés comme gages de la bataille, et à un signal donné les deux adversaires foncent l'un sur l'autre. Au premier choc l'Anglais est renversé et mesure la terre, mauvais présage, ou plutôt signe évident que Dieu s'est prononcé contre lui, et que sa cause n'est pas bonne. C'est pourquoi il est saisi, désarmé et jeté ignominieusement hors de la lice. [1]

Le succès de ce duel judiciaire n'empêchait pas les Anglais d'être maîtres de la place et de s'y maintenir. Vésian Rolland eût bien voulu les en déloger, mais comment s'y prendre ? Ses vassaux avaient pris la fuite, les uns pour éviter les contributions de guerre, les autres pour échapper aux bandes ennemies, et il était devenu impossible de les rallier. Les hommes et les armes, tout manquait. Or les Anglais n'étaient pas gens à lâcher prise par persuasion : il fallait les expulser par la force. Tout à coup du côté de la montagne l'horizon s'éclaircit, et un homme se présente qui ranime tous les courages ébranlés et relève toutes les espérances abattues : c'est Jean de l'Orme, de St-Martin-sous-Vigouroux. C'est lui qui mettra les Anglais à la raison, lui qui les chassera de la forteresse, lui qui s'installera à leur place, lui qui à ses frais, pendant un an et plus, conservera le châ-

----

[1] Doc. hist. p. CCXXVIII-CCXXIX. — Dict. Stat. du Cantal, art. Raulhac. — De Gaujal, etc.

teau pour le rendre ensuite à ses légitimes propriétaires. A de si éclatants services, il fallait une éclatante récompense. Aussi le 5 novembre 1394 assistons-nous à une donation considérable, faite audit sieur de l'Orme par noble Vesian Rolland, seigneur de Cromières, par noble Françoise d'Alzon, son épouse, de lui autorisée, et par noble Pierre Rolland, leur fils, majeur de 14 ans, mineur de 25 ans, celui-ci agissant sous la tutelle de son père et avec l'assistance de Guillaume Degoul, son curateur. La libéralité comprend tout l'affar de la Volpilière et la moitié du moulin des Bosquets, confrontant d'une part avec la rivière de Brezons et de l'autre avec le village de Boussac. Les donateurs se réservent seulement la juridiction supérieure et une chambre dans la tour de la Volpilière pour y recevoir les cens. [1]

Cette donation est très importante pour Cromières, parce qu'elle révèle un fait ignoré généralement jusqu'ici, à savoir que la seigneurie de la Volpilière appartenait alors à la famille Rolland, et on se demande comment celle-ci l'aurait acquise. Il faut dire que Pons de Gasc, possesseur de cette seigneurie en 1345, l'avait transmise à ses deux enfants, Pierre de Gasc, époux d'Alasie de la Peyre, et Amige de Gasc, mariée à Guillaume de Greil. Le frère et la sœur ayant eu des héritiers directs, la seigneurie était soumise au partage ; mais les enfants du premier ne vécurent pas ou du moins ne semblent pas avoir vécu ; car un litige s'étant élevé au sujet de la Volpilière, nous voyons Vesian Rolland la revendiquer seul contre Guillaume de Greil. Celui-ci se dit fils d'Amige, neveu par conséquent de Pierre de Gasc, et réclame les droits de son oncle au même titre qu'il tient déjà ceux de sa mère. Celui-là se présente comme cousin d'Alasie de Peyre et invoque en sa faveur le testament de la veuve de Pierre Gasc, reçu par Bernard Bertrand, chancelier à la cour de Pierrefort, le 4 septembre 1374, testament par lequel la noble dame l'institue son héritier universel dans le cas où ses enfants décèderaient en bas âge. Après quelques escarmouches, les deux prétendants finissent par s'entendre, et une transaction a lieu le 14 avril 1393. Guillaume de Greil reçoit pour sa part neuf manses ou villages : Loudier, Perpezat, Paulhagot, Boussac, Boussagol, Colombier, Nozerolles, Recoules et Bonnestrade, situés dans les paroisses de Paulhac, Cezens, Oradour et Pierre-

---

[1] L'original de cette fondation est aux archives de Messillac ; il a été publié par MM. Saige et de Dienne dans le Tome premier des *Documents Historiques*.

fort, avec les cens, droits et honneurs appartenant à ces seigneuries, telles que les possédaient et en jouissaient Pons et
Pierre de Gasc, chevaliers. La Volpilière avec la juridiction et
les rentes qui en dépendent est attribuée à Vesian Rolland. [1]

Cet accord, qui avait servi de base à la donation précédente,
ne devait pas être de longue durée. Guillaume de Greil regrettait,
au fond, une transaction qui en lui assurant quantité de domaines,
l'avait dépouillé de la plus belle et de la plus importante de ses
seigneuries. Il s'aboucha de nouveau avec Vesian Rolland, et
les négociations recommencèrent. Que se passa-t-il pendant les
années 1395, 1396, 1397 ? Nous ne le savons pas. Toujours est-il
qu'en 1398 Vesian Rolland avait renoncé à ses droits sur la
Volpilière, et que Guillaume de Greil en était le seul seigneur. [2]

Vesian Rolland laissa plusieurs enfants, entre autres Olivier,
Pierre et Pons, auxquels il avait partagé le fief de la Bastide près
d'Arpajon, en 1343. Pierre est le plus célèbre de tous. Il fut
traître, il fut concussionnaire, et par ce double crime il s'attira
les foudres de son suzerain le vicomte de Carlat, qui le livra à la justice et fit prononcer contre lui la peine capitale le 19 mars 1414.

Ce procès mystérieux a fortement intrigué les historiens du
Carladès. On s'est demandé d'abord ce qu'était ce Pierre d'E-
gliole, de la Gleïole ou de la Guiole, qui figure aux débats et
dont le rôle est resté si énigmatique en dépit des explications
tentées pour l'éclaircir. Le baron de Sartiges y voit un capitaine
gouverneur de Carlat, et le comte de Dienne, avec preuves à
l'appui, ajoute qu'il fut nommé à ces hautes fonctions par Bernard d'Armagnac le 6 février 1413. [3] Avant cette date il était
déjà officier du Carladès, et il aurait exercé la charge d'intendant des domaines de la vicomté. Ce qu'il y a de certain, c'est
que ce Pierre de la Guiole, soit intendant, soit gouverneur, était
en même temps seigneur de Cromières, *senhor de Cromeyras*,
comme s'exprime un compte de 1408, trouvé aux archives de
Montauban et cité en note par les *Documents historiques*. Est-il
aussi sûr qu'il fût un membre de la famille Rolland, un fils de
Vesian, par exemple, le Pierre de la donation de 1394 ? Tout
porte à le croire et le comte de Dienne est manifestement de
cet avis ; mais les raisons qu'il en donne ne sont pas tellement
péremptoires, que le doute ne soit plus permis, et qu'il faille con-

----

[1] Archives de Messillac.
[2] Ibidem.
[3] Etude historique sur le vicomté de Carlat, CCLVII.

clure à l'identité des deux personnages. La Gleïole ou la Guiole peut n'être qu'un surnom, mais historiquement parlant, ce n'est pas prouvé.

En second lieu on s'est demandé quel crime avait commis ce Pierre de la Guiole pour encourir à ce point la disgrâce de son suzerain. Puisque la peine capitale lui fut appliquée, il fallait que sur lui pesassent de bien lourdes charges. Les archives de Monaco parlent de trahison et de concussion, mais elles n'expliquent pas comment cette trahison et cette concussion s'étaient produites. Le dossier de cette grosse affaire a disparu, et il n'en reste que la chemise avec les amères déceptions, sans doute, qu'elle a values à plus d'un chercheur. Or les pièces du procès manquant, que conjecturer ? On ne peut que répéter ce qui déjà a été dit : à savoir que Regnaud de Murat était alors prisonnier pour cause de félonie dans la forteresse de Carlat, que pendant sa détention il aurait tenté de s'évader, et que Pierre de la Guiole, au lieu de s'opposer à cette tentative d'évasion en sa qualité de gouverneur, l'aurait au contraire favorisée. Voilà le crime pour lequel il serait devenu suspect, et pour lequel ensuite il aurait été frappé, ce qui ne paraît pas d'une excessive rigueur, si l'on observe qu'à ce crime de complicité s'était joint celui de concussion, et qu'il pressurait les sujets de son suzerain en même temps qu'il trahissait le suzerain lui-même.

Mais si des doutes ont pu subsister et subsistent encore tant sur les motifs de la condamnation que sur l'identité du condamné, il est acquis à l'histoire que le criminel fut jugé à Rodez, que la sentence prononcée contre lui fut la peine de mort, qu'elle fut suivie de l'exécution capitale, de la confiscation du fief et de la démolition du château. Toutes ces particularités sont affirmées par M. de Sistrières dans son manuscrit. [1] La condamnation aux assises de Rodez n'a rien qui puisse nous surprendre. Elle prouve que le juge d'appeaux de Vic était alors ambulatoire, et que s'il siégea à Rodez en cette circonstance, c'est que Carlat et Rodez appartenaient au même maître, Bernard VII d'Armagnac, époux de Bonne de Berry. La confiscation du fief est tout à fait conforme aux lois du temps. Un vassal refusait-il obéissance à son suzerain, ou manquait-il à la foi jurée, il était déclaré félon, et la félonie entraînait de plein

---

[1] Arch. Dép. du Cantal.

droit la confiscation. Quant à la démolition du château, c'était la punition du crime dans sa plus radicale expression, et le souvenir du châtiment attaché pour toujours au souvenir de la faute. Les ruines ont une éloquence particulière que le temps lui-même n'efface pas, et la matérialité d'un fait n'est-il pas le plus sûr moyen de transmettre ce fait à travers les siècles ?

Aussi de toutes les destructions féodales qui s'observent dans la vallée du Goul, celle qui évoque le plus de souvenirs, celle qui s'est le mieux conservée dans la mémoire des habitants, est sans contredit le rasement de Cromières. Voilà bientôt 500 ans que la vieille forteresse n'est plus debout, et les gens du pays parlent toujours avec admiration de ces *hautes tours*, qui sous les premiers feux du soleil levant, projetaient leur ombre colossale à une très grande distance jusque sur les côteaux opposés de la Maisonade. La légende s'est mêlée à l'histoire, et le merveilleux s'est greffé sur le réel. C'était au moment de la terrible catastrophe. Le dernier des Cromières venait d'avoir la tête tranchée, sa terre était saisie, son château livré aux flammes, et les murs croulant sur les murs, les étages supérieurs s'abattant sur les étages inférieurs, il fallait se presser d'évacuer la place pour ne pas périr enseveli sous les décombres. Restée seule jusqu'à la fin avec un fidèle serviteur, la châtelaine se décide enfin à partir. Elle se fait amener sa monture et gravit péniblement les côteaux voisins, et de temps en temps se retourne comme la femme de Lot pour voir l'embrasement qui consume tout derrière elle. Arrivée sur le plateau où Cromières disparaît au regard, elle veut contempler une dernière fois ces ruines fumantes qui parlent si éloquemment à son cœur ; elle fait faire un demi-tour à sa mule, et celle-ci se cabrant comme pour mieux condescendre au désir de sa maîtresse, laisse retomber ses fers sur le rocher, où leur empreinte se grave à l'instant même et n'a cessé d'être incrustée depuis. De là une sorte de pieux respect, de respect traditionnel pour ce rocher légendaire, que l'étranger ne visite qu'avec une curiosité émue, et auquel les populations d'alentour ont donné le nom pittoresque de *Roc de la Mule*.

Ici finit la première phase de l'existence de Cromières. Les Rolland ont disparu de la scène, le château est détruit, et la vie féodale s'est retirée de cette importante demeure, jadis si guerrière, si retentissante, si animée, et maintenant si pleine de calme, de silence et de mort. Le suzerain a remplacé le vassal, et à partir de ce moment jusqu'à la Révolution (1414-1789), les seigneurs de Cromières ne résident plus dans la vallée de Goul, ils sont à Carlat.

III

Cromières sous les vicomtes de Carlat ne fut qu'une châtellenie délaissée, que ses nouveaux propriétaires ne visitèrent jamais ou ne visitèrent que rarement. Que faire en un lieu qui n'est qu'une ruine, où il n'y a ni logis, ni habitation pour le maître, pas même une chambre de réserve pour lui et pour sa suite lorsqu'ils sont de passage ? Cependant ils y eurent fortin, prison, capitainerie, surveillance, et chaque année, à l'époque de la moisson, un fermier venait y passer quinze jours pour faire la levée des grains et en surveiller le transport. Ce fut là tout le mouvement, toute la vie de Cromières pendant 375 ans.

Deux faits de cette seconde période méritent cependant d'être signalés.

Le premier est la détention d'un captif sous Jacques d'Armagnac, vicomte de Carlat et seigneur de Cromières en 1475. Cette détention n'est qu'un incident de la longue lutte qui troubla si profondément les rapports du duc de Nemours et du roi Louis XI. Nous sommes au plus fort de cette lutte sournoise et dissimulée, aussi imprudente d'un côté qu'implacable de l'autre. Une révolution vient d'éclater à Aurillac divisé en deux partis, et les partisans de Nemours ont fortement molesté les partisans du Roi. Pour mieux se rendre compte de la situation, Louis XI a prescrit une enquête. Déjà le commissaire royal est sur les lieux et il informe contre les coupables. Parmi les témoins cités, il est surtout question d'un notaire, dont la déposition serait accablante pour les plus ardents, mais aussi les plus compromis partisans de Nemours. Ceux-ci le savent, et voulant à tout prix empêcher cette déposition, ils s'emparent de l'officier ministériel, le mettent en lieu sûr, et attendent les événements. Mais les événements se précipitent, la police royale est sur la piste du captif, et ceux qui le tiennent séquestré, craignant qu'on le leur enlève, s'empressent de le conduire à Cromières, *chastel appartenant au dit seigneur de Nemours.* Là il est jeté dans les fers, gardé à vue, et traité *moult durement en prison obscure l'espace de quinze jours ou trois semaines.* Ces précautions rigoureuses ne suffisant pas, on l'éloigne encore et on le transfère jusqu'aux limites du parlement de Toulouse, dans le château de Broussols, près du Puy, d'où il réussit à s'échapper enfin comme par miracle, à la grande confusion de ses ennemis. .[1]

Quelques jours après cet épisode, Jacques d'Armagnac payait de sa tête sa rébellion contre le roi, et tous ses biens étaient confisqués par arrêt du Parlement, le 27 juin 1477. Cromières faisant partie de la vicomté de Carlat, passa alors à Jean Blosset. seigneur de St-Pierre et grand sénéchal de Normandie. Mais celui-ci ne fut qu'un possesseur transitoire, mal assis, mal coté, à cause de la part prise par lui au meurtre de Nemours. Il le comprit si bien, qu'en mars 1490, il renonça au cadeau royal qu'il avait reçu, moyennant une indemnité de 20.000 livres, qui lui furent comptées par Pierre de Bourbon et Anne de France, les successeurs légitimes des d'Armagnac à la Vicomté. [2]

IV

La possession de Cromières qui n'avait pas été contestée aux d'Armagnac, le fut aux Bourbons, et cette contestation est le second fait de cette période que nous devons relater. C'était le dernier jour de l'an 1506. Tout était calme à Cromières et dans les environs, et personne ne pouvait pressentir ce qui allait se passer. Soudain on annonce la visite d'un inconnu et cet inconnu se dit maître Nicolas du Puy, notaire, huissier d'armes et sergent du Roi. Il vient, dit-il, au nom de la Couronne, saisir la châtellenie comme bien inaliénable du domaine royal ; et à l'appui de sa mission il exhibe des lettres officielles à lui délivrées par Messieurs de la Chambre des Comptes à Paris. Le capitaine de la place est absent, mais le lieutenant se présente, et l'huissier trouvant à qui parler, applique sur la première porte les armes du Roi, et fait défense à tous les redevables de payer le cens à un autre qu'à lui. Aussitôt protestation d'Antoine de Comblat, le lieutenant susdit, qui déclare expressément réserver tous les droits de sa maîtresse, Anne de France, veuve de Pierre de Bourbon, châtelaine de Cromières, et ne consentir en rien à la procédure attentatoire dirigée contre elle, procédure qu'il réprouve de toutes ses forces et dont il fera certainement appel. [3]

L'année suivante, en effet, il y eut grande plaidoirie au par-

---

[1] Doc. hist, T. Ier, page 509, et T. II, pag. CCXCVI.

[2] Ibid.   T. Ier, p. 541-544.

[3] Doc. hist. T. Ier, p. 578-582.

lement de Paris au sujet de cette opposition à la saisie, faite par Anne de France en sa qualité de vicomtesse de Carlat. L'avocat de la duchesse soutenait que celle-ci avait été reçue en foi et hommage par les rois pour les vicomtés, (car il s'agissait aussi de celle de Murat), qu'elle en avait recueilli les fruits sans contredit, que partant elle était en légitime possession et qu'elle devait y être maintenue. L'avocat de la Couronne rappelait la confiscation faite sur Jacques d'Armagnac, duc de Nemours, pour crime de lèse-majesté, le refus de la Chambre des Comptes d'enregistrer les lettres de don octroyées par Louis XI à Jean Blosset, et prétendait que les Bourbons ayant traité avec ce dernier, avaient leurs droits viciés dès l'origine ; en conséquence il concluait à la validité de la saisie, et au retour au Roi de toutes les places qui lui avaient été adjugées par l'arrêt de confiscation. Statuant sur les conclusions des parties, la Cour rejeta les prétentions de la couronne, annula la commission et l'exploit du sieur Nicolas du Puy, et remit la duchesse de Bourbon en possession de la châtellenie de Cromières et des autres châtellenies de la vicomté. [1]

Déboutée de la saisie, et par là même des profits qu'elle en attendait, la couronne devait prendre sa revanche plus tard. Anne de France étant morte en 1522, Charles de Bourbon, son gendre et son héritier, eut maille à partir avec le roi, s'évada secrètement du royaume, lia partie avec Charles-Quint, et mourut en révolté sous les murs de Rome le 6 mai 1527. Ses biens furent alors confisqués, et définitivement réunis à la Couronne en 1531.

V

Par l'effet de cette réunion, le roi devint vicomte de Carlat, châtelain de Cromières, seigneur direct et immédiat du bourg de Raulhac ; car tous ces droits s'enchaînaient les uns aux autres, et le dernier n'était que la conséquence du premier. Les Raulhacois ne virent pas avec déplaisir cette petite révolution, qui en les plaçant sous la main du roi de France, les plaçait par là même sous la suzeraineté du premier seigneur du royaume ; leur amour-propre y trouvait son compte, et quand l'amour-propre est satisfait, les hommes sont moins difficiles à conduire. D'autre part leur nouveau maître n'était pas un Carladésien ; il n'avait ni racines, ni attaches dans la vallée du Goul ; il ne viendrait donc pas les visiter, il se tiendrait loin d'eux, et c'est un avantage, quand on est vassal, d'échapper à l'œil, au contrôle, à

---

[1] Doc. hist. n° CCVIII.

la surveillance du seigneur. Les distances assurent la liberté, et la liberté n'est-elle pas un bien inappréciable ?

Sous le gouvernement royal le bourg de Raulhac jouit donc d'une certaine indépendance, due à l'absence de ses vrais et légitimes seigneurs, les rois de France, qui étaient de trop gros personnages pour s'occuper de leurs lointaines et minimes possessions de la vallée du Goul : *de minimis non curat prœtor*, Qu'on le remarque bien cependant : cette indépendance n'était que relative, et ne dispensait pas les habitants de rendre au Roi le devoir féodal. An Roi les hommages, au Roi les cens, au Roi la justice et les nominations à tous les emplois publics. Si le monarque n'était pas là, s'il n'opérait pas par lui-même, il opérait par ses officiers ou ses hommes d'affaires ; de telle sorte que de haut en bas de l'échelle sociale, à tous les degrés et dans toutes les branches de l'administration, c'est sa main qui agissait, et partout on sentait sa main agir.

Parmi les actes de cette époque, 1531-1643, on peut citer les reconnaissances féodales de 1535, consenties à François Iᵉʳ par les redevables de la châtellenie de Cromières, notamment par messires Jacques Malmezat, prêtre de Raulhac, Pierre Poulhès, prêtre de Golusclat, Pierre Ameilhau, prêtre de la Bonetie, Géraud Escalier, prêtre de Lavergne, etc, tous propriétaires dans le bourg de Raulhac ou détenteurs de divers héritages mouvant de la Couronne. [1] Ces reconnaissances furent renouvelées sous les règnes suivants, en 1564 sous Charles IX, en 1584 sous Henri III, en 1590 sous Henri IV, et en 1619 sous Louis XIII. Chaque changement de seigneur amenait l'établissement d'un nouveau terrier, et les rois de France ne laissaient pas périmer leurs droits.

La châtellenie de Cromières avait été affermée par les officiers du roi à maître Antoine de Verdier, docteur, Jean de Monteils et Jean Carrier, notaire royal, tous trois de Mur-de-Barrez et y demeurant. Le 22 mars 1627 ceux-ci sous-affermèrent à noble Franc-Bertrand Cat de Rastinhac, seigneur de Messillac, la partie de la terre non féodale, qu'on appelait « le domaine de Cromières ». Le prix convenu fut celui que les bailleurs en donnaient eux-mêmes, c'est à dire cent livres par an pendant cinq ans. L'acte fut passé en l'étude de Mᵉ Mayonade, notaire au Mur et greffier du domaine du roi en Carladès. [2]

---

1   Arch. de Messillac.
2   Ibidem.

VI

En 1643 Cromières cessa de faire partie du domaine royal, et passa avec la vicomté de Carlat aux princes de Monaco. L'administration des Grimaldi, fut comme l'administration royale, une administration déléguée. Les Boissy, les Froquières, les Delrieu, tous officiers de justice à Vic, furent successivement ses fondés de pouvoir et ses agents d'affaires en Carladès. Pierre Boissy, juge-prévot, est détenteur de tous les hommages, titres, registres et terriers appartenant à son Altesse Louis Ier le jour de sa mort survenue le 27 mars 1698, et l'inventaire en est fait à son domicile, en présence de sa veuve Félicie de Comblat, par M. Pons de Sistrières, lieutenant général, les 3 et 5 mai suivants. [1] Antoine Froquières, pareillement juge-prévot, agit en qualité de procureur de son Altesse Jacques-François-Léonor, lorsque le 9 mai 1731 il afferme à Mademoiselle Boussuge de Pierrefort la châtellenie de Vigouroux, pour le prix annuel de 14 65 livres [2] Géraud-François Delrieu, lieutenant particulier au bailliage de Vic, est comptable de son Altesse le prince Honoré, lorsque le 24 septembre 1770 il lui soumet un état de recettes et de dépenses pour tout le comté de Carladès, s'élevant les premières à 18.843 livres et les secondes à 19.538 livres, avec un déficit par conséquent de 695 livres, le tout vu, vérifié et aprouvé à Paris par le Prince lui-même, le 6 octobre de la même année. [3] Enfin c'est Jean-Antoine Dubois, docteur en médecine de la ville de Murat, qui est le chargé d'affaires du même prince, lorsque le 6 mars 1777 il donne en bail à ferme pour neuf ans à M° Barthélemy, notaire au Mur-de-Barrez, les châtellenies de Cromières et de Carlat pour le prix annnel de 3.500 livres.[4]

Affermée séparément, la terre de Cromières rapportait 400 livres en 1660, 600 livres en 1687 et 1724, 660 livres en 1753. [5] Le fermier en sus de son bail était tenu de payer au chapelain de Sainte-Anne du Mur-de-Barrez 10 setiers seigle, 25 sols argent, et 2 livres de cire pour une fondation faite par le seigneur vicomte de Carlat. En outre il devait payer les tailles, crues, et autres impositions tant ordinaires qu'extraordinaires qui gre.

---

[1] Papiers Guary, de Vic-sur-Cère.

[2] Ibid.

[3] Ibid.

[4] Min-Bersanges, ét. Fabre, Raulhac.

[5] Ces chiffres sont extraits des divers baux de l'époque conservés aux arhives de Messillac, et aux minutes Vialar, Froquières, de Comblat, etc.

vaient ou pouvaient grever la dite terre pendant toute la durée de
la location, depuis l' « ingrès » jusqu'à l' « exit ».

Les fermiers étaient généralement des hommes du pays,
soit de Vic, soit du Mur-de-Barrez, soit surtout de Raulhac, les
uns notaires, les autres avocats, les uns appartenant à la noblesse, les autres à la bourgeoisie. [1] Ceux-ci agissaient seuls,
ceux-là avaient des associés. Les sous-fermiers étaient des paysans, ou même des cadets de noblesse, qui ne craignaient pas
de déroger en s'occupant d'affaires, et en partageant avec des
roturiers les risques d'une entreprise en commun. C'est ainsi
que de 1659 à 1667 Annet Cat de Rastinhac, sieur d'Yolet, se
subroge Pierre Delpuech, marchand de Raulhac, pour la
jouissance et la levée de la moitié des rentes appartenant au
prince de Monaco dans le dit lieu de Raulhac, à cause de la
châtellenie de Cromières.

VII

Annet Cat de Rastinhac étant sous-fermier en 1657, fit dresser à cette date la liste complète des redevables de la châtellenie. Ce précieux terrier a été conservé, et grâce a lui on a un
état détaillé des cens et des censitaires de cette époque.

La seigneurie de Cromières s'étendait alors sur quatre
bourgs et sur trente-six villages. Les bourgs étaient Raulhac,
la Capelle-Barrez, Jou et Vic ; les villages, Golusclat, Esquiers,
Lagarde, le Mont, Badailhac, Corroffoul, la Maisonade, Froquières, Falhès, Vixe, Bouygues, Guimontel, Montjou, Peyre,
Cropières, Baldussès, Puechmourier, Goul, Lavergne, la Cairie, Barriac, Brommet, Griffoul, Sistrières, Pailherols, Pailhès,
et la Bonétie dans la paroisse de Raulhac ; Rentières,
le Meyniel, Prat, Pradevin, Capels et Peyre (bis) dans la
paroisse de Jou ; Morèze, dans la paroisse de St-Clément,
Vernet, dans la paroisse de Vic, Couffrouze dans la paroisse
de Capelle-Barrez, et le Bousquet, dans la paroisse de Théron-

---

[1]   Etaient fermiers de Cromières : Pierre Planque, notaire du lieu de
Serre, paroisse de Taussac, 1644-1647 ; Jean de Laveissière, sieur de Vitrac,
1662-1667 ; Blaise Pagès, sieur des Huttes, 1668-1671 ; Duranty et Bélestat,
1672-1674 ; A. Conilhergues, notaire à Mur-de-Barrez, 1673-1675-1678 ;
Vialar, notaire à Vic, 1679-1683 ; Durand, de Comblat, notaire à Peyre,
1684-1667, Blaise Laborie, notaire à Raulhac, 1687-1689, etc.

dels. [1] Ce dernier village était situé en Rouergue et marquait le point terminus de la châtellenie du côté Est, comme Morèze et Vernet le marquaient du côté Nord.

En réalité Cromières avait presque toutes ses possessions dans la vallée du Goul ou sur les plateaux environnants. Sur 283 redevables qui en dépendaient, 230 étaient de la paroisse de Raulhac, et 33 seulement des paroisses limitrophes. On remarquera que le bourg de Raulhac fournissait à lui seul 29 tenanciers, sans compter un certain nombre de maisons qui étaient reconnues au seigneur de Cropières par indivis avec le prince de Monaco.

Mais Cromières n'était pas seulement un domaine seigneurial ayant de nombreux redevables et de nombreuses rentes, c'était aussi un domaine privé, que le Prince affermait avec la châtellenie ou louait sans elle. Il fut donné à bail emphytéotique le 22 septembre 1668 par le prince Louis à noble Jean Rigal d'Escorailles, seigneur de Cropières. Il consistait alors en une masure de château, un chesal de grange, trois prés joignants formant une superficie de 10 œuvres, quatre terres de la contenance de 35 séterées, et une montagne de 60 herbage appelée de la Cipière. Toutes ces parcelles furent acensées, et un contrat d' « investison » signé entre les deux parties, moyennant un droit d'entrée de 550 livres et une rente annuelle de 245 livres payable à la Saint-André.

Les cinq premières années qui suivirent le contrat tout alla bien. La rente fut exactement servie, et la maison de Cropières,

---

[1] Raulhac......	29	redevables	Capels........	4	redevables
Golusclat.....	1	—	Montjou.....	6	—
Esquiers.....	2	—	Peyre........	12	—
Le Mont......	11	—	Cropières.....	3	—
Lagarde......	4	—	Baldussès	1	—
La Maisonade.	12	—	Puechmourier	4	—
Coroffoul.....	1	—	Goul.........	1	—
Rentières.....	1	—	Lavergne.....	23	—
Froquières....	8	—	La Cairie.....	2	—
Falhès........	2	—	Barriac.......	6	—
Le Meyniel...	4	—	Brommet.....	18	—
Bouygues....	7	—	Griffoul	4	—
Guimontel....	5	—	Sistrières.....	13	—
Prat.........	5	—	Pailherols....	13	—
Pradavin.....	3	—	La Bonétie....	8	—
Vixe.........	16	—	Pailhès.......	13	—
Vernet.......	7	—	Couffrouze....	7	—
Badailhac....	6	—	L.Cap.-Barrez.	16	—
Vic..........	1	—	Le Bousquet..	3	—
Morèze.......	1	—			

(Archives de Messillac)

fit honneur à sa signature. Mais le 28 mai 1673, la dame Eléonore de Plas ayant sous-affermé la montagne de la Cipière au
sieur de la Salle-lès-Vic, à condition que sur les 245 livres qui
étaient dues au prince de Monaco il en verserait 135, la situation se brouilla. Le sieur de Salvanhac ne voulant pas ou ne
pouvant pas payer, il fallut que le marquis de Roussille payât
à sa place, ce qui amena un procès entre le fermier et le sous-
fermier, la maison de Monaco étant hors de cause. Le fermier
fut autorisé à reprendre la montagne, et le sous-fermier condamné à solder les arrérages. Le bail emphytéotique reprit
ainsi son cours, mais la maison de Cropières, rentrée dans ses
obligations, ne fut pas fidèle à son tour à payer la dite rente.
En 1769 le retard était de vingt années, et les réclamations du
prince de Monaco restaient sans effet. Saisi d'une plainte contre
le retardataire, le parlement de Paris prononça contre M. de
Valady la résiliation du bail et remit au Prince la jouissance
de son domaine, non sans l'avoir préalablement couvert de
tout l'arriéré. La situation revenait donc ce qu'elle était avant
1668, mais des arrangements postérieurs survinrent, qui per-
mirent aux deux parties de se raccorder et de traiter de nouveau à l'amiable. L'emphytéose fut reprise et scellée une seconde fois sous l'obligation de la même redevance. De la sorte
Cromières resta aux Valady jusqu'à la Révolution, qui en déclarant toutes les rentes temporaires et rachetables, permit à
cette noble et ancienne famille de se substituer définitivement
aux Grimaldi dans la possession d'une enclave, qui arrondissait
admirablement la belle terre de Cropières, et que pour ce motif
elle ne pouvait pas laisser échapper.

PUECHMOURIER

CHAPITRE III

LE COSEIGNEUR

Puechmourier, château et châtellenie. — I. Les Montal (1340-1541). — II. Jean de Barthélemy (1542-1561). — III. Annet de Fontanges (1561-1582). — IV. La maison de Cropières (1582-1789). —V. Procès entre les d'Humières et les d'Escorailles. — VI. Sentence des maréchaux de France du 14 novembre 1690. — VII. Transaction du 13 septembre 1703.

Tout près de Cromières, sur le même versant de la vallée du Goul, mais à une altitude plus élevée quoique seulement à mi-côteau, se dresse la vieille tour de Puechmourier. Les crevasses qui en lézardent le flanc et surtout les arbres verts qui ont escaladé son sommet et s'y balancent sous le souffle du vent, indiquent assez l'état actuel de la place. Les blocs massifs, qui de temps en temps en dévalent et roulent avec fracas sur les pentes voisines, avertissent nettement le paysan qu'ils sont passés pour ne plus revenir, ces âges lointains, où la féodalité était toute puissante, et où les seigneurs du haut de leurs donjons crénelés pouvaient narguer la foule. Cela ne l'empêche pas de croire encore tant soit peu au retour possible de ces seigneurs, et de s'indigner contre eux aux récits fantastiques dont on a bercé son enfance. Ces affreuses oubliettes où l'on torturait ceux de sa condition, et ces sinistres crochets, enfoncés dans les voûtes, où on les pendait haut et court, ont particulièrement le don de l'émouvoir, et les habiles rhéteurs ne s'y trompent pas : ils savent trop bien que c'est là la corde sensible, la corde qu'il faut toujours toucher, parce qu'elle vibre toujours dans l'intérêt de leur parti.

La tour de Puechmourier n'est que le débris d'un château fort, — peut-être le plus fort de la paroisse, — entouré de fossés, de retranchements, de jardins en terrasse, d'habitations voûtées, *castrum de Podio Morario,* dont des fouilles récentes ont mis à nu les solides et profondes assises. A quelle époque fut-il démoli ? par les Anglais ? par les Protestants ? par l'autorité royale elle-même ? Ne fut-il pas plutôt abandonné par ses propriétaires vers le milieu du XVIe siècle, et livré par eux à l'action destructive du temps ? Un point certain, c'est que si la tour subsistait encore avec ses cinq étages en 1669 lors de la nommée que fit au prince de Monaco le comte de Roussille, seigneur de Cropières, le château avec ses deux corps de logis n'était déjà plus qu'une « masure » inhabitable, donc inhabitée.

L'histoire de Puechmourier fait suite à celle de Cromières, car les deux châtellenies n'étaient pas seulement voisines, mais les deux châtelains étaient, l'un seigneur, l'autre coseigneur de Raulhac. C'est dire que dans le bourg ils avaient tous les deux leur rôle, leur influence, leur autorité, et que quand le seigneur principal ne résidait pas, le seigneur secondaire se trouvait *ipso facto* à peu près seul maître et souverain ; et alors à lui passait la direction des affaires, la direction communale, du prince de Monaco, par exemple, à M. de Valady.

I

Le plus ancien seigneur de Puechmourier est Etienne de Montjou, damoiseau, qui vivait au milieu du XIIIe siècle. Le 19 juillet 1266 il fait hommage à Henri de Rodez pour son « repaire » de Puechmourier, pour son manse d'Albospeyre, la moitié de celui de la Maisonade et plusieurs autres possessions qu'il tient dans la paroisse de Raulhac. L'acte est passé à Polminhac devant le notaire Centellin, en présence des principaux officiers du Carladès : Henri de Bénavent, Guillaume Destanne, Guibert de Montamat.[1] Ce document est important pour notre histoire, parce qu'il nous renseigne à la fois sur la

---

[1] Doc. hist., T. I. p.

qualité de la place et sur la qualité du propriétaire. La place
n'était alors qu'un simple « repaire », *reparium*, un petit lieu
fortifié, un castelet, capable de soutenir un premier choc, mais
non d'opposer une résistance prolongée, et elle ne devait
devenir un *castrum*, un véritable château fort, que dans le siècle
suivant à la faveur des guerres anglaises. Le propriétaire était
un de Montjou, donc très vraisemblablement un cadet de la
maison de Cropières. Comment cette seigneurie passa-t-elle aux
Montal, originaires de la vallée de Cère, et à quelle époque en
prirent-ils possession ? Nous ne le savons pas. Une seule chose
est hors de conteste, c'est que les Montal y sont déjà installés en
1340. Vesian de Montal, chevalier, seigneur d'Yolet et de
Puechmourier, consent un bail à emphytéose sur la montagne
du Bouïssou à Pierre et Bernard d'Aymeric, bourgeois de la
ville d'Aurillac, le vendredi après la Ste-Luce de cette année
1340. Les preneurs serviront au bailleur une rente annuelle de
5 sols, et tous les droits de justice sont réservés. Sur ce double
fondement est approuvé et homologué par les officiers du
Carladès ledit bail avec ses suites le 1er avril 1341. [1] — Aymar
de Montal, seigneur d'Yolet et de Puechmourier, figure dans
le traité qui sous le pontificat de Clément VI fut conclu à Ville-
neuve-d'Avignon le 29 mai 1345, entre le cardinal Etienne
Aubert, prieur de Raulhac, et les quatre principaux représentants de la noblesse raulhacoise; mais il est à remarquer
qu'il n'est pas au nombre des négociateurs, et que dans ce
Titre fameux, tant de fois invoqué au sujet de la dîme, son
nom n'est prononcé qu'après ceux de Bernard de Bénavent,
Pons (de) Laroque, Adhémar de Montjou, et Amblard de
Montamat [2]. — Louis de Montal, seigneur d'Yolet et de
Puechmourier, reçoit deux reconnaissances en 1402, l'une de
Géraud de Froquières, l'autre de Jean de la Maisonade. [3] Il
avait épousé Catherine de Favars, qui lui survécut, et qui lui
laissa un fils, Pierre de Montal, seigneur de Puechmourier en
1435. [4] — Jean de Montal signe une quittance de lods, le 4 mai
1450, à Guibert Sobrier au sujet d'une maison appelée de la
Gardette, sise à Raulhac et relevant de Puechmourier [5]. — Ber-

---

[1] Arch. de Cropières.
[2] l'Ancien Raulhac, 1re Partie, p. 124.
[3] Arch. de Messillac.
[4] Nobil. d'Auvergne.
[5] Arch. de Cropières.

nard de Montal passe un contrat d' « investison » au Mur-de-Barrez le 26 juillet 1474 devant Sistrières. [1] — Bonnet de Montal est dispensé du service à l'armée royale le 27 avril 1475, avec Bernard de Bénavent, Chéron de Montjou et Jean de Montamat, par la protection du duc de Nemours, qui fait valoir que tous ces gentilshommes étant continuellement occupés auprès de sa personne, il ne peut pas consentir à s'en séparer. Jacques de Montal termine la série, et opère le raccord entre le XVe et le XVIe siècles.

Ce dernier possédait sur le village de Couffrouze, paroisse de la Capelle-Barrez, une rente foncière qu'il vendit le 4 juin 1493 à vénérable homme François Chalmels, licencié ès-lois, habitant la ville d'Aurillac. L'acte est passé devant Pierre Cantuern, notaire de Raulhac, et scellé du garde des sceaux de l'époque, maître Guillaume de Cadillac, chancelier du prince Pierre de Bourbon pour les vicomtés de Carlat et de Murat [2]. Le 13 mai de l'an 1500 le même Jacques de Montal fonde devant le même notaire une messe hebdomadaire dans la chapelle du château de Puechmourier, et nomme pour la desservir Hugues de Monjou, prêtre du lieu de Raulhac [3]. L'année suivante il obtient des lettres de rémission et fait légitimer un enfant adultérin qu'il avait eu de relations illicites avec Luce Roussille, femme mariée [4]. Le 19 janvier 1503 il fait hommage au vicomte de Carlat pour sa châtellenie de Puechmourier, composée d'un corps de domaine, d'une montagne appelée Pleaux, et de plusieurs rentes assises sur la paroisse de Raulhac. Le corps de domaine n'est pas important : quinze journaux de pré et des terres de labour pour une paire de bœufs en forment toute l'étendue. Il le faut faire exploiter par domestiques, et les frais de cette exploitation sont si considérables, que toutes charges déduites, à peine s'il reste au propriétaire annuellement quitte et net trois livres tournois. La montagne est affermée, et le prix de ferme varie entre 26 livres qui est le maximum et 13 livres 10 sols qui est le minimum [5]. Les rentes sont en argent ou en nature, et s'il est facile de totaliser les premières, il l'est moins d'évaluer les secondes ; ce sera l'affaire de messieurs

---

[1] Arch. de Messillac.

[2]   Id.

[3] Arch. de Combret.

[4] Lettre de rémission, 432, Auvergne hist. et littér., Jouvet.

[5] La livre valait alors 32 fr. 52 de notre monnaie.

les Elus d'Aurillac lorsqu'ils auront lu la présente déclaration,
Les redevables sont au nombre de 52, dont 22 habitent le
bourg de Raulhac, et 30 les villages de Puechmourier, Peyre,
Cropières, la Maisonade, Lagarde, le Mont, Froquières, Brommet, Lavernhe et Valduchez. Le village de Prat, dans la paroisse
de Jou, fait aussi partie de la châtellenie, et le déclarant en est
le seigneur, mais il n'en lève pas les rentes, qui appartiennent
à Marie de Montal, sa tante, à laquelle on les a laissées pour
douaire et légitime. L'hommage se termine par une protestation
de fidélité au roi, que lui et son père ont toujours servi loyalement « en son ban et arrière-ban », en équipant à leurs frais
un « brigandinier[1] » à 2 chevaux, tant pour la maison d'Yolet
que pour celle de Puechmourier, et qu'il continuera de servir
aux mêmes conditions. Le tout est signé : Jacques de Montal,
seigneur de Puechmourier et coseigneur de Raulhac, et Pierre
Cantuern, notaire du lieu et paroisse de Raulhac[2].

Jacques de Montal dut mourir à Puechmourier, où il faisait
sa résidence lorsqu'il rendit l'hommage ci-dessus. Il est très
probable qu'il fût le dernier hôte de cette antique et imposante
demeure, car après lui la seigneurie passa à la maison de la
Roque-Toirac alliée à la sienne, mais ayant ses biens et sa
résidence en Quercy, et partant peu attachée à une terre qu'elle
ne connaissait pas. En 1538 Puechmourier fut vendu aux prêtres d'Aurillac par nobles Claude et Bertrand de Laroque et
demoiselle Jeanne de Tournemire, mais les nouveaux propriétaioes ne le gardèrent pas longtemps, car la vente ayant eu lieu
sous faculté de rachat, Puechmourier fut repris et revendu
par les mêmes à noble Jean de Barthélemy, président de Chambre au Parlement de Toulouse le 7 janvier 1541.[3]

II

Le nouveau seigneur de Puechmourier était originaire de la
ville du Mur-de-Barrez, près Raulhac. Il appartenait à une
ancienne et honorable famille du Rouergue, qui donna au Parlement de Toulouse toute une série d'excellents magistrats,

---

[1] Franc-archer revêtu d'une armure formée d'écailles d'acier rivées,
qu'on appelait *brigandine*.
[2] Chartrier de Comblat-le-Château près Vic-sur-Cère.
[3] Arch. de Combret.

aussi recommandables par leurs vertus que distingués par leurs talents[1]. Jean de Barthélemy était prêtre, et son nom figure avec éclat dans les fastes de sa ville natale. C'est lui qui fit ériger en Chapitre la collégiale du Mur-de-Barrez, dota les prêtres qui la composaient d'un riche patrimoine, et fonda en faveur des pauvres un Hôtel-Dieu qui est devenu l'hospice actuel. Rien n'empêche de supposer que ses largesses s'étendirent jusqu'à Raulhac, et qu'en sa qualité de seigneur de Puechmourier il ne fut un peu la Providence de la paroisse. Les pauvres de ses terres surtout durent bénéficier des générosités de sa grande âme. Malheureusement ses hautes fonctions le retenaient à Toulouse la plus grosse partie de l'année, et ce n'est qu'à l'ouverture des vacances judiciaires, qu'il pouvait quitter les bords de la Garonne et voguer vers le Haut Pays du Carladès. On l'y trouve en 1546 et 1547 occupé à recevoir les reconnaissances de ses tenanciers, et par exprès celles de 17 habitants du lieu même de Raulhac. A la même époque il a des receveurs pour sa terre, chargés de lever les cens et de lui en faire compte en fin d'année. Ces receveurs sont pour 1540 noble Jean de Sévérac, dit la Roque, de Puechmourier, et pour 1548 discret homme Jean de Montjou, licencié en droit et lieutenant général au siège de Mur-de-Barrez[2].

Nous arrivons en 1560. Jean de Barthélemy vient de mourir, et dans son testament reçu par maître François du Bruel, notaire, il a ordonné pour payer certains legs que la châtellenie et baronnie de Puechmourier, par lui acquise du seigneur de la Roque-Toirac, serait vendue au dernier enchérisseur, à moins que Jean de Montjou, le susnommé, n'en donne un prix égal à celui de ladite acquisition, auquel cas il faudrait lui réserver la préférence. Sont chargés de poursuivre la vente les cinq exécuteurs testamentaires désignés par le défunt : messire Guérin d'Alzon, chevalier, François d'Arzac, Pierre Sabatier, tous trois membres du Parlement, Pierre de Bordenone, chanoine de l'église cathédrale de St-Etienne, et Cosme de Cadillac, maître des ports de la province de Toulouse. L'affaire est en bonnes mains, mais il faut calculer avec les lenteurs de la justice. Ne voyant rien venir, les créanciers et légataires du sieur Barthélemy s'impatientent, s'irritent, et obtiennent un arrêt favorable à leur cause le 6 mai 1560. Par suite de cet arrêt, les exécu-

---

[1] Gaujal, T. IV, p. 252.
[2] Min. Dusoulier, ét. Gizolme, Vic-sur-Cère.

teurs testamentaires font publier la vente dans les villes d'Aurillac, Rodez, Mur-de-Barrez, et pressentir Jean de Montjou au sujet de ses intentions. Celui-ci se dérobe, ne voulant ni du prix de l'acquisition ni de la préférence qu'on lui propose, et la seigneurie est adjugée à messire Annet de Fontanges, protonotaire apostolique, comme au dernier enchérisseur, pour la somme de 6.500 livres. L'acte authentique est passé à Toulouse le 7 mai 1561 dans la maison du sieur d'Alzon, entre ledit d'Alzon et ledit Sabatier d'un côté, et ledit Annet de Fontanges, de l'autre. Les témoins instrumentaires sont maître Martin Cossel, docteur régent de l'Université, et maître Jean Codercy, notaire criminel en la cour du Sénéchal de Toulouse. La minute est reçue par Antoine Célerié, notaire royal. Quinze jours après, dans la sacristie de l'église métropolitaine de St-Etienne, Pierre de Bordenone adhère au contrat en sa qualité d'exécuteur testamentaire, et quittance finale est délivrée à l'acquéreur par les exécuteurs testamentaires réunis le 16 novembre 1564[1].

III

Annet de Fontanges, le nouveau seigneur de Puechmourier, était un cadet de la maison de Cropières. Les dignités et les bénéfices ecclésiastiques s'étaient accumulés sur sa tête. Après avoir été vicaire général de l'archevêché d'Auch, il était devenu protonotaire apostolique, doyen de Saint-Chamand, prieur de St-Michel, de Paulhenc et de Brommat. Il était donc riche, puissant, et il semble qu'il aurait pu relever Puechmourier de ses ruines, du moins entretenir la vieille Tour, et sauver comme on dit les débris du naufrage. Mais Annet de Fontanges n'avait pas l'humeur sédentaire ; les solitudes profondes de la vallée du Goul ne faisaient pas précisément ses délices, et s'il ne dédaignait pas d'y paraître, même d'y séjourner de temps en temps, il préférait habiter Saint-Flour, où ses relations avec l'Evêché et les consuls de la ville lui avaient inspiré la pensée de fonder un collège. Or la non résidence équivaut souvent à l'abandon, et un château abandonné est bientôt un château détruit. D'ailleurs, Puechmourier était dans les dépendances de Cropières, et l'idée du noble prélat était de le léguer un jour à l'héritier de sa Maison. Alors pourquoi

---

[1] Arch, de Cropières.

y faire des réparations qui ne lui semblaient pas nécessaires, et puisqu'il était à moitié ruiné, pourquoi ne pas le laisser ruiner totalement.

Puechmourier fut donc sacrifié au voisinage de Cropières, et la même incurie qui avait marqué l'administration précédente marqua celle du nouveau seigneur. On trouve cependant des travaux d'entretien exécutés, soit au moulin de Tournemire, soit à la chapelle de Puechmourier en l'église de Raulhac. Le moulin de Tournemire, situé sur la rive gauche du Goul, était la perle des moulins de la vallée. Son ancienneté [1], son organisation, son outillage lui avaient valu une vogue extraordinaire, et longtemps il fut le plus fréquenté de toute la région. Trois meules, trois bluteaux, un cheval et deux ânes y étaient continuellement occupés soit à moudre, soit à tamiser, soit à transporter la farine [2], et comme ce moulin était de bon rapport, Annet de Fontanges y fit exécuter des réparations considérables. — La chapelle de Puechmourier, appelée de Notre-Dame, était la mieux située de l'église de Raulhac. Le même Annet de Fontanges y défendit contre la Maison de Messillac les droits honorifiques que ses prédécesseurs y avaient toujours exercés, et lorsque ces droits eurent été reconnus par sentence judiciaire, il y fonda plusieurs messes, une annuelle pour le cardinal de Tournon à dire le jour de la fête de Saint-Georges, et une quotidienne pour lui et les siens, dont la célébration devait être toujours précédée d'une sonnerie de la grande cloche (29 mars 1569). Il y fit ensuite ériger un tombeau, qu'il orna avec le plus grand soin, et où il élut sépulture par testament du 24 mars 1582 [3].

Dans ce testament passé au château de Cropières devant Barthélemy Coffinhal, il prend le titre de seigneur de Puechmourier et de *coseigneur* de Raulhac, et il fait son héritier général Annet de Fontanges, son neveu, seigneur de Cropières et de Palmont. La réunion des deux seigneuries est ainsi expressément ordonnée, et désormais la terre de Puechmourier n'aura plus d'existence indépendante, son histoire se confond avec celle de Cropières, dont nous parlerons dans le chapitre suivant.

---

[1] On le trouve mentionné en 1420, celui de Messillac en 1538, celui de Goul en 1555, celui de Golusclat en 1704, etc.

[2] Bail à ferme du 11 janvier 1764, min. *Rastinhac.*

[3] Arch. de Combret.

IV·

L'intérêt de ce qui va suivre n'est donc plus dans la seigneurie de Puechmourier, il réside tout entier dans la *coseigneurie* de Raulhac, A qui appartenait cette coseigneurie ? Combien de tenanciers comptait-elle ? A qui payaient-ils le cens, et de qui étaient-ils justiciables ? On l'a vu plus haut, le vrai seigneur de Raulhac, le seigneur dominant, incontesté, était le vicomte de Carlat, puisque d'abord sur cinquante feux et plus tard sur soixante, il en possédait environ les deux tiers. Mais à côté du seigneur il y avait le coseigneur, et cette qualité était hautement revendiquée par les seigneurs de Puechmourier, qui la prenaient toujours dans leurs actes. Jacques de Montal notamment, dans l'hommage de 1503, et Annet de Fontanges, dans le testament de 1582, se l'étaient expressément attribuée. Ce titre d'ailleurs était basé sur de nombreuses reconnaissances, et sa légitimité ne faisait doute pour personne.

Les successeurs d'Annet de Fontanges continuèrent l'usage suivi : ils s'intitulèrent seigneurs de Puechmourier et coseigneurs de Raulhac. Ils en avaient le droit, puisqu'ils avaient hérité de ce titre en héritant de la terre à laquelle il était attaché. Pendant cent ans aucune opposition ne se produisit. Les premiers des Scorailles ne furent pas plus inquiétés que les derniers des Fontanges. Mais vers 1680 un procès surgit tout à coup, procès violent, procès acharné, qui fit couler des flots d'encre au sujet de cette coseigneurie et brouilla à mort deux puissantes familles, les d'Humières demandeurs et les d'Escorailles défendeurs.

V

Le point de départ de cette lutte ardente, épique, fut une malheureuse citation, lancée par Jean-Rigal d'Escorailles contre Bertrand dHumières, citation à comparaître devant le juge de Cropières, séant à Raulhac. Il s'agissait de certains arrérages de rente qu'à raison de ses seigneuries de Feyssergues, Hauteval et autres, le premier réclamait au second, et dont la somme n'était pas très importante. Blessé de ce qu'il qualifiait un mauvais procédé, le sieur de Varcilles refusa de comparaître, alléguant que le sieur de Roussille n'avait pas le droit de le citer, que son prétendu auditoire de Raulhac n'était qu'une usurpation, qu'il n'avait pas justice dans le bourg ou qu'il n'avait qu'une justice insignifiante allant seulement jusqu'à 7 sols, qu'il le prouverait et que ses preuves seraient péremptoires. Devant ces menaces M. de Roussille crut qu'il était prudent d'aviser. Il rassembla donc tous ses titres, en fit un nventaire minutieux, et adressa cet inventaire, sous forme de requête, à la cour d'appeaux de Vic, aux fins d'éclairer les juges et d'en obtenir une sentence qui établit bien ses droits et réduisit à néant les prétentions de son adversaire.

Les pièces produites étaient au nombre de treize. Le produisant invoquait d'abord la nommée du 9 juillet 1669, baillée par lui au prince de Monaco, laquelle fait foi, disait la requête, que le sieur de Roussille et ses auteurs ont toujours levé les cens, rentes, droits et devoirs seigneuriaux avec toute justice, haute, moyenne et basse, sur 17 maisons de Raulhac, et laquelle fait foi encore que le même sieur de Roussille lève plus de 600 setiers de grain sur 32 villages ou plus, dépendant de la paroisse de Raulhac.

Le produisant s'appuyait ensuite sur deux cahiers de reconnaissances écrites en latin, rendues les unes en 1501, en faveur de noble Jacques de Montal, seigneur de Puechmourier et coseigneur de Raulhac, et les autres en 1546-1547, en faveur de noble Jean de Barthélemy, président de Chambre au Parlement de Toulouse, aussi seigneur de Puechmourier, par plusieurs habitants du lieu de Raulhac. Ces reconnaissances étaient consenties, les unes en seul, les autres par indivis avec le vicomte de Carlat.

A ces deux terriers était jointe une liève signée de Pierre Coffinhal, notaire, dans laquelle 17 habitants dudit Raulhac étaient dénombrés comme redevables de la châtellenie de Puechmourier. Puis venaient deux ventes de cette châtellenie, celle de 1541 à Jean Barthélemy par noble Bertrand de Laroque, écuyer, seigneur de Sainte-Colombe, et François de Laroque, frères, et celle de 1561 à Annet de Fontanges par les héritiers et exécuteurs testamentaires du dit Barthélemy, dans lesquelles ventes il était fait mention de la rente que les vendeurs prenaient sur tel et tel habitant de Raulhac.

Enfin était produite une sentence contradictoire rendue au siège de Vic le 21 mars 1565, en faveur d'Annet de Fontanges contre le procureur du roi et Jean Alric, dudit Raulhac, sentence qui déclare, continuait la requête, que la maison des Ays appartenant audit Alric et située dans ledit Raulhac, est de la mouvance, censive, justice et directe dudit Annet de Fontanges, seigneur de Puechmourier, et ordonne qu'elle sera rayée du terrier du roi [1].

Cette production formait un plaidoyer serré, nettement probant, qui établissait jusqu'à l'évidence les droits de coseigneurie du comte de Roussille sur le bourg de Raulhac. Celui-ci, en effet, n'était-il pas le successeur des Fontanges, et les Fontanges n'étaient-ils pas eux-mêmes les successeurs des Montal ? Or les Fontanges et les Montal ayant pris dans leurs actes la qualité de coseigneurs de Raulhac, n'avait-il pas le droit de la prendre à son tour, et puisqu'il avait usé de ce droit et en usait encore, pouvait-on sérieusement le lui contester ?

Bertrand d'Humières sentit le coup qui le frappait. Néanmoins il ne voulut pas s'avouer vaincu, et aux raisons juridiques de son adversaire, il opposa les siennes, qui n'étaient que sophismes, injures, maladresses, personnalités.

La réplique débutait par nier les titres de M. de Rousille à la coseigneurie de Raulhac. — Ces titres sont nuls, ou à tout le moins contestables, écrivait M. de Varcilles. Le cahier des reconnaissances rendues à Jacques Montal n'est pas authentique, puisqu'il ne porte ni la signature du notaire, ni la signature des parties. Ensuite M. de Roussille n'est ni l'héritier ni le successeur de ce Jacques de Montal, puisque dans la nommée qu'il a fournie au prince de Monaco il ne dit pas tenir de lui ces rentes. D'ailleurs sur cette nommée il y a eu sentence contradictoire, et dans cette sentence on lui réduit à 7 sols la rente qu'il prétend lever sur le lieu de Raulhac, on déclare qu'il n'y a que la basse justice, et qu'il ne peut mettre de litre que sur les chapelles qui sont à lui. D'où vient que tout récemment il n'a pas tenu compte de cette double déclaration, qu'il s'est arrogé la haute justice, des rentes et des droits honorifiques plus étendus que ceux qu'on lui avait attribués, notamment le droit de litre et de ceinture autour de l'église, qu'il a fait appliquer à l'encontre des privilèges du seigneur dominant, qui est le prince de Monaco ? Veut-il donc être le roi du lieu et de la paroisse, et devant son autorité faudra-t-il que toutes les autres baissent pavillon ?

Pour prendre la qualité de coseigneur de Raulhac, il dit qu'il est le seigneur de 32 villages en toute justice dans la susdite paroisse, qu'il y a cinq domaines, 150 herbages, 2 mou-

---

[1] Arch. de Combret.

lins, 2 chapelles et un tombeau, Si cette qualité dépendait de l'importance des biens, elle appartiendrait plutôt au sieur de de Vareilles qu'au sieur de Roussille, puisque le suppliant a 6 domaines au lieu de 5 dans ladite paroisse, autant et plus d'herbages que son concurrent, 2 moulins comme lui, 150 setiers de blé en rente sur 14 villages, 60 setiers de dîme inféodée, une chapelle dans l'église de Raulhac, et un grand nombre de « domiciles » qui relèvent de lui en toute justice. Il est vrai qu'il n'a pas un mausolée superbe comme celui dont se targue M. de Roussille, mais en fait de mausolées, les plus beaux sont-ils plus enviables que les autres ? Que M. de Roussille garde le sien, qu'il en prenne possession à son aise, et qu'il en jouisse paisiblement jusqu'à la vallée de Josaphat.

L'ironie touchait à l'impertinence, et le railleur n'était pas loin d'être un insulteur. La suite de la réplique était encore plus corsée que le début, et la bravade n'y reculait plus devant la calomnie.

M. de Roussille y était formellement accusé d'avoir fait fabriquer à prix d'or une généalogie grandiose, dans l'intention d'éblouir ses contemporains et de leur faire croire que lui et les siens descendaient de cette illustre et ancienne maison de Scorailles, qui aurait occupé des charges considérables du temps de Pépin et de Charles VII, rois de France. Cette prétendue généalogie n'est qu'un trompe-l'œil, disait Bertrand d'Humières, car d'après « le bruit public » la famille de Cropières ne remonte pas au-delà de 1530, et depuis cette époque ses états de service sont-ils donc si brillants ? Qu'a fait M. d'Hauteval, votre frère ? Qu'a fait M. de Grammont, votre fils ? Qu'avez-vous fait vous-même de si éclatant et de si merveilleux ?

M. d'Hauteval ? — Il a reçu 2.000 écus de M. le Prince pour mettre une compagnie de cavalerie sur pied contre le service du roi. Mais craignant d'être accusé de porter les armes contre Sa Majesté, il s'est prestement dérobé et a gardé l'argent.

M. de Grammont ? — Il est mort de faim et de misère au siège de Condé, « n'ayant pas une chemise à se mettre sur le corps » après avoir lassé tous ses amis et voisins par des demandes réitérées de secours. Qu'on fasse parler le sieur de Montamat et le sieur de Signalac qui étaient au service en même temps que lui, et l'on apprendra exactement ce qui s'est passé.

Et vous-même, M. de Roussille ? — Vous avez commandé le régiment d'Espinchal, du moins votre généalogie l'affirme, mais est-ce bien sûr ? Rappelez-vous ce qui vous fut dit par M. d'Espinchal lui-même lorsqu'on lui montra le fameux passage : « Mon cousin, où étais-je donc, s'il vous plaît, quand vous commandiez mon régiment ? »

Mais à défaut de services personnels, vous pouvez invoquer, dites-vous, de brillantes alliances. Ces alliances sont connues. La femme de votre trisaïeul, Louis d'Escorailles, s'appelait Marie Delort : un nom à distinction, n'estce pas ? Celle de votre bisaïeul, Antoine d'Escorailles, était Anne de Séguières ; celle de votre aïeul, Rigal d'Escorailles, Anne d'Aubusson ; celle de votre père, Louis d'Escorailles, Guillemine de Fontanges, et la vôtre Eléonore de Plas : quatre filles de qualité, j'en conviens, mais que conclure de là ? Que M. de Roussille est véritable-ment *materno sanguine felix !*

Une dernière alliance qui vous honore, celle-ci particuliè-rement, c'est le mariage de votre fils avec Mademoiselle Marie-Charlotte de Tubières, fille du comte de Caylus. On ne saurait disconvenir que cette alliance n'ait été pour vous une source d'avantages précieux, soit par la dot importante qu'elle vous a procurée, soit par la légitime considération que toute la province a eue pour cette jeune dame. Elle a chassé de la maison de Roussille cet « air rampant » qui s'y trouvait, et lui a donné le confort et l'éclat. Mais à qui devez-vous cette alliance excep-tionnelle et les heureux résultats qui en ont été la suite ? C'est madame d'Auberoque qui a provoqué le mariage, c'est le pré-sident de Laurière qui l'a négocié, mais c'est le suppliant qui l'a fait aboutir. Vous ne disiez pas alors que la famille d'Humiè-res était une famille obscure, que ses commencements dataient de 1669, qu'on pouvait lui contester jusqu'au nom qu'elle porte et qu'elle a usurpé, paraît-il, sur une des plus grandes familles du royaume.

La famille d'Humières, M. de Roussille, n'a rien à envier à la vôtre. Vous invoquez votre généalogie ? je pourrais vous mon-trer la mienne que je possède complète depuis l'an 1521, et pour que vous ne m'accusiez pas de parler sans preuves, voici tout au long la liste de mes aïeux. — Vous invoquez les services rendus au roi de France ? — Les d'Humières, sous ce rapport, ne redoutent pas la comparaison. Mon père fut un brillant soldat dans sa jeunesse. Il appartenait aux gardes du corps, et il fit jusqu'à quatre campagnes avant de se marier, trois dans la cavalerie et une dans l'infanterie. Mon frère aîné est mort sous les drapeaux ; un autre est actuellement capitaine de chevau-légers, et un troisième lieutenant de cavalerie dans le régiment de Noailles. Mon cousin, le « chevalier de Loubejac » est mort à Gizery au service du roi, un cadet a eu le même sort, et un autre, plus jeune, s'est distingué en ptusieurs affaires. — Vous invoquez vos alliances ? — Les nôtres ne nous font pas moins d'honneur. Le suppliant est marié à dame Antoinette de Boisset, de la Salle, près Vic, famille connue et réputée une des plus anciennes de la Haute-Auvergne. Son père, Antoine d'Humières, sieur d'Espalivet, et son oncle, François d'Humières, sieur de la Calsade, avaient épousé les deux sœurs, Jeanne de Rastinhac et Marguerite de Rastinhac, filles du sieur de Montamat et petites filles de M. de Messillac, lieutenant-général des armées du roi et gouverneur du Haut-Pays. Son grand-père Gaspard d'Humières, sieur de Vialaret, s'était uni en 1605 à Jeanne de Laroque, héritière de Loubejac, maison très ancienne et des plus considérables du canton. Ce dernier dans son contrat de mariage reçu Coffinhal, se dit natif de Conques et fils d'Antoine d'Humières. Ce nom d'Humières est donc bien acquis au suppliant, et il n'y a pas eu d'usurpation comme le prétend son contradicteur.

La vérité est que les d'Humières se sont vu contester leur nom en 1670, qu'interpellés par le maréchal d'Humières ils ont reconnu très loyalement être issus d'une famille de Conques et nullement de l'illustre maison d'Humières en Picardie, que malgré cette déclaration on leur a fait un procès, qu'on les a obligés de produire leurs titres, et que sur le vu de ces titres le Conseil d'Etat a décidé tout en maintenant la noblesse du suppliant et celle de sa famille, que pour distinguer désormais les deux maisons, le suppliant s'appellerait d'Humières d'Olmières, et qu'il signerait ainsi : où est l'usurpation ?

En résumé la famille d'Humières peut soutenir la comparaison avec celle de Roussille. Vous venez du Limousin, nous avons nos origines en Rouergue. Vons êtes à Cropières depuis 1616, nous sommes à Loubejac depuis 1605. Vous avez remplacé les Fontanges, nous avons succédé aux de Laroque. Vous avez de belles alliances, nous pouvons mettre les nôtres en parallèle, Vous avez servi le roi, nous comptons plus de campagnes que vous. Vous êtes le marquis de Cropières, le suppliant est le marquis de Vareilles. Vous signez: Scorailles-Fontanges, il signe d'Humières d'Olmières. Où est donc cette supériorité dont on parle sans cesse, mais qu'on ne peut jamais établir ?

Le suppliant conclut et la Cour conclura avec le suppliant qu'il est temps de modérer les prétentions du sieur de Roussille, que dans l'intérêt du roi et du prince de Monaco il importe que la litre extérieure soit effacée de l'église, que défense soit faite au juge de Cropières de tenir audience dans le lieu de Raulhac et aux d'Escorailles de s'arroger la qualité de coseigneurs, qu'ils n'auraient jamais dû prendre et qu'ils ont tant de fois usurpée [1].

La réplique était violente et injurieuse d'un bout à l'autre. Elle contenait surtout une accusation grave qui était une véritable fausseté, et qu'aucun tribunal ne pouvait prendre au sérieux. Nous ignorons la sentence des magistrats de Vic, mais nous possédons celle des maréchaux de France constitués en jury d'honneur; elle est du 14 novembre 1690.

VI

Il est dit dans cette sentence que la rivalité entre les sieurs d'Escorailles père et fils et les sieurs de Varcilles et de Loubejac, aussi père et fils, est ancienne, que depuis longtemps les premiers ont à se plaindre des seconds, que des écrits injurieux et diffamatoires pour la maison de Cropières avaient déjà paru avant 1683, qu'à cette date il fut expressément défendu à ceux qui menaient la campagne de la continuer, mais qu'au lieu de se corriger, le sieur de Vareilles a récidivé jusqu'à prétendre que le comte de Roussille n'était pas de la maison de Scorailles, que ce nouvel écrit, *ridicule, impertinent, infamant,* a été publié dans les marchés par ledit sieur de Vareilles et lu publiquement par le sieur de Loubejac, que dès lors il importe de mettre un terme à ce débordement d'injures..... les deux parties ayant été entendues contradictoirement chacune en leurs moyens de défense et toutes les informations à charge et à décharge ayant été prises tant par le vice-bailli du Haut-Auvergne que par la Girardière, un des prévôts actuellement en fonction:

« Nous ordonnons, disent les maréchaux, pour punir exem-
« plairement ces sortes d'injures, qui sont outrageantes à une
« maison de la qualité de celle du seigneur comte de Roussille,
« que le sieur de Vareilles tiendra prison un an au fort Lévesque
« à partir d'aujourd'hui, les quinze premiers jours d'emprison-
« nement ne pouvant lui être comptés que pour la peine de sa
« désobéissance; qu'en sortant il sera conduit par notre vice-

---

[1] Arch. de Combret

« bailli à Cropières pour leur demander pardon et à toute leur
« famille, en présence de tel nombre de gentilshommes qu'ils
« jugeront à propos d'inviter, leur déclarant qu'il a fait ledit
« écrit dans un mouvement de colère, témérairement, brutale-
« ment et faussement; qu'en même temps et en sa présence ledit
« écrit sera lacéré par notre vice-bailli qui en dressera son procès-
« verbal, qu'il en délivrera autant d'expéditions qu'il plaira aux
« messieurs de Roussille, et que le sieur de Varcilles s'abstiendra
« pendant un autre an d'assister aux réunions où se trouveront
« messieurs de Roussille père et fils ;

« Qu'à l'égard du sieur de Loubejac, détenu depuis trois
« ans au fort Lévesque, il sera élargi par notre concierge sur la
« prière du sieur de Roussille fils, qui a reçu de lui des lettres
« de réparation qu'il nous a montrées.

« Les condamnons solidairement à tous les frais que nous
« ayons modérés à la somme de 1650 livres 15 sols, savoir celle
« de 340 l 15 sols pour les informations et procédures faites par
« notre vice-bailli du Haut-Auvergne, celle de 250 l pour ceux
« faits par le sieur de la Girardière, et celle de 1000 l pour les
« frais de voyage du sieur de Roussille fils, qui est demeuré
« trois mois seize jours en campagne à raison de 10 livres par
« jour.

« Fait à Paris, les maréchaux de France assemblés le dernier
« octobre et réassemblés le 14 novembre 1690. — Signés :

Le maréchal de Billefon, Humière, la Feuillade et plus bas
par Messeigneurs, Bourgogne [1].

Le droit était donc du côté des Roussille, et la maison de
Cropières sortait triomphante de ce débat passionné. Il ne restait
plus au sieur de Varcilles qu'à se soumettre à la sentence et à
se livrer à la justice qui l'avait frappé. Mais tout condamné a
24 heures pour maudire ses juges, et le sieur de Varcilles estima
qu'un gentilhomme de sa qualité pouvait bien s'octroyer un
délai plus long. Il fit donc la sourde oreille à l'invite qu'on lui
adressait, et sa mère sur ces entrefaites étant venue à mourir,
il prétexta de cette mort et de la nécessité d'un règlement
d'affaires pour demeurer tranquillement chez lui. En réalité il
tenait à braver les Roussille et à continuer contre eux son
système de vexation jusqu'au bout. Irritée de cette attitude
offensante qui semblait un défi à son père et à son frère, la
marquise de Molac, née d'Escorailles, prit la plume et dénonça

---

[1] Arch. de Cropières.

le récalcitrant aux maréchaux qui l'avaient condamné. Ceux-ci demandèrent un rapport à M. l'avocat du roi, maître des requêtes au Conseil d'Etat, et sur ce rapport rendirent une première ordonnance qui accordait un délai de trois mois au sieur de Vareilles pour se remettre au fort Lévesque, puis une seconde qui ne lui accordait plus qu'un mois. Ce dernier terme expiré, il serait conduit d'office à sa prison, et la contrainte par corps lui serait appliquée [1].

VII

Ceci se passait le 26 octobre 1691. L'histoire ne dit pas ce qui arriva dans la suite, mais il est probable que la sentence des maréchaux de France ne resta pas lettre morte, et que la justice finit par avoir raison des lenteurs calculées de l'habile stratège. Seulement la rancune est tenace, et si la question d'honneur était tranchée entre les familles rivales, restait pendante la question des intérêts civils. Or sur ce point particulier le sieur de Vareilles fit savoir qu'il ne transigerait pas. Condamné par le juge de Cropières, il en appela à la cour d'appeaux de Vic, et condamné à Vic, il se pourvut devant le Parlement de Paris. L'affaire était déjà inscrite et allait être jugée sur le rapport de M. Hugues de Semonville, conseiller à la Cour, lorque des amis communs s'interposèrent et essayèrent de concilier les parties. Une transaction eut lieu au Mur-de-Barrez, dans la maison appelée de Montamat, le 21 septembre 1693, entre Joseph de Laveissière de Beauregard, procureur des Messieurs de Roussille et Bertrand d'Humières, sieur de Vareilles, résidant ordinairement en son château de Bassignac. Par cet accord les parties renonçaient à leurs prétentions respectives, et se tenaient quittes de tous dépens. Le procès semblait fini, et les amis de la paix se félicitaient déjà hautement de l'heureux résultat de leur intervention, lorsque tout à coup les adversaires se ravisèrent, et par un acte dérogatoire au précédent, ils annulèrent le même jour ce qui venait d'être fait [2].

Tout fut remis en question, et la terrible Chicane continua à sévir pendant dix ans encore: ce fut une série de tiraillements, d'escarmouches, de manœuvres tantôt sournoises, tantôt déclarées. Les d'Escorailles père et fils moururent sans avoir traité

---

[1] Arch. de Combret.
[2] Min. Froquières.

la paix. Leur disparition amena une détente, et cette détente se convertit bientôt en un rapprochement. Au fond, les deux parties ne demandaient qu'à désarmer. La dame de Cropières, Marie-Charlotte de Tubières-Caylus, était fatiguée d'un procès, qui était une « épine » pour sa maison et dont son mari et son beau-père avaient souffert longtemps, Elle commençait à en souffrir sérieusement elle-même, mais quelque désireuse qu'elle fût d'y mettre un terme, elle ne pouvait pas cependant renoncer à des droits acquis, ni sacrifier à la légère les intérêts de ses enfants mineurs. D'autre part le sieur de Vareilles qui s'était donné du temps, et qui savait maintenant à quoi s'en tenir sur le mal fondé de ses prétentions, ne voulait pas s'obstiner davantage, et sentait tout le besoin de se dégager d'une situation où le beau rôle n'avait pas été pour lui. Il se rendit sans peine à une proposition d'accomodement qui lui fut faite, et la transaction suivante fut signée entre les parties le 12 septembre 1703 :

Par cette transaction ledit sieur de Vareilles consentait que ladite dame fît exercer la justice dans le lieu de Raulhac, qu'elle fût maintenue en possession du droit de ceinture autour de l'église, et qu'elle prît dans ses actes la qualité de dame *haut justicier en partie* dudit lieu. Au surplus il reconnaissait lui devoir la somme de 1750 livres, qui devait lui être payée par lui ou par son frère M. de Griffoul, auquel il promettait faire agréer la présente convention, et moyennant le paiement de cette somme de 1750 livres, les parties se désistaient vis à vis l'une de l'autre de toutes leurs prétentions, poursuites et procédures, y compris les arrérages de cens, rentes et lods revendiqués par chacune d'elles, soit en instance, soit en appel. L'acte fut passé à Raulhac devant Froquières et Fualdès, notaires royaux, en présence de messire Jacques de Volonzac, prêtre et prieur de la Capelle-Neuvéglise en Rouergue, maître Pierre Chaumeil, avocat au Parlement, résidant à Murat, maître Antoine Froquières, juge-prévôt à Vic, et maître Jacques Gourlat, avocat au présidial d'Aurillac, qui « ont servi de conseillers et de médiateurs en cette affaire » [1].

Le procès était bien vidé cette fois, et la maison de Cropières restait maîtresse du champ de bataille. La coseigneurie de Raulhac lui appartenait désormais sans contestation possible, non pas en tant que bien patrimonial, mais en tant qu'héritage venu à elle par les anciens seigneurs de Puechmourier.

---

[1] Min. Froquières.

CROPIÈRES

CHAPITRE IV

CROPIÈRES, CHATEAU & CHATELLENIE

**I. Les de Montjou (1261-1508). — II. Les de Fontanges
(1508-1616). — III. Les d'Escorailles (1616-1746). —
IV. Les de Valady (1746-1906).**

Quand on dévale de Puechmourier pour aller prendre la
route de Vic, à quelque 3oo mètres seulement de la place que
nous venons de décrire, on se trouve en face du château de
Cropières, Cropières le joyau, Cropières la perle de
la vallée de Raulhac. Avez-vous jamais visité Cropières, de-
manderons-nous à nos lecteurs ? Tout y annonce la splendeur,
mais une splendeur déchue. Ce modeste portail par lequel
vous pénétrez et que surmontent des vases de pierre aux écussons des Fontanges et des Scorailles ; cette vaste cour qui s'allonge devant vous et que peuplent pêle-mêle de gros chiens de
garde, des marcassins de toute taille et des volatiles de toute
espèce ; cette chapelle seigneuriale qui s'ouvre à votre droite
et dont le bel appareil extérieur contraste si étrangement avec
l'état d'abandon et de dégradation intérieure ; ces caves voûtées
et ces sombres cuisines qui lui font suite ; ces écuries solitaires
et profondes qu'on a juste en face et d'où l'on ne voit plus
sortir ni chevaux fringants, ni harnais de luxe, ni carosses
somptueux, et à gauche, dominant le grand jardin, cette prome-
nade en terrasse, que bordait naguère un parapet protecteur et

qui n'est plus qu'une piste démantelée, tel est le premier aspect de Cropières, un aspect triste et mélancolique, celui du rez-de-chaussée. Et si l'on élève sa vue vers les étages supérieurs et qu'on regarde l'ensemble de l'édifice, composé de deux corps de logis qui se réunissent et se coupent à angle droit, même impression de tristesse, même sentiment de mélancolie. Le sceau de la vétusté est partout. La seule partie à peu près conservée, la seule par conséquent digne de remarque, c'est le perron monumental qui se dresse au fond de la cour en face du visiteur, et qui par un magnifique escalier aux larges rampes, le long d'une balustrade sculptée, l'introduit majestueusement dans le château.

Mais si le coup d'œil extérieur annonce le mauvais entretien et trahit ainsi l'absence du propriétaire, la vue intérieure du château est bien autrement désolante. Entrez, vous serez très bien accueilli par les fermiers de céans, un jeune couple parisien, qui a renoncé au commerce de la capitale pour se vouer aux travaux agricoles, et qui vous fera parfaitement les honneurs de la maison [1]. Ici s'ouvre la grande salle qui constituait autrefois les appartements de réception. Voyez-vous ces parquets disjoints, ces lambris déchirés, ces murs lézardés, ces chambranles mal assujettis, ces volets arrachés de leurs gonds, ces meubles jetés au rancart et ensevelis çà et là dans la poussière ? Pour réparer seulement cette salle, disait naguère un architecte, il faudrait 100.000 francs. De l'autre côté, si vous ne craignez pas de vous aventurer par des escaliers d'une solidité douteuse, vous visiterez successivement la *chambre de M. de Fontanges,* la *chambre des officiers,* la *chambre grise,* la *chambre blanche,* la *chambre de Madame,* la *chambre de Monsieur,* le *cabinet de Monsieur,* le *cabinet des archives,* etc., toutes ces appellations ont disparu ou achèvent de disparaître, mais l'Inventaire de 1746 [2] nous les ayant transmises, nous les mentionnons à l'intention des nouveaux Durif ou des nouveaux Farges qui entreprendront le nouveau Guide du Cantal. Seulement qu'ils se hâtent, car l'humidité et la moisissure ont tout envahi, boiseries, tapisseries, glaces, fauteuils, trumeaux, tableaux, portraits de famille, tout, excepté ce que les voleurs ont pris ou ce que les rats ont dévoré. Et lorsque le propriétaire actuel de Cropières, M. le marquis de Valady, aura fini par déménager et par transporter ailleurs les meubles échappés à

---

[1] M. et Madame Varet, née Lathelize.

[2] Min. Boyssou, et. Gizolme, Vic-sur-Cère.

l'abandon ou au pillage, que restera-t-il de cette historique et autrefois si somptueuse demeure ? Rien que des pièces sans nom et sans décor, effroyablement délabrées, et formant une galerie « *sui generis* », la galerie des ruines, multipliées et accumulées les unes sur les autres.

Il s'agit maintenant d'esquisser à grands traits l'histoire féodale du vieux manoir, et de faire revivre les principaux événements qui s'y sont accomplis. Quatre familles s'offrent à nous, qui ont successivement occupé Cropières depuis le XIIIe siècle jusqu'à nos jours. Ce sont dans l'ordre chronologique : les Montjou, les Fontanges, les Scorailles, les Valady.

I

« Crosa Petra », « Crosapeira », « Croapeyra », Cropières, que d'autres écrivent « Croupières » et « Courpières », est le nom d'un ancien château féodal situé au centre de la vallée du Goul, dans une des plus belles positions de la paroisse de Raulhac. Je dis : un ancien château féodal, car le château actuel n'a rien qui rappelle le donjon crénelé et fortifié du moyen âge. Pas une tour, pas une meurtrière, pas une défense quelconque. Les tours, les meurtrières et les défenses existaient, mais en 1720 tout fut abattu, ou transformé ou remanié, de telle sorte que Cropières perdit son cachet antique et la vieille forteresse disparut pour faire place à une maison d'apparence bourgeoise plutôt que seigneuriale.

Ce qu'était Cropières plus tôt, dès l'origine, à l'époque franque, par exemple, nous ne le savons. Un fait certain, c'est que les Montjou [1] y sont déjà installés au XIIIe siècle, mais on y trouve en même temps les Cropières, ce qui prouve que les deux familles, d'abord distinctes peut-être, n'en ont fait qu'une plus tard. C'est d'ailleurs l'opinion du Nobiliaire d'Auvergne et du Dictionnaire Statistique du Cantal. Des *Documents historiques*, naguère publiés par M. Gustave Saige et le comte Edouard de Dienne, on ne peut rien conclure. Les Cropières et les Montjou agissent tantôt séparément, tantôt ensemble. Le 9 août 1261 Géraud de Montjou fait hommage à Hugues IV,

---

[1] Les Montjou portent : écartelé aux 1er et 4e de gueules à un besant d'or, aux 2e et 3e d'azur, à la croix alésée d'or, et pour cri de guerre : Cropières.

comte de Rodez et vicomte de Carlat, pour le château de Montjou, le manse de Brommet, le manse de Florac, le Bruel et
tout ce qu'il possède sur les montagnes entre les rivières de la
Cère et de Brezons, depuis le Plomb du Cantal jusqu'au Mur-
de-Barrez. [1] Le 24 juillet 1266 Azémar de Cropières, chevalier,
rend hommage à son tour à Henri de Rodez pour les manses
du Bouïssou, de Jalas et de Païs, situés dans la paroisse de
Raulhac. [2] La même année ou au commencement de l'année
suivante, Guy de Montjou et Géraud de Cropières font défec-
tion au même Henri de Rodez, et refusent de se reconnaître
ses vassaux pour s'avouer d'Alphonse, frère de roi, apanagiste
de la terre d'Auvergne. [3] Le premier fut poursuivi et exécuté
selon les lois féodales du temps, le second eut-il le même sort?
Nous l'ignorons.

Quoi qu'il en soit, si nous admettons à l'origine la coexis-
sence de deux familles distinctes, ayant tiré leur nom: celle-ci
de la terre de Cropières, celle-là du fief de Montjou, nous devons admettre également qu'à une date incertaine de l'histoire
cette coexistence a cessé, et que les deux familles se sont fon-
dues et réunies à la suite et par l'effet de quelque mariage,
attendu qu'au XVe siècle leurs possessions et leurs armoiries se
confondaient. Le nom de Montjou, *Montejovis* en latin, semble
avoir prévalu dès le XIVe siècle. Azémar de Montjou est seigneur de Cropières, *dominus castri de Cropeyra*, en 1339, et
reçoit comme tel une reconnaissance féodale de Jean de Brommet
pour une partie de l'affar appelé d'Andrevène sis aux apparte-
nances de Florac, devant Boyssou [4]. Hector de Montjou, son
fils, rend hommage à Renaud de Pons, vicomte de Carlat, en
1352, pour plusieurs terres et possessions qu'il a données en
emphytéose et perpétuelle pagésie à Pierre Poudcroux du lieu
de Vic, et qui s'appellent de la Trémolière, de la Courgoule, de
la Bastide, etc. [5] — Cinq ans après il consent un nouveau bail
à Pierre Valriac, du village de Pailhès, pour une montagne
appelée de la Goutelle, et cinq ans après encore, donc en 1362,
il agit sur sa terre de Cropières comme seigneur haut justicier [6]. —
Un autre, Hector de Montjou, père de Gaspard et de Delphine,

---

[1] Doc. hist. T. Ier, p. 13.
[2] Doc. hist. T. Ier, p. 54.
[3] Ibidem, T. II, p. CXXII.
[4] Arch. de Combret.
[5] Arch. nat. P 473 [2], p. 126.
[6] Dict. stat. du Cantal, art. Raulhac.

dame de Chamblier, est chanoine à la cathédrale de Rodez et teste en 1437 [1]. — Gaspard de Montjou est seigneur de Cropières de 1414 à 1441. C'est à lui qu'on doit la construction de la chapelle ste-Anne dans l'église de Raulhac en 1420, et la fondation d'une messe quotidienne dans la même chapelle le 5 juillet 1423. Antérieurement il avait plaidé contre Pierre de Boisset, damoiseau, au sujet de l'affar de la Brunie situé à Vic, et le jugement qui avait terminé cette affaire, lui avait été aux trois quarts favorable (10 sept. 1414) [2]. — Le 25 janvier 1428, il confère à un paysan des environs l'*investiture* de son moulin de Cropières, sous la réserve du droit de mouture pour lui et ses successeurs à l'avenir. L'emphytéote devra payer chaque année une émine de seigle à titre de cens, et entretenir la chaussée pour que le seigneur puisse y pêcher « *al montat* et *al devalat* ». Il ne pourra ni détériorer, ni aliéner les choses *investies*, ni en transférer la propriété aux chevaliers, aux églises, aux hôpitaux et autres personnes morales sans permission. Il sera tenu de consentir une nouvelle reconnaissance à chaque changement de seigneur ou de pagésien. La collation est faite selon la coutume par la tradition d'une petite pierre, et pour droit d'entrée il est payé 4 écus d'or « du coin de Toulouse et du coin du roi de France » [3]

Hector de Montjou, vraisemblablement le fils du précédent, est seigneur de Cropières de 1450 à 1473. Est-ce lui qui figure comme maître d'hôtel de la comtesse de la Marche à la page 483 du Tome 1er des *Documents historiques?* On serait tenté de le croire, d'autant plus que les Cropières comme les Bénavent, les Montamat, les Montal, les Vixouses, et autres seigneurs carladésiens gravitèrent toute leur vie autour des d'Armagnac. Ils furent de cette phalange privilégiée de trente et un fidèles, que Jacques d'Armagnac, duc de Nemours, désigna en 1475 à Louis XI comme lui étant personnellement trop nécessaires pour qu'ils pussent se rendre à l'appel du ban, et que le roi, sur sa prière, dispensa par lettre du 27 avril du service à l'armée royale. Ces gentilshommes étaient-ils bien au courant des intrigues qui se fomentaient alors à la petite cour de Carlat, et de l'emploi que se proposait de faire de leur épée celui qui conspirait en ce moment contre son prince ? Ce n'est pas sûr pour tous, et nous n'avons pas à le rechercher, mais ils étaient les serviteurs, les fami-

---

[1] Arch. dép. de l'Aveyron.
[2] Doc. hist. T. II, p. 104.
[3] Arch. de Combret.

liers, les « domestiques » du château, et ils inclinaient d'autant mieux à servir leur suzerain direct et immédiat, que celui-ci était d'une nature sympathique, attractive et très obligeant pour eux.

Jacques de Montjou vient ensuite, 1471-1499, et le seul acte que nous ayons de lui est une vente passée à Aurillac le 16 septembre 1486 devant maître Jean Ouvrier, notaire juré du scel royal au bailliage des Montagnes. Les vendeurs sont deux bourgeois de la ville, Géraud et François Guitard, père et fils, et l'acquéreur est noble Jacques de Montjou, seigneur de Cropières, absent au contrat, mais représenté par vénérables personnes messires Jacques de Montjou, aumônier du monastère bénédictin de St-Géraud, et Gaspard de Montjou, prieur de Biran, ses oncles et ses mandataires, lesquels achètent pour la somme de 52 écus d'or — l'écu valant 27 sols et 6 deniers tournois — le cens annuel de 12 setiers seigle, 2 gélines et 13 sols tournois, avec toute justice, haute, moyenne et basse, assis sur l'affar de Larousse, situé au village de Puechmourier. Les témoins de l'acte sont maîtres Jacque de Manso, licencié en droit, et maître Jean Vieude, prêtre d'Aurillac [1].

Jean de Montjou est le dernier de la série. Il fut cité comme témoin dans l'enquête retentissante qui eut lieu à Aurillac au mois de mai 1498, devant le lieutenant général du bailli des Montagnes, au sujet du procès entre François de Dienne, seigneur de Moissac, et Marguerite d'Armagnac. Dans sa déposition il dit qu'il est âgé de 64 ans ou environ, qu'il a été élevé dans la maison de Carlat, et qu'il a passé sa jeunesse au service de madame Eléonore de Bourbon et de Monseigneur Jean d'Armagnac, évêque de Castres. Plus tard il a été attaché au duc de Nemours, et ne l'a quitté qu'après son arrestation pour se retirer sur ses terres de Cropières. Né vers 1434, il mourut vers 1508, laissant sa succession à sa fille Anne de Montjou, mariée à Rigal de Fontanges, dont la postérité va maintenant nous occuper.

II

La famille de Fontanges [2], qui tire son nom d'un ancien château de Fontanges au canton de Salers, est une des plus nobles et des plus considérables de la Haute-Auvergne. Après

---

[1] Arch. de Gombret.

[2] Fontanges porte: de gueules, au chef d'or chargé de trois fleurs de lys d'azur.

s'être illustrée dans les croisades au temps de saint Louis, elle s'illustra pareillement dans l'administration, la magistrature et le sacerdoce, et n'a cessé de donner pendant plus de sept siècles des chevaliers aux divers Ordres, des lieutenants généraux à la justice, des officiers supérieurs à l'armée et des prélats distingués à l'Eglise. La branche aînée est celle qui quitta Fontanges au commencement du XVIe siècle, et vint se fixer au cœur de la riante et fertile vallée du Goul. Elle occupera Cropières pendant plus de cent ans (1508-1616). Elle s'y épanouira en quatre générations successives, d'une durée moyenne de 27 ans chacune. Ses membres seront doux, humains, bienfaisants, et leur bienfaisance ne s'épandra pas seulement autour d'eux sur leurs vassaux et censitaires, elle franchira les limites de la paroisse, et ira visiter des localités étrangères et éloignées. Le côté romanesque se mêlera parfois chez eux au côté humanitaire, et nous aurons ainsi deux sortes de célébrités : une de bon aloi, l'autre suspecte et sujette à caution.

Le premier de la série, Rigal ou Rigaud de Fontanges, fils de Guinot et de Marguerite d'Anteroche, nous est totalement inconnu. En quelle année vint-il à Cropières? Combien de temps y séjourna-t-il ? A quelle époque faut-il placer sa mort ? Nous l'ignorons. A travers les documents on voit apparaître à plusieurs reprises le nom d'Anne de Montjou, dame de Cropières, mais celui de son mari, jamais. Peut-être était-il de ceux qui ne savent pas tenir un premier rôle et qui se relèguent volontairement et d'eux-mêmes au second plan. Plus probablement il mourut jeune[1] et avant d'avoir conquis les palmes de la renommée. En tout cas, quelqu'ait été sa personnalité, brillante ou effacée, sympathique ou morose, elle est pour nous l'énigme, sinon indéchiffrable, du moins indéchiffrée jusqu'à présent. Qu'on nous apporte des faits, des textes révélateurs, et nous en ferons état. Nous savons seulement qu'il eut trois fils : Nicolas de Fontanges, qui lui succéda, Antoine de Fontanges, sieur de la Salle et d'Escalmels, et Annet de Fontanges, protonotaire apostolique, doyen de Saint-Chamand, prieur de Saint-Michel, de Paulhenc et de Brommat.

Nicolas de Fontanges, son fils aîné, seigneur de Fontanges, de Cropières et de Palmont, fut marié à Antoinette de Flageac, fille de Bernard, écuyer, et de demoiselle Jeanne de Flageac, le 16 février 1526. Une circonstance particulière de ce mariage

---

[1] Il était déjà mort en 1526.

mérite d'être notée. La jeune fille n'avait encore que douze ans, l'âge d'une communiante de nos jours. La législation de cette époque était donc plus libérale que la nôtre, en fixant la puberté à douze ans au lieu de quinze qu'édicte le Code civil. Quatre mille livres de dot, trois cents livres de bagues et joyaux, une maison meublée à Fontanges en cas de viduité et une pension viagère de soixante livres, qui sera réduite à trente en cas de convol, et pour gain de survie une somme de cinq cents livres remboursable en cinq ans après la mort du futur époux : tels sont les avantages constitués à la demoiselle future épouse. Le futur époux, de son côté, se voit octroyer par donation tous les biens meubles et immeubles appartenant à Anne de Montjou, sa mère, dame de Cropières, laquelle, présente au contrat, s'engage et promet de supporter toutes les charges du mariage sous la réserve de l'usufruit et d'un capital de 500 livres, et renonce en outre en faveur de son fils au douaire qu'elle a sur les biens de celui-ci et qui lui a été donné par son mari défunt. Au surplus, en faveur du dit mariage, noble Annet de Fontanges, commandeur, frère du futur époux, renonce à tous ses droits paternels et maternels, et ne se réserve que sa nourriture et son entretien dans la maison de Cropières. Et pour que celle-ci puisse subsister honorablement, ledit futur époux donne au premier enfant mâle à naître de son mariage la moitié de ses biens présents et à venir, en préciput et avantage sur ses autres enfants. L'acte est passé au château de Flageac en présence de nobles hommes Jean de Gibertes, seigneur d'Aunez, Jean (de) Laroque, seigneur dudit lieu, et Baltazar de Carlat, seigneur du Castel, devant Raxatel, Rochery et Depertus, notaire royaux [1].

L'année suivante, Nicolas de Fontanges ratifiait diverses aliénations de rente que Guinot, son aïeul, avait consenties à Géraud Vitalis, prêtre de Salers, et que celui-ci avait données à l'église de sa ville natale [2]. C'est le premier acte qu'on trouve de son administration personnelle. L'an d'après il prend la tête d'une vaste pétition adressée au roi par les habitants de Raulhac pour demander la création de quatre foires dans la commune, dont deux au chef-lieu et deux au village de Pailherols, dont il était seigneur [3] Le 11 juin 1545, il assiste au contrat de mariage

---

1 Arch. de Combret.
2 Dict. Statist. du Cantal, art. Salers.
3 Arch. nat, JJ 243, fol, 136.

célébré à Cropières de noble Jean de Sévérac, de Puechmourier,
et de noble femme Antoinette du Moulin, veuve d'Antoine de
Montjou, seigneur d'Escalmels et coseigneur de Lavergne [1].
Le 31 mai 1546, nous relevons sa présence à l'acte de cession
que fait de sa part de coseigneurie] ci-dessus, moyennant la
somme de quarante livres, ladite Antoinette du Moulin à noble
homme Guillaume de Laurens, seigneur del Dat, propriétaire de
l'autre moitié [2]. Le 2 juin de la même année il afferme pour
trois ans à messire Jean Lugol, prêtre de Roupon, la montagne
del Bouissou, à raison de 82 livres tournois et d'un quintal de
fromage par an [3]. Le 23 juillet 1548, devant Pierre Coffinhal,
notaire royal, il fonde à perpétuité une messe de *Requiem* et un
Salve Regina hebdomadaires pour le repos de son âme dans
l'église de Raulhac [4], Enfin le 12 janvier 1549 il teste devant
Jacques de Montjou, faisant sa mère encore vivante « adminis-
treresse » de ses biens, son héritier général Annet de Fontanges,
son fils aîné, ses héritiers particuliers Antoine de Fontanges,
son second fils, Guillemette de Fontanges, sa fille, dame de
St-Juéry, Jeanne de Fontanges, son autre fille à marier, et ses
exécuteurs testamentaires nobles Annet et Antoine de Fontanges,
ses deux frères susnommés [5].

Ceux-ci n'étaient pas indignes de la confiance qu'on leur
témoignait. L'un était prélat et l'autre magistrat, et en de telles
mains les intérêts de la maison de Cropières ne risquaient pas
de péricliter. Annet de Fontanges, protonotaire apostolique,
fut un oncle précieux. Il sut acquérir d'importantes possessions
avec le revenu de ses bénéfices, et procurer ainsi des accroissements notables à la terre de son héritier. Nous le voyons
d'abord acheter de Pierre Labeau, bourgeois d'Aurillac, pour
la somme de 1350 livres, diverses rentes assises sur les paroisses
de Jou, St-Clément, Polminhac et Raulhac, le 7 octobre 1551 [6],
puis ce sont les châtellenies de Feyssergues, Hauteval et la
Capelle-Barrez qui tentent son ambition et qu'il acquiert pour
le prix de 4500 livres de noble Jacques de Giou, seigneur du dit
lieu, le 21 février 1555 [7] ; puis c'est la baronnie de Puechmou-

---

1   Min. Dusoulier, ét. Gizolme, Vic-sur-Cère.
2   Ibidem.
3   Ibid.
4   Arch. de Combret.
5   Ibid.
6   Ibid.
7   Ibid.

rier qui est à vendre et qu'il achète aux enchères 6500 livres le
7 mai 1561 [1], et enfin c'est l'important domaine de la Cayrie
qui passe en ses mains le 11 février 1574 pour le prix de
6000 livres versé à Gabriel Delpuech, le propriétaire d'alors [2].
Cette dernière acquisition n'était pas chère, mais il faut remarquer qu'elle s'était faite sous faculté de rachat, et pour
obtenir le désistement du vendeur et de ses héritiers, il fallut
leur verser, une première fois, la somme supplémentaire de
880 livres, et une seconde fois, celle de 340 livres. Tous ces
versements successifs auraient dû, ce semble, épuiser les ressources du noble prélat, ou du moins le mettre dans l'impossibilité de faire ses œuvres pies ou humanitaires. Il n'en fut
rien, puisque entre 1574 et 1582 il fonda le collège de St-Flour,
et que son testament n'est qu'un tissu de libéralités aux églises,
aux pauvres et aux monastères [3].

Antoine de Fontanges fut lieutenant du sénéchal d'Auvergne.
Marié en 1535 à Marguerite de Nozières, dame de la Salle [4], il
devint seigneur d'Escalmels en 1541 par l'achat qu'il fit de cette
seigneurie à noble Antoine de Montjou, le célèbre batteur de
sergents [5]. Il eut deux fils : Annet, mort sans enfants, et Louis,
sieur de la Salle et d'Escalmels, qui épousa Jeanne de Sermur
le 21 février 1574, habita le château de la Besserette par suite
de ce mariage, et fut la tige des Fontanges d'Auberoque [6].

Mais revenons à la ligne directe des seigneurs de Cropières.

Annet de Fontanges, fils aîné de Nicolas et héritier de son
oncle, le protonotaire apostolique, est le troisième représentant
de la série. Marié le 30 avril 1555, il avait épousé en secondes
noces Gilberte de Ludesse, née dans la Basse-Auvergne mais domiciliée dans la Haute, depuis son premier mariage avec le sieur
Antoine de Saint-Martial, baron de Drugeac. De cette union il
n'y eut qu'un fils, qu'on appela dans sa jeunesse le sieur
d'Hauteval. Mais les Fontanges comme les Rastinhac étaient
prolifiques, et lorsque les enfants légitimes étaient rares, en
revanche les enfants illégitimes abondaient. Annet en eut
jusqu'à neuf, cinq garçons et quatre filles, qu'il casa du reste
avantageusement, en leur faisant épouser les bons partis du

---

[1]　Ibid.
[2]　Ibid.
[3]　Voir 1ʳᵉ partie, p. 244-245.
[4]　Commune de Junhac, canton de Monsalvy.
[5]　Dict. Stat. du Cantal, art. Jou-sous-Montjou.
[6]　Communication de M. René de Ribier.

voisinage. Les fiers paysans de la vallée du Goul, qui n'avaient dans leurs veines que du sang roturier, n'étaient pas fâchés de s'allier à un sang noble, et volontiers ils ouvraient leurs portes à ces faux représentants d'un beau nom, qui leur apportaient avec un certain lustre une assez jolie dot.

Annet de Fontanges, seigneur de Cropières et de Palmont, plaida avec François du Port, seigneur de Messillac, au sujet des droits honorifiques que les deux parties prétendaient tant sur le lieu que sur l'église de Raulhac. La transaction du 28 décembre 1571 mit fin au procès. L'égalité de rang fut reconnue aux deux seigneurs, et on laissa à la question d'âge le soin de trancher la question de préséance. Cet équilibre alternatif ne devait pas durer, car la suprématie de Messillac allait venir, tandis que celle de Cropières ne devait s'affirmer que cent ans plus tard. Les Fontanges ne la verront donc pas ; elle sera l'apanage des d'Escorailles, leurs successeurs. En attendant, la gène visite Cropières, et Annet de Fontanges est manifestement aux prises avec des besoins d'argent. Pour y subvenir, il ne vendra pas ses propriétés, mais il vendra ses rentes :

A noble Louis de Fontanges, son cousin, tout ce qu'il prend et lève dans la vallée du Goul sur les villages de Jou, Montjou, Capel, Cassagne, Peyre, Valduchez, Bouygues, Froquières, Rentières, le Mont, la Maisonade et Lavergne pour le prix de 1.000 livres (4 décembre 1577). — A noble Jacques de Giou, seigneur dudit lieu, tout ce qu'il prend et lève dans la vallée de Cère sur Vic, Comblat l'Ombrage, Comblat le Soliliage, Olmet, Aris, la Ribe, Onsac, Cabanes, Fournols, Salvanhac et Daissés pour la somme de 1850 livres (5 décembre 1594). — A honorable homme François de Monteils, juge ordinaire au siège du Murde-Barrez, tout ce qu'il perçoit sur les paysans de Florac, Douzalbat, Frons, Canfeyt, Faliès, le Monteil, paroisse de Thérondels, Lavaïsse, paroisse de Brommes, et Marcillac, paroisse de Signalac, pour la valeur de 1550 livres (8 octobre 1597) [1]. Heureusement au beau milieu de cette gène les grands biens de son oncle lui arrivent comme le plus opportun des héritages (1582), et grâce à cette importante succession, il pourra faire honneur à ses affaires, désintéresser ses créanciers, doter ses filles naturelles, acquitter d'innombrables legs et payer régulièrement au collège de Saint-Flour la rente annuelle de 1.000 livres dont il est et demeure chargé par volonté expresse du testateur. Entre

---

[1] Arch. de Combret.

temps il marie son fils Pétre-Jean de Fontanges avec demoiselle Jeanne de la Roüe de Pierrefort (6 décembre 1590), et de ce chef voit pénétrer dans sa maison la somme rondelette de 3o.ooo livres, apport contractuel de la fiancée [1]. Cet apport le met plus qu'à l'aise. Ecoutons-le maintenant tester, le 26 janvier 1599 :

Il veut être enseveli dans l'église de Raulhac en la chapelle de Notre-Dame au tombeau de ses prédécesseurs. Ses honneurs funèbres comprendront quatre fêtes : sépulture, neuvaine, quarantaine et bout d'an, et à chacun de ces services assisteront tous les prêtres de Raulhac, Jou, Cros, Vic, Saint-Clément, La Capelle, et messieurs les chanoines du Mur-de-Barrez. Et à chacun de ces prêtres il sera donné pour leur présence cinq sous tournois, plus une réfection corporelle par les soins de son héritier. Mêmes solennités aux églises de Fontanges et de Paulhenc, et même rétribution au clergé de ces deux paroisses. Et pour que son âme ne soit pas délaissée après sa mort, il lui assure des suffrages abondants par des legs de 400 livres aux prêtres de Raulhac, de 3oo livres à ceux de Fontanges, de 1oo livres à ceux de Paulhenc, etc. Et pour que l'âme de son épouse ne soit pas frustrée d'une partie des fondations par elle faites en l'église paroissiale de Ludesse, il charge son héritier d'acquitter intégralement ces fondations aussitôt après son décès. Voilà pour les services funèbres d'Annet de Fontanges.

Les pauvres, les couvents, les églises attirent ensuite son attention. La chapelle de Pailherols a été fondée par ses prédécesseurs, et celle de Turlande est dans l'ancien prieuré de son oncle; l'un et l'autre sont particulièrement dignes de ses faveurs: 5o francs du temps à la première et 25 francs du temps à la seconde.

L'ordre mendiant des Frères Mineurs ne saurait être trop assisté: 20 écus aux Clarisses du Puy, 4 écus aux Cordeliers d'Aurillac et de Murat, et un large souvenir à ceux de St-Projet en Limousin dans le codicille qui suit.

Tous les pauvres sont pour lui des êtres intéressants, parce qu'ils souffrent. Mais comme il ne peut les secourir tous, il veut qu'il soit donné un habillement complet et une réfection pleine aux soixante d'entr'eux qui suivront son convoi, cent livres à ceux de Paulhenc, et à ceux des paroisses de Fontanges,

---

[1] Arch. de Combret.

Salers et St-Martin, la moitié des rentes à percevoir sur lesdites paroisses le jour de la St-Michel qui suivra son décès.

Autre souci plus grave encore. Il y a des filles honnêtes, mais sans dot, qui ne trouvent pas à se marier. On en choisira treize parmi les plus nécessiteuses et l'on donnera à chacune d'elles 4 écus 1/3, de quoi les aider à entrer en ménage et à s'acheter le lit garni traditionnel. Elles devront être de la paroisse de Raulhac, de celle de Jou ou de la Capelle-Barrez, et appartenir à ses terres autant que possible. Le choix des bénéficiaires et la distribution de l'argent sont réservés à son héritier.

Viennent ensuite des gratifications à ses serviteurs et de nombreux legs à ses enfants naturels d'abord, puis aux enfants naturels du sieur d'Hauteval, son fils, puis aux enfants naturels du sieur de Brommat, son frère. Les enfants naturels! notre société actuelle les méconnaît et les exclut, sans se préoccuper néanmoins d'en diminuer le nombre. La société d'alors, plus humaine et moins marâtre, les avouait et les dotait, sans les mettre sur le même pied que les enfants légitimes. C'était plus moral que de les jeter à la rue, ou de les étouffer dans un berceau, ou d'en laisser la charge exclusive à une malheureuse mère qui trop souvent s'est laissé abuser par une fallacieuse promesse, ou que de misérables calculs ont fait choir.

Après les enfants naturels, 1.000 francs à une de ses parentes Madame de Tournon, 1.000 francs à un de ses cousins noble Jean du Chambon en Limousin, cent écus à une de ses nièces Marguerite de Fontanges, fille d'Aymeric, sieur de Velzic, 50 écus à Catherine de Fontanges, sa fillœule, femme au sieur de la Tour, 10 écus à chacune de ses sœurs, Jeanne de Lavaur et Guillemette de St-Juéry, etc.; et quand le cercle des siens est complètement parcouru, il fait son héritier général noble Pètre-Jean de Fontanges, sieur d'Hauteval, son fils légitime et naturel. Et dans le cas où le sieur d'Hauteval décèderait sans enfants ou sans enfants issus de loyal mariage, il lui substitue noble Louis de Fontanges, sieur de la Salle et de Valon, son cousin, et à défaut de celui-ci, noble Annet de Fontanges, sieur de Velzic, son neveu, à condition qu'ils porteront l'un et l'autre les armes et le nom de Fontanges, particulièrement chers au testateur [1].

Ce testament fut suivi d'un codicille, 15 nov. 1599, qui

---

[1] Min. Coffinhal, ét. Gizolme, Vic-sur-Cère.

instituait une légataire nouvelle, et donnait 25.000 livres à Guillemine de Fontanges, fille unique et légitime de Pètre-Jean de Fontanges et de Jeanne de la Roüe, mariés depuis le 6 décembre 1590 [1].

Pendant que grandit la jeune héritière et que se prépare l'aventure romanesque qui éclatera plus tard, éloignons-nous pour quelques instants de Cropières, et suivons ailleurs quelques rejetons de la maison de Fontanges. Nous sommes au château de Lavaur, paroisse de Jaleyrac, alors diocèse de Clermont. Mariée au propriétaire de ce château (Antoine de Ribier) le 11 octobre 1562, Jeanne de Fontanges était déjà veuve au commencement de 1585. Elle employa les revenus de son douaire à soulager les misères de son temps et à faire d'utiles fondations. Le 25 décembre 1597 elle fonde à Mauriac un séminaire de douze pauvres ou douze lits garnis, au capital de 12.100 livres : ce fut l'origine de l'hospice actuel. Le 8 avril 1599 elle fait don de 2.400 livres pour les prédicateurs de l'Avent et du Carême. Le 24 juin suivant elle lègue plus de 10.000 livres au clergé et aux Jésuites de la même ville. Elle fut enterrée dans l'église de Mauriac, devant la chaire, où elle avait choisi son tombeau. [2]

Guillemette de Fontanges, sa sœur, habitait le château souverain [3] de Saint-Juéry, en Gévaudan. Elle avait épousé noble François d'Aribert, qui lui laissa trois enfants, Antoinette, Guy et Annet de Saint-Juéry. Tous les trois moururent jeunes, et leur mère, frappée dans ses plus vives affections, désenchantée de la vie et n'ayant plus en qui se survivre, dut songer à se donner un héritier dans les lignes collatérales. Mais avant de faire testament, elle a conçu une idée généreuse, et à tout prix il faut qu'elle la mette à exécution. On lui a dit qu'en la ville de Chaudesaigues il y avait beaucoup de pauvres, et aucune œuvre d'assistance publique. Elle y court, se présente aux consuls le 4 avril 1603, les conduit devant notaire, et là en présence de

---

[1] Ibidem.

[2] Dejoux, *Revue de la Haute-Auvergne*, 1899, 3ᵉ fascicule, p. 207. Seulement l'historien du Collège de Mauriac commet une erreur, lorsqu'il fait tester le 24 juin 1600 Jeanne de Lavaur. Celle-ci était déjà décédée le 15 novembre 1599 (voir le codicille d'Annet de Fontanges), donc elle ne pouvait pas tester en 1600.

[3] Il existait autrefois en ce lieu deux châteaux dont les seigneurs étaient différents. L'un portait le nom de château supérieur ou *souverain* de Saint-Juéry ; l'autre s'appelait de Belvezeix, et appartenait à la famille de Montvallat en 1620.

M° Pierre Jausserand, licencié en droit, juge de la ville, Guillaume Grandet de Saint-Juéry, elle fonde, par acte authentique, l'hôpital de ses rêves ou plutôt de son cœur. Elle le dote d'une rente annuelle et perpétuelle de 50 livres, et y ajoute la somme de 200 livres une fois payée, pour l'achat d'une maison hospitalière ou d'un terrain propre à la bâtir, sur lequel on érigera une chapelle, et qu'on dénommera : *hôpital de Saint-Juéry et de Fontanges.* [1]

Cette fondation devait être suivie d'une autre quelques jours après. Un souvenir précieux pour une mère, c'est le lieu béni où reposent les ossements de son enfant. Or mademoiselle Antoinette de Saint-Juéry était morte à la fleur de l'âge, et son corps avait été inhumé aux Jacobins de Saint-Flour. Donc, le 8 juin de cette année 1603, dans l'église de ce couvent qui lui tient tant à cœur parce que sous une de ses dalles elle renferme la dépouille inoubliable, un service religieux est fondé par acte reçu Alanche, notaire royal. Ce dernier aura lieu le mercredi de cette semaine à perpétuité, et la donatrice affecte à cette fondation la somme de 120 livres, dont le capital sera versé ou l'intérêt servi chaque année à la procure du monastère. Frère Jacques Houllen, prieur, et Jean de Combettes, prêtre, assistent au contrat et en acceptent les conditions tant pour eux et les autres religieux absents que pour leurs successeurs à l'avenir. [2]

Après avoir réalisé ainsi les deux plus ardents de ses désirs, Guillemette de Fontanges donna tous ses soins au règlement d'une autre affaire qui l'intéressait beaucoup. Marguerite de Sévérac, sa belle-mère, et François d'Aribert, son époux, avaient légué aux prêtres de Fournels une somme de 360 livres pour une messe à dire chaque jour dans la chapelle de Saint-Juéry. Les guerres religieuses avaient fait suspendre la célébration de cette messe, et pour la reprendre on attendait de part et d'autre des jours meilleurs. Dans l'intervalle Annet et Guy de Saint-Juéry ayant augmenté le capital de la fondation, leur mère et héritière demanda que la célébration interrompue fût reprise selon l'intention formelle des fondateurs. Les prêtres de Fournels s'y refusèrent, alléguant deux motifs : le premier, qu'ils n'étaient pas assez nombreux pour venir tous les jours à Saint-Juéry, le second, que la rétribution qu'on leur allouait n'était pas suffisante. Guillemette leur proposa de réduire à

---

[1] Arch. de Combret.
[2] Ibidem.

quatre par semaine les messes à célébrer, et d'élever à 480 livres le capital de la fondation. Cette transaction fut acceptée et un accord signé entre les parties dans la tour du château souverain le 19 du même mois [1].

Le 2 septembre suivant, Guillemette testa à Saint-Juéry devant Pierre Alanche, notaire royal. Elle veut être inhumée dans la chapelle du château, où elle fait sa résidence ordinaire. Aux pauvres qui assisteront à son convoi, aux prêtres qui célèbreront ses funérailles, au prédicateur qui prononcera son oraison funèbre, au bassin des âmes du Purgatoire de St-Juéry et de Fournels, aux églises de Raulhac et de Lascelle, à tous une rétribution ou l'obole du souvenir. Un souvenir aussi aux enfants naturels du sieur de Brommat et du sieur d'Hauteval ; ils n'ont pas demandé à naître et il faut les empêcher d'être malheureux. Elle confirme plusieurs donations ou fondations faites par ses prédécesseurs, et institue pour héritier général noble Pètre-Jean de Fontanges, son neveu, seigneur de Cropières [2].

Ce testament faisait passer sur la même tête la terre de Cropières et la baronnie de Saint-Juéry. Ainsi la maison de Fontanges augmentait ses possessions, et devenait prépondérante dans la vallée du Goul. Déjà sous le seigneur précédent, elle s'était agrandie des châtellenies de Feyssergues, Hauteval, la Capelle-Barrez, Puechmourier, et de l'important domaine de la Cayrie ; sous le seigneur actuel elle franchissait les limites de la Haute-Auvergne et s'implantait dans le Gévaudan. Ces accroissements successifs ne passèrent pas inaperçus, et attirèrent de plus en plus l'attention sur l'unique et riche héritière de tant de biens, la belle et romanesque Guillemine de Fontanges, dont les aventures galantes remplissent tous les mémoires du temps et fournissent sur la vie de province au commencement du XVIIe siècle une peinture de mœurs qui n'est pas à dédaigner.

Il avait tout à fait grâce et noblesse de lignage, l'élégant seigneur qui s'appelait Gabriel de la Volpilière, et plus communément le *sire de Colombier*. Cadet de bonne maison, mais cadet sans fortune, il s'était amouraché de la jeune Guillemine, et la jeune Guillemine en tenait fort pour lui. Se donner l'un à l'autre et le plus rapidement possible, était le rêve de ces deux ardentes natures ; mais si la mère approuvait fort le projet, le père le rejetait avec énergie. Il s'agissait de lui forcer la main, et de

---

[1] Ibidem.
[2] Ibidem.

l'amener malgré lui à la conclusion du mariage. Sûr de la mère et
de la fille, le bouillant Gabriel commença par gagner à sa cause la
noblesse du pays, les cadets de Brezons, de Rochebrune, de Lastic,
de Vareilhettes, de Chapelle-Laurent, le gouverneur de Turlande,
et bien d'autres, puis il recruta dans le Rouergue et les Cévennes
une bande de trois ou quatre cents aventuriers, et à la tête de
toutes ces forces il s'en vint un jour surprendre la forteresse de
Pierrefort, et enleva le vieux Pètre-Jean, qui y faisait sa demeure.
Il ne lui fit du reste aucun mal, et se contenta de le mettre en
sûreté au château de Neyrebrousse-lès-Cézens, Pendant ce temps,
un détachement courait à Drugeac, où étaient la dame de
Fontanges et sa fille, et comme celles-ci n'attendaient que
l'occasion de se livrer, les ravisseurs eurent beau jeu et captè-
rent sans peine les deux complices. On les conduisit à Pierrefort, et on les enferma dans la forteresse, où elles allaient braver
pendant quelques jours l'autorité royale.

Ce fut le 10 juillet 1607 que le sieur Lacarrière, prévôt
d'Aurillac, apprit par MM. de la Salle et de la Voûte-Beauclair,
ce qui s'était passé. Aussitôt il équipe ses archers, monte à
cheval, se transporte avec le procureur du roi devant la place
de Pierrefort, et fait sommation au sire de Colombier de se
séparer de la jeune fille et de la remettre entre ses mains. Refus
formel du ravisseur et de ses complices ; n'étaient-ils pas à l'abri
derrière de solides murailles, avec des approvisionnements, des
armes, des munitions, et ne pouvaient-ils pas repousser la force par
la force si l'ennemi approchait des remparts et osait les attaquer ?

On fit alors défense à tous les curés et notaires du pays de
procéder à la célébration du mariage, et le père offensé, sorti
de sa prison de Neyrebrousse, vint lui-même à la tête des gens
de justice et de plusieurs gentilshommes, ses parents, pour
essayer encore de la conciliation. Nouvelle sommation, nouveau
refus. La rébellion était complète, et pour la réduire il fallut se
décider à employer la violence. Averti par le sieur du Rochain,
le roi donna l'ordre de réunir 300 hommes et d'attaquer
vigoureusement la place. La forteresse fut investie et le siège
poussé avec vigueur pendant dix jours. A chaque instant on
voyait apparaître sur les remparts l'héroïne de cet étrange siège,
qui, flanquée de sa mère, encourageait à la résistance, donnait
l'exemple de la valeur et électrisait par sa présence l'entourage
étourdi et chevaleresque qui se battait à ses côtés.

Tout à coup on apprend que sous les murs du château de
Vigouroux, un rassemblement s'est formé pour porter secours

aux assiégés. Le sieur Lacarrière ne perd pas une minute. Il divise sa troupe en deux sections, laisse 250 hommes devant Pierrefort, file avec ce qui lui reste devant Vigouroux, surprend les rebelles au village du Bousquet, les met en pleine déroute, et fait prisonnier le sieur de Cabrières, gentilhomme rouergat, et quelques autres du pays. Mais pendant ce temps, la garnison de Pierrefort a tenté une sortie désespérée ; Colombier s'est évadé et plusieurs de ses amis aussi ; d'autres ont trouvé la mort, et parmi eux les capitaines Madazou et Lescure. Turlande est tombé aux mains des vainqueurs ; Guillemine et sa mère sont aux arrêts, et le lendemain sous bonne escorte, il leur faut partir pour Aurillac où la justice les attend et décidera de leur sort. [1]

Sur ces entrefaites arrivèrent à Aurillac M. de Beaumevielle, prévôt général du Languedoc, et M. de Noailles, gouverneur pour le Roi du Haut-Pays d'Auvergne. L'un et l'autre avaient été avisés à Paris de ce qui se passait à Pierrefort, et ils venaient à la rescousse du sieur Lacarrière. M. de Noailles prit connaissance des procès-verbaux du vice-bailli et des informations par lui faites tant sur le rapt que sur la rébellion qui en avait été la conséquence, et ayant mandé à son hôtel le sieur de Beaumevielle, il lui fit connaître les principaux coupables, lui indiqua les lieux où ils s'étaient réfugiés, lui ordonna d'aller fouiller ces lieux et d'y faire telles perquisitions qu'il jugerait à propos, surtout il lui dit de mettre la main sur les plus compromis et de les lui amener.

Le prévôt général partit d'Aurillac le 27 août 1607, un samedi matin et ne termina son expédition que quatre jours après, un mardi soir. Rien de curieux comme le rapport où il a consigné jour par jour les divers incidents de son voyage, et où il raconte par le menu les opérations policières auxquelles il a dû se livrer [2]. Par lui ou par ses lieutenants, les Poujoulat, les Saignes, les Bachelier, il visite successivement Vigouroux, la Volpilière, Neyrebrousse, Rochebrune, Varcilhettes, la Chapelle-Laurent, c'est-à-dire toutes les maisons suspectes ou compromises, et des rebelles il n'en trouve nulle part. Partout ce sont les dames qui se présentent, qui ouvrent galamment leurs portes aux messieurs

---

de la justice, qui laissent librement entrer et perquisitionner chez elles, mais quand on leur demande où est leur mari, elles répondent invariablement qu'elles n'en savent rien, qu'il est parti depuis deux ou trois jours sans dire où il allait, qu'il n'a pas été revu depuis, etc. Les menace-t-on d'une saisie, à tout le moins d'un inventaire, elles déclarent qu'elles s'y opposent formellement, parce que la maison est à elles, que le mobilier leur appartient, et qu'il n'y a pas le moindre objet qui soit du seigneur absent. Elles ont très bien appris leur rôle et elles le débitent en perfection. Même à la Volpilière, où la résistance a été organisée, où le prévôt et sa suite sont assaillis à coups de pierres pendant qu'à l'aide de deux pétards ils font sauter les portes de la maison, elles ne semblent pas interloquées le moins du monde par ce qui se passe d'insolite dans le château. Elles trouvent tout à fait naturel que les assiégés se défendent puisqu'on les attaque, et que les assiégeants ripostent puisqu'ils sont les représentants de la loi. Et dans leur sensibilité féminine elles se font les apôtres de la paix et de la réconciliation, prêchant le désarmement aux uns et la cessation des hostilités aux autres.

Malgré l'intervention officieuse de ces dames, quatre arrestations furent opérées au château de la Volpilière, et les coupables placés sous la main des archers. Malheureusement ces coupables n'étaient que des comparses, et les principaux meneurs continuaient de se promener en liberté. La justice voulut quand même faire son devoir. Le 7 septembre Turlande et Labarre furent exécutés sur la place publique d'Aurillac ; le 24, Colombier et Nozeiroles, son frère, furent condamnés par contumace au supplice de la roue, Rochebrune, Laroque, La Chapelle-Laurent à avoir la tête tranchée, Guyondet et trois autres à être pendus. Le 15 mars 1608 vint le tour de la dame de Fontanges, la trop complaisante, pour ne pas dire la trop criminelle mère. Par sentence de Me Mérault, maître des requêtes à Riom, commissaire départi pour le roi pour terminer les poursuites, Jeanne de la Roüe fut enfermée dans un couvent pour le reste de ses jours, et sa dot acquise à son mari à titre de compensation, à la charge pourtant de lui servir une rente annuelle de 800 livres. Quant à l'héroïne de cette épopée romanesque et sanglante à la fois, on eut égard à son jeune âge et on se contenta de la confier provisoirement à la garde de madame de Roquelaure, femme du comte d'Ayen, en attendant qu'on la rendît à son père.

Ainsi se termina cette retentissante affaire, qui avait si profondément agité le pays, et qui en mettant aux prises la noblesse sanfloraine avec l'autorité royale, semble être comme le dernier cri de guerre, comme le dernier acte d'indépendance de cette noblesse turbulente et jalouse contre une administration centralisatrice qui venait la dépouiller et l'asservir. Ses privilèges respectés jusque-là, elle entendait les défendre, et ce joug humiliant qu'on prétendait lui imposer, elle n'en voulait à aucun prix ; autrement on ne s'expliquerait pas que tant de fils de bonne maison aient pris fait et cause pour un étourdi, qui manifestement, était dans son tort, et que le sentiment de l'honneur leur faisait un devoir de désavouer. On ne se solidarise pas avec un ravisseur, alors même qu'on serait ou de sa parenté ou de ses relations. On le laisse à ses incartades, et il n'y a que des reîtres stipendiés pour favoriser ou accomplir de pareils attentats.

Malgré la légitime réprobation qu'avait suscitée ce gros scandale, on le vit se renouveler plusieurs fois dans les années qui suivirent, notamment en 1614 et en 1615. Mais ces tentatives postérieures n'eurent aucun succès. Les précautions étaient mieux prises, la jeune fille mieux gardée, et finalement le galant chevalier dut battre en retraite et renoncer pour toujours au projet si cher à son cœur. Mademoiselle de Fontanges fut fiancée à un autre, et le 5 août 1616 elle épousait Louis d'Escorailles, baron de Roussille, fils de Rigaud et d'Anne d'Aubusson, une des plus vieilles, des plus fortes, et des plus illustres races de l'Auvergne, et même du royaume au dire de Bouillet.

III

La seigneurie de Cropières s'était considérablement accrue sous les Fontanges ; sous les Scorailles[1] elle atteignit son apogée. Gentilshommes de la plus fine et de la plus pure noblesse, ayant dans leurs veines du sang des croisés et même du sang royal, dans leurs parchemins les meilleurs titres et les meilleures références, dans leur généalogie les plus belles alliances et les plus beaux noms, connus en France, célèbres dans toute la Haute-Auvergne et prépondérants dans le Carladès, gentilhommes brevetés, mais gentilhommes campagnards, vivant sur leurs terres, mêlés au peuple, partageant leur temps

---

[1] On dit aussi, par corruption, les d'Escorailles, et nous l'écrivons nous-même ainsi pour nous conformer aux act s notariés des XVIIe et XVIIIe siècles. Les Scorailles portent : d'azur, à trois bandes d'or.

entre l'armée et le « home rule », sans situation ni place à la Cour : tels furent les Scorailles de Cropières, des seigneurs hors pair, hautement qualifiés par leur naissance, leur illustration, leurs états de service, et auxquels personne ne pouvait disputer la première place dans le pays, quoiqu'ils n'eussent point avec Versailles les relations officielles que tant d'autres possédaient.

Le premier de cette troisième série, qui compte juste quatre générations comme la précédente, venait du château de Roussille, paroisse de Lamazière, en Limousin. Marié dans le Cantal, au château de Scorailles, berceau de la famille, il apportait une dot de 24.000 livres, 75.000 francs environ de notre monnaie. Guillemine, de son côté, s'était vue donner par contrat les revenus de la terre de Fontanges, du domaine de Palmont, de la montagne de Blau qui en dépendait, du boriage de Paulhenc et de celui de Cervel, près Laguiole, en Viadène [1]. Les deux époux étaient donc largement à l'abri de la misère, en attendant que pour l'un comme pour l'autre s'ouvrît la riche succession de leurs parents. Cependant qu'arriva-t-il ? Ils ne tardèrent pas à être séparés de biens, ce qui prouve que la communauté ne prospéra pas et qu'il y eut des raisons de la dissoudre. Le *Dictionnaire Statistique* du Cantal, à l'article Fontanges, donne peut-être une de ces raisons. Louis de Scorailles avait attaqué à main armée et expulsé du château de Palmont le sieur Jean d'Espinchal, qui en était l'usufruitier (4 juillet 1617); il fut condamné pour ce méfait à 1.800 livres d'amende. Cette condamnation qui faisait de son gendre un repris de justice. agaça-t-elle les nerfs du vieux Pètre-Jean de Fontanges, qui vivait encore et qui s'était retiré au château souverain de Saint-Juéry ? Craignit-il pour les intérêts de sa fille et voulut-il les mettre hors d'atteinte par une précaution légale ? Toujours est-il que la séparation fut prononcée, et même la terre de Fontanges vendue le 25 mars 1620, pour le prix de 59.000 livres, à Jeanne de Lévis, fille d'Antoine, comte de Caylus, et dame de Pestels [2]. La maison de Cropières perdait ainsi la plus belle de ses possessions en dehors de la vallée du Goul, et il fallut dire adieu aux riches laitières de Salers, à leurs beurres plantureux et à leurs fromages renommés.

---

[1] Contrat reçu Dagiral, not. roy. — Arch. de Combret.
[2] Min Froquières, ét. Mabit, Vic-sur-Cère.

Mais Louis d'Escorailles n'y pouvait rien, et le vieux Pètre-Jean entendait bien gouverner jusqu'à la fin et prouver que charbonnier est maître chez lui. — Le 12 février 1626 il autorise sa fille à faire de grosses réparations à Cropières et s'engage à la rembourser à dire d'experts. Le 8 juin 1630 il est à Théron-dels, et il vend à noble François de la Volpilière son boriage de Paulhenc pour le prix de 1609 livres, encore un morceau de la terre de Cropières qui s'en va. — Le 25 mai 1633 il est à la Capelle-Barrez, et il se reconnaît débiteur à son héritière de la somme de 60.000 livres pour les réparations antérieurement convenues et déjà exécutées. Quant à la dot de sa femme, il la déclare insaisissable entre ses mains, tant qu'il continuera de lui servir la pension de 800 livres qui lui a été allouée. On ne pourra la répéter qu'après sa mort, et encore ce remboursement devra-t-il s'effectuer sans intérêts [1].

Pendant que le vieux Pètre-Jean agissait ainsi et administrait lui-même ses affaires, Louis d'Escorailles, son gendre, ne restait pas inactif. En 1627-1628 il assiste au siège de la Rochelle, et fait bravement la campagne contre les Protestants à la tète de la compagnie d'Ordonnance du comte de Charlus. — Le 7 octobre 1631 il est à Pailherols, et il échange des rentes avec le chevalier Jacques de Brezons, seigneur de la Roque, Massebeau, Paulhac et autres places [2]. Le 18 octobre de la même année il est institué héritier général par sa mère Anne d'Aubusson, veuve de Rigal d'Escorailles, par testament passé au château de Roussille et reçu Mainial, notaire royal [3]. En 1633 l'accord semble rompu entre la mère et le fils, puisque la testatrice réclame au légataire :

30 plats d'argent.

36 assiettes d'argent.

2 grands lave-mains.

4 flambeaux.

2 flacons.

3 coupes.

3 aiguières.

3 salières.

2 coquemars.

1 poëlon.

---

[1] Min. Froquières.
[2] Min. Coffinhal.
[3] Min. Froquières.

1 bassinoire.

1 réchaud.

2 tourtières.

36 cuillers.

36 fourchettes.

2 vinaigriers.

2 paires de mouchettes.

1 cassolette — le tout d'argent fin, poinçon de Paris, acheté par le baron de Roussille, son mari défunt, et pesant 300 marcs.

Plus 32 grosses perles faisant un tour de cou de la valeur de 40 livres pièce.

1 croix et 1 rose de diamant valant 1.000 livres.

450 pistoles d'Espagne simples, valent 8 liv. 8 s. pièce.

Et 2.000 livres en une obligation consentie au nom et en faveur d'Anne d'Aubusson [1].

L'objet de la réclamation était considérable, et la remise des valeurs s'effectua-t-elle sans difficulté ? Nous l'ignorons. Dans les titres il n'existe aucune trace de ce règlement d'affaires, si tant est qu'il y en eût un. Louis d'Escorailles ayant traité ou non avec sa mère, s'occupa ensuite de quelques projets intéressants. Le domaine de la Maisonade, anciennement propriété d'une famille de paysans appelée Rantières, avait été vendu par décision de justice et adjugé à Guillemine de Fontanges par sentence rendue au siège du Mur-de-Barrez le 18 mai 1624 [2]. Il s'agissait de l'arrondir en lui incorporant l'enclos de Corrofoul, qui formait comme un îlot dans son enceinte. Louis d'Escorailles en fit l'acquisition le 12 novembre 1635 moyennant le prix de 800 livres. Le 17 décembre suivant il marie sa fille, Jeanne-Marie d'Escorailles, avec noble François de Rochemure, sieur du Manouël, habitant le château du Fraïsse, paroisse de Chauchalles, en Gévaudan, et lui constitue une dot de 13.000 livres payables dans un an. L'an d'après, il fait le voyage de Paris, où étant tombé gravement malade, il se hâte de tester devant deux notaires du Châtelet. Mais revenu à la santé, il s'empresse de désavouer cet écrit mal réfléchi, mal ordonné, que lui a arraché la peur, et il le révoque expressément devant Froquières le 6 juin 1637. Seulement deux ans après, nouvelle maladie, nouvelle crise et nouvelle menace de mort. Cette fois c'est bien son dernier testament qu'il dicte et ses dernières

---

[1] Arch. de Combret.

[2] Min. Froquières.

volontés qu'il exprime, lorsqu'il fait ses héritiers particuliers Jean-Rigal, Pierre-Jean-Robert, Philibert et Gaspard-François, ses quatre fils, à chacun desquels il donne 6.000 livres, et héritière générale Guillemine de Fontanges, sa chère épouse, à charge de rendre l'hérédité à tel de ses enfants qui lui plaira [1].

Quoique ce testament fût définitif dans sa pensée, cependant il y revient le 13 septembre suivant ; c'est qu'il n'a pas suffisamment déterminé le lieu de sa sépulture. Il devait être enterré en Auvergne s'il décédait en Auvergne, et en Limousin si la mort le frappait en Limousin. Cette fois c'est la patrie d'origine qui l'emporte nettement sur la patrie d'adoption, et malgré la distance, malgré la difficulté des chemins, il veut que son corps soit transporté de Cropières dans l'église de Lamazière, patron saint Barthélemy, pour y être inhumé au tombeau de ses prédécesseurs [2].

Quelque temps auparavant était décédé au château souverain de Saint-Juéry, où il faisait sa demeure, le vieux Pètre-Jean. La disparition presque simultanée de ces deux hommes, le gendre et le beau-père, amena pour Cropières un moment de trouble et d'embarras. Les dettes étaient nombreuses, les créanciers s'agitèrent, et le plus acharné d'entre eux, un certain Guillaume Brissatier, obtint du Grand Conseil que Cropières fût vendu par décret le 13 mars 1640. Seulement la vente n'était pas définitive, et les héritiers pouvaient toujours se pourvoir contre l'acquéreur au moyen du retrait lignager [3]. Il suffisait d'agir dans le délai fixé par la coutume, et la coutume d'Auvergne accordait trois mois. L'essentiel était de trouver de l'argent. L'aîné des fils du baron Louis d'Escorailles songea très sérieusement à se marier, et il y réussit. Le 27 décembre 1640, au château de Cologne, paroisse de Naucelles, devant Me Lintillac, notaire royal, eut lieu le contrat qui unissait noble Jean-Rigal d'Escorailles, comte de Roussille, seigneur de Cropières, Puechmourier, Saint-Juéry et autres places, à demoiselle Aimée-Eléonore de Plas, fille de feu Annet, seigneur de Curemonte, et de dame Françoise de la Châtre de Lignerac. La dot constituée à la future épouse était de 18.000 livres [4], dont 16.000 devaient

---

1 Ibidem.

2. Ibidem.

3 Le retrait *lignager* avait pour but de conserver les biens dans les familles ; c'était le droit qu'avait un parent de la ligne par où était venu un héritage, de le retirer des mains de l'acquéreur, en intentant l'action *en retrait* dans le délai prescrit.

4 Elle devait s'élever plus tard à 77.800 livres.

être employées immédiatement au remboursement du retrait lignager. Guillemine de Fontanges se mettait de la partie, et s'engageait à fournir la somme manquante. En même temps le nouvel époux sollicitait et obtenait de M. de Noailles un certificat en bonne et due forme, où étaient mentionnés ses brillants états de service, notamment la part glorieuse qu'il avait prise au siège de Montrond, en sa qualité de lieutenaut-colonel commandant le régiment de cavalerie d'Espinchal. L'arrêt du Grand Conseil fut rapporté, et un nouvel arrêt du Conseil privé sauva la terre de Cropières le 17 mars 1643 [1].

C'est une grande et belle figure que celle de ce Jean Rigal d'Escorailles, qui entre aiusi en scène en sauvant le patrimoine des aïeux, et qui travaillera plus de soixante ans à l'accroître et à le fortifier (1638-1701). C'est pourquoi dans la brillante galerie des seigneurs de Cropières il mérite une place à part, et parmi ceux qui l'ont précédé comme parmi ceux qui l'ont suivi, nous lui décernerions volontiers le premier rang. Non pas qu'il n'y ait en lui que des qualités et que sur son front ne brille que la pure gloire. Il eut tant soit peu la manie de la chicane : procès avec les Bonnechare de Saint-Juéry, procès avec les Rochemure du Fraïsse, procès avec les Gaches de Belmon, procès avec les Boisset de la Salle, procès avec les d'Humières de Varcilles et de Loubejac, procès qu'on lui intenta ou qu'il intenta lui-même, soit pour revendiquer ses droits méconnus, soit pour défendre son honneur attaqué, procès qui ne supposent pas cependant une grande animosité, puisque la plupart se terminèrent par des transactions. Et pourquoi ne le dirait-on pas encore ? Il eut la manie des grandeurs. Dans un siècle féru d'aristocratie, où tout était à la grande étiquette, où l'on se battait pour une question de préséance, où l'on attachait tant de prix aux honneurs de la cour [2], il affecta d'être le seigneur dominant, prenant le pas sur les gentilshommes voisins, ne le cédant à personne, voulant être le premier à Jou, le premier à St-Clément, le premier à Pailherols, le premier à la Capelle-Barrez, le premier même à Raulhac, malgré les droits incontestés et la supériorité indiscutable du prince de Monaco, seigneur direct et immédiat du

---

[1] Arch. de Combret.

[2] Ils consistaient dans l'avantage honorable d'être admis aux cercles du souverain, aux bals de la reine, à la chasse du roi, de monter dans les carrosses de Sa Majesté, afin de soutenir par un grand luxe l'éclat qui doit nécessairement environner un grand prince.

bourg. Ces prétentions exagérées lui firent des jaloux et lui attirèrent même quelques ennemis. Mais ces réserves à part, il convient de reconnaître que noble Jean Rigal d'Escorailles, comte de Roussille, fut une personnalité marquante, d'une haute piété, d'une morale sévère, et qu'il contribua plus que tout autre au développement, au succès, à l'éclat de sa maison.

Après avoir sauvé la terre de Cropières, il racheta celle de Saint-Juéry, que la fondation d'Annet de Fontanges, protonotaire apostolique, avait fait passer aux Jésuites de Saint-Flour, et que ceux-ci consentirent à lui rendre moyennant une plus-value de 3300 livres (11 novembre 1652) [1]. Trois ans après il agrandit Brommet, en lui incorporant plusieurs possessions acquises de noble Benardin de Monteils, seigneur de Mandillac, Lébréjal et autres lieux (7 octobre 1655) [2]. L'année suivante (9 avril 1656) une donation inespérée lui apporta le domaine du Monteil, paroisse de Thérondels, et l'an d'après une cession subrogative celui de Morèze, dont le seigneur était son hôte, son pensionnaire, son ami, et qui n'ayant pas d'enfants le fit son héritier général. Et pour que ladite cession ne fût pas contestable, le donateur noble Jean du Pouget y ajouta un testament qui confirmait expressément cette cession (2 avril 1658) [3].

Le remaniement et l'extension de la seigneurie de Cropières appelaient la confection d'un nouveau terrier. Ce travail fut confié par M. le comte de Roussille à Laurent Bécat, notaire à Chaudesaigues, et à Jean Fropières, notaire à Raulhac. Les deux habiles praticiens expédièrent rondement la besogne, et l'année 1658 n'était pas encore écoulée, que déjà le nouveau terrier était prêt. L'hommage du 9 juillet 1669 rendu au prince de Monaco par Jean Rigal d'Escorailles nous fait connaître l'état des possessions et partant l'importance de Cropières à cette époque :

Cropières était alors un château féodal, composé de trois corps de logis avec tours, créneaux et girouettes. La terre de Roussille en Limousin et la baronnie de Saint-Juéry en Gévaudan lui étaient unies. La baronnie de Saint-Juéry consistait en cens, rentes, droits seigneuriaux et toute justice, haute, moyenne et basse. La terre de Roussille, outre des redevances

---

[1] L'acte est passé à l'évêché de St-Flour devant Fabry, notaire. — *Arch. de Combret.*

[2] Min. Froquières.

[3] Ibidem.

de même nature, comprenait six domaines garnis et meublés :
le Batut, Farges, Viers, Piers, Roussille et Lamazière. Mais la
plus belle portion du territoire seigneurial était sans contredit
Cropières. On y comptait neuf fiefs, six châtellenies, deux
montagnes, deux forêts, trois moulins et trois péages. Les fiefs
étaient : Cropières, la Cayric, la Maisonade, Morèze, la Roque,
Brommet, la Capelle-Barrez, Lavergne et le Monteil ; les châtellenies, Cropières, Puechmourier, Feyssergues, Hauteval, Morèze
et Vixe ; les montagnes, Vèze et la Borie ; les forêts, Paulheinc
et la Goulesque ; les moulins, Cropières, Tournemire et Goul,
les péages Curebourse, Pailherols et la Capelle-Barrez. A cette
nomenclature déjà longue, il faut ajouter des droits honorifiques
dans les églises de Raulhac, Pailherols, St-Clément et la Capelle-
Barrez, plus le droit de fourches patibulaires au village de Peyre,
sur les estrades allant du Mur-de-Barrez au Cantal et d'Aurillac
à Saint-Flour, plus encore le droit d'en faire établir d'autres
avec colliers et piloris soit au village de Feyssergues, soit au
lieu de la Capelle-Barrez [1]. Et si l'on considère que tous ces
droits, privilèges, possessions reposaient sur une seule tête et
que cette tête était le comte de Roussille, on aura nécessairement
une haute idée de l'importance de Cropières à cette époque.

Après avoir rendu hommage à son suzerain, le comte de
Roussille s'occupa d'un litige financier survenu entre lui et les
Jésuites de Saint-Flour. Ceux-ci étaient devenus les créanciers
de la maison de Cropières par suite de la fondation d'Annet de
Fontanges, protonotaire apostolique, dont il a été question plus
haut. On se souvient que le noble prélat avait fondé un collège
dans la ville épiscopale, et qu'il avait attaché à cette fondation
une rente annuelle de mille livres. Cette rente n'était pas toujours
exactement servie, et les Jésuites à qui elle devait revenir en
leur qualité de régents s'en plaignaient beaucoup. Les arrérages
s'étant accumulés, ils s'adressèrent à la justice, et par sentence
du 7 septembre 1657 rendue au bailliage d'Aurillac, le comte de
Roussille fut condamné à leur payer la somme de 9.550 livres
avec les intérêts en sus à partir de la demande, sous peine de
saisie avec « fracture et ouverture des portes ». Le 19 novembre
1671 la situation n'était pas encore liquidée, puisqu'à cette date
nous voyons le même M. de Roussille reconnaître aux mêmes
Pères la somme de 5.000 livres, et leur constituer en outre une
rente annuelle et perpétuelle de 300 livres payables en deux

---

[1] Min. Boissy.

termes, le 15 février et le 24 juin de chaque année [1]. La dette ainsi souscrite n'était pas considérable, si l'on veut, mais comme elle devait persister longtemps encore, elle sera comme une lourde chaîne rivée à la maison de Cropières, dont celle-ci souffrira et ne parviendra à s'affranchir que sous le dernier d'Escorailles en 1732.

Son compte avec les Jésuites une fois réglé, Jean-Rigal d'Escorailles songea à partir pour Paris, où l'appelaient d'autres affaires, et surtout l'avenir qu'il voulait préparer à ses enfants. Déjà il s'était occupé de cet avenir dans un autre voyage qu'il avait fait à la capitale en 1668. Le 2 décembre 1672 il renouvelle procuration à la dame de Plas, son épouse, pour régir et administrer en son absence tous les biens qu'il a ou peut avoir en Auvergne, en Limousin, en Gévaudan, en Rouergue et ailleurs. Et par un codicille qu'il ajoute à son premier testament du 3 avril 1666 reçu Froquières, il donne expressément à ladite dame la faculté d'acquitter en argent ou en biens fonds un legs de 10.000 livres fait à son fils cadet Henri d'Escorailles, écuyer, sieur de Grammont [2]. Précaution inutile, hélas ! car le légataire infortuné ne devait pas tarder à tomber sous les coups de la mort. Le 5 mars 1675, il est encore plein de vie, lorsque délégué par son père, il comparaît devant Jean de Sistrières, lieutenant général au siège de Vic, chargé de la convocation du ban et de l'arrière-ban du Carladès ; mais l'année suivante, il est tué au siège de Condé, où il servait sous les ordres du maréchal duc de la Ferté (avril 1676). Grande fut l'émotion à Cropières, lorsqu'on y apprit la fatale nouvelle. M. et Madame de Roussille se hâtèrent de prendre le deuil et de le faire prendre à leurs six autres enfants. Mais les événements se précipitèrent, et dans la tristesse profonde où l'on se trouvait, deux circonstances heureuses se produisirent, qui vinrent très à propos y faire diversion.

Nous touchons à l'apogée de Cropières, et l'âge d'or va sonner pour cette importante Maison. D'abord c'est le brillant mariage du fils aîné de la famille, Annet-Joseph d'Escorailles, marquis de Roussille, avec mademoiselle Marie-Charlotte de Tubières-Caylus, fille de haut et puissant seigneur messire Jean de Tubières-Grimoard-Lévy-Pestel de Caylus, chevalier, comte de Caylus, vicomte de Cadars, baron de Landorre, Malleville

---

[1] Min. Froquières.
[2] Ibidem.

Privasac, Taurines, Beausac, Saint-Affrique, Saint-Rome de Tarn et autres places, et de haute et puissante dame Isabeau de Polignac. La jeune fille appartenait donc à une des premières familles du Midi ; elle était remarquablement belle, intelligente, riche, 60.000 livres de dot, un magnifique parti à tous points de vue. Préparé par les soins de madame d'Auberoque [1], négocié au Mur-de-Barrez par le président de Laurière [2], le mariage fut conclu et ratifié au château de Privasac en Rouergue le 7 janvier 1677 [3]. Quelques jours après les deux époux faisaient solennellement leur entrée à Cropières, et toute la province venait admirer dans la nouvelle marquise la spirituelle causeuse et la maîtresse de maison accomplie.

Après cette brillante arrivée, nous assistons au départ pour Paris d'une sœur cadette du nouveau marié, celle qui était née Marie-Angélique d'Escorailles, et que la faveur du roi allait bientôt créer duchesse de Fontanges. Faut-il suivre jusqu'à Versailles l'éblouissante apparition, pénétrer avec elle dans les appartements secrets de Louis XIV, et raconter comment, en s'emparant du cœur de ce monarque inconstant, elle s'empara du même coup des faveurs et des largesses royales ? Faut-il raconter sa subite et prodigieuse élévation, son ton altier et ses exigences impérieuses au milieu des dames de la Cour, et l'usage excessif qu'elle entendit faire de son pouvoir ? Faut-il raconter sa triste chute, l'abandon amer qui en fut la suite, le dépérissement rapide qui se joignit à cet abandon, et la mort prématurée qui enleva cette beauté éphémère à l'âge de vingt ans ? Ce règne si brillant mais si court devant faire l'objet d'une notice à part, il n'est pas nécessaire d'y insister.

Entre ces deux notoriétés féminines qui eurent tant de succès, l'une en province, l'autre à la Cour, voici poindre une troisième figure qui ne fit pas grand bruit, mais qui éveille peut-être plus de sympathie que les deux précédentes : il s'agit de la douce et digne Éléonore de Plas, belle-mère de la première et mère de la seconde. Dans l'effacement volontaire où elle s'est confinée et où il semble qu'elle est heureuse de couler ses jours, on la trouve toujours bonne, toujours affable, tou-

---

[1] Gaspare-Henriette d'Espinchal, veuve de Jean de Fontanges, seigneur d'Auberoque.

[2] Jean-Jacques de Colonge, écuyer, sieur de Laurière, président au présidial de Villefranche.

[3] Min. Froquières.

jours empressée à rendre service, soit qu'il s'agisse des pauvres qui fréquentent son château, soit qu'il s'agisse des domestiques qui travaillent sous ses ordres, soit qu'il s'agisse des métayers qui exploitent ses terres et qui sont quelquefois en retard pour lui payer ses rentes. Elle défend qu'on les inquiète, et lorsqu'elle ne peut pas les assister elle-même, elle les recommande à la haute bienveillance de son mari. Et comme la bonté appelle la bonté, elle se voit à son tour l'objet des libéralités de ceux qu'elle a secourus. Le 11 décembre 1658, Catherine Porte du village d'Albospeyre, lui fait donation de tous ses biens. Le 23 mars 1660, Guillemine de Fontanges, native de Lavergne, l'institue son héritière générale et universelle. Marie Vidaut, sa femme de chambre, teste deux fois en sa faveur. Enfin le 9 juillet 1679, Antoinette Porte, dudit village d'Albospeyre, lui lègue toute sa modeste épargne, soit 180 livres, pour la récompenser des agréables services qu'elle en a reçus et qu'elle en reçoit tous les jours[1].

Eléonore de Plas mourut au château de Roussille, en Limousin, le 26 juin 1685. Elle avait quitté Cropières depuis quelques années, sans doute pour ne gêner, ni l'indépendance, ni les goûts de sa belle-fille. Aussi ses dernières pensées qui avaient été pour l'Auvergne dans son premier testament reçu de Comblat le 26 mars 1674, furent-elles pour le Limousin dans son second reçu Pichevin, six jours seulement avant sa mort. Elle élit sépulture, non plus dans l'église de Raulhac au tombeau des Fontanges, mais dans la chapelle de Roussille où reposent les d'Escorailles, ses prédécesseurs. Elle renouvelle la fondation d'une lampe ardente, qui devra être allumée aussitôt après son décès, non plus dans l'église de Raulhac à la chapelle de Notre-Dame, mais dans celle de Lamazière à la chapelle du Rosaire. Elle maintient Jean-Rigal d'Escorailles, son époux, comme son héritier général et universel. Après quarante-cinq ans d'union intime et d'accord jamais troublé, comment lui retirer une confiance qu'il s'est acquise à tant de titres? Elle veut, au contraire, qu'il soit plus que jamais entouré d'égards, et que toute la famille lui porte honneur et respect. Elle lui recommande toutes ses intentions, et en particulier le reliquaire d'argent qu'elle a toujours eu le désir d'offrir au sanctuaire de Pailherols si cher à sa piété[2].

---

[1] Min. Froquières.
[2] Arch. de Combret.

Les dernières volontés de madame de Roussille ne tardèrent pas à recevoir leur entière et pleine exécution. Le reliquaire d'argent fut acheté et déposé en ex-voto sur l'autel de l'antique madone. La Chapelle du Cantal fut créée de toutes pièces, et vit affluer dans ses murs les bergers de toute la région montagneuse, qui venaient chaque dimanche y entendre la messe et y prier aux intentions de leur généreuse bienfaitrice. Les pauvres de Lamazière reçurent cent setiers de seigle mesure d'Egletons, et les domestiques du château une gratification proportionnée à l'importance et à la durée de leurs services [1].

Cette scrupuleuse et fidèle exécution montre combien le comte de Roussille avait la conscience délicate, et combien il était respectueux de ces dernières volontés des morts, que tant d'autres s'empressent d'oublier et quelquefois de violer ouvertement. Après avoir ainsi réalisé les intentions de son épouse, il voulut réaliser les siennes propres ; c'est pourquoi le 6 mai 1688 il fit un second testament où il se révèle en entier, où l'on trouve toute la piété et toute la générosité de son âme :

Il veut être enterré sans apparat, toutefois avec la présence des prêtres de Raulhac, Jou, St-Clément et La Capelle-Barrez. Il réprouve les grands dîners à l'occasion des funérailles, et autres services religieux, On se contentera donc d'une réfection ordinaire, pendant laquelle un des ecclésiastiques présents fera une « lecture spirituelle » et recommandera aux prières de l'assistance l'âme du seigneur testateur. Deux mille messes seront dites aussitôt après son décès, et dans la suite il sera célébré chaque année à son intention un anniversaire solennel dans l'église de Raulhac, une messe quotidienne dans la chapelle de Cropières, et une autre messe quotidienne dans celle de Saint-Juéry, y compris toutes les fondations déjà faites par ses prédécesseurs. Deux Stations, un Avent et un Carême, seront prêchées chaque année dans l'église de Raulhac par un prédicateur à la nomination de ses héritiers, et pour cette fondation il est alloué un revenu annuel de 100 livres, Dix livres aussi de revenu annuel pour l'entretien d'une horloge qui sera placée au clocher paroissial, et dont la sonnerie invitera les fidèles à réciter l'*Angelus* avec un *Requiescat in pace* pour le seigneur fondateur. Et pour que la Congrégation de Notre-Dame établie chez les Jésuites d'Aurillac garde pieusement son souvenir, il donne à cette Congrégation une tapisserie de valeur représen-

---

[1] Arch. de Combret.

tant l'*Histoire de Tobie*, qui se trouve actuellement dans son château de Roussille. Quant à sa vaisselle d'argent, qui consiste en 3oo marcs ou environ, pour en assurer la conservation dans sa famille, il la substitue à l'héritier de son héritier, par conséquent à celui qui succèdera à Annet-Joseph d'Escorailles, marquis de Cropières, son fils aîné [1].

Ce second testament devait rester lettre morte comme le premier. L'heure du comte de Roussille n'était pas encore venue, et la liste de ses fondations pieuses allait encore s'allonger. Après Raulhac, Pailherols, Cropières, Saint-Juéry, voici que son zèle franchit les monts et va se donner un nouveau champ d'exercice du côté de Murat. Nous sommes à Virargues, en 1697, et il y a là une chapelle dédiée à sainte Reine, lamentablement pauvre et délabrée. Le couvert, le dallage, la sacristie, les fenêtres, le chœur, tout est en ruine ou en mauvais état. Il faut refaire ou agrandir, l'œuvre est immense, et de ressources point. Le curé de Virargues, l'érudit Teillard, s'adresse à M. le comte de Roussille, et lui fait part de ses embarras, de sa détresse de pasteur. Emu par cet appel, le bon comte verse une provision de 200 livres, et les réparations les plus urgentes sont aussitôt exécutées. La chapelle a bientôt changé d'aspect, et sur le frontispice de la grande porte on lit les armes du seigneur restaurateur. Touché de cette marque publique de reconnaissance, le bienfaiteur double immédiatement ses bienfaits, et une somme de 3oo livres est mise à la disposition du sieur curé : 100 livres pour l'entretien de la chapelle, 90 livres pour l'achat d'un calice et d'un petit ciboire d'argent, 60 livres pour l'obtention d'une indulgence plénière, et 5o livres pour l'acquisition d'un manteau « pluvial » et de deux dalmatiques, qui serviront aux grandes solennités, le tout sous la seule clause d'une messe par an, qui sera chantée avec diacre et sous-diacre, pour le fondateur et sa famille, le 7 septembre qui est la fête de sainte Reine [2].

Pendant que le comte de Roussille se campait ainsi de plus en plus sur le terrain de la dévotion, que faisait son héritier, le sympathique marquis, que nous avons quitté au lendemain de son mariage avec la demoiselle de Caylus ? Fils respectueux et soumis, il n'avait pour l'auteur de ses jours que prévoyances

---

[1] Min. Froquières.

[2] *Arch. de Combret.* L'acte est passé à Cropières, devant Laborie, le 20 mars 1700, et contrôlé à Raulhac le 31 du même mois.

multiples et délicates attentions. Epoux tendre et fidèle, il hono-
rait le foyér conjugal par une vertu rigide, qui contrastait sin-
gulièrement avec la fragilité et les écarts de la duchesse de Fontanges, sa sœur. Elevé par le roi à une des plus hautes charges
de la province, il ne tirait aucune vanité de sa position, alors
que tant d'autres s'en fussent montrés si fiers et peut-être si ar-
rogants. Profondément religieux comme son père, il ne contre-
disait à aucune de ses pieuses fondations, il y ajoutait plutôt les
siennes. Résumons à grands traits sa biographie :

Emancipé par son contrat de mariage du 6 janvier 1677, il
afferme Cropières conjointement avec son père le 27 mai suivant ; le bail est pour six ans, à raison de 6000 livres par an.
Le 4 juillet 1681 il est à Paris, logé rue et paroisse Saint--André,
dans la maison qui a pour enseigne : le *Château vieux*, et il
achète à sa sœur Catherine-Gasparc d'Escorailles tous ses droits
paternels et maternels, moyennant la somme de 16.000 livres,
qui formeront sa dot et lui seront payées comptant le lendemain
de son mariage avec Sébastien de Rosmadec, marquis de Molac, gouverneur de la ville de Nantes et lieutenant général pour
le roi de toute la haute et basse Bretagne. L'acte est passé devant deux notaires du Châtelet, au parloir de l'abbaye de Port-
Royal, faubourg de Saint-Jacques du Haut-Pas [1]. De retour à
Cropières, il passe les années 1684 et 1685 à recevoir les reconnaissances de ses tenanciers [2]. Le 21 mai 1689 il fait un échange
très important avec les trois frères Lastic, François, sieur de
Faveyrolles, Guillaume, sieur de la Fontie, et Louis, sieur de
Lagrange. Ceux-ci lui cèdent leur terre et seigneurie d'Escalmels,
qu'ils ont héritée naguère du sieur Louis Delarbre par testament
passé devant M. le Lieutenant Général de Vic le 6 décembre
1687, et le marquis de Roussille leur délaisse à son tour l'entier
corps de domaine qu'il possède au lieu et paroisse de la Capelle-Barrez. La présente cession est sans réserve aucune du
côté de Lastic, puisqu'ils renoncent non seulement à leur propriété et aux 32 herbages qu'elle nourrit à la montagne de la Cipière, mais encore aux cens, rentes et droits qui en dépendent,
notamment à la chapelle seigneuriale et aux droits honorifiques
qui leur appartiennent dans l'église de Jou, ainsi qu'au droit
de mouture qu'ils ont sur le moulin de Las Doulours, tandis
que le marquis de Roussille se réserve expressément le château

---

[1] Min. Froquières.
[2] Ibidem.

et fossés d'Hauteval, avec l'exercice de la haute justice qui y est attaché. Mais comme l'objet de la permutation a plus de valeur d'un côté que de l'autre, le dit sieur de Roussille paiera aux dits sieurs de Lastic une différence de 13747 livres, en plusieurs termes successifs dont la quotité et l'échéance sont stipulées au contrat [1]. Le 24 juillet 1690, sur le point de retourner à Paris, il fait son testament olographe au château de Cropières, et institue pour son héritière générale Marie-Charlotte de Tubières-Caylus, et pour ses héritiers particuliers ses cinq enfants, â chacun desquels il lègue 10.000 livres [2]. Le 6 mai 1692 il est de nouveau à la capitale, logé cette fois dans le cloître des Bernardins, et il emprunte à M. Robert Goujon, bourgeois de la ville, demeurant rue des Petits-Champs, paroisse de Saint-Eustache, la somme de 20.647 livres pour l'employer avec celle de 25.000 livres qu'il fournira de ses deniers, à la finance de l'une des charges de lieutenant du roi en la province d'Auvergne nouvellement créées par Sa Majesté [3]. Le 9 il est effectivement pourvu de cette charge ; le 10 il prête serment à Versailles entre les mains de Louis XIV, et le 4 du mois suivant sont enregistrées au greffe du Parlement les lettres-patentes qui l'accréditent en cette qualité et dont voici la teneur :

« Louis, par la grâce de Dieu, roi de France et de Navarre,
« à tous ceux que ces présentes verront, salut, Par notre édit
« du mois de février dernier, vérifié où besoin a été, nous avons
« créé, erigé et établi en chacune province de notre royaume
« des charges de nos lieutenants, pour représenter notre per-
« sonne et commander sous notre autorité en l'absence du gou-
« verneur en chef ou de notre lieutenant général en chacune
« des dites provinces. Et comme notre intention a été d'en
« pourvoir des gentilshommes distingués par leur naissance,
« par leurs services ou ceux de leurs ancêtres pour les conser-
« ver en leur postérité comme autant de témoignages de leur
« mérite et de notre satisfaction : Ayant en considération les
« bons et fidèles services que notre cher et bien aimé Annet-
« Joseph marquis de Roussille-Scorailles-Fontanges nous a ren-
« dus et ceux que nous espérons qu'il continuera de nous ren-
« dre à l'exemple de ceux de son nom et maison : Savoir fai-
« sons que pour ces causes et autres considérations à ce nous

---

1 Min. Froquières.
2 Ibidem.
3 Arch. de Combret

« mouvant, nous avons au dit sieur marquis de Roussille-Sco-
« railles-Fontanges donné et octroyé, donnons et octroyons
« par ces présentes signées de notre main, l'une des deux char-
« ges de nos lieutenants créées par le dit édit dans le gouverne-
« ment d'Auvergne, auquel sieur Roussille-Scorailles-Fontan-
« ges nous avons assigné pour son département celui de la
« Haute-Auvergne, pour en jouir aux honneurs prérogatives,
« prééminences, rangs, séances, franchises, libertés y apparte-
« nant, avec plein pouvoir de représenter notre personne et
« commander sous notre autorité dans toutes les villes et lieux
« du dit département en l'absence du gouverneur en chef ou de
« notre lieutenant général au dit pays, contenir nos sujets en la
« fidélité et obéissance qu'ils nous doivent, pacifier et faire ces-
« ser tous débats et querelles qui pourront survenir entre eux,
« faire punir par nos juges ceux qui s'en trouveront auteurs et
« coupables, comme aussi ceux qui contreviendront à nos édits
« et ordonnances, les faire garder et observer inviolablement,
« mander, convoquer et assembler toutes et quantes fois que
« besoin sera les gens d'église, la noblesse, maires, échevins,
« consuls et habitants des villes pour leur faire entendre, en-
« joindre et ordonner ce qu'ils auront à faire pour notre ser-
« vice, empêcher qu'il ne se fasse aucune levée de troupes sans
« notre permission et nos commissions signées de l'un de nos
« Secrétaires d'Etat, commander aux gens de guerre tant de
« cheval que de pied, qui y sont et seront en garnison ou pas-
« sant en route, ordonner la garde et conservation des places,
« contenir les gens de guerre dans l'ordre et la discipline mili-
« taire suivant nos ordonnances, châtier ceux qui commettent
« quelque chose de contraire, et généralement faire et ordon-
« ner dans ledit département en l'absence du gouverneur ou
« de notre lieutenant général tout ainsi que nous pourrions faire
« nous même si nous y étions en personne, aux appointements
« de 2.666 livres 13 sols 4 deniers par an, à commencer du jour
« et date des présentes [1],

Donné à Versailles le 9 mai 1692, de notre règne le 49e.

Signé : LOUIS,

A la prendre au pied de la lettre, cette nomination était des
plus flatteuses pour le marquis de Roussille qu'elle mettait pour
ainsi dire hors pair, et à qui elle donnait la préséance sur tous
les gentilshommes du Haut-Pays. Mais la charge était surtout

---

[1] Arch. de Combret.

honorifique, et si elle rapportait beaucoup de considération, elle ne rapportait pas beaucoup d'argent. Louis XIV avait agi dans un but fiscal, et les lieutenances créées, si elles flattaient énormément l'amour-propre de certains hobereaux, n'étaient au fond qu'un moyen habile de battre monnaie au profit de la cassette royale. Annet-Joseph d'Escorailles dut acheter la sienne comme tous les nouveaux dignitaires, et cet achat l'accula à l'emprunt. L'affaire fut donc mauvaise pour lui, car les 2.000 livres qu'elle produisait ne représentaient après tout que l'interêt du capital déboursé, et si l'on songe aux déplacements fréquents, aux voyages forcés, aux frais de route, de représentation, de réception qui étaient l'apanage onéreux de cette charge on se demande en fin de compte, où étaient les bénéfices. Aussi le marquis de Roussille ne devait pas précisément s'y enrichir. Elle lui fournit l'occasion de primer bien plutôt que de thésauriser, et l'on peut en dire autant de son fils et de son petit-fils qui lui succédèrent.

Le vieux comte de Roussille sentait mieux que personne le mauvais côté de cette situation. En voyant son fils élevé aux honneurs, il le voyait entraîné par là-même à de grosses dépenses, c'est pourquoi il résolut de lui venir en aide, et le 8 septembre 1692 il lui fit donation de tous ses biens en Limousin, tant nobles que ruraux, sous la seule réserve de la nourriture et de l'entretien dans son château de Cropières. Le noble vieillard se mettait ainsi de lui même à la portion congrue, et se privait de ses ressources personnelles, pour accroître celles du représentant de sa Maison. Position oblige, disait-il, et un lieutenant du roi ne peut pas vivre comme un simple huissier ou un sergent de justice.

Annet-Joseph d'Escorailles ne jouit que huit ans de sa haute charge. Pendant cet intervalle il reçut plusieurs missives ou communications officielles. Le roi lui écrivit notamment le 10 juin 1694 pour lui annoncer la victoire que nos troupes venaient de remporter en Catalogne sous les ordres du maréchal de Noailles, et pour lui prescrire de faire tirer le canon et allumer des feux en signe de réjouissance publique. Le marquis de Roussille était trop patriote pour ne pas déférer avec empressement à de pareils ordres, et on devine la joie qu'il eut de les faire exécuter dans toute l'étendue de sa charge. Il mourut au château de Cropières le 16 avril 1700, et fut enseveli dans l'église de Raulhac au tombeau des Fontanges, ses prédécesseurs.

L'ouverture de son testament ne se fit pas attendre. Elle eut lieu le lendemain même de son décès, en présence de toute la famille réunie pour les funérailles et de deux témoins spécialement choisis, Joseph de Laveissière, écuyer, sieur de Beauregard, et Pierre d'Escaffre, écuyer, sieur de Laborie, par les mains de maître Froquières, notaire royal. L'inventaire de ses biens ne s'effectua que plus tard, le 2 et le 3 juillet. On y relève certains détails intéressants, entre autres ce fait que le 12 juin dernier le nouveau marquis de Roussille, Louis-Théodose d'Escorailles, capitaine de cavalerie dans le régiment de Molac, est parti de Cropières avec les quatre meilleurs chevaux de l'écurie pour se rendre à Paris et de là en son quartier, et qu'à cette occasion sa mère lui a fait remise des provisions de la charge de lieutenant de roi, dont son père était investi afin de s'en faire investir lui-même. Il est dit aussi que le regretté défunt est mort sans fortune, que sa veuve n'a trouvé dans ses effets que 21 louis d'or et 30 écus d'argent. dont elle s'est servie pour les honneurs funèbres, qu'elle a été obligée de compléter ou même de renouveler le cheptel de la plupart des domaines qu'on avait laissé dépérir, que de ce chef, pour Cropières seulement, elle a dépensé 1.155 livres, soit 120 livres pour une paire de bœufs, et 1.035 pour 23 vaches qui manquaient, en sorte qu'il y en a maintenant 59 au lieu de 54, chiffre habituel, etc. [1].

La mort d'Annet-Joseph d'Escorailles fut un grand deuil pour Cropières, mais nul n'en ressentit plus vivement le contre-coup que le vénérable chef de famille, l'octogénaire Jean-Rigal. Celui-ci regarda cette mort comme le présage de la sienne, et ne songea plus qu'à se mettre en règle vis-à-vis de la terrible messagère. Il refit son testament, dont certaines dispositions lui paraissaient exagérées ; c'est ainsi qu'au lieu de 2.000 messes à dire après son décès, il se contente de 1.000, et qu'au lieu de 100 livres pour un Avent et un Carême annuels, il n'en lègue plus que 40 pour une mission triennale. Même souvenir à la Congrégation de Notre-Dame établie aux Jésuites d'Aurillac, 320 francs au chapelain de Saint-Juéry pour le service de deux messes à perpétuité, un diamant de 50 pistoles à sa fille, marquise de Molac, lieutenant du roi en Haute et Basse-Bretagne, et 500 francs à chacun des enfants de la dame de Caylus, sa belle-fille, qu'il institue son héritière générale à la charge de

---

[1] Min. Froquières.

réndre son hérédité à celui de ses petits-fils qu'elle désignera en gardant l'ordre de primogéniture [1].

Ce testament qui porte la date du 29 avril 1700, fut suivi d'un codicille qui donnait pouvoir à la dame de Caylus 1° de transférer la fondation faite en la chapelle du château souverain de Saint-Juéry en celle de Notre-Dame de la Miséricorde située au même lieu, 2° d'appliquer aux pauvres de la terre de Cropières le legs de 150 livres fait à la Congrégation de Notre-Dame, 3° d'augmenter de telle somme qu'elle jugerait à propos la libéralité de 500 livres faite à chacun de ses petits-enfants. Il lui suffisait pour cela de s'assurer au préalable l'avis conforme de deux proches parents, un du côté paternel et l'autre du côté maternel [2].

Après avoir ainsi réglé ses dernières volontés, le comte de Roussille s'endormit dans le Seigneur le 16 mars 1701. Il fut enseveli à côté de son fils, dont la tombe avait précédé la sienne de onze mois jour pour jour. On le croyait riche, et son portefeuille était le mystérieux inconnu qui faisait travailler toutes les têtes, toutes les imaginations du château. La dame de Caylus tint à en avoir le cœur net ; c'est pourquoi trois heures avant sa mort elle lui fit discrètement demander par M. l'abbé Ginioux, son confesseur, s'il n'aurait pas ou prêté ou caché quelque argent dont la révélation importait à sa famille. Il répondit que tout son avoir consistait en huit louis d'or valant 12 livres et demie pièce, que l'on trouverait à telle place après son décès. Effectivement, le 13 jnin suivant, lorsqu'on procèda au récolement de son mobilier, ce fut exactement cette somme que l'on découvrit [3]. La succession n'était donc pas fantastique, et il fallait en rabattre de ce qu'on s'était plu à dire. Les d'Escorailles savaient primer, mais thésauriser, non ! [4]

---

1   Min. Froquières.
2   Ibidem.
3   Ibidem.
4   Succession de Jean-Rigal d'Escorailles, comte de Roussille :

Actif :	
Terre de Cropiéres	500.000 livres.
Terre de Roussille......................	100.000 —
Terre de Saint-Juéry	100.000 —
Fief de la Philipie......................	20.000 —
Mobilier	Mémoire.
	720.000 —

Après la mort du comte de Roussille, ce fut une femme qui administra Cropières pendant quelques années. Le nouveau marquis de Roussille, Louis-Théodose d'Escorailles, n'avait pas encore atteint sa vingt et unième année : il lui manquait avec la majorité l'expérience des affaires. D'ailleurs comme tous les aînés de noblesse il était soldat, et le métier entraîne l'éloignement. En l'absence de son fils, la dame de Caylus prit résolument en main le gouvernail de la maison. Son premier soin fut de liquider la terre d'Escalmels, sur laquelle les Lastic réclamaient certains arrérages. Elle leur paya, en principal, la somme de 1.200 livres, et en intérêts, celle de 140 livres, et ils lui firent quittance finale le 1er septembre 1703 [1]. Ensuite furent réglées les questions irritantes qui divisaient depuis trop longtemps les maisons de Cropières et de Varcilles. Les d'Escorailles père et fils s'étaient toujours qualifiés coseigneurs de Raulhac, mais ce titre n'avait jamais cessé de leur être contesté par Bertrand d'Humières, leur irréconciliable ennemi. Il fallait en finir, et sortir coûte que coûte d'une procédure ruineuse qui durait depuis vingt-cinq ans. Des amis communs s'interposèrent, et grâce à une diplomatie aussi habile qu'efficace, les droits de la maison de Cropières sur le bourg de Raulhac furent enfin reconnus par celui-là même qui s'en était montré jusque-là l'adversaire irréductible (12 septembre 1703) [2].

L'année suivante fut marquée par un procès, qu'intenta la dame de Caylus à un certain Rigal, fermier de la terre de Roussille en Limousin. Celui-ci devait plusieurs termes à la dite dame, et les échéances succédaient aux échéances sans

---

Passif :

Part payée par le marquis Annet de Scorailles sur Saint-Juéry.	16.000 livres.
rentes pour fondation à l'église de Raulhac, représentant au denier 30 un capital de. .	2.279 —
20 setiers seigle de rente à l'église de Raulhac	Mémoire.
Au prince de Monaco rente foncière de 245 livres, soit un capital de	7.350 —
2.500 livres de charges royales annuelles représentant un capital de	75.000 —
Legs pieux et autres.	3.730 —
	104.869 —

Sur ce chiffre à peu près rien n'était exigible ; la situation était d'une netteté absolue. (*Communicatition de M. le comte Christian de Valady*).

[1] Min. Froquières.

[2] Ibidem.

que s'effectuât le moindre apport. Sommé de payer, Il fit la
sourde oreille, et par une inertie calculée, il semblait braver sa
maîtresse. Fatiguée d'une lenteur qui n'était que l'expression
d'un mauvais vouloir manifeste, la marquise de Roussille le fit
saisir par les sergents de sa justice et jeter dans les prisons du
siège de Ventadour. Alors arrivèrent à Cropières la femme et
le beau-père du détenu, qui vinrent demander grâce et offrirent de l'argent. On leur promit la liberté sous caution ; ils si-
gnèrent un engagement, et la levée de l'écrou fut immédiatement ordonnée (24 juillet 1704) [1].

Le 26 février 1705, grande solennité à Cropières. Les familles d'Escorailles et de Valady s'unissaient ensemble, et jetaient
sans s'en douter les bases d'un changement de succession pour
l'avenir. Le nouvel époux appartenait à une des plus anciennes
et des plus honorables familles du Rouergue [2], et la nouvelle
épouse, née le 13 juillet 1678, se trouvait ainsi l'aînée des cinq
enfants laissés par Annet-Joseph d'Escorailles, marquis de Roussille et lieutenant du roi en Haute-Auvergne. Le contrat reçu
par Froquières contenait deux articles importants. Le comte de
Valady était déclaré héritier des grands biens de sa maison,
sous certaines réserves et sous certaines charges expressément
formulées, et la dot constituée à la jeune fille était fixée à 50.000
livres, dont 24.000 du chef de son père et de son aïeul, 6.000 du
chef de sa mère, et 20.000 du chef de sa tante la marquise de
Molac. Les parties après cet accord auraient voulu procéder tout
de suite à la célébration de leur mariage, mais un empêchement de parenté au quatrième degré ayant été découvert, il
fallut recourir à Rome pour en avoir la dispense, qui ne fut
obtenue que six mois après, ce qui fit différer la cérémonie jusqu'au 18 septembre suivant. La bénédiction nuptiale fut donnée
aux époux par M. l'abbé du Bouchet, chanoine chantre de la
cathédrale de Rodez, de l'agrément de Jacques Collinhal, curé
de Raulhac. Les témoins du mariage étaient : le comte de Caylus, le nouveau marquis de Roussille, le baron de Montmeyoux,
le prieur de la Capelle-Neuvéglise, Jacques de Volonzac, et
Raymond Lacarrière, bailli du Haut-Auvergne [2].

---

[1] Min. Froquières.

[2] Jean-François Godefroi d'Izarn, marquis de Freissinet, comte de
Valady, seigneur de Servières, Golinhac, les Vernhettes, coseigneur
d'Entraygues, fut d'abord mousquetaire, puis aide de camp des maréchaux
de Noailles et de Boufflers et servit aux sièges de Luxembourg, Philis-
bourg, Courtray, etc. Son alliance avec mademoiselle Marie-Elisabeth
d'Escorailles de Roussille, sa parente, ne dura pas longtemps, puisque
celle-ci était déjà morte le 26 août 1729.

Pendant que s'acheminaient vers le Rouergue les nouveaux époux, le nouveau marquis de Roussille atteignait sa vingt-cinquième année. Né à Cropières le 12 août 1680, plus jeune par conséquent que sa sœur aînée, Louis-Théodose d'Escorailles avait été nommé lieutenant du roi le 27 juin 1700, et colonel d'infanterie le 14 mai 1702. C'était donc un brillant officier déjà, lorsqu'il devint seigneur et maître de Cropières le 12 juillet 1709. Ce jour-là en effet, devant Froquières, notaire royal, sa mère lui remit la double hérédité de son père et de son aïeul, et lui livra toutes les clefs du château en signe de vraie et réelle prise de possession. En même temps elle lui abandonnait avec certains arrérages toutes les acquisitions et améliorations introduites par elle dans l'étendue de ses domaines ; et pour que ses autres enfants ne fussent pas trop frustrés par ces concessions, usant du pouvoir qu'elle tenait du codicille de Jean-Rigal d'Escorailles, son beau-père, et attendu que pareille faveur avait été accordée à l'aînée de ses filles mariée à M. le comte de Valady, elle augmentait de 13.500 livres le legs fait à Louis-Joseph d'Escorailles, marquis de Fontanges, colonel d'infanterie, et de 13.500 livres celui fait à Marie-Charlotte Sébastienne d'Escorailles, son autre fille. Et parce que messire Louis-Léger d'Escorailles, son autre fils, bachelier de Sorbonne, docteur en théologie et grand vicaire de l'évêque de Saint-Flour, peut se passer d'une pareille augmentation, elle le prie de se contenter d'une pension viagère de mille livres et de la somme de quatre mille livres une fois payée ; ce à quoi le grand vicaire a acquiescé et acquiesce, tant par respect pour sa mère que par bienveillance pour ses frères et sœurs [1].

Le lendemain de cet accord où l'esprit de famille avait prévalu sur l'esprit du calcul, le nouveau seigneur de Cropières remit à sa mère l'administration de ses biens et partit aussitôt pour l'armée. La France était alors dans une situation des plus critiques. Malborough et le prince Eugène venaient de remporter dans le Nord d'éclatantes victoires, et déjà faisaient trembler Paris. Il fallait faire face à l'invasion, et tenir tête à l'ennemi national. Le marquis de Roussille n'était pas homme à reculer. Il harangue son régiment, l'entraîne à la bataille, et vaillamment soutenu par le capitaine de la Volpilière, un autre enfant du pays, il se distingue au premier rang et reçoit la croix de Saint-Louis. L'année 1712 ramena la fortune sous nos

---

[1] Min. Froquières.

drapeaux. Nos succès à Denain, Marchiennes, Landrecies, Douai, Bouchain consolèrent et relevèrent tous les patriotes, si bien que la joie fut universelle en France et le *Te Deum* chanté dans toutes les églises du royaume. M. de Roussille présida à ces fêtes en sa qualité de lieutenant du roi. Ainsi la Haute-Auvergne applaudissait à l'héroïque Villars, le libérateur de la patrie, et un fils de Cropières dirigeait ces applaudissements ou les provoquait [1].

Une fois délivré de ses obligations militaires, le marquis de Roussille qui approchait déjà de la quarantaine, songea sérieusement à se marier. Après de longues négociations, où la loyauté se trouva souvent aux prises avec l'astuce [2], le gendre et le beau-père finirent par se mettre d'accord, et le mariage fut enfin conclu le 1er octobre 1718. La nouvelle marquise, Marguerite de Ribeyre, était la fille aînée de M. Charles de Ribeyre, premier président de la cour des Aides de Clermont-Ferrand, et de dame Madeleine de Bérulle. On lui constitua en avancement d'hoirie une dot de 80.000 livres, et de 60.000 livres en préciput. Un appartement meublé devait être mis à la disposition des nouveaux mariés lorsqu'ils iraient à Clermont visiter leurs parents, qui s'engageaient à les héberger, eux et toute leur suite. De son côté la dame de Caylus faisait héritier son fils aîné, et ne se réservait sur ses biens dotaux que la légitime de ses autres enfants, et un capital de 14.000 livres dont elle gardait le libre emploi. Une pension de 4.000 livres lui était assurée en cas d'incompatibilité. Les bagues et joyaux s'élevaient à la somme de 8.000 livres, et le douaire promis était de 2.500 francs [3].

Ce brillant mariage qui unissait la noblesse de robe à la noblesse d'épée, fut marqué par de somptueuses fêtes données au château de Fontenilles, dans la Basse-Auvergne. La dame de Caylus n'y assistait pas. Les premiers symptômes de la terrible maladie qui allait l'emporter s'étaient déclarés. Le 5 novembre la situation s'aggrava. Un messager fut député en toute hâte à las Doulours auprès de François Conducher, notaire, qui s'empressa de venir recueillir les dernières volontés de la mourante. Dans ce testament passé au château de Cropières, la testatrice donne 500 livres aux pauvres de sa terre,

---

[1] Arch. de Combret.

[2] Voir *Mémoire instructif* sur la manière dont le mariage de M. de Roussille s'est fait avec mademoiselle de Ribeyre. — *Ibidem.*

[3] Arch. de Combret.

5oo livres aux dames de la Miséricorde de Saint-Juéry, 5oo livres à Notre-Dame de Pailherols, et 2.000 livres pour messes, réparations et ornements d'église. Et quand sa piété s'est ainsi largement satisfaite, elle songe à ses enfants : 12.000 livres à Melchior-Joseph d'Escorailles, marquis de Fontanges, colonel d'infanterie, 12.000 livres et sa rivière de diamants à Marie-Charlotte d'Escurailles, sa fille à marier, et 6.000 livres à son autre fils messire Louis-Léger d'Escorailles, comte de Brioude, prieur de Saint-Léger et de Vitrac. Son héritier général sera Louis-Théodose d'Escorailles, marquis de Roussille, chevalier de l'ordre militaire de Saint-Louis, colonel d'infanterie et lieutenant du roi en la province d'Auvergne. De nombreuses gratifications à ses domestiques et un souvenir particulier à l'abbé Pouget, son aumônier, complètent ces dispositions testamentaires [1].

La dame de Caylus mourut quatre jours après au château de Cropières, et fut ensevelie dans l'église de Raulhac au tombeau de son époux. Elle avait demandé qu'on écartât de son cercueil *tout ce qui n'est fait que pour la vanité des vivants.* Ses funérailles n'en furent pas moins très solennelles, et eurent lieu au milieu d'un grand concours de prêtres, de parents et d'amis [2].

Quinze mois après cette cérémonie funèbre, 10 avril 1720, une libéralité considérable vint surprendre le nouveau seigneur et la nouvelle dame de Cropières, qui avaient quitté Clermont depuis leur mariage et s'étaient fixés dans la vallée du Goul. Le comte et la comtesse de Ponnat, demeurant à Paris rue Saint-Marc, paroisse de St-Eustache, leur firent donation d'une somme ronde de 100.000 livres, moyennant une rente annuelle et viagère de 4.000 francs. Le capital devait appartenir par moitié au marquis et par moitié à la marquise de Roussille, et après leur mort par moitié aussi à leurs héritiers. L'usufruit profitait au mari dans le cas de prédécès de la femme, et à la femme dans le cas de prédécès du mari : mais présentement les donateurs restaient à la charge des donataires, qui pouvaient disposer de la somme mais qui étaient obligés d'en servir les intérêts [3].

Cette importante donation produisit immédiatement deux effets. D'abord elle permit au marquis de Roussille de payer

<hr>

[1] Min. Conducher, ét. Mabit, Vic-sur-Cère.
[2] Etat civil de Raulhac,
[3] Arch. de Combret.

ses dettes : 28.000 livres à son frère le colonel, 16.000 livres à son frère l'abbé, 13.675 livres à Hugues-François Jacquier, capitaine de dragons, et 7.702 livres à Jean-Jacques Constard, conseiller au Parlement et à la dame Bretaud, son épouse, en tout plus de 65.000 francs, dont les quittances furent retirées par M. et Madame de Ponnat [1]. Ensuite elle rendit possibles au château de Cropières de grosses réparations, dont les documents n'indiquent pas la nature, mais qui durèrent longtemps, puisque commencées en février 1720, elles n'étaient pas encore terminées au mois d'août suivant [2]. Le remaniement de l'aile principale et la reconstruction de l'aile secondaire datent très probablement de cette époque. Il faisait sombre dans le manoir féodal. Les tours, les créneaux, les défenses n'étaient plus nécessaires. On abattit tout ce qui rappelait l'ancienne forteresse, on élargit les espaces, on fraya la route au soleil, on fit pénétrer la lumière dans les appartements, et l'on eut le grand air dans la cour.

Ces transformations en changeant l'aspect de Cropières, devaient y amener une foule de visiteurs, et de fait elles les y amenèrent. On avait eu en 1711 la visite d'un savant religieux, on eut en 1724 celle d'un prélat distingué. Le premier était dom Jacques Boyer de la Congrégation de Saint-Maur ; le second était Joachim-Joseph d'Estaing, évêque de Saint-Flour. Ce dernier ne se contenta pas d'y séjourner, il y passa un acte, qui prouve qu'il était prieur commendataire de saint Irénée de Lyon, et qu'il avait affermé ce prieuré à une certaine Marie Allissant, veuve d'un certain Guillet, de son vivant lieutenant de la juridiction de St-Symphorien-le-Château. Voulant modifier son bail, il manda chez ses hôtes maître Rastinhac, notaire à Raulhac, le 21 août de cette année. Il est dit dans cet acte que les chanoines réguliers de Saint-Irénée ne desservent plus ledit prieuré, qu'ils ont été remplacés par les religieux de Sainte-Geneviève, que depuis ce remplacement les charges du prieuré ont été réduites et modérées à 1.030 livres au lieu de 1.869 que donnaient auparavant les fermiers. En conséquence ladite Allissant

---

[1] Arch. de Cropières.

[2] Cependant vingt ouvriers y travaillaient ensemble, et au 18 mai seulement on comptait déjà 1.400 journées, soit de maçons, soit de charpentiers, soit de couvreurs, que le fermier nourissait en partie, à raison de 3 cartons seigle, par mois et 2 sols argent par jour. (*Note trouvée dans les archives de Cropières*).

est degrevée de 839 livres, et le bailleur fait ainsi au preneur une concession des plus larges et des plus gracieuses [1].

Mais si les visites se multipliaient au château de Cropières, les dépenses y croissaient aussi, et en 1732 il fallut recourir à l'emprunt. Les libéralités de M. et de Mme de Ponnat étaient épuisées, et les Jésuites de Saint-Flour réclamaient le remboursement d'une somme qu'on n'avait cessé de leur devoir. Le marquis de Roussille s'adressa à sa tante Gaspare d'Escorailles, deux fois mariée et deux fois veuve, dont la situation de fortune était réputée excellente, et la supplia de lui venir en aide au milieu de ses embarras financiers. La marquise de Curton promit la somme de 10.000 livres, moyennant qu'on désintéresserait une bonne fois pour toutes ces âpres créanciers de sa maison, qu'elle prendrait leur place, et que pour le capital prêté on lui constituerait une rente de 500 livres. Ces conditions ayant été acceptées par le marquis de Fontanges, procureur de M. de Roussille, le versement promis fut effectué, la créance des Jésuites remboursée, et les droits de la tante se trouvèrent ainsi substitués aux leurs : substitution, du reste, qui ne tarda pas à prendre une forme nouvelle, car Gaspare d'Escorailles renonça à la rente qu'elle s'était fait constituer, pour en céder la propriété à M. l'abbé de Roussille et la jouissance à M. le marquis de Fontanges, ses deux neveux, qui devinrent par là même les créanciers de leur frère aîné [1].

Gaspare d'Escorailles testa à Paris le 29 novembre 1733. Elle avait épousé en premières noces Sébastien de Rosmadec, marquis de Molac, lieutenant général de la province de Bretagne, et en secondes, Henri de Chabannes, marquis de Curton, avec lequel elle ne vécut pas ou ne vécut qu'un temps très court, puisque mariés le 27 juillet 1709, les deux époux étaient déjà séparés l'année suivante et ne devaient plus se réunir. Le marquis de Curton mourut à Paris en 1714, à l'âge de 60 ans, et fut enterré en l'église Saint-Sulpice. Sa veuve lui survécut vingt-deux ans dans son hôtel rue de Seine, et laissa un testament qui est tout à l'honneur de la maison de Cropières comme ceux que nous avons déjà cités. Elle recommande son âme à Dieu, et le supplie de lui pardonner ses péchés. Elle veut être inhumée sans tenture et sans faste dans la chapelle de l'abbaye de Port-Royal, à côté de la duchesse de Fontanges, sa sœur. Elle donne

---

[1] Min. Rastinhac, ét. Fabre, Raulhac.
[2] Arch. de Cropières.

3oo livres aux pauvres du voisinage de l'abbaye, et 25o livres de revenu annuel et perpétuel pour la fondation d'une messe basse, qui devra être dite chaque jour sur l'heure de midi au grand autel de ladite chapelle. Elle lègue aux gentilshommes les plus nécessiteux un capital de mille livres, qui leur sera distribué par les soins de M. Rigaud, son confesseur. 5oo livres de pension viagère à madame de Roussille, sa sœur, prieure de Notre-Dame des Prés ; 5oo livres item à madame d'Escorailles, sa nièce, chanoinesse de Remiremont, 5oo livres item à madame d'Escorailles, sa nièce à la mode de Bretagne, chanoinesse de Metz ; 3oo livres item à M. le chevalier d'Escorailles, officier réformé ; 5o livres item à madame de Plas, religieuse à l'abbaye de Chelles ; 5o livres item à madame de Rosmadec, religieuse à l'abbaye de Malvoüe ; 5o livres item à madame d'Escorailles de Valduchez, religieuse à la Visitation d'Aurillac ; 5o livres item à madame de la Cavade, religieuse à Ste-Claire de Mur-de-Barrez. Et quand elle a ainsi doté les gentilshommes et les couvents, elle donne un grand tableau d'église, représentant une *Descente de Croix*, à M. le marquis de Roussille, l'aîné de ses neveux, pour le mettre en sa chapelle de Cropières [1], plus la jouissance d'une maison meublée qu'elle possède à Versailles à M. l'abbé de Roussille, aussi son neveu, et à M. le marquis de Valady, son petit neveu, une somme de 75oo livres faisant la moitié de la somme principale de 15ooo livres qu'elle lui a prêtée pour sa compagnie de cavalerie, ainsi que tous les arrérages de rente qui lui seront dus sur l'autre moitié au jour de son décès. Elle annulle, casse, révoque tout autre testament, et institue le marquis de Fontanges, son neveu et filleul, son légataire universel [2].

Ce testament reçu par deux notaires du Châtelet ne fut ouvert que le 13 janvier 1736. Aussitôt le décès de sa tante à lui signifié, le marquis de Fontanges courut à Port-Royal et communiqua à l'abbesse Marie-Louise de Montperrou les trois dispositions prises par la testatrice et qu'en sa qualité d'héritier il était chargé de faire exécuter : la sépulture du corps dans la chapelle, la célébration d'une messe sur l'heure de midi et la distribution d'une aumône aux pauvres du quartier. Sur le premier chef, il fut répondu que l'enterrement de la marquise devant coïncider avec celui d'une religieuse professe de l'abbaye il n'était pas possible à l'abbesse et à sa communauté de sur-

---

[1] Il y est encore actuellement.
[2] Arch. de Combret.

scoir à l'un pour s'occuper immédiatement de l'autre. Sur le second on fit remarquer que l'abbaye était déjà surchargée de fondations et qu'en accepter une nouvelle, surtout à une heure si tardive et si incommode, serait pour la maison un trop lourd sacrifice, et sur le troisième on se contenta de dire que l'aumône devant suivre l'enterrement, il valait mieux réserver celle-ci pour le lieu où se ferait celui-là. C'était une fin de non-recevoir polie mais catégorique, et le requérant ne s'y trompa pas. Ii fit dresser par l'huissier un procès-verbal de constat, et les funérailles furent commandées ailleurs. [1]

Trois ans après, le marquis de Fontanges mourut à son tour. Il n'avait que 53 ans, puisque il était né à Cropières le 2 septembre 1686. C'était un brillant officier, colonel depuis trente ans, plein d'activité et de bravoure, et encore capable de servir, utilement son pays. Il laissa un testament par lequel il transférait en la chapelle du château de Roussille la fondation faite par sa tante au monastère de Port-Royal et repoussée par ce dernier. Il augmentait de mille livres le capital de cette fondation, et invitait ses héritiers à nommer un aumônier pour la desservir. Cette nomination et ce service ne se firent pas attendre, et furent organisés par une commission de M. le marquis de Roussille à messire Durand Redouly, prêtre de Cropières, le 28 novembre 1740. [2]

A cette date le marquis de Roussille avait déjà quitté l'armée, et s'était fait mettre en réforme pour raisons de santé. Successivement capitaine, colonel, général de brigade, il lui avait fallu renoncer à tout pour soigner une infirmité incurable dont il était atteint. Mais si sa carrière militaire était finie, il était toujours lieutenant du roi, et il n'avait pas cessé d'exercer les privilèges de sa haute charge. Parmi ces privilèges, le plus honorifique était celui de recevoir des chevaliers. Le récipien-

---

[1] Arch. de Combret.

[2] La chapelle de Roussille avait été fondée en 1440. La fami'e de Scorailles y faisait célébrer de temps en tempe la messe, mais jusqu'à 1740 elle n'eût pas d'aumônier attitré. Durand Redouly fut le premier pourvu de cette charge, qu'il exerça une quinzaine d'années et qu'il aurait bien voulu exercer plus longtemps encore, mais il fut relevé de ses fonctions par Jacques-Antoine Izarn de Freissinet de Valady, à qui il ne rendait pas suffisamment compte des revenus de la terre de Roussille, dont il était le régisseur. Il fut remplacé par Durand Bos, prêtre de Barriac, qui tint l'aumônerie de 1754 à 1765, et qui eut pour successeur Guillaume Poulhés prêtre de Golusclat, mort en 1771, Jean-Baptiste Ambert, prêtre de Chaudesaigues, est mentionné comme aumônier le 30 décembre 1774.

daire devait se mettre à genoux, la tête nue et les mains jointes, pendant que le représentant du roi demeurait debout et couvert, et dans cette attitude suppliante le postulant jurait à haute voix : 1e de vivre et de mourir dans la religion catholique, apostolique et romaine ; 2° de garder obéissance et fidélité au roi envers et contre tous ; 3° de ne jamais quitter son service pour passer à celui d'un prince étranger sans l'agrément et la permission par écrit de Sa Majesté, et 4° de lui révéler tout ce qui viendrait à sa connaissance contre la sûreté de sa personne et la tranquillité de ses Etats. — Ce serment une fois prononcé, le lieutenant du roi tirait son épée du fourreau, en frappait le récipiendaire d'un coup de plat sur chaque épaule, et lui donnant ensuite l'accolade, il lui disait ces mots : « Au nom de sa Majesté et selon le pouvoir qu'elle m'en a donné, de par Saint-Louis, je vous fais chevalier ». Et à l'instant il lui remettait la croix de l'Ordre, une croix d'or, pour être attachée et portée sur sa poitrine avec le ruban couleur de feu. Puis le nouveau chevalier se retirait, et procès-verbal de sa réception était aussitôt dressé pour être expédié au roi. [1]

Ce cérémonial était imposant, et présider à ces réceptions solennelles pour M. de Roussille n'était pas un médiocre honneur, Eut-il souvent l'occasion de le faire, c'est-à-dire d'ouvrir les portes du grand Ordre aux gentilshommes les plus méritants de la province ou aux officiers qui s'étaient le plus distingués dans les armées de terre et de mer ? Nous ne connaissons qu'un cas — bien que plusieurs autres sans doute se soient présentés — où il ait effectivement rempli cet office et exercé cette flatteuse délégation, C'était le 22 janvier 1751, dix-huit mois après l'instruction reçue de Versailles. Louis XIV lui écrivit pour lui marquer son intention d'honorer la personne et de récompenser les services du sieur de la Valette de Viescamp, l'un des 200 chevau-légers composant la garde royale. L'éloignement de cet officier, disait le monarque, ne lui permet pas de faire le voyage nécessaire aux fins de se faire recevoir par nous ; c'est pourquoi nous vous avons choisi et commissionné, nous vous choisissons et commissionnons, M. de Roussille, pour faire ladite réception à notre place. Vous y procéderez selon l'instruction

---

[1] *Instruction imprimée*, adressée à M. de Roussille pour recevoir les chevaliers de l'ordre militaire de Saint-Louis, trouvée dans les archives de Cropières. Cette instruction est datée de Versailles le 5 août 1739.

qui vous a été adressée ci-devant, et que nous rappelons à votre souvenir. Signé : Louis [1].

Pendant que le marquis de Roussille trônait et paradait ainsi au nom du roi, les embarras financiers avaient reparu, la gène était devenue plus étroite, et il fallut se résoudre à une opération douloureuse mais inévitable pour payer M. le marquis de Valady, qui réclamait la dot de sa mère. Le 23 août 1744 fut vendue la terre de St-Juéry, qui rapportait 4000 livres, et qui était dans la maison de Cropières depuis plus de 140 ans. L'acquéreur était le neveu du vendeur, ce qui diminuait un peu le côté pénible de l'opération, et par l'effet de cette vente M. le marquis de Roussille devenait le créancier de M. le marquis de Valady, ce qui changeait les rôles et déplaçait les reprises à exercer. Ces reprises au profit de M. de Roussille s'élevèrent à la somme de 4444 livres, tout compte fait, et fournirent à la maison de Cropières le moyen de se libérer vis-à-vis des dames religieuses de Chaudesaigues d'un prêt remontant à 1693 et qui était depuis resté impayé. [2]

Une fois tranquille du côté de son neveu, le marquis de Roussille ne songea plus qu'à se guérir d'une infirmité grave qui le minait depuis longtemps. Atteint d'hydropisie, il consulta médecin sur médecin et fit remède sur remède. Mais le terrible mal empirant toujours, il dut obéir à la Faculté et s'astreindre à un régime sévère. La dame de Ribeyre, qui ne l'avait pas précisément quitté mais qui voyageait volontiers sans lui, lui écrivit à cette occasion de Paris le 10 avril 1746 : « Il faut tâcher de vous amuser, mon cher frère, afin de ne pas engendrer mélancolie». Conseil singulier, presque ironique, et en tout cas plus facile à donner qu'à suivre. Elle eût mieux fait d'abandonner la capitale et d'accourir auprès de son mari souffrant. Elle lui annonce, il est vrai, que ce sera pour bientôt, et qu'elle n'attend plus que le règlement de leurs affaires pour y mettre sa signature et partir. Elle l'embrasse de tout cœur, et l'assure que son amitié pour lui sera toujours très sincère et très tendre. [3] Ces protestations officieuses arrivèrent-elles à leur adresse et à temps ? Nous l'ignorons. Ce qu'il y a de certain, c'est que le marquis de Roussille, comprenant la gravité de son état, voulut mettre ordre à ses affaires et rédigea lui-même son testament le 14 avril de cette même année 1746. Le 20 il entrait en agonie, et le 21

---

[1] Arch. de Combret.
[2] Ibidem.
[3] Arch. de Cropières.

il avait cessé de vivre. Le 23 il fut enterré en grande pompe dans l'église de Raulhac au tombeau de ses prédécesseurs.

IV

Capitaine d'infanterie au régiment de Condé, Jacques-Antoine d'Yzarn de Freissinet de Valady se trouvait à Salins en Franche-Comté au mois d'avril 1746, lorsqu'il apprit que le marquis de Roussille, son oncle, venait de décéder sans enfants sur ses terres d'Auvergne, et que par un testament fait peu de jours avant sa mort il l'avait institué son légataire universel. Il obtint un congé, et se hâta de venir mettre le cap sur cette importante succession, qui de loin le faisait tressaillir et qui de près allait lui causer de si profonds déboires. Trois précautions étaient immédiatement à prendre : faire ouvrir le testament, lever les scellés, et inventorier les biens. La première formalité fut remplie à Vic par Antoine Sobrier, sieur de Laubret, lieutenant particulier au bailliage, le 27 mai 1746. La seconde suivit la première, et l'inventaire eut lieu du 3 juin jusqu'au 10. Pierre Boyssou, notaire à Raulhac, tenait la plume, et les deux estimateurs étaient, pour les meubles, Guillaume Sauret, tapissier d'Aurillac, et pour le cheptel Pierre Dégoul, marchand de Pailherols. Les trois opérateurs ayant prêté le serment requis par la loi, on se mit à l'œuvre, et la succession en meubles et effets fut évaluée à la somme totale de 25.811 livres 8 sols 3 deniers [1].

C'est sur ces données officielles que le « chevalier » de Valady entra en possession d'un héritage qu'il n'avait d'abord accepté que sous bénéfice d'inventaire. Toute la famille le reconnut comme héritier testamentaire. Il traita en cette qualité publiquement et devant notaire, avec la veuve de Ribeyre, l'abbé de Roussille, la chanoinesse de Remiremont et la plupart des créanciers. Il fut aussi pourvu par le roi, sur le vu du testament et sans opposition aucune, de l'office de lieutenant du roi en la province, qui appartenait à la succession. Il fut reçu au serment, et il goûtait déjà le bonheur d'être héritier, lorsque la terrible chicane s'abattit sur sa tête, et le plongea dans une procédure sans fin.

La première escarmouche lui vint de sa tante, la dame d'Escorailles, chanoinesse de Remiremont. Celle-ci le fit assigner

---

[1] Min. Boyssou, ét. Gizolme, Vic-sur-Cère.

au mois d'octobre 1746, en ouverture d'une prétendue substitution faite par Jean-Rigal d'Escorailles et portée en son testament du 29 avril 1700. Elle soutenait être appelée à cette substitution par le décès du marquis de Roussille, son frère, et sur l'hérédité de celui-ci elle voulait qu'on prélevât les biens substitués, réversibles sur elle, et par conséquent à elle dus.

Le « chevalier » de Valady répondit à cette assignation par un mémoire très étudié, où il établissait, du moins où il cherchait à établir que les prétentions de sa tante n'étaient fondées ni en droit ni en fait. — En droit, disait-il, il faut remarquer que toute substitution a pour fondement le soutien de la maison. Or la dame d'Escorailles est âgée de soixante ans et plus, partant elle n'est pas en situation de laisser des descendants, donc la substitution ne saurait être invoquée en sa faveur. Et puis, ajoutait-il, dans une susbtitution il faut suivre l'ordre de primogéniture ; or la dame d'Escorailles n'est que la cadette de sa sœur aînée madame de Valady ; celle-ci serait donc appelée avant elle à la substitution, mais comme elle est décédée, c'est son fils qui la représente qui doit être appelé en son lieu et place, en vertu du testament qui l'a déjà mis en possession.

Mais à supposer, continue le mémoire, qu'en droit la préférence appartienne à la dame de Remiremont, en fait elle ne peut pas l'invoquer faute de biens libres dans la personne du testateur. Jean-Rigal d'Escorailles, en effet, a disposé de tout ce qui lui appartenait et au-delà, soit par les legs qu'il a faits lui-même, soit par ceux qu'il a donné pouvoir de faire à la dame de Caylus en son codicille du 16 mars 1701. Qu'on fasse bien tous les calculs, qu'on vérifie l'une après l'autre toutes les donations, et l'on verra que la quotité disponible a été dépassée. Or les libéralités antérieures ayant épuisé tous les biens, il ne restait pour la substitution aucune somme libre, et l'on s'étonne à bon droit que la dame d'Escorailles n'ait pas été mieux informée, car mieux informée elle n'eût certainement jamais introduit une pareille demande d'ouverture, la substitution ne devant lui rapporter aucun profit alors même qu'elle serait prononcée en sa faveur [1].

La dame d'Escorailles ne tarda à comprendre le mal fondé de sa demande, car le 30 septembre 1747 elle cédait au marquis

---

[1] Arch. de Combret. — Mémoire pour M. le chevalier de Valady, héritier bénéficiaire du marquis de Roussille, contre dame Marie-Louise-Charlotte-Sébastienne d'Escorailles, chanoinesse de Remiremont, sa tante, demanderesse. Fait à Cropières le 9 mai 1747.

de Valady, frère aîné du « chevalier » ses droits à la substitution. Le procès cessait ainsi entre la tante et le neveu pour se poursuivre entre les deux frères, ce qui ne valait pas mieux. Le marquis proposa au « chevalier » de s'en remettre à l'arbitrage de M. le prince de Montmorency-Tingry, et signa un engagement dans ce sens. Le « chevalier » ayant refusé, le marquis fut très vexé de ce refus, et doublant aussitôt ses exigences, il se mit à contester à son frère la succession même du marquis de Roussille, dont celui-ci était en possession depuis deux ans et que toute la famille avait reconnu lui appartenir.

Pour cela il fit valoir trois arguments :

Le premier fut de dire que lui, l'abbé de Roussille, son oncle et la dame d'Escorailles, sa tante, avaient été induits en erreur par le sieur Laporte qui leur avait formellement écrit que le « chevalier » était héritier. — On lui répondit que ce n'était pas là une fausse information, que le sieur Laporte en s'appuyant sur un testament n'avait fait que dire la vérité, qu'après tout eût-il menti, son mensonge n'était et ne pouvait être imputable au « chevalier » de Valady qu'autant qu'il serait son ouvrage. Or qui avait fondé de pouvoir le sieur Laporte et qui lui avait donné mandat d'écrire ? On ne dira pas que c'est M. de Valady qui était alors à Salins, à plus de cent lieues de Cropières, lorsque le marquis de Roussille est décédé, et qu'il a appris cette mort par la même voie que les autres membres de la famille.

Le second fut de prétendre que le « chevalier » de Valady avait entretenu dans cette erreur les héritiers présomptifs, et que c'était par l'effet de son dol qu'ils n'en étaient point sortis. — On lui répliqua qu'il les avait si peu entretenus dans cette erreur, qu'à plusieurs reprises il leur avait écrit pour les avertir de ce qui se passait, pour leur notifier l'ouverture du testament, les différentes dispositions du marquis de Roussille, l'état de sa fortune, etc. Procède-t-on ainsi quand on veut surprendre la bonne foi de quelqu'un et l'abuser ?

Le troisième fut d'alléguer que les parties intéressées n'ayant eu connaissance du testament qu'au mois d'avril 1747, l'ignorance de fait avait subsisté pour elles jusqu'à cette époque. — On lui riposta que les parties intéressées avaient été avisées le 31 mai 1746, qu'à dater de ce jour elles n'avaient qu'à se renseigner sur le contenu du testament rendu public, déposé dans un lieu public, et dont toutes les dispositions étaient à la connaissance du public. Si elles ne l'ont pas fait, concluait la réponse, évidemment c'est qu'elles n'ont pas voulu le faire, mais alors l'ignorance qu'elles invoquent étant le résultat de leur négligence et nullement l'effet d'une manœuvre de **M. de Valady**, elles ne sont pas recevables à s'en faire un titre, encore moins une arme contre lui.

Toute l'argumentation du marquis de Valady s'en allant ainsi pièce par pièce, il eut recours pour l'étayer à un dernier expédient. Il fit observer que le testament instituait son frère « légataire » mais non héritier universel, et il s'attacha à faire ressortir toute la différence qu'il y a entre ces deux termes, en montrant que si l'un peut être interprété dans un sens large, l'autre ne doit l'être que dans un sens restrictif. Cet argument paraissait solide, il n'était que captieux. Sans doute à n'avoir égard qu'aux termes d'une seule clause, le « chevalier » n'était que légataire universel, mais à prendre le testament dans son entier, il était visible que l'intention du testateur avait été d'en faire son héritier universel, de lui transmettre tous ses biens, droits, actions, afin qu'ayant de nombreuses charges il eût aussi de puissants moyens pour les supporter. Ainsi l'avaient compris les témoins du testament, le juge, les procureurs, les créanciers, l'abbé de Roussille, la dame d'Escorailles et le marquis de Valady lui-même, qui avait pensé comme tout le monde jusqu'au 30 décembre 1747, et qui ne s'était ravisé qu'à partir de ce moment..

Telle était la situation respective des deux frères au printemps de 1748. Il fallait trancher le nœud gordien et les mettre d'accord. Deux commissaires furent nommés par le roi pour examiner l'affaire : c'étaient deux anciens avocats au Parlement, très ferrés sur le droit et passablement retors en procédure. Ils devaient étudier le dossier en commun, émettre leur avis séparément, et en cas de désaccord s'adjoindre un tiers, dont la décision était sans appel. On travailla et on discuta pendant deux années de suite, 1749 et 1750. Enfin le 17 avril 1751, sur le rapport qui lui fut présenté, le Parlement rendit un arrêt qui confirmait le testament de Louis-Théodose d'Escorailles, marquis de Roussille, et déclarait héritier le « chevalier » de Valady, sous déduction de la quarte trébellianique en faveur du co-plaidant, son frère, et de la baronne d'Ussel, sa sœur, avec restitution des fruits depuis le décès du donateur.

Succession de Louis-Théodose d'Escorailles, marquis de Roussille.

Actif :

Cropières......................................	500.000
Roussille......................................	100.000

La Philipie...	20.000
Mobilier...	Mémoire.
Charge de lieutenant, estimée au prix de rente........	30.000
Un tiers de la succession du marquis de Fontanges ...	17.868
	667.868

PASSIF :

Charges royales, féodales et fondations pieuses existant à la mort de Jean-Rigal d'Escorailles...............	85.219
Reprises et legs de Marguerite de Ribeyre, marquise de Roussille..	109.000
Fondations pieuses postérieures......................	3.349
Dettes envers des tiers...............................	83.677
	280.245

Sur cette somme n'étaient exigibles que :

A la marquise de Roussille	69.000
Sommes dues à des tiers	83.679
La succession était donc grevée de..................	152.677
Maintenant, pour établir la fortune dont le marquis de Roussille pouvait disposer, il faut ajouter au passif le montant de la substitution, soit..................	202.557
Il restait pour le « chevalier » de Valady..............	185.065
D'où il faut encore déduire la quarte trébellianique....	46.266
Soit net pour le chevalier de Valady..................	138.799

(Communication de M. le comte Christian de Valady).

Devenu par la force de la chose jugée maître de Cropières et sûr d'une succession qu'on ne pouvait plus lui contester, le « chevalier » tourna ses vues vers le mariage et épousa le 25 juillet 1752 mademoiselle Marie-Irène de Dienne, fille de feu messire François de Dienne, comte de Cheyladet, seigneur de la ville d'Allanche, et de Marie-Philippe-Rose de Laveissière, dame de Cantoinet et de Candèze. Le contrat fut passé au dit Allanche en l'étude de maître Maigne, notaire royal. Dans ce contrat le « chevalier » agit comme propriétaire des grands biens que lui a laissés son oncle et les affecte à la sûreté de la dot de son épouse. La situation de Cropières semble se rétablir un peu. Le nouveau marquis de Roussille joint les revenus dotaux à ses revenus personnels, qui s'élèvent à 26.956 livres [1]. Mais de gros-

---

[1] *Arch. de Combret.* Voici le détail de cette somme :

Le domaine d'Escalmels rapportait..............	1.007 livres.
Le domaine de la Cayrie —	1.489
Le domaine de la Maisonade —	1.175
Le domaine de Brommet —	1.370
Le domaine de Morèze —	1.430
Le domaine de la Roque —	649

ses dettes pèsent sur la succession. Les pertes, les accidents, les embarras de toute sorte se multiplient. Le « chevalier » emprunte à droite pour payer à gauche, et de 1751 à 1775 la situation n'empire pas énormément, mais elle ne s'améliore pas non plus.

Un nouvel arrêt du Parlement, 17 août 1752, déclare ouverte en faveur du marquis de Valady la substitution si ardemment combattue par le « chevalier ». Cette substitution s'élevant à la valeur de 202.557 livres, constitue pour Cropières une charge des plus lourdes. Puis c'est la dame de Ribeyre qui vient réclamer à l'héritier de son mari le remboursement de sa dot, le fait saisir à plusieurs reprises faute de paiement, et l'oblige à lui verser la somme de 80.846 livres avant la fin de l'année 1756. Puis c'est le commis à la recette d'Aurillac qui le poursuit avec la dernière rigueur pour les arrérages des vingtièmes imposés sur sa terre et sur les domaines qui la composent au nombre de huit. Puis c'est Pierre Degoul, marchand, de Pailherols, qui lui fait perdre le prix de tous ses fromages, et lui inflige de ce chef une banqueroute de 8.000 livres. Puis c'est un violent incendie qui dévore son château de Roussille et ne lui laisse plus pour toute résidence en Limousin qu'une très modeste maison de ferme. Enfin c'est le dur hiver de 1763, qui sous le poids des neiges amoncelées dans la vallée du Goul fait crouler en entier sa grange de Cropières, laquelle mesurait 22 toises de long sur quatre et demie de large : pour relever ce bâtiment il lui faudrait plus de 6.000 livres, et comment pourra-t-il les trouver, puisque tous ses biens sont saisis par autorité de

Le domaine de Lavergne	—	....	552 livres.
Le domaine du Monteil	—	....	300
Le domaine de Pailhès	—	....	90
Le moulin de Tournemire	—	....	90
Le moulin de Goul	—	....	168
Le domaine de Cropières	—	....	5.000
Les prés de réserve, 300 chars de foin, rapportaient			2.400
Les cens et rentes	153 setiers froment..........		1.081
	532 setiers seigle...........		3.192
	argent et suites comprises...		402
	avoine 235 setiers..........		940
Les vignes des Tounious rapportaient..........			300
La terre de Roussille rapportait.............			3.500
La charge de lieutenant	—	....	900
La terre de Muret dont il jouit	—	....	1.200
Total....................			26.956

justice à la requête de madame de Beauclair, de la ville d'Aurillac ? En cette extrémité il ne lui reste plus qu'une ressource, se recommander à la bienveillance de « Monseigneur » l'intendant, et le supplier de lui faire remise des tailles cette année [1].

Heureusement pour le marquis de Roussille son principal créancier est de sa maison, et celui-ci ne demande rien, n'exige rien, ni la substitution, ni la quarte trébellianique, ni les arrérages, ni les intérêts des arrérages. Charles-Philippe de Valady est un neveu charmant, et pour rien au monde il ne voudrait contrister le cœur de son oncle le « chevalier ». Mais la dame de Dienne qui n'a pas d'enfants, qui n'en tient pas fort pour son mari, qui n'attend rien de lui, qui est au courant de ses dettes et du désordre de ses affaires, se dit que sa dot pourrait être compromise, et qu'il est prudent pour elle de la mettre en sûreté. Elle se retire chez les Bernardines de Clermont-Ferrand, et demande avec la séparation des biens le remboursement des deniers dotaux.

Le « chevalier » qui est vieux, infirme, et n'aspire qu'au repos, fait appeler son homme de confiance l'avocat Bouët, et lui signe une procuration pour transiger avec la marquise de Roussille, son épouse, et prendre tels arrangements qu'il jugera à propos. Une transaction a lieu le 18 mars 1773. Toutes les sommes dotales et paraphernales de la marquise sont fixées au chiffre de 168.680 livres. La terre de Roussille lui est délaissée après la mort de son mari et de la dame Ribeyre, douairière de Roussille, sa tante, et pour le paiement du surplus on fixe cinq termes égaux. En attendant on lui constitue une pension de 4.000 livres, qui sera portée à 5.000 après le décès, et on lui donne en outre 3.000 francs pour l'an du deuil. Le neveu du « chevalier » et son héritier présomptif intervient au contrat pour faciliter l'arangement et cautionner son oncle, moyennant qu'on lui reconnaîtra ses droits personnels par acte séparé. Ces droits lui sont reconnus en effet par transaction du 26 décembre 1774, et pour leur acquit on lui cède les terres de Roussille et de Cropières, à la charge pour lui de payer indéfiniment toutes les dettes du marquis de Roussille et d'exécuter le délaissement convenu avec la marquise par le traité du 18 mars 1773.

Cependant le marquis de Roussille touche à sa fin. Il n'a pas d'autre héritier présumé que le comte de Valady, son neveu.

---

[1] *Ibidem.* Requête à Mgr l'Intendant d'Auvergne.

Tout à coup son frère (Joseph-Louis-Melchior) accourt du château de Montalègre, paroisse de Lapeyre, en Rouergue, et se fait léguer par le moribond le mobilier et la jouissance de la terre de Roussille. Cette disposition est du 3o décembre 1774, et dans ce codicille il est expressément fait mention du testament du « chevalier » en faveur de son neveu, passé devant Rochéry, notaire royal en Carladès.

Le marquis de Roussille meurt le 2 janvier 1775. Ses funérailles sont à peine célébrées, que la guerre éclate entre le légataire particulier et l'héritier général. Le premier se hâte de prendre possession de la terre et du mobilier de Roussille sans remplir aucune espèce de formalité ; le second proteste avec énergie et envoie un juge en toute diligence pour apposer les scellés. Les deux parties s'échauffent, discutent, et ne pouvant se mettre d'accord, se retirent devant le sénéchal de Tulle. Le comte de Valady demande la mise en possession en vertu de la transaction du 26 décembre 1774 ; son adversaire invoque le codicille du 3o du même mois. L'année 1775 se passe tout entière en procédures, consultations et contre-consultations ; mais en 1776 le légataire meurt, et de ce chef le procès est virtuellement terminé [1].

Le dernier seigneur de Cropières, Louis-Joseph-Charles-d'Izarn, comte de Valady, était le fils unique de Jean-Claude-Urbain et de Marie-Charlotte de Clermont-Lodève, dame de Cestayrols. Il avait épousé le 15 mai 1765 Marie-Anne-Brigitte de Montjésieu, femme admirable par les qualités de son cœur, les talents de son esprit et sa haute piété. Née sur les frontières du Rouergue et du Gévaudan, d'une famille aussi respectable par ses vertus que par ses traditions chrétiennes, elle surpassait en sagesse, dit un de ses biographes, tous les enfants de son âge. Elle fut élevée à Clermont-Ferrand. chez les bénédictines de Sainte-Claire, couvent renommé alors dans tout le Centre par la bonne éducation qu'on y donnait aux demoiselles. Elle aurait voulu se faire religieuse, mais sur le conseil de son directeur, de plusieurs prêtres éclairés, et surtout de celle qui avait un si grand empire sur elle, la dame de Langeac, abbesse de ce monastère, elle renonça a son projet et se destina au mariage. Il faut le bon exemple dans le monde comme dans le cloître, et il n'y a pas moins de bien à faire à la tête d'une fa-

---

[1] *Arch. de Combret.* — Mémoire du comte de Valady contre le chevalier de Valady, son oncle, légataire du marquis de Roussille.

mille que dans les rangs d'une commanauté. Uuc fois sûre de sa vocation, elle pria le Seigneur, continue son biographe, de lui choisir lui-même l'époux qui devait être son partage, et lorsqu'elle crut l'avoir trouvé dans la personne de ce gentilhomme si distingué de ton, de manières, de fortune, de naissance qu'était le comte de Valady, elle se plongea dans la retraite et se prépara le plus sérieusement du monde au grand acte qu'elle allait accomplir. Après ses engagements, elle passa avec son mari plusieurs années dans la maison de son père, où la vie commune ne troubla pas un instant l'union des cœurs. Un jour cependant il lui fallut quitter la Lozère pour aller vivre dans l'Aveyron, à la suite d'un léger nuage survenu entre le gendre et le beau-père. Les habitants de Valady ne tardèrent pas à remarquer quelle riche acquisition ils avaient faite avec la jeune dame lorsqu,ils la virent à l'œuvre chez eux. Elle assistait leurs pauvres, elle visitait avec emmpressement leurs malades, elle soignait elle-même leurs infirmes, distribuant les remèdes, les secours, les consolations à tous ceux qui étaient dans le besoin. Levée de grand matin, elle trouvait du temps pour tout, et l'apostolat si varié qu'elle exerçait au dehors ne l'empêchait pas de vaquer aux soins de son ménage, d'avoir l'œil sur ses domestiques, d'assurer tous les services de sa maison, et de pourvoir en particulier à l'éducation de ses enfants, qu'elle s'entendait si bien à former, qu'ils venaient d'eux-mêmes lui avouer ingénûment leurs fautes et la prier de les en punir. La foi la plus vive était la caractéristique de cette grande âme, qui faisait sa méditation tous les jours, qui communiait ordinairement deux fois la semaine, et qui avait l'habitude de dire : « pourvu qu'on se sauve, peu importe le reste, tout le reste n'est que fumée » [1].

M. de Valady, juste appréciateur du mérite de sa femme, était charmé des éloges qu'on faisait d'elle, et n'était pas le dernier à rendre hommage aux riches qualités de son esprit et de son cœur. Ses fermiers d'Auvergne lui ayant manifesté un jour le désir de la connaître, il se disposait à la leur conduire, lorsque la petite vérole fondit sur elle et l'enleva brusquement. Elle mourut à Valady le 30 septembre 1772, à l'âge de vingt-six ans, dont huit de mariage, unanimement pleurée et regrettée, non seulement de ses parents et de ses nombreux

---

1 *Arch. de Comblat-le-Château.* — Lettre de M. l'abbé Viguier à M. l'abbé Marie sur la mort de Madame la comtesse de Valady.

amis, mais de toute la clientèle des pauvres qu'elle avait secouru et qui furent longtemps inconsolables de ce malheur [1].

Le comte de Valady était donc déjà veuf lorsqu'il recueillit la succession de son oncle, le marquis de Roussille, le 2 janvier 1775, Cette succession était loin d'être brillante, et le passif l'emportait considérablement sur l'actif [2]. Heureusement l'héri-

---

[1] Ibidem.

[2] Succession du « chevalier » marquis de Roussille :

ACTIF :

Cropières...	500.000
Roussille...	100.000
Mobilier...	Mémoire.
	600.000

PASSIF :

Charges royales, féodales et fondations existant à la mort de Jean Rigal d'Escorailles...................	85.219
Reprises et legs à la marquise de Roussille, née Ribeyre.	90.000
Fondations pieuses d'Annet Joseph d'Escorailles......	2.549
Reprises de la marquise de Roussille, née Dienne.....	171.680
Dû au comte de Valady pour substitution, quarte trèbellianique, intérêts et autres créances..........	530.000
Fondations de Louis d'Escorailles et de ses frères.....	12.949
Dû à des tiers....................................	73.769
	965.966

Sur ce passif, à la mort du marquis de Roussille et quand le comte de Valady, son neveu, eut recueilli sa succession, étaient exigibles en capital :

69.000 de la marquise de Roussille, née Ribeyre.

171.680 de la marquise de Roussille, née Dienne.

73.769 dû à des tiers.

315.449

La succession estimée à............................	600.000
Le passif montant à................................	965.966
Il y avait donc insuffisance de......................	365.966
Et après la mort de la marquise de Roussille, née Ribeyre, de 9.000 livres de moins ou...............	356.966
Le comte de Valady, bénéficiaire de la succession et créancier de....................................	530.000
Etait donc en perte de.............................	365.966

Pour s'être porté héritier au lieu de se porter créancier pour sa créance privilégiée avant toutes.

N. B. — Les chiffres ci-dessus comme ceux donnés plus haut, sont fournis par le mémoire du comte de Valady contre le chevalier de Valady, son oncle, légataire du marquis de Roussille, son frère. Ils servirent de base au jugement qui termina le procès. (*Communication de M. le comte Christian de Valady*),

tier de Cropières possédait une très belle fortune personnelle. Il venait d'hériter de 3oo.ooo livres de sa tante la chanoinesse de Remirement, héritière elle-même de l'abbé de Roussille et du marquis de Fontanges. Sa mère, en mourant, lui avait laissé 35o.ooo livres, et une vente de terres dans le comté de Castres lui avait rapporté récemment 2oo.ooo livres, en tout 85o.ooo livres, deux millions d'aujourd'hui. Un pareil capital mettait le comte de Valady plus qu'à l'aise. C'est pourquoi après avoir en 1773 acheté pour 7o.ooo livres la terre de Gradels enclavée dans celle de Valady, il put le 24 mars 1777 faire un remboursement de 1oo.ooo livres à la dame de Dienne de Cheyladet. Le 25 août de la même année il vendit Roussille, qui ne lui plaisait pas et qu'il n'aimait pas à visiter, parce que Roussille était loin et surtout parce que Roussille avait des bâtiments défectueux, pour la réparation desquels il eût fallu dépenser immédiatement 15.ooo livres. Cette vente lui produisit 6o.ooo livres, dont 4o.ooo payées comptant, et 2o.ooo payables en deux termes égaux, le premier devant échoir le 1er mars 1783. L'acquéreur dut en outre verser au vendeur une somme supplémentaire de 1.944 livres 16 sols pour « pot de vin », et prendre à sa charge l'acquittement de la fondation faite en la chapelle de Roussille par le marquis de Fontanges suivant son testament du 20 septembre 1739 [1].

Le fief de la Philipic, situé à Donzenac, n'avait pas été compris dans la vente de Roussille, consentie à Me François Boy de Lacombe, juge de Neuvic. Son tour ne devait pas tarder à venir. Il fut aliéné le 3o mars 1783 et acheté par Jean-Baptiste de la Gorce de Limoges, chevalier de l'ordre militaire de Saint-Louis, et par Jean Grivel, bourgeois et maître de poste, tous deux habitant la ville de Donzenac [2]. Ainsi la maison de Cropières se trouvait complètement dépossessionnée en Limousin, et le comte de Valady cessait d'être le seigneur de la Philipic comme il avait cessé auparavant d'être le marquis de Roussille. Ses préférences étaient ailleurs, ses titres devaient pareillement s'y trouver.

Le comte de Valady n'habita Cropières que par intervalles. Il en fit surtout sa résidence d'été, de juin à octobre généralement. Cela ressort de son livre de compte conservé aux archives de Combret. D'un certificat de la municipalité de Raulhac du

---

[1] Min. Bersanges, ét. Fabre, Raulhac.
[2] Arch. de Cropières.

23 germinal an II de la République, il résulte qu'il y séjourna notamment du 25 juin au 4 octobre 1790 et du 25 mai 1791 au 16 mai 1792 [1]. L'hiver il se rendait dans le Midi, où l'attiraient la douceur du climat et des relations qu'il avait su s'y créer. Le 22 novembre 1777 il est à Villefranche, où il fait procuration pour régir et administrer ses biens d'Auvergne à Joseph Bô de la Maurinie, avocat au Parlement, demeurant au Mur-de-Barrez [2]. A l'époque de la Terreur il vague dans les environs de Toulouse, déguisé en marchand ambulant, pour dérouter les cavaliers de la maréchaussée qu'on a lancés à sa poursuite. Accusé d'émigration, il fait produire devant le district d'Aurillac par son fermier Bastide des lettres d'une authenticité incontestable, constatant qu'il n'a pas quitté la France et qu'il est toujours présent, quoique introuvable, sur le sol de la Patrie. Ses biens n'en sont pas moins mis sous séquestre et vendus nationalement, après deux ou trois sursis. Bastide les achète et les rendra un jour au prix d'achat. Pendant ce temps le fugitif est découvert, appréhendé au corps et jeté dans les prisons de Montpellier, où il subira la détention jusqu'au 9 thermidor. Rendu à la liberté après la chute de Robespierre, il écrit à son fermier pour lui faire part de ses besoins d'argent et de la nécessité où il s'est trouvé d'emprunter. Nous perdons ensuite sa trace et nous ne le trouvons plus que le 18 avril 1818. C'est le jour où il meurt à Nîmes, alors qu'il était en route pour Rodez, où il allait habiter avec son petit-fils [3].

---

[1] Communication de M. le comte Christian de Valady.

[2] Min. Bersanges, loc. cit.

[3] L'abandon du château de Cropières date de 1793. Chassé du pays par la Révolution, le comte de Valady n'y revint pas. Son fils marié à mademoiselle de Vaudreuil et député sous la Convention, mourut tout jeune et sans enfants le 5 décembre 1794. Il siégeait parmi les Girondins, vota contre la mort du roi, et paya de sa tête le libéralisme de ses idées et l'indépendance de son caractère. Son gendre, qui avait épousé sa cousine Irène, franchit la frontière lorsqu'il vit que les châteaux et les chartriers flambaient, et mourut à Fribourg pendant l'émigration le 15 décembre 1795. Son petit-fils Louis-Annet continua la filiation dans le siècle suivant, mais élevé dans l'Aveyron, loin de Cropières, il ne s'intéressa guère à la conservation du berceau de la duchesse de Fontanges. Son arrière petit-fils, Henri, fit réparer le perron qui tombait en ruine en 1873, et dépensa de ce chef la somme de 12.000 francs. Ce fut le dernier travail de restauration accompli à Cropières. Le propriétaire actuel M. le marquis Louis de Valady, membre du Conseil général de l'Aveyron, habite le château des Vergnettes près d'Entraygues, et ne vient que rarement à Cropières, où il ne trouverait pas d'ailleurs une seule pièce confortable pour se loger.

CHAPITRE V

MESSILLAC, CHATEAU ET CHATELLENIE

**I. Les ᵈe Bénavent : 1267-1518. — II. Les de Monta-
mat : 1518-1549. — III. La dame aux trois maris :
1550-1621. — IV. Les de Rastinhac : 1621-1766. —
V. Les de Greils de la Volpilière : 1766-1906.**

Au château de Cropières correspond celui de Messillac, à
l'autre extrémité de la paroisse. Messillac, que l'on prononce
généralement Missillac, était un château fort et une importante
seigneurie. La seigneurie a disparu, mais le château est resté,
et bien qu'il ait subi quelques dégradations de la main des
hommes et de la part du temps, il n'en demeure pas moins un
des plus beaux spécimens de l'architecture féodale dans le pays.
Imaginez deux hautes et puissantes tours gothiques, profilant
leur flèche dans l'espace et encadrant un vaste corps de logis
de style Renaissance, bâti à deux étages avec fenêtres grillées
en bas, croisillons en haut, et machicoulis à la partie supérieure
sous un toit lourd et malheureusement trop surbaissé, ajoutez
une large façade de pierre aussi riche de sculpture qu'imposante d'aspect, sur laquelle le ciseau de l'artiste a prodigué les
bas-reliefs, les écussons et les devises [1], puis un grand escalier

---

[1] Les devises de la façade ne sont pas les seules : il y en a aussi deux
dans l'escalier : *Vertu pour guide,* et

      « Qui vient céans et rien ne porte
      « Soit diligent de passer la porte,
      « Car notre état ne peut porter
      « Céans venir sans rien porter. »

CHÂTEAU DE MESSILLAC

aux voûtes élégantes qui donne accès dans l'intérieur du château et conduit aux appartements supérieurs où les plafonds à poutrelles et les cheminées monumentales d'une autre époque attirent les regards ; imaginez tout cet appareil formidable, perdu au milieu des bois et des ravins, et émergeant d'un pic élevé autour duquel la nature a fait comme à dessein le vide immense, profond — sur les confins de l'Aveyron et du Cantal, à 5 kilomètres de Raulhac et à 6 et demi de Mur-de-Barrez — et vous aurez une idée de la vieille forteresse qu'est Messillac, et que nous allons présenter au lecteur.

I

Les premiers seigneurs de Messillac paraissent avoir été les de Bénavent [1], que quelques généalogistes font descendre des comtes de Rodez, mais que l'opinion la plus récente [2] rattache à une ancienne et noble famille du Rouergue qui possédait la baronnie de Bénavent aux XIIe et XIIIe siècles. Un membre de cette famille aurait passé la Truyère à une date inconnue, et serait venu se fixer à Messillac à la suite de quelque alliance ou de quelque acquisition dont les archives du château n'ont pas gardé le souvenir. Là il aurait fait souche et serait devenu le chef de cette longue descendance qui occupa Messillac pendant plus de trois siècles. Un rameau se serait détaché et aurait fondé la branche cadette de Montamat. De là la confusion, au moins apparente, qui règne dans les actes entre ces deux familles : confusion de noms, de titres et de propriétés.

Les de Bénavent prennent généralement la qualité de seigneurs de Messillac et de co-seigneurs de Montamat. Le 26 juillet 1267 un d'entre eux fait hommage à Henri, seigneur de Carladès, de son château de Montamat, ainsi que des autres droits et possessions qu'il tient à Messillac et dans ses dépendances, sur le territoire de Jorgues et d'Escoubiac, sur l'affar de Cancelade et sur le manse du Bousquet, paroisse de Brommat [3]. En 1297 on voit un habitant du village vendre la moitié d'un enclos

---

[1] D'argent à 3 bandes de gueule, au chef d'azur, chargée d'un lambel d'or.

[2] Voir un opuscule récent du vicomte de Bonal, intitulé : *Les comtes de Rodez et les seigneurs de Bénavent*, Champion, Paris, 1905.

[3] Doc. hist. I, n° LXX, p. 82.

à Bernard de Bénavent, seigneur de Messillac [1]. En 1301, nous assistons à une reconnaissance rendue à noble Pierre de Bénavent, seigneur de Messillac, par Pierre Balsac, pour des terres et des prés appelés Saint-Paul, devant M⁰ Garde, notaire au Mur-de-Barrez [2]. En 1313, autre reconnaissance à noble Bertrand de Bénavent par Jean Pradal et Guillaume Delcamp, devant le même notaire [3]. — Vers 1322, sous Isabelle de Rodez, Guibert de Bénavent est bailli de Carlat, et Aymar de Bénavent bailli des Montagnes en 1334 [4]. — En 1345, Bernard de Bénavent traite avec le recteur de Raulhac au sujet de la dîme, et en 1352 il reçoit la déclaration de plusieurs paysans de Feyssergues [5].

Mais le plus connu de cette nombreuse et confuse lignée est noble Pierre de Bénavent, seigneur de Messillac au commencement du XVᵉ siècle. Le 2 février 1402 il achète des rentes à noble Gaspard de Bénavent devant Brossier, notaire. Le 23 mai 1406 il cède à Pierre Lagarde le mas de la Garde, paroisse de Raulhac [6]. Le 16 août 1439 il teste devant messire Pierre de Montjou, notaire apostolique et vicomtal, prêtre du lieu et paroisse de Raulhac. Ce testament est des plus intéressants tant par la qualité que par le nombre des légataires. Les églises, les hôpitaux, les couvents appellent successivement son attention. Les églises de Raulhac, de Cros, de Jou-sous-Monjou, de la Capelle-Barrez, de Brommes, de Peyrat et du Mur-de-Barrez, toutes circonvoisines du château, reçoivent chacune cinq sous tournois. Même libéralité à la chapelle Saint-Blaise de Montamat, et à la cathédrale de Saint-Flour que l'on bâtit en ce moment. Après les édifices religieux les établissements de bienfaisance : cinq sous à l'hôpital Sainte-Marie du Puy, cinq sous à l'hôpital Saint-Antoine de Viennois, cinq sous à l'hôpital du Saint-Esprit sur les bords du Rhône, et cinq sous à l'hôpital Saint-Jean de Bendaco. Puis sa pensée se tourne vers les monastères, spécialement vers ceux où deux de ses filles ont pris le voile et mènent avec ferveur la vie religieuse : Saint-Sernin sous Rodez et Saint-Jean du Buys-lez-Aurillac. Cinq sous au premier, et cinq sous au second, et aux moniales de l'un et de

---

1 Dict. Stat. du Cantal, arch. Raulhac.
2 Arch. de Messillac.
3 Ibidem.
4 Nobiliaire d'Auvergne.
5 Arch. de Messillac.
6 Arch. nat. P 473 ¹, p. 56.

l'autre deux sous par tête pour une bonne et suffisante réfection. Puis nous passons aux Frères Mineurs d'Aurillac et aux Carmes de la même ville : 10 écus d'or à chaque communauté. Viennent ensuite des fondations de messes, pour lui, pour Jeanne de Salers, son épouse, et pour tous ses parents défunts : un florin d'or aux prêtres de Mur-de-Barrez, de Jou, de Brommes, de Peyrat pour la célébration d'un obit annuel, et 200 florins d'or à la communauté des prêtres filleuls de Raulhac pour une messe quotidienne à perpétuité à dire dans la chapelle Sainte-Marie de la manière suivante : le dimanche, l'office dominical, le lundi, l'office des morts à haute voix ; le mardi, de la Trinité à voix basse ; le mercredi, du Saint-Esprit ; le jeudi, des défunts à haute voix ; le vendredi, de la Croix ; et le samedi, de Notre-Dame.

Et quand il a ainsi pourvu aux besoins de son âme, son cœur s'attendrit à la pensée de ses chers *pagi* qui lui paient annuellement le cens, et remise leur est faite de la moitié de leurs redevances pour l'année de sa mort ou pour celle qui suivra son décès. Voilà pour ses œuvres pies ou humanitaires ; voici maintenant pour sa famille :

Un legs de dix florins d'or à chacun de ses fils religieux, Jean de Bénavent, doyen du monastère de Ricupeyroux, et Guy de Bénavent, chevalier de St-Jean de Jérusalem ; cinq louis d'or à chacune de ses filles religieuses, Léone de Bénavent, bénédictine à Rodez, et Jeanne de Bénavent, bénédictine à Aurillac ; et quarante sous seulement à chacune de ses filles mariées : Delphins de Bénavent, femme à noble Raymond de Capdenac, et Hélis de Bénavent, épouse de noble Aymon de Brossadols. Il est vrai que celles-ci ont été largement dotées par contrat de mariage, et que le supplément accordé n'est pas un droit pour elles, mais un simple souvenir à titre gracieux.

Il institue pour héritier général et universel noble Pierre de Bénavent, son fils aîné, qu'il supplie avec autant d'instance que possible d'exécuter loyalement ses intentions. Il lui adjoint comme exécuteurs testamentaires deux de ses parents et deux de ses amis, choisit lui-même le lieu de sa sépulture dans l'église paroissiale de Raulhac, au tombeau de ses prédécesseurs, en la chapelle de Notre-Dame ; fixe à 50 le nombre des prêtres qui assisteront à son enterrement, à sa neuvaine et à sa quarantaine, à 80 ceux qui célèbreront son anniversaire, et à chacun d'eux il lègue d'avance deux sols et six deniers tournois. [1]

---

[1] Arch. de Messillac.

Telle est l'œuvre réfléchie où un grand seigneur du XVe siècle a déposé le secret de ses impressions intimes. A lire cette œuvre dans son ensemble et surtout dans ses détails, on s'aperçoit vite que la manière de tester d'alors est bien différente de celle usitée aujourd'hui. La foi y respire d'un bout à l'autre, et tout s'accomplit sous l'inspiration de cette foi ardente et convaincue. Aujourd'hui, quand on a disposé de ses propriétés ou de ses titres de rente, que fait-on davantage ? Il se rencontre encore çà et là quelques philanthropes, quelques humanitaires qui tiennent à attacher leur nom à une œuvre de bienfaisance ou de charité, qui par conséquent la fondent ou la dotent ; mais le chrétien qui commence son testament par le signe auguste de la croix, qui recommande son âme à Dieu, à la benoîte Vierge Marie, à tous les saints et saintes du Paradis, qui élit sépulture à l'ombre des autels où ses ancêtres ont prié et où il a prié lui-même, qui demande avant tout que des messes soient dites pour le repos de son âme, ce chrétien-là n'existe plus ou n'existe qu'à l'état d'exception, Et il serait considéré comme un revenant d'un autre âge celui qui avec de pareilles intentions franchirait aujourd'hui le seuil d'une étude, et oserait les formuler en présence du tabellion sceptique qui le guette, et devant les témoins non moins sceptiques convoqués pour l'assister. Aussi la teneur des testaments a-t-elle profondément changé ; on n'y rencontre plus ces vieilles formules chrétiennes qui étaient si en honneur aux siècles de foi, et dont s'accomoderait mal notre scepticisme moderne. Veut-on se rendre compte du chemin parcouru ? Qu'on prenne une minute notariale du XVIe ou du XVIIe siècle ; qu'on la compare à une du XIXe ou du XXe, et l'on verra tout de suite la différence.

A noble Pierre de Bénavent, seigneur de Messillac et coseigneur de Montamat, succéda son fils aîné Pierre, damoiseau. Nous n'avons de lui qu'une « investison » consentie le 25 mai 1450 à Jean Ramond du Pajou sur un pré appelé de Vernines et sur deux ou trois terres sises à Leboucan. [1] Puis la seigneurie passe à Bernard de Bénavent qui l'agrandit au moyen de plusieurs achats de rentes et autres acquisitions, se fait recevoir à la cour de Jacques d'Armagnac, vicomte de Carlat, y prend bientôt rang parmi les plus qualifiés, signe « serviteur du duc de Nemours » et figure en tête des 31 gentilshommes dispensés du ban en 1475 par autorité du roi Louis XI. Jean de Montamat,

---

[1] Arch. de Messillac.

son cousin, en est aussi, et sera le père de Jacques, marié en secondes noces à Catherine De Lestang, dont la fille unique épousera en 1510 Guy V. de Pestels, ce qui mettrr fin à la branche directe des Montamat dans le pays.

II

Les seigneurs directs de Montamat étant éteints, les de Bénavent, seigneurs de Messillac, songèrent à prendre leur suite. Bénavent était une terre éloignée, sise en Rouergue, par-delà la Truéyre, au commencement du pays de Viadène, tandis que Montamat était une terre voisine, juste en face de la leur, de l'autre côté de la rivière du Goul. Il fut donc convenu qu'on délaisserait Bénavent et qu'on se titrerait de Montamat à l'avenir, en vertu des droits qu'on avait sur la place, droits de coseigneurie sinon de seigneurie proprement dite. Cette transformation de nom s'opéra peu à peu dans les premières années du XVIᵉ siècle, et en 1518, à l'époque de la mort de Bernard de Bénavent, elle était déjà un fait accompli. Son fils Bernard de Montamat, inaugure les seigneurs de la dénomination nouvelle. On le trouve au château de la Voûte, paroisse de Marmanhac, le 14 novembre 1534 : il assiste au mariage de Jean de Montamat, son fils, écuyer, avec noble demoiselle Marguerite de Beauclair. La dot constituée à celle-ci par la dame Jeanne de Dienne, sa mère, est de 4.000 livres tournois, environ 130.000 francs de notre monnaie, plus 400 livres pour ses robes et accoutrements. Le futur époux aura, selon la coutume du pays, la moitié des biens meubles et immeubles, présents et à venir, de Bernard de Montamat, son père, du vivant de celui-ci, et l'autre moitié après sa mort. Réserve est faite par le donateur de la somme de 2.000 livres pour en disposer à la fin de ses jours [1].

Jean de Montamat, époux de Marguerite de Beauclair, fut le restaurateur du château de Messillac. C'est lui qui fit bâtir cette magnifique façade qu'on admire encore, qui attire plus particulièrement le visiteur, et qut donne à cette noble et hospitalière demeure un air de grandeur et de distinction tout à fait remarquable. Voulez-vous savoir en quelle année eut lieu la restauration ? On vous montrera la date de 1531. Demandez-

---

[1] Ibidem.

vous sous quel roi ? Voici la tête de François Ier, surmontée de la chrétienne devise : *In Domino confido* [1], *ma confiance est en Dieu*. Elle domine les armoiries de famille, qu'on aperçoit sur la grande porte, avec des traces de mutilation dues au fanatisme révolutionnaire, et est dominée elle-même par deux superbes croisillons qui éclairent les deux repos de l'escalier, séparés l'un de l'autre par un emblème héraldique d'une touchante expression : ce sont deux mains amies qui s'étreignent fortement dans l'orbe gracieux que leur a taillé le ciseau du sculpteur, sur les bords duquel figure une inscription gothique plus qu'à moitié illisible, ce qui ne permet pas de saisir complètement le symbolisme voulu de l'artiste inconnu.

Jean de Montamat fit hommage au roi le 25 janvier 1538. A cette époque la seigneurie de Messillac était déjà puissante, bien qu'elle n'eut pas encore atteint tout le développement et toute l'extension qu'elle prendra plus tard. Elle possédait en toute propriété trois domaines : la Borie Grande, Courbelimagne et Pleaux ; les deux premiers situés sur la paroisse de Raulhac, le troisième sur celle de la Capelle-Barrez ; les deux premiers biens patrimoniaux, biens de famille, venus de loin et transmis par plusieurs générations, le troisième récemment acquis de noble homme Jacques de Montal, seigneur de Puechmourier : les deux premiers du labourage de six paires de bœufs, six vingt œuvres de pré et douze cent nonante sétérées de terre ou de bois, le troisième de la contenance environ de quatre paires de bœufs et de sept vingt herbages à la montagne. Et comme rentes, justice, guet, manœuvres, bouades et autres droits seigneuriaux, elle s'étendait sur 24 paroisses, dont 16 en Auvergne, savoir : Raulhac, Jou-sous-Montjou, la Capelle-Barrez, Cros, Carlat, Vézac, Arpajon, Polminhac, Vic, Thiézac, St-Etienne de Capels, Labrousse, Roussy, Teissières, Ladinhac et Mandailles, et 8 en Rouergue : Brommes, Signalac, Thérondels, Mur-de-Barrez, Peyrat, Pons, St-Hyppolite et Murols [2]. On voit que la circonscription était grande, et que la seigneurie de Messillac s'était taillé des droits un peu partout, non seulement dans le voisinage du château, mais jusque sur le village de Larmandie aux extrémités de la Jordanne.

Dans ces conditions il ne devait pas être difficile à Jean de Montamat, et il ne le fut pas en effet, de marier sa fille unique Jacquette, héritière de si grands biens. Il la donna à un gentil-

---

1 Cette devise est celle de la maison de Rastinhac.
2 Arch. de Messillac.

homme du Rouergue [1], nommé Guy de Saunhac, sur lequel les archives du château, que nous suivons pas à pas, ne nous ont pas révélé grand'chose. Il n'était pas du pays, et il ne paraît pas y avoir joué un rôle important. Nous ne pouvons que le mentionner et nous arrivons à la grande et belle figure qui suit, à laquelle Messillac doit une partie de son illustration et peut-être la plus intéressante page de son histoire.

III

Marguerite de Saunhac était la fille unique de Guy et de Jacquette de Montamat, mariés vers 1548 ou 1549. Ses bapti-sailles eurent lieu le 19 mars 1550, et elles se firent avec une certaine solennité. Le parrain était noble et puissant seigneur Clément de Saunhac, seigneur de Belcastel, Belfort, Lauprat, coseigneur de Roudelle, et la marraine Marguerite de Beauclair, la blanche aïeule de l'enfant. Comment fut élevée cette jeune fille, mi-rouergate, mi-auvergnate, qui devait jouer un si grand rôle plus tard et tenir une si haute place dans la noblesse du pays ? Nous ne connaissons ni ses maîtresses ni ses dames d'honneur, et il est probable que son éducation fut avant tout une éducation de famille. Toujours est-il qu'à l'âge de seize ans elle eut la vocation du mariage, et comme elle était favorisée des dons de la fortune, comme elle possédait trois ou quatre mille livres de rente au dire du président de Vernyes, elle trouva facilement un parti. Le 11 septembre 1566 elle épousa noble François du Port, seigneur du château et place du Port en Quercy : le contrat est passé à Messillac et reçu par Jacques Coffinhal, notaire royal au Mur-de-Barrez. Le futur n'était pas riche : 4.000 livres seulement de dot ! Mais la jeune demoiselle se souciait bien peu d'une fortune à prendre ! le gentilhomme lui plaisait, et les mariages d'inclination où l'on ne calcule pas ne valent-il pas mieux que ces mariages d'intérêt où l'on calcule trop, où l'argent est le maître, le facteur tout puissant, et où l'on unit deux dots au lieu d'unir deux cœurs ?

---

[1] Et nom du Quercy, comme le dit par erreur le Nobiliaire d'Auver-gne. M. de Barrau a donné la généalogie de cette famille dans ses *Documents historiques*. Elle a été illustrée au XIIIᵉ siècle par le grand maître du Temple, Guillaume de Saunhac, qui au combat de Mansourah en Egypte, aurait évité un désastre à l'armée française si Robert d'Artois n'avait pas méprisé les conseils du vieux guerrier.

Les deux époux ne vécurent pas longtemps ensemble, six ans ou sept au plus. François du Port n'apparaît que deux fois dans cet intervalle : le 21 juin 1569 il signe un contrat d' « investison » à messire Bertrand Filhol, prêtre de Vezel, paroisse de Roussy, et le 28 décembre 1571 il traite avec Annet de Fontanges, seigneur de Cropières, au sujet des droits honorifiques que les deux parties prétendaient dans l'église et le lieu de Raulhac. Il dut mourir l'année suivante ou l'année d'après, puisque le 5 septembre 1574 nous voyons sa jeune veuve se remarier, et épouser en secondes noces noble Charles de Barbezières, seigneur dudit lieu et de Boisbreton, écuyer des écuries de la Reine, et capitaine d'une vieille compagnie de gens à pied. Le contrat reçu Salvages est passé au château de Caillac en présence de noble Jean de Dienne, chevalier de l'ordre du roi, Antoine de Cabanes, sieur de la Servière, Jean Ouvrier, sieur de Morèze, etc. [1]

La première union avait été courte, mais bénie de Dieu. Quatre filles en six années de mariage étaient venues égayer la solitude profonde du château féodal et guerrier. La seconde fut plus courte encore, puisqu'elle ne dura que quatre ans, mais les joies continuèrent, et deux nouvelles naissances s'inscrivirent sur le chartrier de famille, ce qui porta à six les enfants de la dame de Messillac. Mais le *crescite et multiplicamini* de l'antique Genèse n'était pas encore réalisé. Aussi la noble femme, devenue veuve pour la seconde fois, s'empressa-t-elle de convoler. Le 16 août 1579, devant Etienne de Montjou, notaire à Raulhac, elle donna sa main toujours affectueuse et son cœur toujours chaud à noble Raymond Chapt de Rastinhac, capitaine déjà célèbre dans le métier des armes, futur bailli d'Aurillac et futur gouverneur pour le roi de toute la Haute-Auvergne.

Sous un tel chef, Messillac acquit un grand renom, et pendant plus de vingt ans exerça une sorte de suprématie sur tous les châteaux du voisinage. Guerre, diplomatie, finances, Ligue, huguenots, plans de campagne contre les uns, brillantes équipées contre les autres, menées royalistes, tout aboutissait au cabinet du gouverneur, et le cabinet du gouverneur était à Messillac larsqu'il n'était pas sur un champ de bataille. Or, pendant que son mari allait et venait, se multipliait partout, frappait d'estoc et de taille, remportait victoire sur victoire, et remplissait la province du bruit de son nom et de l'éclat de ses

---

[1] Arch. de Messillac.

hauts faits, la noble châtelaine ouvrait ses salons à l'aristocratie du pays, et l'on discutait sur les affaires du temps, et la discussion était quelquefois très ardente, très passionnée. Pour dominer cette noblesse turbulente, pour la modérer dans ses prétentions, ses entraînements ou ses colères, il fallait un grand tact et une grande autorité. Madame de Messillac s'interposait, prenait la direction de la conversation, et tout le monde était charmé de la sagesse de ses vues et de l'à-propos de ses réflexions. Aussi presque toujours c'était son avis qui prévalait. — Les deux époux vivaient ainsi très considérés, très cotés dans le parti royaliste, auquels ils appartenaient corps et âme, et qui n'avait pas de meilleur soutien qu'eux dans toute la Haute-Auvergne. En même temps leur foyer se peuplait chaque année d'un nouvel être chéri, et une magnifique couronne de neuf enfants complétait à ravir les victoires de la diplomatie et les lauriers de la bataille [1] .

Mais la fatalité devait peser également sur les trois maris de la dame de Messillac, et il était écrit qu'elle leur survivrait et qu'ils mourraient tous avant elle. Rastinhac ne fut pas plus privilégié que ses prédécesseurs, et son décès arriva un quart de siècle au moins avant celui de sa compagne. Après avoir guerroyé toute sa vie durant, après avoir joué vingt fois sa tête sur divers champs de bataille, après avoir porté avec éclat pendant dix ans le titre envié de lieutenant général pour le roi au Haut Pays d'Auvergne, après avoir rendu à jamais illustre le nom de Messillac autant que le sien, il fut tué d'un coup de fauconneau au siège de la Fère le 26 janvier 1595 [2] . Il mourut ainsi à une

---

[1] Voici la liste des enfants de la dame de Messillac :

— Du premier lit : Françoise du Port, femme à noble Jean de Boisset de la Salle-lès-Vie ; Hélène du Port, femme à noble Jean de Lauzeval, sieur de Merle et de Belhons ; Marguerite du Port, femme à noble de Borzès ou Bourzès, avocat du roi en la sénéchaussée du Rouergue, et autre Marguerite du Port, femme à noble Louis de Grilhons, sieur de Pachins,

— Du second lit : Anne de Barbezières, mariée le 24 avril 1607 à Fulcrand de Borzès ou de Bourzès, seigneur du Guié, près la Guiole, frère puîné d'Antoine, et Renée de Barbezières, qui avait épousé le sieur de la Boysse.

— Du troisième lit : Franc-Bertrand, Jean, Antoine et Claude Cat de Rastinhac, dont nous nous occupons ailleurs, un cinquième qui mourut jeune et quatre incontinent après le baptême. Ces neuf derniers naquirent entre 1581 et 1590.

[2] Le Dictionnaire Stat. du Cantal dit le 26 janvier 1595, tandis que le Nobiliaire d'Auvergne parle du 26 janvier 1596. C'est le premier qui a raison, puisque les lettres de gouverneur du Haut-Pays, données au sieur de Roquelaure après le décès du sieur de Messillac sont du dernier février 1595.

grande distance de son cher gouvernement, loin de ses administrés, mais par les soins pieux de sa veuve inconsolable, sa dépouille mortelle fut transportée à Aurillac et inhumée en grande pompe dans l'église de Notre-Dame.

Marguerite de Saunhac rendit hommage au roi le 5 février 1610. La seigneurie de Messillac était alors à son apogée. Ses possessions s'étaient accrues, et s'étendaient maintenant sur 28 paroisses au lieu de 24, dont 14 en Auvergne, et 14 en Rouergue. Elles consistaient en quatre fiefs, trois châtellenies, deux moulins et un vignoble. Les fiefs sont connus : la Borie Grande, Courbelimagne et Pleaux, auxquels il faut ajouter Griffoul, domaine important de 80 œuvres de pré, 100 sétéries de terre, et une montagne de 35 têtes appelée de las Barthes. Les châtellenies étaient Messillac, qui comptait 301 redevables, Montamat qui en avait 134, et Pomeyrols, dont la juridiction s'étendait surtout sur les paroisses de Cros, Ronesque, Roussy et Carlat. Les moulins étaient ceux de Messillac et de Pleaux, et le vignoble celui de Vaurs en la paroisse St-Hyppolite. Tous ces biens réunis devaient produire un revenu considérable, soit qu'on les affermât, soit qu'on les fit valoir à la main ou par domestiques, afin d'éviter l'impôt qui aurait frappé le fermier à cause de son industrie.

La dame de Messillac avait ainsi de belles rentes, qui lui lui permettaient, soit de porter tranquillement son veuvage, soit de pourvoir à l'éducation comme à l'établissement de ses nombreux enfants. Du vivant de Rastinhac, son 3ᵉ mari, déjà s'étaient mariées les quatre premières de ses filles. Les deux suivantes ne l'étaient pas encore en 1603, mais elles le furent bientôt après. Dans tous les cas en 1621 elles l'étaient sûrement, puisqu'à cette date il ne restait plus au château que les quatre fils survivants du gouverneur ; *Franc-Bertrand*, l'aîné,, sieur de Messillac, *Jean,* sieur de Montamat, *Antoine* sieur de Griffoul, et *Claude*, sieur de Pomeyrols. C'est ainsi qu'ils sont qualifiés dans le testament de leur mère reçu Dumas le 27 octobre 1621 [1].

---

[1] Ce testament est passé à Messillac dans la salle basse du château, en présence de Mˡˢ Bernard Lafon, Pierre Galibert et Jean Roques, prêtres du lieu de Cros, Pierre Noyer, prêtre du village de la Borie, Pierre Pouderoux. prêtre du village de Trionnat, et Pierre Terry, prêtre et curé du lieu de Roussy. La testatrice y demande à être enterrée dans la chapelle de Messillac en l'église de Raulhac, et y fait son héritier géné al noble Franc-Bertrand Cat de Rastinhac. son fils aîné. — *Arch. de Messillac.*

Ce testament qu'elle n'eut pas la force de signer, malade qu'elle était depuis cinq mois lorsqu'elle le fit, marque la mort, dans la 72° année de son âge, de la dame de Messillac. Femme de tête et de cœur, mariée trois fois et trois fois veuve, mère de quinze enfants, ayant connu tous les bonheurs comme aussi toutes les vicissitudes du foyer domestique, mêlée malgré elle à la politique si troublée et si incertaine du temps, obligée d'avoir une opinion parce qu'elle était la femme du gouverneur, royaliste de préférence et de conviction, ennemie des Ligueurs autant que des Huguenots, parce que les uns et les autres combattaient contre le roi, toujours prêchant la soumission et le respect à sa Majesté autour d'elle, dans le cercle de ses relations comme auprès des étrangers : telle fut Marguerite de Saunhac, une figure des plus originales et des plus sympathiques de l'époque, la châtelaine recherchée, appréciée, qui contribua puissamment au bon renom de Messillac, et ne fut pas inférieure au plus illustre de ses maris, l'intrépide Raymond Chapt de Rastinhac, dont la descendance va maintenant nous occuper.

IV

La dame de Messillac qui n'avait eu que des filles de ses deux premiers maris, laissa quatre fils du gouverneur : *Franc-Bertrand, Jean, Antoine* et *Claude* Cat [1] de Rastinhac, qui se titrèrent comme on l'a dit. Notre dessein n'est pas de retracer la carrière de chacun d'eux ; nous ne nous occuperons que du premier. Claude embrassa l'état ecclésiastique et fut prieur de Polminhac de 1629 à 1647. Antoine mourut célibataire après avoir passé la plus grande partie de sa vie au service du roi. Jean épousa une roturière [2], et se signala d'abord par des exploits dignes de Cartouche et de Mandrin. A la tête d'une bande de pillards qui avait établi son repaire au château de Signalac, il se dirigea sur la paroisse de Malbo, et y commit quantité de dépradations et d'extorsions en 1611 et 1612. Les

---

[1] Faut-il écrire *Cat* ou *Chapt* de Rastinhac ? Les deux se disent, mais nous avons adopté *Cat* pour nous conformer aux actes notariés de l'époque.

[2] Antoinette *Julhe*, du village de Montamat. Certains actes portent : Antoinette *de Joulie* ou *de Joulhic,* ce qui a fait croire à quelques généalogistes qu'elle était de naissance noble. C'est une erreur de copiste, qu'il ne faut pas laisser s'accréditer.

dîmes du prieuré étaient surtout l'objet de sa convoitise et de ses hardis coups de main. Pour réduire le chef et les complices, il ne fallut rien moins que l'énergique intervention du vice-bailli Lacarrière, et les sévères répressions de la justice royale [1]. Jean paraît ensuite avoir racheté ses torts par l'ardeur qu'il mit à faire la guerre aux ennemis de son roi, et non plus à de malheureux paysans incapables de se défendre. Il fut pendant vingt ans lieutenant de la compagnie franche de M. le marquis de Canilhac, et reçut le brevet de commandant de gendarmes quatre jours avant sa mort au siège de Privas, où un boulet de canon lui emporta la tête [2]. — Franc-Bertrand fut le continuateur de la lignée, et mérite une place spéciale en sa qualité de fils aîné du gouverneur.

Nous le trouvons tout jeune encore [3] aux côtés de son père à la bataille d'Issoire, où sous le nom de baron de Pleaux, il reçoit le baptème du feu (1590). Puis il entre à la Cour, comme représentant d'un nom illustre. Il y est immédiatement coté. On ne l'appelle que « Monsieur de Messillac ». Il passe pour un cavalier accompli. Il est fait chevalier des ordres du roi ; et jouit successivement de la faveur de deux monarques, Henri IV et Louis XIII. En 1619, il est de retour à Messillac, qu'il ne quittera plus désormais, vivant en gentilhomme campagnard au milieu de ses tenanciers, familier et patriarcal avec eux, s'intéressant à leurs enfants, à leurs travaux, à leurs affaires, compatissant à leurs épreuves et prenant toujours sa part des malheurs qui leur arrivent. Malheureusement à cette bonté naturelle s'allie une conduite déplorable. Deux filles du voisinage, flattées d'être recherchées par un aussi grand seigneur,

---

1 *Chevauchées* des 3 Lacarrière. *Auvergne hist.* (1899-1900).

2 *Arch. de Combret.* — Voir Réplique du sieur de Vareilles au comte de Roussille du 28 novembre 1689.

3 Il n'avait que neuf ans. Pour expliquer cette entrée précoce dans la carrière, il faudrait savoir comment la noblesse élevait ses fils sous l'ancienne monarchie. — « A l'âge de six ans on mettait l'enfant sur un cheval ; il suivait la chasse, s'endurcissait aux intempéries ; ensuite aux académies, il assouplissait ses membres à tous les exercices, et acquérait la santé résistante qu'il faut avoir pour vivre sous la tente et faire campagne. Dès sa première enfance il était imbu de l'esprit militaire ; son père et ses oncles ne s'entretenaient à table que de leurs risques de guerre et de leurs faits d'armes ; son imagination prenait feu ; il s'accoutumait à considérer leur état comme le seul digne d'un homme de cœur et de race, et il s'y précipitait avec une précocité que nous ne comprenons plus. » — (Taine, la Révolution, III, p. 407).

s'attachent successivement à lui, deviennent ses maîtresses ou ses concubines, usurpent les honneurs de son foyer ou de sa table, et lui donnent bâtards sur bâtards, au grand scandale de ses domestiques et de ses censitaires. Il se mariera cependant à fin de ses jours, et en régularisant sa position, il pourra légitimement transmettre au préféré de ses fils son nom, ses armes et ses propriétés.

Mais n'anticipons par sur les événements, et prenons la suite chronologique des faits. Le 21 août 1620, au village de Montamat, il achète un domaine de 80 charretées de foin et du labourage de deux paires de bœufs, moyennant la somme de 3.000 livres payées comptant au vendeur, Me Claude Cayrie archer du sénéchal de Rouergue. Le 13 mai 1627 il vend à Durand Blanc, dit Lamothe, son affar de la Boucarde, relevant de la seigneurie de Pomeyrols, par lui acquise de M. de Barthélemy, sieur de Grammont [1]. Le 27 octobre 1628, il est en pourparlers avec son frère, noble Claude Cat de Rastinhac, et lui achète pour le prix de 9.000 livres tous ses droits paternels et maternels. Le 1er mars 1635, il fait sa nommée au roi pour sa terre de Messillac, devant Mayonade, notaire royal et greffier du domaine de Carladès. Puis il marie successivement trois de ses filles naturelles : Marie à Antoine Bélestat, notaire au Mur-de-Barrez, Florette à Jean Brommet de Casternac, paroisse de Thérondels (9 juillet 1645), et Marguerite à Pierre Delpuech, du lieu de Raulhac (23 juin 1647) [2].

Entre temps, la piété lui a suggéré une bonne œuvre à faire, et comme il est profondément religieux malgré ses désordres, le 1er septembre 1653, dans la chapelle St-Laurent de Montamat érigée par ses prédécesseurs il fonde une chapellenie au revenu annuel de 30 livres et à la charge de 2 messes par semaine, qui seront dites par les prêtres de Cros, et à leur défaut par tels autres que le fondateur se réserve de nommer : acte reçu Carrier, notaire royal au Mur-de-Barrez [3].

Mais tous ces établissements, toutes ces charges grèvent Messillac, à tel point qu'il faut recourir à la vente au fur et à mesure que viennent à échéance les diverses obligations souscrites. — Le 26 janvier 1647, devant Fualdès, notaire royal à Conques, vente à Antoine d'Humières, sieur d'Espalivet, de

---

[1] Min. Froquières.
[2] Ibidem.
[3] Arch. de Messillac.

146 setiers seigle pour le prix de 7.300 livres. — Le 11 juillet 1652, devant Carrier, notaire royal au Mur, vente à noble Jacques-Louis de Gaches, sieur de Belmont et de Feyssergues, conseiller au siège présidial d'Aurillac, de 50 setiers froment, seigle et avoine assis sur le village d'Yolet, pour le prix de 5.000 livres. — Le 13 janvier 1657, vente au même de diverses rentes foncières sur les domaines de la Borie et de la Fontie, situés dans les paroisses de Brommes et de Peyrat pour le prix de 1.350 livres [1]. Le 6 novembre 1663, vente de la Pusturie à noble Bertrand d'Escaffres, seigneur de Ronesque, pour le prix de 1.000 livres [2] En même temps voici le domaine de Pleaux, le plus important de la seigneurie qui est aliéné : il passe à la famille Fontanges d'Auberoque. Décidément l'étoile de Messillac pâlit. Ce n'est pas encore la ruine, mais c'est le commencement de la décadence, ou plutôt la décadence elle-même,

Malheureusement l'auteur de cette décadence matérielle s'illusionne de plus en plus, et loin de revenir à une vie sérieuse, il s'enfonce davantage dans le désordre. Après ses aventures avec des filles du peuple,[3] le voilà qui s'éprend d'une personne de condition, et les écarts recommencent de plus belle. Marguerite de Viguière, dame de Palisse, se voit installée au château de Messillac, et y reçoit les mêmes honneurs que si elle était la femme légitime. Mais personne ne se trompe sur sa qualité, et le scandale pour être dissimulé n'en est pas moins patent. Deux enfants naissent de cette union vainement prétendue, et sont bientôt les préférés du seigneur et de la dame, qui les nourrissent à leur table, les habillent avec distinction et les élèvent manifestement en vue d'en faire leurs héritiers.

Effectivement, quand ces enfants ont grandi, quand le jeune homme a 21 ans, et la jeune fille 18, leur père déjà avancé en âge, songe à les faire légitimer. Une requête à cette fin est adressée au roi Louis XIV, et celui-ci qui a quelques raisons pour ne pas se montrer trop sévère, s'empresse d'accéder à la demande du sieur de Messillac. En janvier 1662, des lettres de légitimation sont accordées à Bertrand Cat de Rastinhac, sieur

---

[1] Ibidem.

[2] Min. Froquières.

[3] *Hélène Julhe* de Montamat, de laquelle il eut le sieur de Chamfleury, son fils aîné, et probablement aussi **Annet Cat de Rastinhac**, sieur d'Yolet, et *Jeanne Delmas*, du Bois-Grand ; de laquelle sont issus les Rastinhac de **Cros**, et plusieurs autres.

de Poulhès, et à Marguerite Cat de Rastinhac, sa sœur, enfants naturels de noble homme Franc-Bertrand Cat de Rastinhac, seigneur de Messillac, Montamat, Cros et autres places, et de Marguerite de Viguières, dite de Palisse, « *soluts* » et non mariés. En vertu de ces lettres le garçon et la demoiselle auront les mêmes droits et jouiront des mêmes facultés que s'ils étaient nés en loyal mariage. Ils pourront donc acquérir, posséder, transmettre, soit par testament, soit par donation, même succéder aux biens de leurs parents, et en tous actes prendre la qualité *de légitimes*, sans qu'on puisse la leur contester, avec les avantages qu'elle comporte, pourvu qu'il n'y ait pas d'autre défaut que celui de la naissance, « dont nous avons relevé et dispensé, relevons et dispensons lesdits Bertrand et Marguerite Cat de Rastinhac, frère et sœur, par ces présentes, sans qu'ils soient tenus d'en payer aucune finance, de laquelle, à quelque somme qu'elle puisse monter, nous leur avons fait et faisons don, car tel notre plaisir. Signé : Louis. »[1]

La légitimation de mademoiselle Cat de Rastinhac ne tarda pas à amener son mariage avec un gentilhomme du pays. Le 24 octobre, en effet, de cette même année 1662, Marguerite de Rastinhac épousait au château de Messillac, Bertrand d'Escaffres, écuyer, sieur de Cruzols, fils de Marc-Antoine, seigneur du Trioulou, et petit-fils d'Hélène du Port, sa tante paternelle. Les deux époux étaient donc cousins, avec cette différence que la future était d'un degré plus rapprochée que le futur de la souche commune. M. de Messillac fit à sa fille une assez riche dot. Il lui donna la terre et seigneurie de Ronesque, avec un bien-fonds qu'il possédait à Escoubiac et 4000 livres tournois payables après son décès. Aux libéralités paternelles la jeune fille tint à joindre un domaine qu'elle possédait à Peyrat. L'apport du futur consistait en une somme de 8000 livres, que le sieur de Messillac devait reconnaître sur ses biens, à moins que cette somme ne fût employée en améliorations nécessaires ou simplement utiles, au profit de l'époux. Le gain de survie était de 1000 livres, les bagues et joyaux de 1000 livres aussi.[1]

Quelques jours après (2 décembre) eut lieu au bailliage de Vic l'entérinement des lettres de légitimation. Cette formalité accomplie, il semble que le sieur de Messillac pouvait dormir

---

[1]   Communication de mademoiselle Chassaigne, de Riom, descendante des Rastinhac.

[2]   Min. Froquières.

en paix, armé qu'il était maintenant de la faculté de se donner un héritier. L'occasion d'en instituer un ne tarda pas à lui être offerte. M. de Messillac tomba malade, et fut pris de cette toux sèche, aiguë, sifflante, qui à 83 ans est toujours un mauvais symptôme, presque une annonce du départ. Forcé de s'aliter, il est en proie à de vifs remords ; il n'a pas su faire honneur à ses affaires, il a dissipé son patrimoine, il en a jeté les morceaux aux complices de ses désordres ou aux fruits de son inconduite. A cette heure suprême, on sent percer le secret désir de réparer le mal commis. Il veut être enseveli dans l'église de Raulhac au tombeau de ses prédécesseurs, et dans le cas où il décéderait à Aurillac, dans l'église de Notre-Dame au tombeau de son illustre père. Il donne 100 livres à N.-D. de Consolation de Thiézac pour l'achat d'une lampe aussitôt après son décès, 200 livres aux Révérends Pères de l'Observance du Mur-de-Barrez pour réparations à leur église, et 3 livres ou un écu de pain par semaine pour une aumône générale et perpétuelle, qui sera faite tous les jeudis à la porte du château aux pauvres qui s'y présenteront. Il institue son héritier général noble Bertrand Cat de Rastinhac, son fils naturel, seigneur de Poulhès, légitimé à sa requète par lettres-patentes du roi, voulant qu'il accepte la dite hérédité purement et simplement, sans qu'il soit fait d'inventaire.[1]

.Après avoir ainsi ordonné ses dernières volontés, Franc-Bertrand Cat de Rastinhac songea à une autre affaire, qui n'était pas moins grave et moins importante pour lui que toutes celles qu'il venait d'accomplir. Il s'agissait de faire cesser une situation qui n'avait que trop duré, et dont la prolongation le rendait indigne des sacrements de l'Eglise. L'Eglise n'absout pas, en effet, n'a jamais absous un homme engagé dans des liens coupables, et qui s'obstine à ne pas en sortir. Il faut qu'il régularise sa position, s'il est libre, et qu'il transforme une union de fait en une union de droit. En d'autres termes il faut qu'il contracte mariage, canoniquement comme civilement parlant, et ce n'est que lorsqu'il s'est mis en règle avec les lois de l'Eglise, que celle-ci fait taire ses sévérités et lève les défenses portées

---

[1] *Arch. de Messillac.* — Testament reçu de Comblat, passé au château de Messillac le 30 septembre 4634, en présence de Michel Dommergues, prêtre et curé de Brommes, noble Jean de Seguy, écuyer, sieur d'Espels, Mᵉ Jean Bonhoure, avocat à Aurillac, et Mᵉ Jean Terrisse, juge ordinaire des terres et juridictions de Messillac, habitant Mur-de-Barrez, tous signés à la minute.

contre lui. Or M. de Messillac était trop foncièrement religieux, pour demeurer un libertin jusque sur son lit de mort. Il écouta la voix de sa conscience, qui lui disait d'en finir, et le 8 novembre 1664 il épousa sans bruit celle qui était devenue le bâton de sa vieillesse et dont il ne voulait plus se séparer, Marguerite Viguières, dame de Palisse, fille de feu Pierre-Bernard de Viguières, écuyer, de son vivant domicilié à Figeac, et de feue demoiselle Hélis-Clémence de Moustier, de son vivant domiciliée à Aurillac.

Par ce contrat les deux parties reconnaissaient comme leur fils légitime Bertrand Cat de Rastinhac, sieur de Poulhès, et lui faisaient donation de tous leurs biens, sous certaines réserves et moyennant certaines conditions à remplir. Le donataire était tenu de toutes les dettes des donateurs, ainsi que de toutes les charges portées au testament du 30 septembre 1664. De plus il devait laisser à la disposition de son père une somme de 8.000 livres, que celui-ci gardait la liberté d'employer ou de ne pas employer, *ad libitum*. — L'acte est signé des deux parties, des deux témoins Jehan-Pierre Lamouroux, clerc tonsuré du village de las Clausades, et Claude Estampe, praticien du village de Campchès, et de maître Durand de Comblat, notaire royal [1].

Rentré de la sorte dans le devoir, M. de Messillac n'avait plus qu'à prononcer son *Nunc dimittis*. Il s'éteignit quelques jours après, dans les bras de sa femme légitime et de son héritier préféré. Sa mort précipita la crise qui menaçait Messillac depuis plusieurs années. Les créanciers de la succession, qui avaient ménagé le fils aîné du gouverneur, n'eurent aucun égard pour son petit-fils, et répétèrent vivement ce qui leur était dû. Il y eut surtout des réclamations de la part d'Antoine d'Humières, sieur d'Espalivet. Celui-ci invoquait le contrat du 26 janvier 1647 reçu Fualdès, qui lui assurait une rente annuelle de 146 setiers seigle, et qui en réalité ne lui avait rien rapporté, disait-il, parce que lui, acquéreur, avait laissé jouir de cette rente le sieur de Messillac, son oncle, par égard pour sa vieillesse. Des arbitres furent nommés, et les prétentions du neveu réglées à 18.000 livres. D'autre part il fallut transiger avec les demoiselles Cat de Rastinhac, filles de Jean de Montamat, qui protestaient

----

[1] Communication de mademoiselle Chassaigne.

contre la légitimation de leur cousin, attaquaient le testament et soutenaient que leur oncle était décédé sans dispositions valables. On leur promit à chacune 500 livres, et elles renoncèrent à tout recours contre l'héritier[1].

Les embarras de celui-ci n'en persistèrent pas moins, et ces deux premières affaires réglées, il s'en présenta sans doute bien d'autres, puisqu'on voit, le 15 novembse 1664, Bertrand Cat de Rastinhac emprunter la somme énorme pour le temps de 80.000 livres à Me d'Hérault, avocat à Aurillac. Cet emprunt forcé devait l'écraser, et l'écrasa en effet, si bien que, malgré tous ses efforts, il lui fut impossible de se relever. D'abord il songea à se marier, espérant que la dot de sa future lui permettrait, sinon de se libérer, du moins de s'alléger considerablement. Ses espérances ne furent pas trop déçues, car le 9 novembre 1666 il épousait une assez riche héritière de la montagne, mademoiselle Marie de Brezons, qui par contrat passé au château de Neyrebrousse-lès-Cézens devant Martin et Sobrier, notaires royaux, lui apporta la jolie somme de 31.000 livres, plus de 76.000 francs de notre monnaie. On devine la joie qu'il eut de les toucher, d'autant plus que son créancier Aurillacois le pressait fort, et lui rappelait sans cesse l'engagement qu'il avait pris de le rembourser dans trois ans. Le 7 mai 1668, eut lieu un premier remboursement de 30.000 livres, et on en promit un second qu'on n'était pas en état d'effectuer. Les rentes de Messillac, en effet, avaient notablement diminué, et ne s'étendaient plus que sur cinq ou six paroisses, au lieu de 24 en 1538, et de 28 en 1610, D'autre part, les domaines non aliénés se réduisaient à la Boric Grande et à Courbelimagne, d'après l'hommage du 15 novembre 1668, rendu par Bertrand Cat de Rastinhac, seigneur de Messillac, à son Altesse Louis Ier, prince de Monaco, comte du Carladès. Avec des revenus si restreints, comment payer une aussi grosse somme ? Ou il fallait se déclarer en faillite, ou il fallait vendre ce qu'on avait jusqu'ici conservé.

---

[1] Ces demoiselles étaient au nombre de cinq : Jeanne, mariée à Antoine d'Humières, sieur d'Espalivet, Marguerite, veuve de François d'Humières, sieur de la Calsade, autre Jeanne, femme d'Antoine de Layac, écuyer, sieur de Bourniou, Madeleine, épouse de Claude de Dourdon, écuyer, sieur de Cuernègre, et autre Marguerite, jeune, célibataire, qui habitait l'Hôtel-Dieu de Mur-de-Barrez et y testa le 12 juin 1732, faisant ses héritiers les pauvres de cette ville.

On eut recours à ce dernier expédient, et de 1666 à 1672, les ventes se multiplièrent. Il y eut de petits acquéreurs, et il y en eut de gros. Parmi les premiers nous citerons Jean-Rigal d'Escorailles, seigneur de Cropières, Hugues Darses, sieur de Quayzac, et Jacques Duranty, avocat au Mur-de-Barrez ; parmi les seconds, Bertrand d'Escaffres, sieur de Ronesque, et Antoine d'Humières, sieur d'Espalivet. Il fallait de l'argent à tout prix, et pour en avoir on s'arrangeait comme on pouvait. Ces divers expédients ne sauvèrent pas la situation, et la terre de Messillac n'en fut pas moins saisie vers 1673 ou 1674, à la requête de Bertrand de Roquefeuil, prieur du Bousquet, faute de paiement d'un legs de 1.000 livres à lui fait par le testament du 30 septembre 1664 [1].

Réduit à la dernière extrémité et ne pouvant plus échapper à la griffe de ses créanciers impitoyables, Bertrand Cat de Rastinhac eut une idée géniale. Il écrivit à Louis XIV pour lui exposer franchement ses embarras et pour le prier d'intervenir en sa faveur. La supplique était un long cri de détresse, adressé par un gentilhomme obscur au plus illustre des rois. Le suppliant se plaignait sur deux chefs : comme propriétaire d'avoir eu pendant trois ou quatre ans de suite sa récolte dévastée par la gelée ou la grêle, et comme soldat d'avoir été appelé au service de Sa Majesté et d'avoir fait une campagne extrêmement onéreuse pour lui dans le ban d'Auvergne [2]. Louis XIV s'attendrit sur le cas de « son bien aimé et féal serviteur » et donna l'ordre aux Messieurs du Parlement de surseoir à toute action judiciaire qui pourrait être commencée contre lui. En même temps, de sa pleine puissance et autorité royale, il accordait à son client un délai de six mois pour pourvoir à ses affaires, et faisait défense pendant cet intervalle, à tous créanciers de lui intenter des poursuites, à tous huissiers de le saisir, à tous sergents de l'appréhender au corps, à tous geôliers de le recevoir en leurs prisons. (13 octobre 1675) [3]. C'était le comble de la générosité, et la supplique obtenait plus de succès que n'en attendait certainement son auteur.

---

[1] Arch. de Messillac.

[2] Le ban d'Auvergne fut convoqué par lettres-patentes du roi le 12 août 1674. Bertrand Cat de Rastinhac y servait le 2 octobre suivant; cela résulte d'un certificat qui lui fut délivré à cette date par le duc de Bouillon, gouverneur et lieutenant général pour le roi en la province de la Haute et Basse-Auvergne.

[3] Arch. de Messillac.

Grâce à cette double immunité qui protégeait à la fois sa personne et ses biens, le sieur de Messillac put tenter un nouvel effort, et le 15 novembre suivant eut lieu un second remboursement de 40.000 livres. La situation se trouvait ainsi notablement améliorée, mais cette amélioration était plutôt apparente que réelle, car de 1681 à 1694 nous voyons les ventes continuer et se succéder par intermittence les unes aux autres. Mentionnons celle du 8 avril 1684, dans laquelle Bertrand Cat de Rastinhac vend à Annet-Joseph d'Escorailles, marquis de Cropières, tous les droits honorifiques qu'il possède dans le lieu et église de Raulhac, à la réserve seulement de sa chapelle et de son tombeau, moyennant la somme de 1100 livres, et celle du 7 février 1694, où le même vend au même le droit de couper annuellement 50 chars de bois dans la forêt de Messillac, pour le prix de 600 livres. Ces deux actes sont passés chez Froquières, notaire à Raulhac.[1]

La ruine est devenue inévitable, et elle approche à grands pas. Le 30 juin 1705, premier jugement de la cour présidiale de Vic prononçant la séparation de biens entre la dame Marie de Brezons et Bertrand Cat de Rastinhac, seigneur de Messillac, et le 20 août 1705, deuxième jugement de la même cour attribuant à ladite dame la terre de Messillac pour la somme de 31.000 livres, montant de son apport par contrat de mariage.[2] Cette fois la situation est bien nette : la dame a tout, le mari n'a rien, mais les créanciers sont payés et l'honneur est sauf. Les deux époux pourront vivre désormais tranquilles, et leur sommeil ne sera plus hanté par la crainte d'une de ces fréquentes apparitions de justice, qui depuis si longtemps les tenaient en haleine. Avec une fortune réduite et des revenus modestes, Messillac sera déchu de son ancienne splendeur, mais le lustre d'une vieille race lui demeurera acquis, et les bonnes maisons du voisinage viendront encore de temps en temps rechercher son alliance. C'est ainsi que le 28 avril 1720, Marguerite Cat de Rastinhac épouse noble Gaspard de la Volpilière, sieur du Bousquet, et le 18 août 1729, Anne Cat de Rastinhac Jean-Antoine de Sales, écuyer, demeurant à Escazeaux, paroisse de Saint-Etienne-de-Capels. [3]

---

[1] Min. Froquières.
[2] Arch. de Messillac.
[3] Min. Rochévy, notaire à Carlat.

Bertrand Cat de Rastinhac testa devant de Comblat le 23 octobre 1723. Deux dispositions de ce testament sont à retenir. La première est un legs de 90 livres fait à chacun des trois sanctuaires qu'il avait en particulière vénération et qu'il aimait sans doute à visiter souvent : Notre-Dame de Pailherols, Notre-Dame-du-Cœur à Aurillac, et Notre-Dame-de-Consolation à Thiézac ; la seconde est une réduction de l'aumône générale instituée par son père en la forme et à la date citées plus haut. On se souvient que cette aumône était de 60 sous par semaine, distribuables en pain tous les jeudis, à la porte du château et à perpétuité, par les seigneurs de Messillac présents et à venir. Une pareille charge n'était pas incompatible avec la fortune de celui qui l'avait fondée, mais elle grevait trop le budget actuel, dont les recettes avaient fléchi et ne pouvaient plus soutenir la comparaison avec celles d'autrefois. C'est pourquoi le testateur veut et ordonne que soit opérée une réduction proportionnelle, non par ses héritiers trop intéressés dans l'affaire, mais par M. Delzons, vicaire général et official de Saint-Flour. Et quand il a ainsi tranquillisé sa conscience par cette sage précaution, il donne 8.000 livres à son fils légitime et naturel Jean-François Cat de Rastinhac, chevalier de Messillac[1], 4000 livres à chacune de ses filles, Anne et Marguerite, qui ne sont pas encore mariées, et pour son héritier général il institue Joseph Cat de Rastinhac, sieur de Raulhac, son fils aîné[2].

Bertrand Cat de Rastinhac mourut l'année suivante, 20 février 1724. Il était né en 1640 : il avait donc 83 ans comme son père. Deux de ses frères l'avaient déjà précédé dans la tombe : François Cat de Rastinhac, sieur de Chamfleury, et Annet Cat de Rastinhac, sieur d'Yolet[3]. Tous trois avaient été poursuivis et condamnés à l'amende comme non nobles lors des recherches de 1666. Tous les trois avaient comparu en personne devant Jean de Sistrières, lieutenant général au bailliage de Vic, char-

---

[1] Chef de la branche de Vigouroux. Il s'allia le 15 avril 1713 à Louise de Pouzols, de Mur-de-Barrez, qui le rendit père de Joseph-Augustin Cat de Rastinhac, lequel épousa le 3 novembre 1767 mademoiselle d'Artis, laquelle lui donna deux enfants : Joseph Cat de Rastinhac et Charles-Antoine Cat de Rastinhac, général distingué sous l'empire, marié en premières noces à la comtesse Caroline Sayn Wittgenstin, de la famille princière allemande, dont il n'eut pas de rejeton.

[2] Arch. de Messillac.

[3] Yolet dans la vallée de Brommes (Aveyron) et non pas Yolet dans la vallée de Cère (Cantal).

gé de la convocation du ban et de l'arrière ban en 1675[1]. Tous les trois avaient donc servi le roi, et payé l'impôt du sang, comme on dirait aujourd'hui. Avec des destinées si semblables, ils n'en eurent pas moins leur caractère à part : l'un fut un besoigneux, l'autre un dissolu, le troisième un libéral.

Le besoigneux, le premier, nous est suffisamment apparu avec son double cortège d'embarras financiers et d'expédients de toute sorte. Nous le tiendrons pour un parfait honnête homme, mais pour un très médiocre administrateur. Le second a dans sa vie une page scabreuse, qui prouve bien qu'il n'avait que trop suivi les funestes exemples de son père, et que la moralité n'était pas la vertu dominante des Rastinhac. Marié à une roturière et déjà père de cinq enfants, le voilà qui s'amourache d'une de ces filles perdues, dont le propre est de déshonorer leur sexe et de diviser ce qui était uni. Il l'installe au foyer conjugal en face de l'épouse légitime, qu'elle brave de sa morgue insolente, et qu'elle accable quotidiennement de ses quolibets et de ses mépris. Pendant quinze ans elle y est à pot et à rôt, au grand scandale de la paroisse et de tous les lieux d'alentour. Sept ou huit enfants sortent de ces relations adultérines, et viennent disputer à ceux de la véritable famille leur place et leur pain. L'impunité sera-t-elle pour toujours acquise à de pareils désordres ? Dûment informé de ces faits et désirant en empêcher l'odieuse continuation, le curé de Raulhac, messire Durand Dunoyer, en avertit officieusement Mgr de Montrouge, évêque de Saint-Flour, et par son ordre formel, pendant trois dimanches consécutifs, il excommunie nommément l'époux infidèle.

L'affront était sanglant pour un cadet de bonne maison. Ne pouvant supporter cette mise en quarantaine qui l'assimilait à un lépreux, François Cat de Rastinhac, sieur del Caïre, fit agir ses amis, et par leur entremise il obtint de M. de Fortet l'absolution de son crime et sa rentrée canonique dans le giron de l'Eglise, sous la promesse formelle qu'il fit de ne pas récidiver. Mais l'esprit de fornication guettait le néo-converti, et le ramena sans peine à des habitudes invétérées. Cette fois le curé de Raulhac n'y tint plus, et une plainte en règle fut adressée par lui à M. le juge d'appeaux de Vic le 5 mai 1676. Le procureur du roi fut saisi de l'affaire et conformément à ses conclusions, une ordonnance fut rendue par M. de Sistrières, lieutenant

---

[1] Doc. hist. T. II, p. 124.

général, qui enjoignait à l'effrontée concubine de quitter immédiatement le territoire de la commune de Raulhac, à peine d'être
arrêtée, placée sous bonne escorte, et conduite aux prisons
royales du district [1]. On voit que la police d'alors n'y allait pas
de main morte, et que l'autorité civile prêtant son bras à
l'autorité ecclésiastique, la morale trouvait ainsi dans l'accord
des deux pouvoirs son meilleur soutien et sa plus solide garantie.

Annet Cat de Rastinhac, sans partager les écarts de son
frère, n'avait pas non plus pour la morale un respect exagéré.
Nous passerons sous silence ses « peccadilles de vieux garçon »,
et nous dirons à sa louange, qu'il fut extrêmement libéral,
libéral aux prêtres, à l'église, à la commune de Raulhac. Aux
prêtres il donna son domaine de Poulhès, qui rapportait 637 livres
en 1789 ; à la chapelle du Scapulaire il légua une lampe d'argent,
à l'église 300 livres pour la construction d'une sacristie, et au
corps commun le presbytère actuel, qui était sa maison d'habitation, et qu'il avait achetée de Bertrand d'Humières, sieur de
Vareilles, au prix de 500 livres le 21 novembre 1678. Cette
donation était doublement avantageuse, d'abord parce qu'elle
dégrevait le budget communal d'un loyer annuel de 30 livres [2],
et ensuite parce qu'elle assurait aux ministres du culte présents
et à venir un logement très confortable pour l'époque avec
jardin, grange et écurie. La seule charge imposée au donataire
était l'acquittement de 12 messes par an aux intentions du
donateur [3].

Mais revenons aux seigneurs directs de Messillac, par
conséquent à Joseph Cat de Rastinhac, arrière petit-fils du
gouverneur et le dernier représentant de cette race chevaleresque
et libérale, mais dépensière et dissolue. Héritier général de son

---

[1] Arch. de Messillac.

[2] C'est le chiffre porté au rôle de la paroisse de Raulhac pour les
années 1687, 1688 et 1689. Voir *minutes Boissy*, ét. Gizolme. Vic-sur-Cère.

[3] Min. Froquières, ét. Mabit. Voici le libellé de cette donation
testamentaire :

A donné au corps commun de la communauté et paroisse du présent lieu, en
reconnaissance des bienfaits et services qu'il a reçus des habitants, sa maison à trois
étages, écurie, avec leurs curtillages, service et jardin, le tout contigu, situé en
présent lieu, confrontant de derrière à la rue montant de l'église au Mas, du levant
et midi au verger et pré du sieur de Vitrac, et du couchant au jardin et curtil de
Jean Bénech et de Françoise Delprat, mariés, à la réserve des meubles autres que
des attaches à fer et à clous, pour *loger et servir de presbytère* à l'avenir au sieur
curé dudit lieu et à ses successeurs, à la charge que lesdits habitants et corps
commun feront dire annuellement et à perpétuité dans l'église dudit lieu 12 messes
basses à l'intention du testateur. (Testament du 15 mai 1696).

père, celui-ci n'accepta que sous bénéfice d'inventaire la succession qui lui était dévolue, et cette précaution ne parut pas inutile lorsqu'au printemps de 1724 on vit les huissiers saisir les récoltes du domaine de Ladoux appartenant au sieur de Messillac, et la saisie suivie d'un jugement de la cour présidiale de Vic, qui autorisait le sieur Antoine d'Humières, marquis de Vareilles, à vendre les dites récoltes et en toucher le prix jusqu'à l'entier paiement de ses droits.[1] Messillac était donc toujours grevé, et les d'Humières toujours aux trousses des Rastinhac, de père en fils ! Le nouveau seigneur voulut-il secouer leur joug, et se mettre pour jamais hors de leurs atteintes ? On serait tenté de le croire, car lui, jusque là célibataire, lui, âgé de soixante ans et plus, le voilà qui tout à coup rêve d'hymen, d'un hymen libérateur, qui le dégage de ses créanciers, et lui permette d'être tranquille, libre et chez lui. Effectivement, le 29 avril 1730, il épouse au Mur-de-Barrez mademoiselle Anne de Belmon, fille de Jacques, sieur de Malcor, et de Louise de Castanède : 8000 francs de dot, 300 francs d'économies personnelles, et la jouissance d'une maison particulière désignée au contrat, tels étaient les avantages qu'apportait la jeune fille à son respectable conjoint [2]. Avantages qui n'étaient pas mirifiques, mais qui donnaient les facilités désirées. D'ailleurs il faut se contenter de moins quand on ne peut pas prétendre à plus, La vieillesse au regard du mariage n'est pas un titre de recommandation, et si vous voulez être un prétendant heureux, ne soyez pas un prétendant tardif.

Les denx époux n'eurent point d'enfants, et ce fut une grosse question pour le sieur de Messillac, n'espérant plus d'héritier direct et se voyant extrèmement avancé en âge, ce fut une grosse question que de savoir qui lui succèderait. Deux neveux s'offraient à lui : Joseph-Augustin Cat de Rastinhac et Bertrand de Greils de la Volpilière, l'un fils de son frère et conséqnemment porteur de son nom, l'autre fils de sa sœur et conséquemment porteur d'un nom étranger. Lequel des deux choisir ? Ce fut une question de caractère qni décida de tout. Joseph-Augustin était d'un naturel caustique et facétieux ; il aimait à singer eı à tourner en ridicule les manières de son vieil oncle. Bertrand, au contraire, était prévenant, empressé, gentil. Ce fut lui qui

---

[1] Arch. de Messillac.
[2] Ibidem.

l'emporta, et le nom des de Greils vint ainsi remplacer celui des de Rastinhac dans la vallée du Goul.

V

Le 21 avril 1766 marque une date mémorable dans les annales de Messillac. Ce fut en effet ce jour-là que s'éteignit presque centenaire — il avait 97 ans — le dernier des Rastinhac. Son testament mystique, déposé chez Arnal, notaire à Vic, contenait une surprise : le nom de son héritier. Nous avons déjà donné la principale raison de ce choix, mais en voici un autre secondaire qui ne manque pas d'une certaine valeur. C'est que ce Bertrand de la Volpilière, dont on voulait faire un étranger, n'était pas un étranger du tout. Il appartenait, au contraire, doublement à Messillac, d'abord par sa naissance, qui en faisait un fils de Marguerite Cat de Rastinhac, arrière petite fille du gouverneur, et ensuite par son mariage avec sa cousine Jeanne de Rastinhac, qui en faisait le gendre d'Annet, notaire à Saint-Clément, lequel Annet était fils de Noë, lequel Noë était fils lui-même du trop célèbre Chamfleury. Ainsi par deux attaches collatérales Bertrand de Greils était déjà de la maison, lorsqu'il fut appelé à recueillir la succession de son vieil oncle maternel. Il avait alors 45 ans, et il était marié depuis le 25 avril 1747.

Avec le sieur de Roupon, ou « Monsieur de Roupon » comme on l'appelait, la seigneurie de Messillac reprit une partie de son ancienne splendeur. Les fiefs de Roupon et du Bousquet dans la paroisse de Malbo lui furent unis. C'était l'apport du nouveau venu, apport qu'il avait hérité de ses père et mère, ou qu'il avait acquis de ses trois sœurs [1] par un traité passé avec elles au château de Lescure le 20 avril 1759. L'apport de sa femme y fit entrer le domaine de St-Clément, et puisque dans la succession de son oncle se trouvaient déjà Courbelimagne et la Borie Grande sans compter le château de Messillac et ses dépendances, on eut ainsi un joli tout, composé de cinq importantes propriétés au moins, et formant une des plus belles fortunes territoriales du pays. Malheureusement ces propriétés étaient difficiles à surveiller situées qu'elles étaient en trois lieux différents, et n'ayant aucun lien de connexion entre elles. Aussi

---

[1] Marie de la Volpilière de Roupon, Anne de la Volpilière, de Lacombe, et Madeleine de la Volpilière, d'Estrélissoux.

fréquentes étaient les déprédations qui s'y commettaient. Les gens du voisinage y pratiquaient des chemins, y abattaient des arbres, y détournaient les eaux, y menaient paître leur menu et quelquefois leur gros bétail, Plusieurs fois averti, le sieur de Roupon se décida à faire faire aux délinquants les sommations d'usage, mais comme ces sommations demeuraient sans effet, il dut recourir à la justice et il obtint contre les déprédateurs un arrêt sévère, qui leur interdisait tout dégât et même tout accès sur les domaines en question [1].

En attendant, son fils aîné avait grandi, et l'âge était venu de le marier. Chevau-léger de la garde du roi, militaire brillant d'une compagnie d'élite, gentilhomme de bon ton et de belles manières, Joseph de Greils de la Volpilière avait tout ce qu'il faut pour plaire et pour conquérir le cœur de la plus difficiles auvergnate, Ce fut une limousine qui attira son attention et fixa son choix, mademoiselle Louise-Rose de Pestels, fille aînée de messire François-Claude de Pestels, seigneur de la Majorie, de Beauregard et de Violore, chevalier de l'ordre royal et militaire de Saint Louis, lieutenant-colonel au régiment de Conti-dragons, et de feue dame Louise de Corn de Queyssac. Le contrat fut passé par procureur au château de la Volpilière le 15 janvier 1777. Le père de la jeune fille, alors en garnison à Landau, et ne pouvant par conséquent assister au mariage, s'était fait représenter par François de Greils, sieur de la Volpilière, qui en vertu des pouvoirs à lui donnés, promit et constitua en dot à la future épouse la somme de 18.000 livres, pendant que sa femme, Suzanne Galiote de Corn, lui en assurait 2.000 de son côté, et que lui-même donnait au futur époux son domaine de Roupon estimé 7 ou 8.000 livres. M. et Mme de Messillac se conformèrent à la coutume d'Auvergne et donnèrent à leur fils la moitié de leurs biens, meubles et immeubles, présents et à venir [2].

Quelques mois après son mariage, Joseph de Greils reçut un magnifique cadeau. Par testament du 21 octobre 1777, son oncle François de Greils, seigneur de la Volpilière, Boussac,

---

1 Arch. de Messillac.

2 Ont signé à la minute : de Greils de Messillac, de Greils de Roupon, de Pestels de la Majorie, Laslic Lavergnette, de Greils de la Volpilière, de Corn de la Volpilière, Pagès des Huttes, prieur de Thiézac, Beluge curé de Grels, Courtet prêtre, Guy prêtre, Antoine Maret, vicaire. — Méjansac, notaire du roi, Arnal, id, détenteur de la minute. — *Arch. de Messillac.*

Saint-Martin et autres lieux, le fit son héritier principal, et lui légua son château et son domaine de la Volpilière, celui de Boutelou y attenant, le moulin des Bosquets, la montagne de Belmon, et tous les fiefs, cens, rentes, droits et devoirs seigneuriaux, à lui appartenant, portés et énoncés dans ses lièves et terriers. La Volpilière et Messillac passaient ainsi sur la même tête, sous la réserve cependant de l'usufruit des biens donnés et d'un capital de 36.000 livres, dont 20.000 à rembourser aux héritiers de la dame de Corn, épouse du testateur, et 16.000 aux héritiers de ses deux sœurs, Anne de Greils, demoiselle de la Volpilière, et Éléonore de Greils, demoiselle de Ladescols. Ces trois dernières étaient instituées héritières générales et universelles, à la charge de garder, loger et nourrir à leur table et en leur compagnie, « tant qu'elles vivront » le sieur Joseph de Messillac et la dame Louise-Rose de Pestels, sa femme, tous deux expressément recommandés parce que tendrement chéris du testateur [1].

Joseph de Greils accepta avec empressement le riche joyau qui lui était offert. Il eut ainsi deux résidences, l'une à Messillac auprès de ses père et mère, l'autre à la Volpilière auprès de ses tantes, la première dans la prévôté d'Aurillac, la seconde dans le district de Saint-Flour. Nous ne suivrons pas le jeune couple dans ses allées et venues, des bords du Goul aux rives du Brezons. Entre les deux châteaux qui se disputent leur présence, il faut qu'ils partagent leurs tendresses et leurs assiduités. Mais après vingt-trois mois de mariage, voici qu'un fils leur arrive le 15 décembre 1778. Il s'appellera Bertrand-Joseph, et il continuera dans le siècle suivant la lignée ancestrale. En attendant c'est « M. de Roupon » qui occupe la scène et qui l'occupera longtemps encore, sa mort ne devant survenir que le 4 avril 1806. C'était un terrible homme que ce « M. de Roupon », et il défendait avec la même énergie ses droits honorifiques et sa liberté personnelle. En 1780, le curé de Raulhac ayant voulu déplacer la chaire qui était du côté de l'épitre pour la mettre du côté de l'évangile, « M. de Roupon » protesta fort et ferme contre ce projet, et déclara hautement que sa mise à exécution n'aurait pas lieu, parce qu'il s'y opposerait. M. le curé de Raulhac avait l'approbation du corps commun, et il passa outre. Furieux d'un changement qui gênait l'entrée de sa chapelle et qui ne lui permettait plus de voir le

─────────

[1] Ibidem.

prédicateur en face, le sieur de Messillac se plaignit à la justice
et lui dénonça la prétendue violation dont il se croyait victime.
Débouté de ses prétentions par le bailliage de Vic, il fit appel à
Paris et chargea de sa cause un certain M. Busche, procureur
au Parlement. L'affaire étant venue devant la Cour, l'avocat
général fit remarquer que le curé n'avait agi que du consentement formel et avec l'approbation expresse des corps commun,
et il conclut que ce consentement et cette approbation étant acquis
à la translation sus dite, celle-ci devait être maintenue, parce
que « l'avantage particulier doit céder au bien public ». La
cour faisant droit à ces conclusions, débouta une seconde fois
le sieur de Messillac et le condamna aux dépens, qui s'élevèrent à la somme de 847 livres [1].

Cette mésaventure judiciaire devait être suivie plus tard d'une
mésaventure politique bien autrement cruelle pour « M. de
Roupon ». Nous sommes en 1793, et le sol de la patrie est
devenu inhabitable pour les nobles qui n'ont pas voulu le
quitter. Dénoncé comme aristocrate et père de deux enfants
émigrés, « M. de Roupon » se voit arrêté chez lui par une bande
de forcenés et traîné impitoyablement, quoique déjà vieux,
infirme et rhumatisant, de Messillac à Aurillac pour y être
incarcéré. Après dix jours de séquestration dans une méchante
auberge, on lui offre la liberté moyennant la somme de 30.000
livres. Il en verse 12.000, et on le laisse partir. Une fois rentré
dans sa commune, il ne se gêne pas pour qualifier de bandits
ceux qui l'ont dépouillé. Instruit de ses propos par quelque
infâme délateur, le Comité révolutionnaire le mande à sa barre,
et malgré ses protestations il est cette fois écroué, et traité avec
la dernière rigueur pendant quatorze mois de suite, sans qu'on
ait égard ni à ses 75 ans, ni à ses infirmités, ni à un certificat
de civisme délivré par la municipalité de Raulhac. Pour mettre
fin à sa détention, il ne faudra pas seulement la révolution du
9 termidor à Paris, il faudra encore celle du 6 brumaire à
Aurillac [2].

---

[1] Arch. de Messillac.

[2] Ibidem. — Archives Depart., L. 309.

Le 27 Germinal an III, l'agent national du district d'Aurilac recevait
l'arrêté du comité de sûreté générale en date du 26 ventôse qui mettait en
liberté « le citoyen Bertrand Greil Roupon et la citoyenne Jeanne
Rastinhac »

CHAPITRE VI

FAMILLES DE NOBLESSE
possessionnées dans la paroisse mais ayant leurs fiefs
ou leurs principaux fiefs ailleurs

I. **Les d'Humières de la Calsade sieurs de Loubejac Montamat, la Salle, Vareilles.** — II. **Les Laveissière du Mas, sieurs de Beauregard, de Vitrac, de Bonan.** — III. **Les d'Escorailles de Valduchez, sieurs de Lamazière, de la Cavade, barons de Burbauzou.** — IV. **Les d'Escaffres de Raulhac, sieurs del Mas, de la Borie, de la Rivière, de Vernet.** — V. **Les Deconquans, sieurs de Labrousse, et les de Chazelles, sieurs d'Œillet.**

Nous venons de faire l'histoire des quatre principaux châteaux de la paroisse et des seigneuries importantes qui en dépendaient. C'est tout le premier plan que nous avons montré, les plus beaux titres, les plus beaux noms. Voici maintenant les familles secondaires, dont la noblesse n'est pas plus contestable que celle des précédentes, mais qui n'ont pas joué le même rôle, qui n'ont pas possédé la même importance, qui n'ont pas joui du même éclat, qui ont habité des castels, même des castelets, voire de simples maisons bourgeoises, qui ont contracté des alliances roturiéres, qui se sont mêlées davantage au peuple, qui ont vécu à la paysanne et mangé du pain bis, hauts et puissants seigneurs d'une tourelle, d'une garenne, d'un colombier. L'histoire de ces familles peut être écrite en quelques pages et condensée dans un chapitre, sans qu'il soit nécessaire de donner de longs développements sur chacune d'elles, ce qui allongerait d'ailleurs démesurément cette monographie. Nous les étudierons l'une après l'autre, dans l'ordre chronologique et non dans celui des préséances, selon la date d'arrivée et non selon le rang qui leur appartient.

I

Les d'Humières, d'Umières, d'Ulmières, et plus anciennement d'Olmeiras, arrivèrent à Loubejac le 13 février 1605[1]. Ils venaient de Conques, près des frontières de l'Auvergne méridionale, à quelque quarante kilomètres de Rodez. Le chef de la tige est Gaspard d'Humières, seigneur de Villarez, marié à Jeanne de Laroque, fille aînée de Guillaume et de Gabrielle de Castelnau. Ce mariage unissait deux anciennes et très honorables familles. Le 11 août 1266 Guillaume de Laroque et Marthe, sa femme, avaient fait hommage à Henri de Rodez, seigneur de la vicomté de Carlat, de leur domaine de Loubejac et de toutes ses dépendances[2]. Depuis cette époque reculée jusqu'au commencement du XVIIe siècle, le nom des Laroque est fréquemment employé dans les anciens titres et nous le voyons porté avec honneur. Le dernier de la race Guillaume de Laroque, seigneur de Loubejac, teste devant Froquières le 11 septembre 1636, faisant héritière générale Antoinette d'Humières, sa petite-fille. Gaspard, son gendre, était mort quelques jours auparavant. Il laissait huit enfants dont deux seulement sont connus et appartiennent à Raulhac par leurs alliances : François d'Humières, sieur de la Calsade, et Antoine d'Humières, sieur d'Espalivet.

C'étaient de bien singuliers personnages que ces deux frères d'Humières, s'il faut en croire les procès-verbaux des Lacarrière qui nous racontent quelques-uns de leurs exploits. L'aîné s'était amouraché d'une jeune demoiselle des environs et avait juré de l'épouser ; mais son père ayant déclaré qu'il ne lui donnerait pas son consentement, le mariage eut lieu malgré l'autorité paternelle, et pour se venger d'une opposition qui lui paraissait un non sens, le fils s'empare du château de Loubejac, s'y barricade fortement et en expulse l'auteur de ses jours. Saisi d'une

---

[1] Nobiliaire d'Auvergne.
[2] Doc. hist. n° XXV, page 60.

plainte contre ce fils rebelle, le vice bailli Lacarrière accourt avec ses archers, met le siège devant la place, mais tente inutilement d'y pénétrer. Il fallut renoncer à l'arrestation du coupable, et se contenter d'instruire son procès. On le condamna à mort par contumace, mais la sentence ne fut jamais exécutée, comme bien on pense.

Le cadet avait molesté quelques paysans de Raulhac, de Roussy, de la Besserette, et s'était fait payer des redevances indues. Denoncé comme concussionnaire, il n'essaie pas de se justifier ni de fuir, mais il se rend en prison et attend que dame Justice se prononce sur son cas. Pendant qu'on informe contre lui, il juge sans doute que sa cause est mauvaise et s'esquive prestement. Lui aussi est condamné a la peine capitale, mais la sentence ne l'atteint point, et il ne s'en porte que mieux après les débats et la condamnation [1].

François d'Humières, sieur de la Calsade, avait épousé Marguerite Cat de Rastinhac le 22 mars 1633. C'est par elle qu'il eut les fiefs de Griffoul et de Bassignac dans la paroisse de Raulhac. Le domaine de Goulèze, dans la paroisse de Saint-Clément, lui advint plus tard, par donation, le 23 décembre 1650 [2]. — Ses tenanciers des villages d'Albospeyre, Lagarde, la Maisonade, le Mont, etc., lui renouvelèrent leurs reconnaissances en 1652 devant Froquières [3]. François d'Humières avait 4.000 livres de rente et habitalt tantôt Loubejac, tantôt Bassignac. Il périt de mort violente, et fut tué en duel près de Thiézac par un nommé la Pradelle le 17 janvier 1661 [4]. C'est de lui que descendent les d'Humières du Poux et de Conros dans le Cantal, et de la Majorie en Limousin.

Antoine d'Humières, sieur d'Espalivet, s'allia le 14 décembre 1644 à Jeanne Cat de Rastinhac, la sœur de sa belle-sœur. Par elle il eut des droits sur Bassignac, qui furent liquidés pius tard au profit de son fils, Bertrand d'Humières, sieur de Varcilles. Les deux frères se trouvèrent ainsi les gendres de la même maison, et le lien qui existait entre Messillac et Loubejac se resserra de plus en plus. Malheureusement des questions d'intérêt surgirent, qui refroidirent ces relations, si elles ne les rompirent pas tout à fait. Antoine d'Humières était riche, et se

---

[1] Chevauchées des Lacarrière, sept, 1641.
[2] Min. Froquières.
[3] Ibidem.
[4] Chevauchées des Lacarrière.

porta acquéreur de plusieurs parcelles de la terre de Messillac qui furent successivement vendues. Mais pendant qu'il travaillait ainsi à se faire des rentes, il eut le désagrément d'être pris à partie par un personnage illustre, qui lui reprocha d'être l'usurpateur de son nom, de signer d'Humières sans en avoir le droit, et de s'arroger par là même une prétendue noblesse qui ne lui appartenait pas, Deconcerté par cette accusation qui touchait à l'honneur de sa vieille race, le sieur d'Espalivet fit une déclaration devant notaire le 8 juin 1670, dans laquelle il disait que lui et les siens, satisfaits de compter de nobles et dignes aïeux dont ils honoraient et respectaient la mémoire, n'avaient jamais songé à s'approprier d'autre nom que le leur, qu'ils reconnaissaient sans peine être issus d'une famille de Conques, en Rouergue, et nullement de la maison d'Humières en Picardie. Mais le représentant de celle-ci ne voulut rien entendre, et actionnant les messieurs d'Humières devant le Conseil d'Etat, il en obtint un arrêt le 21 mai 1671, qui tout en maintenant dans leur noblesse d'extraction Antoine d'Humières, sieur d'Espalivet, Bertrand d'Humières, son fils, et les enfants de François d'Humières, son frère, leur enjoignait de reprendre le nom d'Umières-d'Olmières, qui était celui de leurs ancêtres, et leur faisait défense à l'avenir de se servir de celui d'Humières sous peine de 6.000 francs d'amende [1]. L'arrêt était pénible et quelque peu humiliant pour l'amour-propre des condamnés, mais il fallut bien s'y conformer.

Antoine d'Humières fit hommage au prince de Monaco en 1668 pour les rentes et possessions qu'il avait dans les paroisses de Raulhac, Carlat et Brommes [2]. Le 3 mai 1675 il comparut devant le lieutenant général de Vic chargé de la convocation du ban et de l'arrière ban, et le 26 janvier 1676 il avait cessé de vivre. Il dut mourir au château de Brommat, où il faisait sa résidence habituelle. Il possédait au Mur-de-Barrez une maison appelée *de Montamat*, quilui servait de pied à terre, et où il passa plusieurs actes comme l'attestent les minutes de Froquières et autres qu'on peut consulter.

Bertrand d'Humières, son fils, appartient presque tout entier à la paroisse de Raulhac. Il se qualifiait sieur de Vareilles et il avait épousé une Vicoise, mademoiselle Antoinette de la Salle en 1668 : mais en réalité où vivait-t-il, où joua-t-il un

---

[1] Nobiliaire d'Auvergne.
[2] Doc. hist.

rôle, où le trouve-t-on de 1680 à 1713 ? Il habite son château de
Bassignac, paroisse de Raulhac, et comme il est riche, comme
il a de nombreux domaines, un à Albospeyre, un à Griffoul,
deux au Pouget, et le plus important de tous au lieu même où
il réside, comme il a de nombreuses rentes, une maison dans
le bourg et une chapelle dans l'église de Raulhac, il est vani-
teux, arrogant, jaloux et susceptible à l'excès. Sans prétendre
au premier rang, il ne veut pas que d'autres y aspirent, et il
pardonne à ses égaux, mais il ne pardonne pas à ses supérieurs.
Les d'Escorailles de Cropières sont ses ennemis jurés, parce
qu'un jour ils lui ont manqué d'égard. Il les poursuivra de ses
rancœurs, de toute sa fierté de gentilhomme blessé. Il organisera
contre eux la plus tenace, la plus perfide des campagnes, une
campagne d'écrits injurieux et de libelles diffamatoires, qu'il
répandra à profusion dans les foires et marchés, et par cette
tactique déloyale il essaiera de les perdre, à tout le moins de les
déconsidérer dans l'opinion publique. Et lorsqu'on lui aura
démontré qu'il a tort, que ses armes discourtoises ne sont que
pure calomnie, lorsqu'un tribunal d'honneur se sera prononcé
contre lui, l'aura convaincu, flétri, condamné, lorsqu'il aura
subi l'amende et la prison en punition de sa faute, il ne se
rendra pas quandmême et il lancera encore la flèche du Parthe,
pour se donner le malin plaisir de toujours ridiculiser et discréditer ses adversaires. C'est la manie de la détraction, et cette
manie dure vingt ans ! Quelle singulière attitude tout de même
que celle de ce gentilhomme obstiné, irréductible, qui se raidit
d'autant plus qu'on le mate davantage, et qui redresse d'autant
plus son front qu'on le force davantage à le baisser : *duriorem
frontem frontibus eorum !*

Mais si Bertrand d'Humières professait pour les d'Escorailles une animosité sans exemple, en revanche il était pour
ses voisins commode, aimable, obligeant. Le sieur Pierre-Bernard
de la Vilétte, n'eut pas de meilleur ami que lui, et le sieur
de Chamfleury n'eut qu'à se louer de ses bons offices. Le premier
était un étranger au pays, originaire du diocèse de Viviers.
Venu à Bassignac en 1679, il s'y maria le 3 mai 1682 avec une
assez riche héritière de Combourieu, nommée Marguerite
Delsolier. Bertrand d'Humières, qui avait prêté son concours
pour les négociations du mariage, voulut prêter son château
pour la cérémonie. Des fêtes furent donc organisées au hameau
de Bassignac, en l'honneur de l'hôte de marque qu'il y avait

attiré et hébergé pendant trois ans [1]. Ces fêtes se renouvelè-rent quatre ans après, lorsque le 22 décembre 1686, Jacques d'Humières, écuyer, sieur de Montamat, y épousa mademoiselle Gabrielle de Cambefort, de la ville d'Aurillac [2]. Puis nous sortons des contrats de mariage pour assister à une donation. Le 7 mai 1688, voulant reconnaître les bons et agréables services qu'il a reçus et reçoit journellement du sieur de Vareilles, François Cat de Rastinhac, seigneur del Caïre, lui donne tous ses biens meubles et immeubles, sous la réserve de l'usufruit pendant sa vie et de 60 livres après sa mort, qui seront employées en messes, savoir quatre trentenaires dans l'église de Cros et quatre trentenaires dans l'église de Raulhac [3].

Cette donation en incorporant le domaine du Caïre [4] à celui de Bassignac, faisait de celui-ci une propriété de premier ordre. Il y avait déjà cinq paires de bœufs, il y en a eu sept ; on payait 151 francs d'impôt, on en paya 228 [5]. Mais les deux domaines quoique réunis sur la même tête, continuèrent à s'affermer séparément. Le premier bail consenti par le nouveau propriétaire, est du 30 avril 1693 [6]. A cette date le donateur était donc décédé, et le donataire était entré en jouissance de la donation. Ses revenus de ce chef se trouvant augmentés, il songea à se créer de nouvelles rentes. La coseigneurie de Caillac était à vendre ; il l'acheta à deux reprises, une partie le 14 décembre 1692 pour la somme de 11.962 livres, et l'autre partie le 3 février 1703 pour le prix de 12.400 livres. Le vendeur était Me Jean-Joseph de Boschâtel, conseiller du roi au présidial d'Aurillac, et gendre de la maison d'Escorailles de Valduchez [7].

Le marquis de Miramon, seigneur de Pestels, convoitait les

---

1 Min. Froquières.

2 Min. Coffinhal.

3 Arch. dép. du Cantal, E. 193.

4 Le fief du Caïre, dans les anciens actes *Goulougourdou*, appartenait en 1334 à Pierre et Guillaume Morzières, qui l'*investirent* à Pierre Rigal de Bassignac, devant Bonplan, notaire. (*Arch. de Messillac*). et — en 1456 à Pierre d'Yolet, damoiseau, qui en fit hommage à Jacques d'Armagnac, vicomte de Carlat. (*Arch. nat. p. 582, fol. 37*). Il devint ensuite la propriété d'un paysan de Montamat, nommé Julhe, qui le transmit à sa fille Hélène Julhe, laquelle fut la mère de François Cat de Rastinhac, le donateur. La maison et le moulin du Caïre étaient situés sur les bords du Goul dans les dépendances du domaine de Bassignac.

5 Rôle de la paroisse de Raulhac pour l'année 1695. — *Min. Boissy.*

6 Min. Froquières.

7 Min. Delon.

rentes acquises par Bertrand d'Humières. Ces rentes, en effet, étaient assises dans le périmètre de son château, sur les villages de Cabanes, Cabanusse, Esmons, Lascourtines, Lalo, le Couderc, le Rieu, Runhac, Rouziers, Foulholes ; il pria l'acquéreur de lui en céder au moins une partie, et celui-ci voulut bien lui en revendre 54 setiers pour le prix de 4870 livres. [1] A partir de ce moment les d'Humières et les de Miramon furent dans les meilleurs termes, et la fortune des premiers ne devait pas tarder quarante ans à accroître aux seconds.

Bertrand d'Humières n'avait qu'un fils, Antoine d'Humières, chevalier, seigneur marquis de Vareilles, Montamat, Loubejac, la Salle, Cadilhac, le Monteil et autres places. Celui-ci habita comme son père le château de Bassignac, où on le trouve constamment de 1714 à 1742. Il y est en compagnie d'un sien cousin, Bertrand d'Humières, chevalier, seigneur de Griffoul, lieutenant de cavalerie réformé, qu'il semble affectionner beaucoup. Comme il n'a pas d'enfants, l'opinion publique se préoccupe d'avance de sa succession, et les paris sont ouverts. L'heureux pensionnaire recueille à peu près tous les pronostics. Mais le discret gentilhomme ne laisse rien percer de ses intentions, et quand la maladie a pénétré dans sa demeure et que la mort plane au dessus de sa tête, voici comment il exprime ses dernières volontés :

Il élit sépulture dans la chapelle qu'il a en l'église de Cros-de-Montamat, où fut ensevelie Antoinette de la Salle, sa pieuse mère. Il demande la célébration de huit annuels de messes basses et donne la somme de cent livres pour chacun d'eux. Il fait deux héritiers généraux, le marquis de Miramon, seigneur de Pestels, et Bertrand d'Humières, son cousin germain, seigneur de Griffoul. Ce dernier aura la jouissance du château de Bassignac ainsi que des meubles, ustensiles, vaisselle et linge qui le garnissent, mais en fait de propriétés, il se contentera de Vareilles et du Pouget, qui feront retour au marquis de Miramon dans le cas où le dit sieur de Griffoul n'en disposerait pas ou viendrait à décéder sans enfant [2].

Le véritable héritier était donc le marquis de Miramon, au détriment des cousins d'Humières, réduits pour la plupart à la qualité de simples légataires. Le testateur mourut le 15 juin 1742, et fut inhumé à Cros conformément à son désir. Les de

---

[1] Ibidem.

[2] Arch. dép. du Cantal, E. 193.

Humières continuèrent d'occuper Bassignac selon les dispositions du testament, et lorsqu'ils se furent éteints, les de Mira-
mont entrèrent en jouissance, mais depuis leur prise de possession jusqu'à nos jours le château n'a jamais été habité que par
des fermiers.

II

La famille la plus considérable du bourg de Raulhac pendant
les XVIIe et XVIIIe siècles fut sans contredit celle des Laveissière
de Beauregard. Ce nom de Laveissière est très répandu, et se
trouve souvent mentionné dans le *Dictionnaire Statistique du
Cantal*. Les fiefs de Cols [1], de Lolière [2], de Lavergne [3], de
Valence [4], etc., étaient tenus par des familles Laveissière. La
branche de Raulhac est une branche à part. Elle a ses origines
en Rouergue, et n'est qu'un rameau détaché de l'antique
maison de Cantoinet, dont les armes portaient : *d'azur à un
chêne d'or, trellissé de gueules.*

L'auteur de cette branche est noble Michel de Lavessière [5],
qui avait épousé Anne de Blanchefort, dame de Beauregard, le
24 juillet 1569. Les deux époux eurent trois fils, François,
Pierre et Antoine, comme il appert d'un contrat de partage [6]
intervenu entre eux le 24 avril 1603, mais il n'y en a qu'un, le
plus jeune, qui nous intéresse, parce qu'il franchit la Truyère
et vint se fixer en Carladès. A quelle occasion et en quelle
année ? Il y avait au Mas-lès-Raulhac, dans la première moitié
de l'an 1626, une assez riche héritière, appelée Marguerite
Delbos, que l'histoire dit veuve d'honorable homme Mre Jean
Boudoyer, valet de chambre de la reine Marguerite. Elle fut
recherchée en mariage par noble Antoine de Laveissière,
l'émigré en question, qui venait lui-même de perdre sa première
femme, Isabeau de Bénaven, fille de François. seigneur de
Mels, à laquelle il s'était uni le 17 juin 1614, Celle-ci lui avait

---

[1]   Paroisse de Vic.

[2]   —   de St-Clément.

[3]   —   de St-Saturnin.

[4]   —   de Peyrusse.

[5] Il était lui-même fils de noble Antoine de Laveissière, seigneur de
Cantoinet, et d'Antoinette Dantil de Ligonès, mariés le 23 novembre 1520,
petit fils de noble Bertrand de Laveissière, aussi seigneur de Cantoinet,
et d'Hélis de Cat de Cocural, mariés le 10 octobre 1474, et arrière petit-
fils d'autre Bertrand qui vivait en 1440. — *(Bibliothèque de Clermont. Ms.
555, fol. 315).*

[6] Papiers personnels.

laissé les terres de Vitrac et de Bonan, dont l'importance pouvait se comparer à celle du joli domaine du Mas. Les deux situations étaient donc à peu près les mêmes. Aussi les accords furent-ils rapidement conclus, et nos deux veufs échangèrent leurs serments dans l'église de Raulhac très probablement en l'année 1627.

A partir de cette date les Laveissière sont à Raulhac. Ils se qualifient sieurs de Beauregard et de Vitrac. Ils habitent leur château du Mas, et leur situation est prépondérante dans le bourg. Sans mener grand train, ils vivent bourgeoisement. Ils sont sympathiques au peuple, et la haute noblesse du pays ne dédaigne pas leur société. On recherche leur présence dans les contrats, dans les testaments, dans les actes de la vie civile qui ont de l'importance ou de l'éclat. Ils prennent part aux assemblées du corps commun, et leur nom figure souvent en tête des délibérations paroissiales. Ils ont tous le privilège de vieillir, et ils meurent qui septuagénaires, qui octogénaires, qui nonagénaires.

Le premier de la série, Antoine de Laveissière, sieur de Beauregard, resta quelque douze ans sur la scène. Le 10 décembre 1628 il achète un pré situé à Raulhac, appelé la Calcidière, contenant la « solaison » de deux chars de foin et mouvant en censive de la communauté des prêtres. La vente est consentie par Gabriel Sobrier, moyennant la somme de cent dix livres payées comptant, en présence de messire Jean Verny, curé de Jou, et de noble Annet de Fontanges, sieur de Faugières. Le 7 janvier 1633 il reconnaît au roi son domaine du Mas devant Mayonade, notaire royal. Le 27 décembre 1636 il convole en troisièmes noces, et s'allie à mademoiselle Jeanne de Comblat, fille de Claude, notaire, et de feue Catherine de Montjou. Le 21 mai 1639 il teste devant Froquières, et fait son héritier général noble Jean de Laveissière, son second fils, l'aîné ayant quitté la maison et même le pays sans qu'on sache ce qu'il est devenu. Le 23 il succombe à une crise, et le 19 juin suivant ses biens sont inventoriés en quatre vacations, 1re au Mas, 2e à Sainte-Geneviève, 3e à Vitrac, et 4e à Bonan [1].

---

[1] *Min. Froquières.* Dans cet inventaire le domaine du Mas est dit de la contenance de 70 chars de foin et de 100 séterées de terre, bois, pâturages, le domaine de Vitrac (canton de Ste-Geneviève) de 40 chars de foin et de 60 séterées de terre, et celui de Bonan (commune de Brommat) de 35 chars de foin et de 50 séterées de terre.

Son fils et héritier épouse Antoinette de Boissy, le 3 mars 1657. La dot constituée à la demoiselle est de 4000 livres, plus 2 robes garnies, 80 aunes de toile, 300 livres de bagues et joyaux. Le mariage est célébré à Vic avec une certaine solennité. Les témoins du marié sont ses oncles ou ses cousins : Claude de Laveissière, écuyer, sieur de Cantoinet, Antoine de Laveissière, écuyer, sieur de Sissac, Jean de Laveissière, écuyer, sieur de Langlade et autre Jean de Laveissière, écuyer, sieur de Saint-Maurice ; ceux de la demoiselle appartiennent tous à la magistrature : Antoine Boissy, président de la cour d'Appeaux, Géraud Sobrier, lieutenant particulier, Jean Teillard, procureur du roi, et François Caldaguès, juge-prévôt [1].

Cette alliance était honorable et avantageuse pour les deux partis. Les unions se multiplièrent au Mas. Gabrielle de Laveissière épousa Durand de Comblat, notaire royal, Claire de Laveissière fut mariée à Rigal de Fontanges, sieur de Lagarde, et Françoise de Laveissière à François Fournier, sieur de la Guèze, dont le père était conseiller du roi, et élu en l'élection d'Aurillac. Une autre demoislle de la maison, avait épousé plus tôt le sieur Antoine de Reynal, de Sainte-Geneviève [2]. Ainsi la la magistrature, le notariat, la noblesse campagnarde, tous les partis un peu huppés vont frapper à la porte du Mas, et les filles de la maison, rien qu'avec leur nom, car leur dot est modeste, — deux ou trois mille francs chacune, — trouvent à se caser très convenablement dans le voisinage et ailleurs.

Jean de Laveissière de Beauregard, sieur de Vitrac, avait déjà servi avant son mariage dans les gens d'armes de la garde, comme il appert d'un certificat à lui délivré par M. de Cournusson en 1643. Il fit ses preuves de noblesse devant l'intendant d'Auvergne, et fut maintenu par ordonnance de M. de Fortia le 14 février 1667 [3]. L'année suivante, il rendit hommage au prince de Monaco Louis Ier pour son fief, cens, rentes, et tout ce qu'il possédait dans la paroisse de Raulhac. Le 25 janvier 1674, il marie sa fille Jeanne de Laveissière à M. Géraud de Vergnes, avocat au parlement, et lui constitue une dot de 8000 livres [4]. Le 28 février 1675 il comparaît en personne devant le lieutenant général de Vic, chargé de convoquer le ban

---

1 Min. Boissy, ét, Gizolme, Vic-sur-Cère.
2 Min. Froguières. Testament de noble Antoine de Laveissière, 1639.
3 Arch. com. d'Aurillac.
4 Min. Froquières.

et l'arrière-ban de la noblesse du ressort. Le 27 juillet 1684 il fait son testament devant Froquières et institue Joseph de Laveissière, son fils, son héritier universel, à la condition expresse qu'il ne se mariera que de l'agrément du marquis de Roussille et avec l'approbation de deux proches parents [1].

Jean de Laveissière, sieur de Vitrac, et Géraud de Vergnes, son gendre, moururent presque en même temps. Ce dernier, qui était originaire de Saint-Simon et apparenté à la famille de Lalaubie, paraît avoir été un homme de valeur. D'abord lieutenant civil et criminel en l'élection d'Aurillac, il en devint ensuite le président ; malheureusement sa carrière fut courte : dix ans à peine d'exercice ! Sa mort fut pour sa jeune veuve une épreuve d'autant plus cruelle, que celle-ci craignit, vu la qualité roturière de son mari, d'être imposée à la taille. C'est pourquoi elle agit et fit agir, si bien qu'en 1685 elle provoqua des lettres et un mandement du roi à la cour des Aides de Clermont-Ferrand, enjoignant à ces messieurs de rechercher ses titres de noblesse et de les vérifier. Les recherches et les vérifications tournèrent à son avantage d'une manière si évidente, que le 20 septembre 1686 Jeanne de Laveissière pouvait produire des lettres de maintenue de noblesse, et en vertu de ces lettres sommer les consuls d'Aurillac d'avoir à la rayer des rôles de taille, où on l'avait indûment inscrite, le fait ne pouvant jamais avoir raison contre le droit [2].

Le 16 janvier 1687, Joseph de Laveissière de Beauregard se marie à son tour, et épouse madmoiselle Marie de Monteils, de Ladinhac, en Rouergue. Cinq mille livres de dot, mille livres de paraphernal, trois cents livres pour le gain de survie. telles sont les principales dispositions de ce contrat reçu Froquières. Les bagues et joyaux ne sont pas mentionnés : sans doute sur ce point on s'en rapporte à la générosité du futur.

Joseph de Laveissière et Marie de Monteils eurent dix enfants, trois garçons et sept filles, dont l'une mourut jeune, cinq se marièrent et quatre vécurent dans le célibat [3]. Le

---

[1] Min. Froquières.

[2] Arch. com. d'Aurillac.

[3] 1° Anne de Laveissière, mariée à Jacques Méjansac de Pierrefort.
2° Guillaume de Laveissière, qui continua la filiation.
3° Jeanette de Laveissière, qui mourut en bas âge.
4° Catherine-Angélique de Laveissière, célibataire.
5° Marie de Laveissière, épouse Palhol de Montcalvy.
6° Bernardin de Laveissière, célibataire.

carrière de chacun d'eux n'offre aucune particnlarité remarquable ; seul l'aîné Guillaume de Laveissière, qui continua la filiation, est mentionné comme capitaine de cavalerie dans le régiment de Roussille à la date du 23 février 1713 [1]. Au Mas on allait donc à la guerre, au Mas on servait donc le roi, au Mas il y avait donc des officiers comme à Cropières et à Messillac. Ces gentilshommes campagnards sont tous les mêmes. On a besoin de leur épée, on les convoque aux moments de crise nationale ; ils se hâtent de faire les actes d'un bon chrétien, de rédiger leur testament, de mettre une procuration entre les mains de leur conjointe, et ces précautions prises, ils s'arment de leur cuirasse, ils montent à cheval, et ils courent à la frontière ou à tout autre point menacé. Ils se battent comme des lions, et la campagne finie, ils rentrent paisiblement dans leur foyer, pour repartir bientôt si bientôt on les rappelle, partageant ainsi leur temps entre l'armée et leurs terres, entre le service militaire et l'agriculture, sans autre ambition que celle de soutenir l'honneur de leur race et d'être utiles à leur pays.

Joseph de Laveissière dut obéir au moins deux fois à ces convocations intermittentes de la noblesse. C'est ce que nous apprennent ses deux premiers testaments, l'un daté du 10 mai 1689 et l'autre du 3 mai 1693 [2], testaments du reste qui ne furent pas maintenus, et que nous trouvons révoqués par un troisième du 5 novembre 1743. A cette dernière date, donc cinquante ans plus tard, le testateur a vieilli, de larges rides plissent son front, sa vue n'est plus nette, son pouce droit est atrophié, et sa main tremblante lui refuse sa signature ordinaire qui est : *Laveissière de Beauregard*, pour ne lui permettre que le nom de *Vitrac*, et encore combien mal autographié. — Il donne un annuel de messes, fait une pension à sa femme, des legs particuliers à ses huit enfants, et nomme pour son héritier général, Guillaume de Laveissière, son fils aîné [3].

7° Marie-Anne de Laveissière, célibataire.

8° Marie-Thérèse de Laveissière, épouse de Jacques Demartres, médecin au Mur-de-Barrez.

9° Marguerite de Laveissière, fille dévote.

10° Joseph de Laveissière, sieur de Lacalm. marié deux fois, à Catherine Laborie, et à Françoise Poulhès, de Golusclat.

1 Min. Conducher.

2 Min. Froquières.

3 Min. Clavières.

Marie de Monteils voulut marcher sur les traces de son époux, et testa à son tour devant Clavières le 25 janvier 1744. Mais ni l'un ni l'autre ne moururent de suite quoique déjà fort avancés en âge. Le mari s'éteignit le 31 août 1748, et la femme le 29 avril 1755. Tous les deux furent ensevelis dans l'église de Raulhac, et avec eux finit au Mas la troisième génération des Laveissière.

La quatrième s'ouvre sur le nom de Guillaume de Laveissière de Beauregard, marié à Françoise du Verdier de Courbillac. Celui-ci avait près de soixante ans à la mort de son père, et se trouvait lui-même déjà père de quatre enfants, par lesquels allait se continuer la filiation. Son premier acte fut de répudier la succession paternelle, du moins de ne l'accepter que sous bénéfice d'inventaire [1] Craignait-il des hypothèques, des embarras, des révélations inattendues ? On peut le croire, puisqu'il se précautionnait ainsi contre toute éventualité. En tout cas le Mas ne fut pas amoindri et ne vit pas une parcelle de terrain lui échapper. Guillaume de Laveissière fut sans doute un habile administrateur. Nous le voyons tester le 8 septembre 1755, et remettre lui-même deux jours après à Annet Rastinhac, notaire royal, son testament olographe, dans lequel il lègue 3.000 livres à chacun de ses fils, 3.500 livres à sa fille Charlotte, et fait son héritière générale Françoise Verdier de Courbillac [2].

Guillaume de Laveissière mourut à 90 ans le 12 juin 1777. Le 21 septembre 1762 il avait marié sa fille Charlotte à un ancien médecin ordinaire des camps et armées du roi, messire François Bertrand, de la ville du Mur-de-Barrez. Blaise de Laveissière, son fils aîné, s'allia dans la même ville à une demoiselle Conilhergues, qui à défaut de noblesse lui apporta des lettres de bonne bourgeoisie. Il est mort sans postérité le 30 avril 1812. Joseph de Laveissière, sieur de Bonan, continua la filiation. Il s'était voué, paraît-il, au célibat ; mais voyant que son frère n'avait pas d'enfants, il se ravisa, lui vieux garçon de 53 ans, et dans un accès d'atavisme, il épousa une certaine Marie Bos, tout ce qu'il y avait de plus roturier dans le pays. Originaire d'Esquiers, la nouvelle châtelaine était remarquablement belle, mais sa basse extraction fut toujours le péché originel auquel ne pardonna pas l'amour-propre de famille. Le sieur

---

[1] Ibidem.
[2] Min. Rastinhac.

de Vitrac, son beau-frère, la mit en quarantaine, lui défendit l'accès de son château, et la relègua dans une maison ayant appartenu au sieur de la Guèze [1], où elle vécut pauvre et délaissée avec ses cinq enfants. Elle perdit son mari le 30 avril 1813, et ce sont ses descendants qui occupent encore aujourd'hui le château du Mas, où le nom des Laveissière a cessé d'être porté.

III

Valduchez, qu'on trouve plus souvent écrit Vallucé, Vallucès, et surtout Balducès, est un petit château agréablement situé près de Puechmourier et non loin de Cropières, à 3 kilomètres et demi de Raulhac. Il appartient aujourd'hui à la famille de Pierre, qui par celle de Murat-Sistrières l'a hérité elle-même des Coffinhal. Mais avant les Coffinhal, c'étaient les d'Escorailles qui le possédaient, et si l'on remonte encore plus haut, on le trouve aux mains des Mazier, famille de paysans tout à fait obscure, et dont nous n'essaierons pas de rechercher l'histoire.

Jean Mazier avait épousé Guillemine de Fontanges, bâtarde de la maison de Cropières. Antoine Mazier, son fils, vendit à Louis d'Escorailles, baron de Roussille, le 17 mars 1637, tous les droits qu'il possédait en réalité et en espérance sur le domaine de Valduchez, moyennant la somme de 1800 livres payées comptant. Jeanne Mazier fit son héritière générale Marie-Claudine de Fontanges, le 6 juillet 1667.[2] Ainsi moitié par vente, moitié par donation, cette importante propriété passa des Mazier aux d'Escorailles, par conséquent de la roture à la noblesse, et le blason d'une antique et illustre race pénétra sous le toit de chaume qui allait devenir un élégant castel.

Le premier châtelain qui habita Valduchez fut Gaspard d'Escorailles, sieur de Lamazière, cadet de la maison de Cropières. Il avait épousé le 20 février 1662 Marie-Claudine de

---

[1] Le sieur de la Guèze, déjà mentionné dans cette notice, avait épousé le 20 février 1662, mademoiselle Francoise de Laveissière, qui lui apporta en dot la maison possédée aujourd'hui, moitié par mademoiselle Baurès, institutrice en retraite, et moitié par M Fabre, tailleur. Cette maison, une des plus anciennes et des plus curieuses du bourg, dut faire retour au Mas, soit par sucession, vente ou autrement, puisque la famille de Laveissière en était encore propriétaire au commencement du siècle dernier.

[2] Min. Froquières.

VALDUCHEZ

Fontanges, son arrière-petite cousine, [1] qui lui apporta la seigneurie de la Cavade, en la paroisse de Polminhac. Celle-ci venait de la maison de Velzic, et avait une sœur, Françoise de Fontanges, professe au monastère bénédictin de Vic le 5 mai 1669. [2] Gaspard d'Escorailles, sans être immensément riche, avait une assez jolie situation pour le temps. Ses droits sur la maison de Cropières furent reconnus et liquidés à la somme de 20.000 livres le 18 juillet 1680 [3]. Les deux époux, d'ailleurs, firent très bon ménage, et l'intérieur de Valduchez fut un intérieur charmant, pendant les 29 ans que dura cette union. Sept enfants naquirent d'elle, furent parfaitement élevés, et obtinrent des situations presque aussi brillantes que celles de leurs cousins de Cropières. Géraud devint comte de Brioude, Jean-Joseph, chevalier de Malte, pendant qu'Eléonore et Madeleine étaient créées tour à tour assistantes et supérieures de Sainte-Claire de Mur-de-Barrez.

Gaspard d'Escorailles fut un de ees gentilshommes campagnards comme en comptait beaucoup la paroisse de Raulhac, qui passaient leur temps moitié sur leurs terres, moitié à l'armée. Le 13 mars 1675 il comparait en personne devant le lieutenant Jean de Sistrières, chargé de convoquer le ban et l'arrière-ban du Carladès [4]. Le 24 décembre 1681 il achète de Pierre Pagès, sieur de Vixouses, divers cens et rentes assis sur le village de Barriac, qui avaient appartenu dans le temps à la maison de Morèze et que celle-ci avait cédés à celle de Vixouses le 27 juin 1630, [5] A partir de ce moment il prend dans ses actes la qualité de seigneur de Barriac, qu'il ajoute à celle de seigneur de la Cavade, dont son mariage l'a mis en possession. Le 29 juin 1688 il marie sa fille aînée Jeanne-Marie d'Escorailles avec Jean-Joseph de Boschâtel, conseiller du roi au présidial d'Aurillac, et bientôt premier président au même

---

[1] Souche commune : Nicolas de Fontanges.

Cropières	*Velzic*
1° Annet de Fontanges ;	1° Aymerie de Fontanges :
2° Pètre-Jean de Fontanges ;	2° Annet de Fontanges :
3° Guillemine de Fontanges ;	3° Géraud de Fontanges ;
4° Gaspard d'Escorailles.	4° Marie-Claudine de Fontanges.

[2] Min. Boissy.

[3] Min. Froquières.

[4] Doc. hist. II, pag. 124.

[5] Min. Froquières.

siège. La dot constituée à la future épouse est de 10.000 livres, chiffre contractuel, dont 7.000 du chef de son père et 3.000 de celui de sa mère. Mais celle-ci, considérant que pour un homme de la qualité du sieur de Boschâtel une pareille dot n'est pas suffisante, et voulant à tout prix empêcher la rupture du mariage, promet et s'oblige, sur ses biens personnels, et par acte séparé, de l'augmenter de 2.000 livres, somme qu'elle versera lors de son veuvage, ou qu'elle fera verser par son héritier en cas de survivance de son époux. Charmé de cette délicatesse, le sieur de Boschâtel tint à en user de même à l'égard de sa future belle-mère : c'est pourquoi pour le paiement des autres 3000 livres, il lui accorde délai jusqu'au décès de Géraud de Fontanges, sieur de Lavernière, père à ladite dame.[1]

Les 7.000 livres formant l'appoint paternel furent payées quelques jours après au moyen d'un transport. Les débiteurs du sieur de Lamazière étaient à ce moment le marquis de Roussille, son neveu, 4.620 livres, François Gaillard, notaire de St-Jacques-des-Blats, 440 livres, Pierre Nigou, notaire de Vic, 88 livres, et un certain nombre de paysans de la vallée de Cère pour des sommes plus minimes encore. Ces diverses obligations, faisant ensemble la somme de 6.000 livres, furent réunies et remises à M. de Boschâtel, qui en donna quittance à son beau-père le 13 juillet 1688 [2].

Le Chapitre collégial du Mur-de-Barrez avait des droits sur Valduchez, qui consistaient en une redevance annuelle d'un setier seigle à prendre sur deux héritages enclavés dans le domaine et tenus par conséquent par le sieur de Lamazière. Celui-ci ayant contesté ses droits au chapitre, le chapitre en appela à la cour d'appeaux de Vic, et l'affaire allait suivre son cours, lorsque le défendeur fit savoir qu'il se désistait et qu'il était prêt à reconnaître les droits des demandeurs. Cette reconnaissance eut lieu en effet devant Froquières le 26 novembre 1689 [3].

Gaspard d'Escorailles, seigneur de la Cavade, Barriac et autres lieux, testa jusqu'à trois fois devant le même notaire. Il veut être enseveli dans l'église de Raulhac au tombeau de la maison de Cropières. Il fait ses héritiers particuliers ses trois

---

[1] Ibidem.
[2] Ibidem.
[3] Ibidem.

fils et ses quatres filles [1], auxquels il recommande l'union, l'étude, le travail, l'obéissance à leur mère, et dans le cas où ils s'écarteraient de ces devoirs et mentiraient à leur race, il les déshérite d'avance et les prive de tous ses biens. Son héritière générale est toujours la même, toujours la noble compagne que la Providence a associée à son sort, et qui aux jours sombres comme aux jours sereins, n'a cessé d'être son tendre appui. Il lui lègue avec l'administration de ses biens la charge pénible, délicate, de pourvoir à l'éducation de leurs enfants. Elles les enverra aux « escolles et collèges, afin qu'ils soient nourris et élevés aux lettres » et les y laissera tout le temps nécessaire pour qu'ils puissent acquérir toutes les connaissances indispensables ou simplement utiles à leur position [2].

Gaspard d'Escorailles mourut entre le 21 novembre et le 12 décembre 1690. L'inventaire de ses biens, commencé le 8 février et clos le 7 mars de l'année suivante, nous donne une idée de ce qu'était Valduchez à cette époque. Le château décrit est bien celui qui subsiste encore actuellement, nul doute à cet égard ; il n'y avait en plus que la chapelle domestique, dont il a été question dans la première partie de cet ouvrage. Le mobilier était confortable sans être riche ; le cuivre et l'étain l'emportaient de beaucoup sur l'argent. La garde-robe n'était pas mieux garnie que celle d'un bon paysan de nos jours. La cave et le grenier ne dépassaient pas comme approvisionnements ce qu'on trouve aujourd'hui dans les principales fermes du pays. Le cheptel était inférieur à celui d'un grand domaine ; la montagne n'était pas créée, et la vacherie n'existait pas. Valduchez ne sera une propriété complète qu'à partir du 9 novembre 1696 [3].

---

[1] Jean-Marc, Louis-Géraud, Jean-Joseph. Jeanne-Marie, Eléonore-Marie, Marguerite-Marie et Madeleine-Laurence.

[2] Min. Froquières.

[3] Ibidem. — Voici quelques détails de cet inventaire :

Linge

- 8 lits garnis, rideaux, matelas, couette, chevet de plume, couverture ou contrepointe de laine.
- 39 linceuls, toile du pays.
- 12 linceuls, moitié chanvre, moitié lin.
- 6 nappes communes.
- 4 nappes de lin.
- 4 douzaines de serviettes communes.
- 6 douzaines de serviettes de lin.

Ustensiles

- 3 chaudrons de cuivre.
- 2 poëlons id.
- 1 sceau id.
- 1 conche id.

Vaisselle

- 8 plats d'étain.
- 21 assiettes id.
- 8 écuelles id.
- 6 cuillers et 2 fourchettes d'argent.

Ce jour-là, en effet, la veuve d'Escorailles fit une importante acquisition. Elle acheta de son neveu le marquis de Roussille, seigneur de Cropières, une partie de la montagne appelée de la Cipière, de 3o têtes ou environ, dont le prix fut payé comptant : 2.4oo livres [1]. Son mari avait créé le domaine ; elle en acheva les contours. Elle pourvut aussi avec autant d'intelligence que de dévouement à l'éducation de ses fils et de ses filles, et ne négligea rien pour leur assurer un brillant avenir. Elle réussit à faire un comte de Brioude, un chevalier de Malte, deux abbesses de Sainte-Claire, et la maison de Valduchez n'eut jamais plus d'éclat que sous son habile administration. Très pieuse et très charitable à la fois, elle s'occupa des fondations faites par ses prédécesseurs tant dans les chapelles de Velzic et de la Cavade que dans celle de Valduchez, et par son dernier testament reçu Froquières le 25 août 1698, elle charge expressément son héritier de l'acquittement de ces fondations. Elle veut aussi qu'il soit distribué annuellement et à perpétuité 10 livres de beurre de montagne, poids d'Aurillac, aux pauvres pendant le Carême [2]. Le Carême est l'époque des rigoureuses observances, mais comment exiger que l'indigent les respecte, si on ne lui fournit pas les moyens d'assurer ce respect ?

Marie-Claudine de Fontanges mourut au château de Burbuzou, paroisse de Mourjou, le 26 septembre 1718. Pourquoi si loin de Valduchez, sa patrie d'adoption, et partant pourquoi si loin de Raulhac, le tombeau de son mari ? C'est que dans l'intervalle son fils aîné avait émigré, et le départ du fils avait entraîné celui de la mère. Jean-Marc d'Escorailles, seigneur de la Cavade, Barriac et autres lieux, fut chevalier de l'ordre militaire de Saint-Lazare et baron de Burbuzou de 1715 à 1742. Il s'était marié vers la fin du XVIIᵉ siècle et avait épousé une demoiselle de qualité, Jeanne de Giou, qui lui donna sept enfants, tous nés à Valduchez et élevés dans un luxe relatif, puisqu'en 1709 il n'y avait pas moins de de seize domestiques au château [3].

	Provisions		Cheptel
	1 barrique de vin.		2 paires de bœufs.
	10 setiers seigle.		2 cavales et 3 poulains
	15 setiers froment.		8 vaches.
	6 setiers avoine.		5 doublonnes.
	5 setiers blé noir.		6 taureaux.
			40 moutons.
			3 hivernaïres.

1 Ibidem.

2 Ibidem. Codicille du 7 octobre 1700.

3 Papiers Coutel de la Maisonade, enquête de 1709.

Ce train de maison s'arrêta tout à coup, et l'on partit pour la Cavade, vers la montagne, où le séjour semblait préférable, du moins pendant la saison d'été. Mais à peine y était-on installé, qu'une affaire importante vint à surgir, à se négocier, et sa réalisation modifia tout, et marque une étape absolument nouvelle dans l'histoire de cette famille.

Le 6 août 1715 Amable de Durfort, chevalier, seigneur baron de Léobard en Quercy, et François de Durfort, son frère, vendirent à noble Jean-Marc d'Escorailles, le premier, son fief de Burbuzou avec tous les cens, rentes, juridictions et autres droits en dépendant, moyennant la somme de 12.500 livres, le second, son domaine du Colombier, situé dans la même paroisse de Mourjou, pour le prix de 4.500 livres. L'acte fut passé au village de la Feuillade, paroisse de la Capelle-en-Vézic, devant maître Flory, notaire royal [1]. L'acquéreur pouvait entrer en jouissance tout de suite, si bon lui semblait. Le château de Burbuzou était libre. Mais des réparations y étant nécessaires, il fut décidé qu'on irait l'occuper le plus tôt possible. Le nouveau seigneur se hâta donc de faire ses malles, et quitta la Montagne pour la Châtaignerie dans les premiers jours de septembre.

A partir de ce moment Valduchez fut délaissé, et Burbuzou devint la résidence ordinaire du sieur d'Escorailles. On l'y trouve le 3 mars 1723 : à cette date il fonde une chapellenie ou service de messes, qui devra être célébré dans la chapelle du château de Burbuzou à perpétuité par le prêtre qu'il plaira au fondateur et à la dame de Giou, son épouse, de désigner à l'avenir. Et pour que cette prérogative ne soit pas un vain mot et que nul ne puisse mettre en doute leurs intentions, ledit seigneur et ladite dame nomment pour faire ledit service, dès aujourd'hui même, messire Michel Armandie, prêtre de la communauté Saint-Martin, de Thiézac, auquel ils assignent une rente annuelle et viagère de 100 livres, outre sa nourriture et son entretien dans le château. M. Delzons, vicaire général, approuve la fondation, et maître Rastinhac, notaire à Raulhac, en dresse l'acte authentique, pour valoir aux parties intéressées ce que de raison [2].

On l'y trouve encore le 10 mars 1728. A cette seconde date il vend à Antoine d'Humières, chevalier, seigneur marquis de

---

[1] Min. Tourilhe, notaire de Mourjou.
[2] Min. Rastinhac.

Vareilles, Montamat, Loubejac et autres places, les divers cens et rentes qu'il possède sur le village de Barriac du chef de l'acquisition faite précédemment par son père, moyennant la somme de 3.130 livres payées comptant [1]. Cette seigneurie lointaine ne semble plus l'intéresser depuis qu'il a quitté le pays. Elle est, d'ailleurs, de minime importance, et quand on s'appelle le baron de Burbuzou et le seigneur de la Cavade, on peut sans déroger cesser de se dire le seigneur de Barriac.

On l'y trouve pareillement le 1er juillet 1735. A cette troisième date il consent un nouveau bail emphytéotique à un laboureur du village de Cauffayt, paroisse de Mourjou, sur un tènement appelé de Roquafel, de la contenance de 200 sétérées. Le droit d'entrée est de 284 livres, et la redevance à payer chaque année sera de : argent 10 livres, seigle 2 cartons, gélines 2, et manœuvre à faucher 1. En outre sur ledit tènement le bailleur s'est réservé toute justice, haute, moyenne et basse, le droit de lods, de prélation, et autres droits seigneuriaux dus à la baronnie de Saint-Santin [2].

Jean-Marc d'Escorailles mourut en 1742, et eut pour successeur messire Nicolas Henry, comte de Bricy, son gendre, qui avait épousé Marie-Madeleine d'Escorailles le 23 février 1740. Celle-ci fut d'abord chanoinesse de Metz et ne paraissait pas destinée au mariage. Mais la mort ayant frappé successivement tous les siens, à la seule exception de Marie-Angélique d'Escorailles, sa sœur, Visitandine à Aurillac, il fallut songer à conserver la maison et à perpétuer la famille, menacées toutes deux d'une extinction inévitable. Notre chanoinesse renonça donc à sa prébende, n'ayant pas fait de vœux, et donna sa main au gentilhomme susnommé, lorrain d'origine et de résidence. L'éloignement de Valduchez était considérable, et les relations de pays à pays, de l'Auvergne au Luxembourg, ne pouvaient guère s'établir. Aussi dès qu'il apprit la mort de son beau-père, le gendre s'empressa-t-il de faire procuration à sa femme pour vendre, aliéner et transporter tous les biens à elle échus par ce décès [3]. La dame d'Escorailles accourut, munie de pleins pouvoirs, et passa quelques jours sur les terres paternelles. Mais les ventes furent rares et peu importantes ; l'héritière de Jean-Marc affectionnait particulièrement ce coin de

---

1 Min. Fualdès.
2 Min. Boyssou.
3 Min. Boyssou.

terre où elle était née, et elle ne put se résoudre à en poursuivre l'aliénation. Valduchez resta à ses anciens propriétaires. Nous arrivons en 1772. Le nouveau comte de Briey n'était pas tenu par les mêmes scrupules que son prédécesseur ; la vente fut ordonnée, et ce fut un enfant du pays, Jean-Baptiste Coffinhal, qui devint acquéreur au prix de 34.300 livres. Celui-ci le transmettra à la famille de Murat-Sistrières. de Vic, qui en est encore aujourd'hui propriétaire.

IV

Les Laveissière du Mas n'étaient pas la seule famille noble habitant le bourg de Raulhac, Quarante ans après eux voici les d'Escaffres qui viennent s'y implanter, et qui s'y succèderont de père en fils au moins pendant trois générations (1668-1760). Le fondateur de cette branche est Jacques d'Escaffres, écuyer, sieur du Mas, marié le 13 septembre 1668 à une roturière de l'endroit, Françoise Delpuech, fille de Pierre et de Marguerite Cat de Rastinhac. Le sieur del Mas venait de Brommat en Rouergue, et dans son contrat de mariage reçu Froquières, il se dit fils de feu noble François d'Escaffres, sieur de Casteldauze. La dot qu'il apporte est modeste — 1.600 livres — environ 4.000 francs d'aujourd'hui, tandis que celle de la future consiste en un domaine garni de deux paires de bœufs et de huit vaches, ce qui représente un bon parti de nos jours.

Jacques d'Escaffres fut marié deux fois. En deuxièmes noces il avait épousé une certaine Delphine Casses, de Pons, qui ne lui laissa pas d'enfants, et qui le fit son usufruitier par testament du 16 novembre 1688 [1]. Il testa lui-même devant Froquières le 14 mai 1694, faisant ses héritiers particuliers Pierre d'Escaffres, sieur de la Borie, son fils aîné, autre Pierre d'Escaffres, sieur de la Rivière, son second fils, Jeannette d'Escaffres, sa fille, et héritier général son frère Pierre d'Escaffres, écuyer, sieur de Puech-Mège [2].

Pierre d'Escaffres, écuyer, sieur de la Borie, succèda à son père entre 1695 et 1698. Allié à mademoiselle Marguerite Deconquans, il habitait Raulhac et faisait valoir son domaine à la main. Il est mentionné parmi les nobles privilégiés de la

---

[1] Min. Froquières.
[2] Ibidem.

paroisse sur les rôles de 1698 à 1713 [1]. En 1714, il habite Vernet, paroisse de Vic, et la seigneurie de ce village semble lui appartenir. Mais en 1725 on le retrouve à Raulhac, où l'hiver quelque rude qu'il soit, n'a plus l'âpreté ni la longueur de celui des montagnes. En 1732, sa veuve réintègre Vernet malgré la rigueur du site, se prend de querelle avec un paysan des environs, se fait rosser d'importance, et appelle à grands cris la justice à son secours [2]. En 1750 Marguerite Deconquans est décédée, mais ses fils lui survivent, et l'un d'eux messire Claude d'Escaffres, écuyer, sieur de Vernet, habite Raulhac. En 1752 il y est encore, mais le 9 février 1759 il n'y est déjà plus. Avec son frère Etienne d'Escaffres, sieur de la Rivière, il s'est définitivement retranché sur la montagne, et par acte de ce jour les deux frères afferment pour 8 ans leur domaine de Raulhac [3]. C'est l'adieu à la vallée du Goul, qui n'a peut-être pas perdu le don de leur plaire, mais qui n'a plus la puissance de les retenir [4].

V

Les Deconquans, sieurs de Labrousse, s'établirent à Laveissière au commencement du XVIII⁰ siècle. Ils venaient du château de la Morétie, paroisse de Marcolès. Laveissière n'était pas une terre noble, c'était un domaine roturier, d'une importance d'ailleurs plus qu'ordinaire, puisqu'en 1694 il était garni de deux paires de bœufs et payait 200 livres d'imposition. Il appartenait alors à Pierre Laveissière, dont les ancêtres avaient dû prendre leur nom du village même qu'ils occupaient. Guillaume Laveissière, Blaise Laveissière et Antoine Laveissière consentirent diverses reconnaissances aux prêtres de Mur-de-Barrez les 27 avril 1513, 17 et 19 août 1514, et 8 mai 1517 devant Mⁱ Vailety, notaire. Ces reconnaissances furent

---

1 Min. Boissy.

2 Communication de M. Morisque.

3 Min. Rastinhac.

4 Les d'Escaffres de Raulhac étaient apparentés à ceux de Ronesque, et les uns et les autres étaient originaires du Trioulou. Il y eut donc deux familles d'Escaffres dans la vallée du Goul, le rameau de Raulhac et celui de Ronesque. Les représentants de ce dernier sont ; Bertrand d'Escaffres, sieur de Cruzols, marié à Mlle de Rastinhac le 24 octobre 1632, Bertrand d'Escaffres, son fils, qui vivait en 1722, Joseph d'Escaffres, son petit-fils, qui testa devant Bersanges en 1775, et Pierre d'Escaffres, son arrière petit-fils, qui vit son château de Ronesque livré aux flammes par la Révolution.

renouvelées devant Dumas par François Laveissière le 21 mars 1621, et devant Conilhergues par Pierre Laveissière, dit **Birou**, le 14 décembre 1682. Les prêtres de Raulhac percevaient aussi certains cens sur le même village, comme il appert de deux autres reconnaissances rendues auxdits prêtres, la première par Balthasar Laveissière le 27 novembre 1533 devant Coffinhal, et la seconde par Géraud Laveissière devant Bénech le 9 octobre 1658. Ces divers cens furent rachetés à la Révolution lors de la vente aux enchères qui eut lieu dans la grande salle des Carmes à Aurillac le 14 avril 1791. [1]

La noblesse entra dans cette famille le 17 décembre 1703 par le mariage de Marguerite Laveissière avec François Deconquans, écuyer, sieur de Labrousse. Celui-ci n'était pas riche — 1200 fr. de dot — mais le nom qu'il portait ne valait-il pas une fortune, et les qualités qui le distinguaient ne valaient-elles pas encore mieux que son nom ? Homme énergique et résolu, il sut défendre ses droits contre le Chapitre collégial de Mur-de-Barrez, et sa liberté personnelle contre les malandrins du temps. Assailli un jour par un groupe d'individus qui l'outrageaient et lui lançaient des pierres, il se retourne contre ses agresseurs, et n'ayant ni fusil, ni épée pour se défendre, il s'arme d'un gros caillou, vise le chef de bande, et l'étend raide sur le sol. Dénoncé par sa veuve, il put prouver qu'il s'était trouvé en cas de légitime défense, et relaxé au criminel, il fut seulement condamné au civil à 40 livres de dommages-intérêts. [2] C'était le 28 mai 1720. Il avait alors cinq enfants, et il en eut encore cinq dans la suite, dont deux se firent prêtres, trois se marièrent dans le voisinage, et deux représentèrent successivement la maison.

Antoine Deconquans, son héritier, reprit contre le Chapitre du Mur-de-Barrez, les griefs de la maison de Laveissière pour raison de cens, et refusa de payer certains arrérages qu'on lui demandait. Actionné devant la cour d'appeaux de Vic, il présenta pour sa défense un long mémoire, dans lequel il s'attachait à réfuter une à une toutes les allégations du Chapitre, et s'efforçait surtout de prouver que les anciennes reconnaissances ayant été remplacées par des nonvelles, il fallait s'en tenir à celles-ci avec d'autant plus de raison, que les unes avaient

---

[1] Arch. de Laveissière.

[2] Communication de M. Morisque.

dérogé aux autres et que les droits des demandeurs s'en trouvaient sensiblement modifiés. Nous ignorons la sentence des juges, mais ce qu'il y a de certain, c'est que la procédure dura longtemps, qu'elle fit couler des flots d'encre de part et d'autre, et qu'elle dut entraîner des frais considérables pour la partie condamnée.

Antoine Deconquans, qui avait épousé en 1743 Jeanne Coffinhal de Combourieu, n'eut pas d'enfants, et déjà les nymphes de Laveissière commençaient à se lamenter, lorsque la famille tint conseil et décida de substituer à l'héritier malheureux la plus jeune de ses sœurs, Marie-Anne Deconquans, qui approchait de sa 37e année. Il était donc plus que temps de lui faire prendre un parti. L'essentiel était de le trouver et de le trouver « sortable », car le premier venu n'eût pas été accepté ; on voulait un gentilhomme, un damoiseau ; on se l'était dit. Il s'en présenta un tel qu'on le désirait, et le plus ambitieux des rêves reçut la plus heureuse des réalisations.

Le 29 mai 1770, mademoiselle Marie-Anne Deconquans épousait messire Joseph de Chazelles, écuyer, sieur d'Œillet, fils de feu François de Chazelles et de Marie-Gabrielle Carrière, du village de Cabanes, près Polminhac. La future était assistée de sa mère, Marguerite Laveissière, veuve de François Deconquans, décédé en 1738, et le futur, qui n'avait guère que vingt ans, de son curateur, Jean-Joseph Carrière, conseiller du roi au présidial d'Aurillac. Les deux parties se mariaient avec leurs droits respectifs, et leur dot se bornait présentement, celle du futur à un comptant de 400 livres, et celle de la future au domaine du Meyniel, en Rouergue, qui lui était donné par son frère Claude Deconquans, prêtre de la communauté de Raulhac. [1] Le mariage fut solennellement célébré dans l'église de Raulhac en présence de Pierre Delrieu, avocat au bailliage de Vic, Noël Bonhomme, notaire de Polminhac, Blaise Laveissière des Huttes, et Pierre Poulhès, de Cayzac, et ce fut Joseph Ouvrier, prêtre d'Albospeyre, le premier vicaire de la paroisse, qui eut l'honneur de le bénir. [2]

A dater de ce jour, les de Chazelles furent fixés à Laveissière, et y prirent la place des Deconquans, ou plutôt les deux familles n'en formèrent plus qu'une, et en croisant leur sang elles croisèrent leurs armes, leur noblesse et les qualités de race qui les distinguaient l'une et l'autre.

---

[1] Min. Clavières.
[2] Etat civil de Raulhac.

Après Joseph de Chazelles, le chef de la branche, dont les ancêtres avaient fait leurs preuves de noblesse en 1666 devant M. de Fortia et en 1706 devant M. Claude Blanc, intendants d'Auvergne, nous trouvons Antoine de Chazelles qui continua la filiation. Né le 10 mai 1773, fils unique du précédent, Antoine s'unit le 1er septembre 1789 à demoiselle Antoinette-Rose Sobrier, la fille d'un riche bourgeois de Peyre. Le mariage eut lieu dans la chapelle de Cropières, de l'agrément du curé de Raulhac et par permission expresse de M. Delzons, vicaire général de Saint-Flour. La bénédiction nuptiale fut donnée par M. l'abbé Coste, curé de Vieillespesse, oncle maternel de la future, en présence de Me Durand Daude, avocat, seigneur de Cantoinet, Me Joseph de la Volpilière de Méjansac, Me Bertrand-Alexandre de Comblat, et de Me Pierre Salvage del Bos, parents et amis des parties. [1]

Cette union dura vingt ans, et ne connut pas d'autres troubles que ceux que lui imprimèrent les convulsions de la nation pendant la période révolutionnaire et les enrôlements continuels de nos soldats pendant la grande épopée impériale. Nos époux, d'ailleurs, ne souffrirent pas trop ni des uns ni des autres, et le foyer de Laveissière resta paisible alors que tant d'autres étaient si profondément bouleversés, Il y avait là toute une pépinière de petits enfants, qui s'augmentait tous les deux ans d'une unité et qui n'offrait une proie facile ni à la proscription jacobine ni à la réquisition militaire. Jean-Baptiste de Chazelles, dit Casimir, fut le troisième rameau de la branche, mais son nom est en dehors de la limite que nous nous sommes imposée, et conséquemment trop près de nous pour que nous ayons à en parler.

---

[1] Ibidem.

CHAPITRE VII

—

LA JUSTICE A RAULHAC

—

I. Trois seigneurs haut-justiciers : le vicomte de Carlat, le marquis de Cropières et le châtelain de Messillac. — II. Compétence et limitation de ces justices. — III. L'appel au bailliage de Vic et au parlement de Paris. — III. Les grands Jours d'Auvergne.

On a vu quel était sous l'ancien régime l'état de la noblesse raulhacoise : au centre de la paroisse le vicomte de Carlat, seigneur dominant, fondateur et patron de l'église, tenant le bourg sous sa dépendance par la châtellenie de Cromières ; aux deux extrémités, l'un au nord, l'autre au midi, ses deux grands feudataires, les seigneurs de Cropières et de Messillac, qui avaient leurs principales possessions dans la vallée du Goul et s'y disputèrent longtemps la prépondérance, et autour de ces derniers quelques familles nobles venues sur le tard, n'ayant ni la même importance, ni la même notoriété dans le pays. L'état major ainsi décrit, nous passons aux droits seigneuriaux, c'est-à-dire aux privilèges, prééminences, prérogatives, droits de taille, de cens, de rentes, dîmes, péages, corvées, etc., dont jouissaient les possesseurs de fiefs. Quoi qu'on en ait dit, ces droits n'étaient pas arbitraires ; ils étaient le prix de concessions emphytéotiques anciennement faites à la noblesse à charge de service [1]. En Auvergne surtout où la maxime *nulle terre sans seigneur* n'était pas admise, les droits devaient reposer sur des titres positifs, ou résulter d'un usage immémorial, joui sans contestation. D'ailleurs l'exercice en était réglé par des lois, des ordonnances et par la jurisprudence des tribunaux ; et celui qui aurait violé ces dispositions légales devait tomber sous les pénalités répressives de la Coutume ; de telle sorte que cette noblesse d'Auvergne, qu'on a tant noircie, était peut-être celle de tout le royaume à laquelle il était le moins permis de s'écarter des voies de la justice [2].

Mais nous n'avons pas à nous occuper de la noblesse d'Auvergne en général. Nous ne voulons parler que de celle de Raulhac en particulier, et décrire quelques-uns des privilèges qui lui appartenaient au regard des charges qui pesaient sur le peuple. Ces privilèges, nous les relevons dans l'exercice de la justice, dans l'exemption de la taille royale et des logements militaires, dans la perception des douanes et péages, dans la nomination des notaires, etc.; la main du noble est partout, voilà pourquoi nous avons créé toute une série de chapitres pour le démontrer.

I

Le premier seigneur haut justicier de la paroisse de Raulhac était le vicomte de Carlat, en sa double qualité de suzerain du pays, et de seigneur direct et immédiat du bourg. Nous avons dit, au chapitre préliminaire de cet ouvrage, qu'elle était l'organisation judiciaire du Carladès : cinq prévôtés ou cinq sièges de justice ordinaire, Vic, Murat, Boisset, Calvinet et Mur-de-Barrez, et un bailliage ou juridiction supérieure séant à Vic, dont les décisions relevaient immédiatement du parlement de Paris. La paroisse de Raulhac, quoique de vaste étendue, n'avait pas de siège chez elle, et comme elle était en partie dépendante de la châtellenie de Cromières, elle ressortissait de Vic pour les villages de cette châtellenie, situés en Auvergne, et du Mur-de-Barrez pour ceux situés en Rouergue. Les appels

---

[1] Le vassal était tenu envers le seigneur à raison de son hommage, de l'obligation générale de fidélité et spécialement du service militaire, ost et chevauchée. Il devait le recevoir et le défrayer en toutes circonstances et lui payer dans certains cas exceptionnels les aides féodales. Réciproquement le seigneur était tenu envers son vassal de lui faire justice et de lui garantir la possession de la terre dont il l'avait investi.

[2] Nobiliaire d'Auvergne.

étaient portés devant le bailliage de Vic pour les justiciables de l'un comme de l'autre ressort, et le surappel devant le parlement de Paris ou devant le parlement de Toulouse, selon qu'on habitait au-delà de la frontière ou en deçà.

Mais si la justice de la paroisse de Raulhac appartenait principalement au vicomte de Carlat, elle ne lui appartenait pas exclusivement. Les seigneurs de Cropières et de Messillac avaient aussi leur cour féodale, leur juridiction de plein exercice. Sur leurs terres ils étaient juges, du moins ils avaient le droit de faire rendre la justice aux hommes qui y habitaient [1]. C'était un principe féodal que le juge du domicile était le juge naturel du délinquant. Or ce droit de juger les siens, les seigneurs de Cropières et de Messillac ne le laissèrent jamais périmer, ils l'exercèrent toujours, sans solution de continuité, jusqu'à la Révolution, et l'hîstoire de ces deux justices se confond avec celle de ces deux seigneuries. — Le 1er mars 1635, lorsque Franc-Bertrand Cat de Rastinhac, seigneur de Messillac, rend hommage au roi, il dit expressément avoir droit de justice avec cour et « fourches élevées », et le 9 juillet 1669, lorsque Jean Rigal d'Escorailles, seigneur de Cropières, fait sa nommée au prince de Monaco, il déclare non moins expressément avoir prison en son château et droit de fourches patibulaires [2] à trois piliers [3] sur les estrades dominant le village de Peyre qui vont du Mur-de-Barrez au Cantal et d'Aurillac à Saint-Flour, et outre ce, « d'en faire planter comme il y en a eu de tout temps au

---

[1] Ce privilège n'était pas nouveau. Déjà sous l'empire romain au IVe et au Ve siècles, les terres des grands (*potentes*) sîtuées à l'écart des villes, constituaient des lieux d'asile et de franchise, soustraits à l'action des magistrats municipaux et provinciaux. Ce qui n'était alors qu'un fait général, devint, sous la monarchie franque, un droit consacré par la coutume et les capitulaires. L'édit de 614 reconnaissait formellement ces juridictions privées, que l'on nommait *potestates*, ainsi que les domaines sur lesquels elles s'étendaient. Il y avait ainsi dans le royaume une foule d'enclaves, devant lesquelles s'arrêtaient, comme devant les immunités, l'action des magistrats royaux. — (*Bibl. nat. g*de *Encyclopédie.* 295).

[2] Les fourches patibulaires ou *justices* étaient des sortes de gibets, que les seigneurs ayant le droit de haute justice faisaient dresser en un lieu élevé et apparent hors des villes et sur les bords des chemins fréquentés. Ces gibets consistaient en piliers de pierre, réunis par des traverses de bois, auxquelles on pendait le corps des criminels avec des cordes ou des chaines. Le nombre de piliers variait selon la qualité du seigneur haut justicier. — (*Ibidem*).

[3] Les seigneurs châtelains avaient 3 piliers, les barons 4, les comtes 6. (*Dict. Chéruel*).

lieu de la Capelle et au village de Feyssergues avec pilori et colliers » [1].

Ces deux déctarations sont trop catégoriques pour que le doute puisse être permis : c'est bien la haute justice qui fonctionnait à Cropières et à Messillac, et si les dits seigneurs ne la rendaient pas eux-mêmes, ils la faisaient rendre par leurs lieutenants ou leurs fondés de pouvoir. C'était encore un principe féodal que un seul homme ne peut juger. C'est pourquoi la cour seigneuriale se compose généralement de trois officiers : un juge ou un lieutenant de juge, un procureur d'office et un greffier, auxquels on adjoint un sergent ou huissier pour la signification des mandements de justice. Les documents nous ont transmis quelques noms. En 1607, c'est Claude de Comblat, notaire royal à Raulhac, qui est greffier de la justice de Messillac ; en 1667, c'est Jean Tarrisse, docteur en droit, qui est juge, de Comblat, lieutenant, Froquières, greffier, huissier, Pierre Bélard ; en 1778, juge, Pierre Delrieu, avocat en parlement, procureur fiscal, Jean Revel, et greffier Guillaume Arnal, notaire royal, — Pour la seigneurie de Cropières, c'est François Leygonie, docteur en droit, qui est juge en 1685, et en 1687 nous trouvons Jean Froquières lieutenant, Pierre Sobrier procureur d'office, Blaise Laborie, greffier, Rigal Meyniel, sergent ; en 1709, de Montjou, juge, et Guillaume Vidalenc, greffier ; en 1727, Durand de Comblat, notaire, procureur d'office ; en 1761, Antoine Delrieu, juge, Joseph Rongier, greffier, Raymond Desprat, huissier, etc, [2] Tous ces officiers viennent généralement de la petite ville voisine. soit de Vic, soit du Mur-de-Barrez, rarement d'Aurillac. Un certain nombre sont natifs de Raulhac, et y exercent comme notaires, ou comme aspirants notaires. Le juge est toujours un homme capable, instruit, gradué, licencié ou docteur en droit ; le suppléant n'a pas les mêmes titres, mais il connaît le droit, la coutume, les usages locaux, et les assesseurs l'aident au besoin de leurs lumières et de leurs conseils.

La cour ordinaire de la terre et seigneurie de Messillac siégeait à Cros. Les actes du XVIIe siècle mentionnent expressément comme assises judiciaires cette localité, et non pas Montamat, qui était lui-même le siège d'une autre cour de justice — la cour des châtellenies de Montamat, Loubéjac, Bassignac avec

---

[1] Arch. de Cropières et de Messillac.

[2] Ibidem.

M. du Verdier pour juge et M. Fualdès pour greffier en 1703. [1]
Il serait plus difficile de savoir où étaient les « fourches élevées »
dont il est question dans l'hommage de 1635. Aucun texte écrit,
aucune tradition orale n'en désigne l'emplacement. Peut-être
les archives de Messillac, mieux explorées un jour, donneront-
elles le secret de cette mystérieuse inconnue : nous le souhaitons
vivement dans l'intérêt de l'histoire locale que nous n'avons
pas la prétention de finir définitivement.

La cour ordinaire de la terre et seigneurie de Cropières tenait
ses assises au village de Peyre, qui appartenait moitié à la
paroisse de Raulhac, moitié à celle de Jou-sous-Montjou. Ce
siège de Peyre avait le défaut de n'être pas central, et de n'offrir
ni facilités pour les approvisionnements, ni facilités pour la
justice. Les magasins y manquaient, et les avocats aussi. C'est
pourquoi les plaideurs ne cessaient de récriminer. Le plus
grand nombre eût voulu que le juge transportât son auditoire
dans le bourg de Raulhac, où le seigneur de Cropières prétendait avoir droit de haute justice. En 1635 un pas dans ce sens
semble avoir été accompli, puisque la justice avait quitté Peyre,
et s'exerçait au village de Puechmourier. Mais le 28 décembre
1689 la cour d'appeaux de Vic s'émut de cette tentative de dé-
placement, et défense formelle fut faite au comte de Roussille,
d'innover en l'exercice de sa justice « rendue de tout temps au
village de Peyre. » Appel fut interjeté de cette sentence, et les
censitaires de Cropières se joignirent cette fois à leur seigneur
pour demander de nouveau le transfert à Raulhac, « ce lieu leur
étant plus commode à cause du nombre des officiers ou autrement. » [2] Cette pétition n'aboutit pas, et le *statu quo* fut maintenu.

Une grosse question se pose maintenant par rapport à ces
deux justices : quelles sentences rendaient-elles ? Etaient-elles
douces, humaines, ou bien dures, répressives, impitoyables aux
malheureux qui tombaient en leur pouvoir ? Pour la moindre
infraction ne faisaient-elles pas arrêter, mettre aux fers, et
même pendre un homme qui avait prévariqué, c'est-à-dire déplu
au tout puissant seigneur ? Si l'on en croit certains historiens,
certains déclamateurs de la Révolution, tout était abus, désordre, excès sous le régime seigneurial, Pourtant il faudrait être
de bonne foi, et ne pas ignorer qu'ils n'avaient pas une puissance illimitée ces tyrans ruraux qu'on nous dépeint sous de si

---

[1] Ibidem.
[2] Min. Froquières.

sombres couleurs. Leur justice était bornée : par l'institution des *cas royaux,* par les *aveux de bourgeoisie,* par la *prévention parfaite,* par l'*immixtion* de l'autorité royale dans la nomination et le choix des officiers, et surtout par l'*appel* que l'on pouvait toujours faire de leurs sentences à un tribunal supérieur.

II

Sans doute, dès l'abord, la compétence du haut justicier semble très étendue. Il a dans ses attributions, au civil, tous les procès relatifs aux personnes et aux biens des roturiers habitant son domaine, et au criminel, tous les délits commis sur le territoire de ce domaine par les mêmes roturiers ou par les aubains qui s'y trouvent accidentellement. Il peut faire dresser piloris, échelles, fourches patibulaires, et appliquer aux malfaiteurs toutes les peines afflictives ou infamantes, même la mort. Mais ces larges pouvoirs ne s'exercent pas sans contrôle, et souvent ils rencontrent des entraves qui les limitent ou les arrêtent, telle que celle des *cas royaux,* expressément réservés. Un homme a commis un crime ou un délit sur les terres d'un seigneur ; celui-ci s'apprête à le faire châtier par les gens de sa justice, qui le traduiront à leur barre et informeront contre lui. Mais voici que le bailli intervient, excipe de l'espèce particulière du crime commis, et demande qu'on lui livre le coupable comme ayant seul qualité pour le juger. La justice seigneuriale est ainsi dessaisie, et plus les cas de cette nature se multiplient, plus se multiplient aussi les exceptions et les dérogations [1].

---

[1] Le testament de Philippe-Auguste (1190) indiquait comme cas royaux le *meurtre,* le *rapt,* l'*homicide* et la *trahison.* Au XIIIe siècle les cas royaux furent plus nombreux. On y comprit les crimes contre la religion et ses ministres, la fabrication de la fausse monnaie, les attentats contre la sûreté publique et la rébellion contre les officiers royaux. Enfin, en 1670, l'article 11 du titre 1er de l'*Ordonnance criminelle* déclara cas royaux les crimes de lèse-majesté divine et humaine, tels que l'hérésie, blasphème, idolâtrie, sacrilège avec effraction, révolte contre le roi ou ses officiers, port d'armes contrairement aux défenses, assemblées illicites, sédition ou émotion populaire, altération des monnaies, malversation des officiers royaux, rapt ou enlèvement de personnes avec force et violence. On rattachait encore aux cas royaux les exactions des officiers royaux, l'usure, la banqueroute frauduleuse, les crimes commis sur les grands chemins, l'adultère, l'inceste, le mariage clandestin. etc. — Comme les cas royaux n'étaient pas toujours nettement définis, les baillis eurent soin de les multiplier afin d'annuler les justices seigneuriales. *(Dict. Chéruel).*

Les *aveux de bourgeoisie* sont aussi un coup droit porté contre les justices seigneuriales. Un habitant de la seigneurie ne veut pas rester sous la juridiction de son seigneur; il a quelque raison de se plaindre de lui, du moins de suspecter la bienveillance de ses intentions à son égard : il s'avoue *bourgeois du roi*, et le tour est joué. Par cet aveu, il cesse d'être le justiciable du premier et il devient le justiciable du second, et la justice qui le menaçait fait place à la justice qui le protège.

La *prévention parfaite* ne leur est pas moins dommageable. Tel seigneur est négligent: il laisse traîner une affaire sur son territoire, ou bien il se dérobe quand il faudrait agir. La justice royale intervient, ramasse le cas tombé en souffrance et le fait sien en vertu de la règle : *Supplet superior inferioris negligentiam*, empruntée au droit canon. Les justiciables s'habituent ainsi peu à peu à regarder vers la grande autorité qui fait bien les choses, et un jour ils obtiennent un privilège qu'ils n'avaient pas, celui de porter directement leurs causes devant le juge supérieur, auquel la connaissance de l'affaire ainsi déférée appartient irrévocablement.[1]

L'édit de 1693 achève de les restreindre. Un officier est pourvu par un seigneur d'un office de judicature dans l'étendue de son domaine. Il a ses grades, donc la capacité nécessaire pour exercer; eh bien, il ne peut pas entrer en fonctions sans le *placet* ou le *visa* de l'autorité royale. Il faut qu'il se présente devant les juges royaux, qu'il soit reconnu, approuvé, agréé par eux, et tant que cette formalité n'a pas été remplie, il n'est pas le délégué de la puissance publique et il ne peut pas participer à l'exercice de cette puissance. Il serait considéré comme intrus et puni comme tel par les magistrats royaux du ressort s'il n'avait pas leur investiture.

Enfin une dernière limitation, c'est l'appel. Quand la justice du seigneur s'est prononcée, supposons qu'elle ait été sévère, il reste au condamné un recours. Tout vassal lésé dans ses droits ou croyant l'être, peut en appeler de son seigneur à son suzerain dont il est l'arrière-vassal. Ainsi, des seigneurs de Cropières et de Messillac on peut en appeler au vicomte de Carlat, et des justices qui siègent à Peyre ou à Cros aux justices qui siègent à Mur-de-Barrez ou à Vic.

En fait, la compétence des justices de Cropières et de Messillac fut très limitée. Soumises comme tant d'autres au

---

[1] Rivière. *Institutions de l'Auvergne,* t. II, p. 133.

contrôle des officiers royaux et à la surveillance des intendants, elles ne paraissent pas avoir fait preuve d'une grande activité, et leurs jugements, si l'on en croit les extraits des registres, car nous n'avons pas les registres eux-mêmes, leurs jugements s'exercent bien plutôt en matière civile qu'en matière criminelle. S'agit-il, par exemple, d'émanciper un mineur, de lui donner une tutelle, de rechercher la paternité d'un enfant, de faire pensionner la mère par celui qui l'a séduite, de déterminer les bornes d'une propriété, de consacrer un droit de passage, de faire apposer les scellés, de procéder à un inventaire, de condamner tel paysan à payer ses arrérages de rente, de défendre aux laboureurs de travailler le dimanche, ou aux cabaretiers de donner à boire pendant les offices, etc., la cour seigneuriale ne chôme pas ; mais faut-il rechercher et punir les grands coupables, un brigand, un émeutier, un homme dangereux pour la sécurité publique, le seigneur craint de fournir aux frais d'un procès criminel, et ses juges ou procureurs ont peur de n'être pas payés de leurs procédures. En sorte que c'est la *basse* justice ou la *moyenne* qui agit, et c'est la *haute* qui ne fonctionne pas. J'ai eu beau lire et relire tant de paperasses qui me sont tombées sous la main, je n'ai pas trouvé, je le dis en toute sincérité, une seule condamnation à mort ni une seule exécution capitale sur le territoire des deux seigneuries pendant toute la durée de leur existence.

III

Mais supposons que ces condamnations à mort, que ces exécutions capitales se soient quelquefois produites, que pourrait-on en inférer contre la justice du seigneur ? Après tout sa cour ne juge pas souverainement et sans appel. Ses sentences peuvent être déférées à une juridiction supérieure, et le dernier mot ne lui appartient pas. Au-dessus des cours seigneuriales il y a le bailliage de Vic, et au-dessus du bailliage de Vic il y a le parlement de Paris.

Le bailliage de Vic formait l'appel au premier degré pour tous les habitants du Carladès, et par conséquent pour tous les justiciables de la vallée du Goul. Nous avons déjà parlé de ce tribunal supérieur dans la première partie de cet ouvrage. Nous avons dit son origine, sa composition, son caractère particulier à partir de 1531, où ses officiers nommés par le roi prirent la qualité de juges royaux, qualité qu'ils conservèrent même après la cession faite par la Couronne au prince de Monaco en 1643. Nous avons rappelé les luttes intestines et opiniâtres qui déchirèrent son sein et armèrent plus d'une fois ses officiers les uns contre les autres ; ces incidents regrettables n'étaient-ils pas de nature à troubler, à fausser même la bonne administration de la justice au pays du Carladès ? Nous laissons au lecteur le soin de se prononcer sur cette délicate question. Une autre difficulté, celle-ci plus grave, nous apparaît ; nous la trouvons exposée dans une supplique adressée par Bertrand Cat de Rastinhac, seigneur de Messillac, et ses deux fils au parlement de Paris pour être renvoyés devant le bailli d'Aurillac dans une affaire qu'ils ont contre le sieur de Varcilles. « Attendu, dit la supplique, que le sieur de Varcilles est rece- « veur des consignations au bailliage de Vic. — Attendu qu'il « est proche parent du sieur Boissy, lieutenant particulier au « même siège et faisant fonction de lieutenant général à cause « de la vacance de cette charge. — Attendu que les autres « magistrats sont pour la plupart ses censitaires et ses redeva- « bles, les requérants demandent que.....[1] Le dessaisissement fut-il ordonné, et la cour suspecte fut-elle remplacée par celle qui ne l'était pas ? Nous l'ignorons. En tout cas les justiciables de l'ancien régime n'étaient pas moins avisés que ceux d'aujourd'hui, et quand les garanties de bonne justice ne leur semblaient pas exister suffisamment d'un côté, ils savaient très bien les rechercher de l'autre. Le seul fait de les demander indique la possibilité de les obtenir, et la législation d'alors n'était pas moins libérale que celle qui nous régit.

L'appel au bailliage de Vic pouvait être suivi de l'appel au parlement de Paris. Ce droit d'appel à la plus haute juridiction du royaume avait été reconnu aux Carladésiens en 1414, et depuis cette époque jusqu'à la Révolution, c'est-à-dire pendant 375 ans, on le trouve constamment pratiqué dans les actes de procédure civile ou criminelle existant chez les notaires ou chez les particuliers. Les nobles surtout y ont fréquemment recours. Il est vrai que pour eux — et c'est encore ici un de leurs privilèges — il n'y a que deux degrés de juridiction, la cour d'Appeaux qui les juge en première instance, et le Parlement qui statue sur leurs appellations. Les paysans qui ont déjà passé par la cour du seigneur et qui ont soutenu un premier appel

---

[1] Arch. de Messillac.

devant celle du bailli, sont généralement moins pressés de porter leur cas à la capitale. Il y a si loin des bords du Goul aux rives de la Seine ! puis la poste est si boiteuse sous le monopole universitaire, la procédure sera si longue, et le coût peut-être si élevé ! Tous ces calculs ils les font, toutes ces hésitations ils les éprouvent, et quand ils ont calculé et hésité, le parti le plus sage leur paraît être encore celui du désistement. Cependant les plus obstinés, et il y en a toujours quelques-uns, se décident pour le suprème appel et risquent leur dernière chance de salut. Mais chemin faisant, le bon sens revient, des conseillers prudents se font entendre, et il n'est pas rare qu'un arrangement à l'amiable termine le procès.

L'appel au parlement de Paris produisit à la longue une conséquence que nous devons signaler : il imprégna fortement le pays de cet esprit gallican qui animait les légistes dela Haute-Cour, qui les fit constamment s'immiscer dans les affaires d'église, et qui se traduisit par une très vive opposition à la bulle *Unigenitus* après 1715. Cette bulle avait exalté les têtes, et de tous côtés, dans le monde janséniste d'alors, on tonnait contre elle. Un prêtre de Raulhac, messire Denis de Comblat, crut devoir se ranger parmi les *appelants,* et il mêla sa chanson satirique aux mille et une diatribes dont elle était l'objet. Dans une lettre spirituelle adressée à M. de Valady, seigneur de Cropières, il parle avec ironie de cette respectable dame qui s'est laissé mourir et à laquelle on va faire les honneurs de 1re classe. Plusieurs évèques y assisteront, et les principaux rôles seront tenus par les opposants [1]. Malheureusement la description qu'il nous fait de cette cérémonie funèbre, les rats l'ont dévorée, et s'il est possible d'en saisir le sens, il ne l'est pas d'en pénétrer le détail. Ce détail aurait son prix, et serait une peinture de mœurs à signaler aux historiens du XVIIIe siècle.

IV

Outre l'appel au bailliage de Vic et au parlement de Paris, il nous faut encore mentionner *les Grands jours d'Auvergne.* On appelait de ce nom ces assises extraordinaires, intermittentes, mobiles, organisées par les rois de la première et de la seconde

---

[1] Communication de mademoiselle de Comblat, receveuse de poste à la Teste, près Bordeaux.

race pour rapprocher la justice des justiciables, pour surveiller les administrations locales ou pour rétablir l'ordre dans certaines provinces profondément troublées. Ces commissions souveraines étaient ordinairement composées de magistrats locaux, elles jugeaient les causes criminelles et certaines affaires civiles, et réprimaient les abus commis par les officiers de justice de la contrée. Surtout elles avaient pour but de recevoir sur place les plaintes des populations, et de les affranchir des droits trop souvent usurpés par les seigneurs.

L'Auvergne en jouit sous Louis XI en 1481, sous François Ier en 1520, sous Henri III en 1582, et enfin sous Louis XIV, après la déclaration du 31 août 1665. — « L'Auvergne, dit Fléchier dans ses Mémoires, était une province bien déréglée. L'éloignement de l'autorité souveraine, la faiblesse des justices subalternes, la commodité de la retraite dans les montagnes, et peut-être l'exemple ou le mauvais naturel de quelques-uns avaient donné courage à la plupart des gentilshommes de faire les tyrans et d'opprimer les peuples, ce qui nous a paru par plus de douze mille plaintes qu'on a rendues et par la fuite presque générale de la noblesse du pays [1]. »

Ailleurs il s'exprime ainsi : « Toute la noblesse était en fuite ; il ne restait pas un gentilhomme qui ne se fût examiné, qui n'eût repassé tous les mauvais endroits de sa vie, et qui ne tachât de réparer le tort qu'il pouvait avoir fait à ses sujets pour arrêter les plaintes qu'on pouvait faire. Il se faisait mille conversions, qui venaient moins de la grâce de Dieu que de la justice des hommes, et qui ne laissaient pas d'être avantageuses pour être contraintes. Ceux qui avaient été les tyrans des pauvres devenaient leurs suppliants, et il se faisait plus de restitutions qu'il ne s'en fait au grand jubilé de l'année sainte [2] ».

Ce fut donc une terreur très salutaire que celle qu'inspirèrent les Grands Jours de Clermont à un certain nombre de petits tyrans féodaux. Ils comprirent qu'ils n'avaient pas le droit de fouler impunément le paysan, et que le régime de l'arbitraire n'est pas tout à fait celui de la justice. Quatre cent soixante-seize condamnations furent prononcées, dont 351 à mort, 96 au bannissement, et 28 aux galères [3]. Les plus puis-

1 Mémoires sur les Grands Jours d'Auvergne, p. 202, 2ᵉ édition.
2 Ibidem, p. 50.
3 Boudet, l'Auvergne en Dauphiné, p. 66.

sants seigneurs ne furent pas épargnés. Non seulement on les punit, mais on divulgua leurs crimes, et cette divulgation les nota d'infàmie. Aussi l'opinion publique se retourna-t-elle vivement contre eux, et applaudit-elle unanimement à la répression. Mais elle sut distinguer entre les grands coupables qui avaient commis des forfaits, et ceux qui n'avaient pas dépassé les limites de leur droit. C'est ainsi que les seigneurs de Cropières et de Messillac dans la vallée du Goul continuèrent à demeurer tranquilles possesseurs de leurs fiefs, alors que le célèbre d'Espinchal de Massiac et le triste sire de Salers furent condamnés tous deux à la peine capitale, à une forte amende et au rasement de leurs châteaux. Le décri le plus complet s'attacha à leurs noms, et leur sentence après 240 ans passés semble encore se lire en lettres vengeresses sur l'exergue de la médaille commémorative que Louis XIV fit frapper à l'occasion des Grands Jours de 1665 : *Salus provinciarum repressa potentiorum audacia : le salut des provinces a été dû à la répression de l'audace des grands.*

CHAPITRE VIII

———

L'IMPOT A RAULHAC

———

I. **Ce qu'on payait au clergé**. — II. **Ce qu'on payait au
seigneur**. — III. — **Ce qu'on payait au roi**. — IV.
Fouages de 1365. — V. **Subsides de 1429**. — VI.
Rôles de 1689 à 1713. — VII. **Confection et recouvrement de ces rôles**. — VIII. **Difficultés de toutes
sortes auxquelles se heurtaient les consuls**. — IX.
L'affaire Malmeja d'Escalmels. — X. **Epilogue**.

L'impôt est le prélèvement effectué au nom de l'Etat sur les
ressources de ses membres pour contribuer aux dépenses
publiques. Il y a toujours eu des impôts, parce qu'il y a toujours
eu des charges, et un gouvernement ne peut pas vivre sans
impôts parce qu'il ne peut pas décliner les charges qui lui
incombent. Seulement de même que les charges ont été en tout
temps différentes, ainsi l'impôt a énormément varié. Il n'était pas,
au moyen âge, ce qu'il est devenu à l'époque moderne, et il
n'était pas à l'époque moderne ce qu'il est devenu aujourd'hui.
Chaque siècle a pour ainsi dire ses exigences fiscales, parce que
chaque siècle a pour ainsi dire son organisation politique.
Aujourd'hui l'impôt est centralisé, parce que l'Etat fait face à
toutes les dépenses publiques ; mais sous l'ancienne monarchie
l'impôt avait trois têtes, parce que les services publics étaient
divisés. Pour être juste envers les deux époques, il faut donc
savoir faire la différence qui les caractérise, et ne pas assimiler

les temps où vécurent nos aïeux à ceux où nous vivons nous-
mêmes.

I

La dîme au clergé, le cens au seigneur, la taille au roi, tel est
le triple impôt qui grevait le paysan sous l'ancienne monarchie.
— La dîme, à l'origine, était une redevance volontaire, librement consentie et librement payée par les paroissiens à leur
pasteur. C'est seulement sous Charlemagne, vers la fin du VIIIe
siècle, qu'elle fut établie comme institution civile et rendue
obligatoire par les capitulaires et les canons. Les prêtres
chargés de la percevoir tenaient un registre de ceux qui y
étaient soumis et devaient la faire rentrer à l'époque fixée par
la coutume. Tout refus, toute résistance des fidèles exposaient
à une sanction pénale. Le réfractaire était successivement puni
par l'interdiction de l'entrée à l'église, par une amende de dix
sous, par l'excomunication et par la prison. Le bras séculier
prêtait son appui au pouvoir spirituel trop souvent désarmé
devant le mauvais vouloir de certains propriétaires ou de certains colons, qui ne se résignaient pas facilement à verser chaque
année le dixième de leur récolte.

Mais c'est surtout lorsque la dîme eut changé de caractère,
lorsqu'elle eut cessé d'être la juste rétribution du clergé pour
devenir l'apanage des grands, des chapîtres, des abbayes, que
les résistances se multiplièrent. Payer le prêtre qui le dessert,
qui lui administre les sacrements, qui le baptise, qui le marie,
qui lui donne la sépulture à lui et aux siens, qui prie pour eux
après leur mort, qui lui rend en un mot tous les services corres-
pondant aux besoins de son âme, payer ce prêtre ou le nourrir,
au moyen de la dîme ou d'un traitement qui en tient lieu, lui
fournir dans tous les cas une honnête sustentation, voilà une
obligation qui n'est pas seulement de précepte ecclésiastique,
mais qui découle du droit naturel, *partem ex jure naturali,
partem ex institutione Ecclesiæ* [1], comme s'exprime saint
Thomas, le plus grand des docteurs. Aussi bien le peuple
n'a-t-il jamais sérieusement contesté cette obligation et s'y est-il
soumis de tout temps, à quelques exceptions près. Mais réduire
le prêtre à la portion congrue, ce prêtre qui agit, qui travaille,
qui, pendant toute l'année, le jour, la nuit, au soleil, à la pluie,

---

[1] 2. 2. Q. 87, Art. I.

dans les neiges, dans les glaces, parfois au milieu de la tourmente et des écirs, remplit auprès de ses paroissiens les fonctions les plus pénibles et les plus dégoûtantes en cas de maladie,
— pour faire vivre à sa place de gros décimateurs, des rentiers,
des oisifs, qui ne font rien pour lui, qui ne le connaissent
même pas puisqu'ils ont leur résidence ailleurs, voilà ce qu'il
est difficile de faire comprendre au paysan ; et, parce qu'il ne
comprend pas cette anomalie, il regimbe, il proteste contre un
état de choses qui ne lui paraît pas rationnel, et la dîme lui est
odieuse parce qu'on la lui demande pour des personnes à qui
elle n'est pas due, et qu'on met à ses trousses des fermiers im-
placables qui l'exigent avec la dernière rigueur. Aussi ne la
paie-t-il qu'en maugréant, par habitude plutôt que par persuasion, et ce n'est pas trop de l'accord des deux puissances,
ecclésiastique et civile, pour en obtenir le paiement régulier.

La dîme était due sur tous les produits de la terre sans distinction, sur tous les animaux, et, dans certains cas, sur les
revenus et profits de toute nature.[1] A Raulhac, elle n'affectait
que les récoltes et le croît du bétail ; dans quelle proportion ?
nous l'avons vu, mais il est peut-être utile de le rappeler. Sans
doute, le mot dîme veut dire dixième, *decima,* et chez les Hé-
breux le nom correspondait à la chose. Mais, en France, la
coutume était considérée comme constituant la loi suprême en
matière de dîme : *In Galliâ non debentur decimæ, nisi consuetæ
tantum* (du Moulin), et il y avait grande variété dans les usages
locaux. Le traité de 1345 avait fixé pour Raulhac la quotité exigible, à raison de seize gerbes une et de dix animaux un. Or,
cette dîme n'appartenait pas au curé, au vrai pasteur de la paroisse. Elle avait été unie au Chapitre cathédral de St-Flour, qui
la levait par ses fermiers, avec une âpreté parfois voisine de
l'exaction. De là, entre les habitants et le prieur, des procès
fréquents qui ne se terminaient pas toujours à l'avantage de ce
dernier, et de là l'impopularité de cet impôt, qui n'était que
l'impopularité du décimateur lui-même, comme il a été dit dans
la première partie.

II

Après la dîme le cens ; après la part de Dieu, la part du
seigneur. On connaît les deux maximes fameuses : *point de*

---

[1] Rivière, Institutions de l'Auvergne, I, p. 139.

terre sans seigneur, point de seigneur sans terre. La libre propriété du sol n'existait pas sous le régime féodal[1]. Pendant
que les fiefs relevaient à foi et hommage, la plupart des héritages
roturiers étaient tenus à cens. Le cens était une rente annuelle
et perpétuelle, que le tenancier payait au seigneur en argent,
grain, volaille, *bouades,* manœuvres et corvées. Le tenancier
n'échappait à cette obligation que si le seigneur avait négligé de
faire rendre les hommages ou passer les reconnaisances qui lui
étaient dues par le censitaire, auquel cas celui-ci prétendait
alors avoir repris sa liberté. Mais ces cas étaient rares, bien
qu'ils existassent cependant dans la vallée du Goul. De sa
nature le cens était imprescriptible, et on ne pouvait s'en affranchir que par l'abandon de l'immeuble sur lequel il était assis.
C'est que les censives étaient considérées comme des tenures
primitivement concédées par le seigneur à la charge d'une
redevance, pour reconnaître le domaine *direct* qu'il s'était
réservé, et pour compenser le domaine *utile* dont il avait fait
concession.

Le double cens, mais pour l'argent seulement, était dû dans
quatre cas : lorsque le seigneur chaussait les éperons d'or,
lorsqu'il partait pour la Terre Sainte, lorsqu'il était fait prisonnier de guerre — soit au service du roi, soit au service du
vicomte de Carlat — et qu'il fallait pourvoir à sa rançon, et
enfin lorsqu'il mariait une de ses filles ou la *mettait en religion*[2]. Ce dernier cas était le plus fréquent, et partant le plus
onéreux. Selon Masuer, la *taille aux quatre cas* n'appartenait
qu'au haut justicier, et ne pouvait être exigée que de ceux de
ses sujets qui avaient leur domicile dans l'étendue de sa justice.
Elle était perçue, selon la coutume d'Auvergne, à raison de 30
sous par feu[3], le *fort portant le faible,* et lorsque le seigneur
voulait l'obtenir, dit encore Masuer, il devait assembler les
habitants, ou la majeure et la plus saine partie, et leur exposer
le cas pour lequel il prétendait exercer ce droit. Si les habitants
demandaient un délai pour répondre, il devait être accordé. Ce
délai expiré sans réponse, la taille était imposée[4].

---

[1] Il faut faire une exception pour l'Auvergne, qui était un pays allo-
dial, où chacun pouvait posséder des biens en toute franchise. (Coutume,
ch. XVII, art. 19).

[2] Il faut ajouter, *dans un ordre qui ne fût pas mendiant,* car les Ordres
Mendiants ne recevant pas de dot, la jeune fille qui y entrait se trouvait
par là même dotée.

[3] Chabrol, Coutume d'Auv. III chap. XXV, art. V, p. 427.

[4] Rivière, Instit. de l'Auvergne, Ier, p. 420.

Dans la vallée du Goul, il n'y avait que trois seigneurs qui eussent le privilège de cette taille extraordinaire, du moins à la fin du XVIIe siècle et au commencement du XVIIIe : Annet-Joseph d'Escorailles, marquis de Cropières, Franc-Bertrand Cat de Rastinhac, seigneur de Messillac, et Bertrand d'Humières, sieur de Vareilles, Montamat et Loubéjac [1]. Comment l'exercèrent-ils, avec modération ou avec rigueur ? Les documents ne le disent pas expressément, mais ils laissent supposer qu'ils ne furent point durs avec leurs tenanciers. Prenons quelques testaments de l'époque : le 16 août 1439, c'est noble Pierre de Bénavent, seigneur de Messillac, qui fait remise à chacun de ses hommes, « *pagi* », de la moitié des cens en argent et en blé qu'ils sont tenus de lui donner. Le 15 novembre 1599 c'est noble Annet de Fontanges, seigneur de Cropières, qui lègue aux pauvres des paroisses de Fontanges, Salers et St-Martin la moitié des rentes à percevoir par lui ou par ses héritiers sur les dites paroisses le jour de la St-Michel. Le 20 juin 1685 c'est la vertueuse Eléonore de Plas, dame de Cropières qui recommande à son mari leurs sujets pauvres, *surtout ceux qui sont en retard pour payer leurs rentes*, et le 16 mars 1701, c'est le comte de Roussille qui révoque un legs de 150 livres par lui fait aux jésuites d'Aurillac pour le reporter sur les pauvres de sa terre de Cropières. Le 5 novembre 1718, c'est la belle-fille aux précédents qui lègue aux pauvres « de sa terre » 500 livres payables immédiatement après son décès, et le 14 avril 1746 c'est son fils aîné Louis-Théodose d'Escorailles qui leur donne 1.000 livres, sans compter « les grands arrérages qu'ils lui doivent et qu'il n'a pas exigés à cause de leur misère ». Voilà qui est bien significatif, et ce qui suit ne l'est pas moins : ce sont les bontés des seigneurs pour les paysans qui engendrent les bontés des paysans pour les seigneurs. — Le 6 février 1628 Antoinette Vidalenc, de la Maisonade, lègue tous ses biens présents et à venir à Guillemine de Fontanges, dame de Cropières, et le 1er mai 1648 Agnès Sabatier, de Combourieu, prend semblables dispositions en faveur de noble Annet Cat

---

1 Ce droit est expressément mentionné : pour Annet-Joseph d'Escorailles. dans une reconnaissance à lui rendue le 22 nov. 1684 par noble Jean de Seguy sieur d'Espels (*Min. Froquières*), pour Franc-Bertrand Cat de Rastinhac, dans une autre reconnaissance à lui rendue le 20 mai 1691 par les habitants de las Clausades (*Ibidem*) et pour Bertrand d'Humières dans une autre reconnaissance à lui rendue le 14 mai 1713 par Elie-Joseph du Verdier, avocat de la ville d'Aurillac (*Arch. de Messillac*).

de Rastinhac, sieur d'Yolet. Même institution d'héritière universelle en faveur d'Eléonore de Plas par Catherine Porte d'Albospeyre, le 11 décembre 1658, de Marie Claudine de Fontanges
par Jeanne Mazier, de Valduchez, le 6 juillet 1667, de Marie
de Monteils par Marie Dégoul, de Raulhac, le 29 mars 1691,
etc., et le 23 mars 1743, ce sont deux filles dévotes, les demoiselles Dunoyer, qui font leur héritier général le marquis de
Roussille, brigadier des armées du roi et lieutenant pour sa
Majesté au Haut-Pays d'Auvergne [1]. Partout l'idée est entrée
dans les mœurs, et pour ces plébéiennes sans fortune mais qui
ont quelques épargnes, il semble que la meilleure manière de
disposer de leurs biens, c'est de les transmettre au seigneur ou
à la dame qui les entourent. Et le motif invoqué est constamment le même : toutes ces libéralités sont faites « en considération des bons et agréables services » que les donatrices ont
reçus et reçoivent journellement des donataires. N'est-ce pas
charmant, et de pareils procédés respirent-ils beaucoup la
haine des classes ? En tout cas, il y a une exception à faire, et
cette exception est la vallée du Goul.

Outre la taille extraordinaire et le cens, qui était fixe et
annuel, il fallait encore payer au seigneur le droit de *lods et
ventes* quand la propriété changeait de maître. Ce droit de lods,
laudenium ou *lausime* dans les anciens actes, était payé lors
de la vente d'une terre tenue en censive au seigneur de qui
elle relevait, et qui en avait le domaine direct. Il était une sorte
d'indemnité au seigneur dominant, qui n'exerçait pas le droit de
reprendre le domaine utile de la terre par lui primitivement
concédée. Ce droit était du sixième denier en Carladès, de
sorte qu'un héritage vendu 60.000 livres rapportait au seigneur
10.000 livres. — Il y avait aussi le droit *d'entrée*, qui n'était
pas fixe mais proportionnel. Nous en avons donné plusieurs
exemples à la page 47 de notre premier volume.

Les seigneurs avaient encore un grand nombre de droits
utiles, tels que ceux de *guet*, *d'amende*, de *confiscation*, de
bâtardise, de *déshérence*, de *garenne*, de *banalité*, etc. Il serait
trop long de définir chacun d'eux ; nous renvoyons aux
dictionnaires ou aux traités spéciaux sur la matière. Nous
ferons seulement remarquer que la plupart de ces droits
étaient des droits de justice, et que pour les posséder il fallait

---

[1] Min, Boyssou, Froquières, Revel, Conducher, Coffinhal, Arch. de
Cropières et de Messillac.

être seigneur haut justicier. Cropières, Messillac et Montamat étaient donc les seules maisons à les percevoir. Ces revenus féodaux formaient le « casuel » des grands, et ce « casuel » ils ne le retenaient pas toujours pour eux-mêmes. Ils l'abandonnaient parfois à un de leurs subordonnés, soit le garde-chasse, soit le garde-pêche de leur terre, tantôt pour stimuler un zèle qui dormait, tantôt pour récompenser un zèle qui avait bien travaillé. Débris d'une souveraineté primitive, ces droits enveloppaient la société d'alors comme d'un vaste réseau aux mailles serrées et compliquées, et si quelques-uns n'avaient aucun caractère oppressif pour les peuples, on ne saurait disconvenir que les autres ne fussent vexatoires, mal vus et mal supportés des paysans, et qu'ils n'aient donné lieu à d'aussi nombreuses que vives réclamations. Mais comme ils avaient profondément leurs racines dans le passé, ils durèrent jusqu'à la Révolution, et ne disparurent que dans la célèbre nuit du 4 août 1789.

<h2 style="text-align:center">III</h2>

Après la dîme au clergé et le cens au seigneur, venait la taille au roi. La royauté fut longtemps réduite aux droits féodaux, et n'avait pas de liste civile. A l'époque mérovingiennne et carlovingienne, le produit des domaines du roi était son principal revenu, et c'est surtout avec ses ressources personnelles qu'il pourvoyait à son entretien et aux dépenses publiques. Les impôts pendant le moyen âge eurent le caractère de subsides extraordinaires, levés dans des circonstances présumées exceptionnelles. Aussi les paysans français du XIIIe siècle n'étaient-ils pas du tout malheureux, et ce serait une grave erreur historique de croire avec certains folliculaires qu'ils ployaient sous le fardeau. Quand on a bien quittes et bien nets les sept huitièmes de ses récoltes [1], on jouit d'une aisance réelle qui n'a rien à envier à celle d'aujourd'hui. La taille ne devint permanente que sous Charles VII en l'an 1444 : qu'on retienne bien cette date, qui est celle du premier budget national, de la première imposition ordinaire sur le peuple.

---

[1] Le cens dû au seigneur peut-être évalué dans la vallée de Raulhac au 18e de la récolte : on sait déjà que la dîme au clergé était du 16e. Qu'on additionne ces deux impôts, et l'on verra que la charge était facile à porter dans un temps où la taille n'existait pas encore et ne se répétait pas d'année en année comme il advint ensuite.

Ce premier budget national s'élevait à la somme de dix-huit cent mille livres, environ cinquante millions d'aujourd'hui. Ce qu'il devint sous les règnes suivants, les accroissements successifs qu'il subit sous Louis XI, sous François Ier, sous Henri II, et notamment sous Louis XIV, malgré les efforts généreux que tentèrent pour le réduire les grands ministres réformateurs qui s'appelaient Sully, Richelieu et Colbert, ce qu'il était au moment de la Révolution, et le développement énorme qu'il a pris sous la troisième République, il n'entre pas dans notre plan de l'exposer. Nous faisons une histoire locale, et non pas une histoire générale, et sans négliger précisément les grandes lignes, nous devons nous rappeler sans cesse que notre objectif est petit, et qu'au bout de notre lorgnette il n'y a qu'un clocher. Quel fut l'apport de ce clocher au Trésor national, et dans les charges publiques intéressant le royaume aux diverses époques de la monarchie, quelle fut la part contributive de la paroisse de Raulhac ? Pour nous fixer à cet égard, nous avons trois documents précieux : les fouages de 1365, les subsides de 1429, et les rôles surtout de 1687 à 1713,

IV

Le fouage *fogacium*, était l'impôt établi par feu, au XIVe siècle. Autant de feux dans une paroisse, autant de familles, et autant de familles autant de chefs qui devaient la contribution et qui la devaient proportionnellement à leurs facultés, Les fouages datent principalement de Charles V, qui les réorganisa, les multiplia, et tenta mais sans succès de les rendre permanents, en 1369, 1374 et 1377. Celui de 1365 ne fut pas établi par lui, mais avec son autorisation par son frère Jean de France, sur la terre d'Auvergne qui avait été donnée à ce dernier en apanage. La vicomté de Carlat faisant partie de cette province, se trouva comprise dans la nouvelle taxe qui était d'un franc et d'un florin par feu. Le vicomte d'alors, Renaud VI de Pons, protesta contre cet impôt, mais on lui fit entendre qu'il pouvait être partie intéressée dans l'affaire, et moyennant la remise à son profit d'un quart de la levée, il consentit à cette levée, et fournit même pour l'accomplir un état des feux de chaque paroisse. Ce document établit, pour les vicomtés de Carlat et de Murat, un total de 2446 feux, dont 1254 dans la prévôté d'Aurillac, 695 dans la prévôté de Maurs, et 497 dans celle de de St-Flour, La paroisse de Raulhac tient la tête de la première avec 194 feux, puis viennent Thiézac avec 157 feux, Vic avec 138, Arpajon avec 97, Polminhac avec 96, Ytrac avec 88, Boisset avec 74, celle-ci dans le deuxième district, et dans le troisième Bredon-Murat avec 160. [1] Nous ne mentionnons ici que les plus grosses collectes, et ainsi une fois de plus se trouve faite la preuve que la paroisse de Raulhac était la plus considérable de tout le pays du Carladès.

Mais à quel chiffre pour elle se montait l'imposition du fouage vicomtal ? Le quart de la levée au profit du vicomte de Carlat fut de 654 francs : les trois autres au profit de Jean de France durent s'élever à 1962 francs. Or en additionnant ensemble ces deux sommes on arrive à un total de 2616 francs, pour un total de 2446 feux, ce qui fait 1.07 par feu, moralement sinon mathématiquement parlant. La part de la paroisse de Raulhac se trouve donc être de 208 francs, si l'on multiplie par le nombre de ses feux la cote imposée à chacun d'eux ; mais comme il faut tenir compte de la valeur relative de l'argent à cette époque, il en résulte que si l'on compare le taux d'alors à celui d'aujourd'hui, on a une imposition définitive de 9 à 10 mille livres pour 194 feux en l'an de grâce 1365.

V

Les subsides de 1429, n'indiquent pas le nombre des feux, mais ils indiquent d'une manière très précise le montant des impositions. C'était à l'époque la plus critique de notre histoire. L'épée de la France avait été brisée à Crécy, à Poitiers, à Azincourt, et à chaque désastre l'Anglais avait fait un pas de plus sur le sol de la patrie, semblable, dit un orateur, à ces fleuves orageux qui renversent les uns après les autres tous les obstacles, et qui ne s'arrêtent un instant contre une digue que

---

[1] *Documents historiques sur la vicomté de Carlat*, N° CLXIII. — Dans ce dénombrement, on ne dut faire figurer que les feux des familles en état de supporter l'impôt. Les misérables, quérant leur pain, furent omis, et ils étaient nombreux alors par suite de l'appauvrissement général. Il ne faudrait donc pas, si l'on voulait se faire une idée de la population carladésienne à cette époque, prendre pour base le nombre des contribuables inscrits. Cette base devrait être élargie et le nombre des feux doublé et peut-être triplé. (Note de MM. Saige et comte de Dienne.)

pour rouler ensuite des flots plus terribles après l'avoir surmontée [1]. Déjà maître de la moitié de la France, il s'apprêtait à s'emparer de l'autre. Orléans est investi le 7 octobre 1428, et sous ses murs c'est la partie suprème qui va se jouer. Chacun le dit et chacun le sent : si la ville succombe, c'est la nationalité française qui disparaît. Mais la ville est résolue à se défendre, et se défendra jusqu'à la mort. On ne peut pas l'abandonner. Il faut que les provinces se cotisent, et que le plus promptement possible soit organisée une armée de secours. Les Etats Généraux d'Auvergne se réunissent à Riom, le 24 octobre 1428, et l'on vote un premier subside de 30.000 livres, *per anar prestament contra los Engles que teniont assetiat la viala d'Orlhiens et donar secors a los que eront dedins* [2]. — Suivant l'usage le quart de cette somme, soit 7.500 livres, est mis à la charge du Haut-Pays, moins riche et moins peuplé. Mais les d'Armagnac tout puissants au pays des Montagnes, font échouer une partie de la levée et accaparent l'autre à leur profit.

Pendant ce temps la situation des assiégés s'aggrave de plus en plus. La disette va devenir la famine. Le ravitaillement de la ville s'impose. Un nouvel effort est tenté par les provinces. Les Etats d'Auvergne se réunissent pour la seconde fois à Clermont, et le 19 mars 1429 un second subside est voté de 13.000 écus, dont 3.250 à lever dans le Haut-Pays, *per donar prestament aiuda des bioures a los que eront assetiat dedins Orlhens*. Mais la fourberie des d'Armagnac s'en mêle encore, et ces mauvais Français — le comte Jean IV pour ses baronnies de Chaudesaigues et de Pierrefort, le comte de Pardiac pour les vicomtés de Carlat et de Murat, et leur mère pour la seigneurie de Dienne — ces mauvais Français font défense à leurs sujets de payer, et paralysent les rentrées même sur les terres qui ne leur appartiennent pas et où ils ont de l'influence. C'est une forfaiture sans nom, et que l'histoire ne saurait trop sévèrement qualifier. Heureusement dans l'intervalle se produisit la merveilleuse intervention de Jeanne d'Arc, grâce à laquelle Orléans fut délivré et la France sauvée, pendant que les d'Armagnac la trahissaient [3].

---

[1] L'abbé Bougaud, panégyrique de Jeanne d'Arc prononcé dans la cathédrale d'Oléans le 8 mai 1865.

[2] Ainsi s'expriment les consuls de St-Flour, — Boudet, *Revue de la Haute-Auvergne*. 3ᵉ fascicule, 1904,

[3] Ibidem.

Mais si la Haute-Auvergne n'eut aucune part à la délivrance d'Orléans, parce que ses chefs retinrent pour eux les subsides régulièrement votés par les Etats on en empêchèrent le versement aux officiers royaux, nous savons pour 1429, sinon le nombre des feux, au moins le chiffre des impositions de chaque paroisse. D'après un état des « refusans de payer » dressé par le receveur Courtet, Ytrac est taxé à 13 écus, Arpajon à 15, Marcolès et Saint-Mamet 20, Vic et Cassaniouze 30, Boisset et Laroquebrou 33, Polminhac 35, Maurs et Saint-Cernin 40, *Raulhac 45,* Thiézac 47, Murat 53, et Aurillac 170 [1]. Le cours de l'écu étant alors d'un peu moins de trois livres tournois, et la livre tournois valant sous Charles VII 27,34, il en résulte que Raulhac eut à supporter une imposition de 3.680 livres pour sa part de concours à une entreprise de délivrance nationale, à laquelle d'ailleurs il ne contribua pas.

VI

Les rôles de 1687 à 1713 sont particulièrement instructifs. Ils nous font connaître, d'abord, le montant des impositions générales de la paroisse pendant une période de 20 années, le principal et l'accessoire de la taille, l'*ustensile* des troupes, les charges locales et les frais de perception, puis les noms des consuls asséeurs et collecteurs, la division financière de la paroisse, la liste des contribuables ou le nombre des cotes, les forts imposés, les privilégiés ou exempts, l'état de la propriété à cette époque, etc., et bien d'autres détails aussi intéressants que précieux pour une histoire locale. Entrons dans le développement de cet article et exposons brièvement les renseignements qui y sont contenus.

Impositions de la paroisse de Raulhac pendant 20 ans [2]

Années	Taille		
1687	13.150 livres	15 sols	»
1688	12.904	15	»
1689	12,139	»	»
1690	13.819	»	»
1691	17.099	»	»
1695	15.829	9	9 deniers
1696	11.100	»	»

---

[1] Ibidem.

[2] Min. Boissy, Froquières et de Comblat.

1698	12.533	19	10
1699	11.911	9	4
1700	13.650	5	2
1702	15.131	18	3
1704	17.584	11	5
1705	19.539	5	»
1706	16.051	»	2
1708	12.550	10	11
1709	16.612	14	4
1710	10.771	12	11
1711	12.317	4	8
1712	19.667	3	8
1713	20.106	18	8
	294.452	167	85

Ce qui donne par an, pendant 20 ans, une moyenne d'impôts de 14.723 livres, c'est-à-dire de 29.446 francs en monnaie d'aujourd'hui.

Si l'on décompose ces chiffres, on trouve pour le principal de la taille :

en 1687	12.500 livres
en 1688	12.490 —
en 1689	11.813 —
en 1695	11.800 —
en 1704	12.600 —
en 1705	12.100 —
en 1709	11.100 —
en 1712	11.700 —
en 1713	12.200 —

Y compris les accessoires ou *crues,* ce qu'on appelle de nos jours les centimes additionnels.

La plus grosse dépense qui vient ensuite et qui grève le budget communal d'une façon si exorbitante, c'est l'*ustensile* des troupes [1], auquel se joignent les fourrages [2] et la milice [3]. Voici encore quelques chiffres :

---

[1] On appelait ainsi le logement et l'entretien des gens de guerre.

[2] Les fourrages étaient réquisitionnés par les troupes en marche, et les provinces qui les fournissaient devaient être indemnisées par celles qui ne les fournissaient pas jusqu'à concurrence de telle somme. De là un crédit spécial qu'on inscrivait au budget.

[3] La milice provinciale du XVIIe et du XVIIIe siècles est une institution analogue à celle des francs-archers. L'ordonnance du 29 novembre 1668 chargea les Intendants de diriger la milice. Aux termes de cette loi

	Ustensile des troupes	Fourrages	Milice
en 1695	3.480 livres	»	»
en 1704	4.409 —	»	»
en 1705	5.808 —	»	»
en 1709	4.680 —	220 l.	»
en 1712	5.160 —	1304	244 l.
en 1713	5.060 —	1300	257

Ces impositions étaient extraordinaires et ne se répétaient pas chaque année, tant s'en faut. Mais à la fin du règne de Louis XIV les désastres militaires de la France avaient épuisé le Trésor national. Il fallait résister à l'Europe entière coalisée contre nous. On demanda aux provinces le suprême effort, et Raulhac dut se cotiser de 6.708 livres en 1712 et de 6617 en 1713. La guerre de la succession d'Espagne coûtait cher, et la note à payer fut dure après les traités d'Utrecht et de Rastadt.

Après l'*ustensile* des troupes, viennent les charges locales : loyer du presbytère, 30 livres [1], gage du syndic 127 livres, messageries d'Aurillac à Clermont, 15 livres en 1709, et 24 livres en 1712.

Les frais de perception sont assez compliqués :

Pour le droit de quittance attribué au receveur des tailles.....................................	2 livres
Pour le droit de sceau réservé au fisc.........	13 —
Pour les trois deniers par livre attribués au greffier des rôles.......................	147 —
Pour les six deniers par cote attribués à MM. les officiers de l'Election.....................	12 —
Pour les six deniers par livre attribués aux collecteurs............................	386 — [2].

Nous relevons ensuite le nom des consuls qui ont réparti et levé la taille pendant toute cette période :

___

fondamentale les Intendants commençaient par dresser un état des paroisses les plus importantes de la généralité et plaçaient sur cet état un nombre de paroisses égal à celui des hommes que la généralité devait fournir ; puis les habitants de chacune des paroisses portées sur cet état désignaient eux-mêmes leur milicien qui devait être non marié, domicilié dans la paroisse, âgé de 20 ans au moins, de 40 ans au plus.

[1] Ce loyer, mentionné sur les rôles de 1687, 1688, 1689, etc., cessa en 1696, lorsque Annet Cat de Rastinhac, sieur d'Yolet, eut donné à la commune sa maison d'habitation sise au Mas pour en faire le presbytère actuel.

[2] Ces chiffres sont ceux du rôle de l'année 1695. Le droit de quittance est seul fixe ; les autres varient d'année en année.

1687. — Consuls : Antoine Cambefort, Pierre Birou, Jean Fabre, Jean Delmas, Antoine Ramond, Gabriel Delpuech, Jean Poulhès, Jean Delcan, Jean Gibert.

1688. — Consuls : Pierre Devèze, Antoine Montjou, Jean Boissier, Jacques Mialet, Jean Soubrier, Hugues Caupeil, Jean Bénech, Jean Bersanges, Antoine Palhol.

1689. — Consuls : Pierre Coffinhal, Antoine Degoul, Jean Froquières, Antoine Delpuech, Hugues Malmeja, Barthélemy Delmas, Jean Bersanges, Pierre Froquières, Durand Soubrier.

1690. — Consuls : Jacques Ginioux, Antoine Sabatier, Jean Bos, Pierre Malmeja, autre Jean Bos, Blaise Laborie, notaire, Pierre Lamouroux, Antoine Vidalenc, Guillaume Maisonade.

1691. — Consuls : Pierre Degoul, de Pailherols, Jean Delmas, de Griffoul, Jean Baduel, de Barriac, Antoine Bos, Feyssergues, Jean Fournier, de Peyre, François de Comblat, de Raulhac, Jean Poulhès, de Poulhès, Guillaume Faliex, de Bouygues, Rigal Palhol, de Montcalvy.

Etc.   etc,

Ces consuls sont invariablement au nombre de neuf, parce que la division financière de la paroisse le veut ainsi. Il y a neuf consuls parce qu'il a neuf quartiers ou collectes :

Ier quartier : Feyprat, Sistrières, Pailherols, Pailhès, le Pouget, la Cipière, Banc,

IIe quartier : la Bonétie, Griffoul, le Bouïssou.

IIIe quartier : Brommel, Barriac.

IVe quartier : Feyssergues, Florac.

Ve quartier : Montjou, Peyre, Cropières, Puechmourier, Lavergne, la Cayrie, Goul.

VIe quartier : Raulhac, Combourieu, Laveissière, las Clausades, Courbelimagne et Messillac.

VIIe quartier : Bassignac, le Cayre, Poulhès, Albospeyre, Lagarde, la Socye, Golusclat, Esquiers.

VIIIe quartier : le Mont, la Maisonade, Froquières, Falhès, Vixe, Bouygues, Guimontel.

IXe quartier : Morzières, Ladoux, le Pajou, le Vocam, Loubejac, la Calsade, Montcalvy et Badailhac.

Ces divers quartiers sont énoncés ici dans l'ordre, non pas de leur importance, mais de leur position géographique. C'est le 6e qui compte le plus de contribuables, mais c'est le 8e qui paie le plus d'impôts. Le plus faible comme cotes et comme taille est le second.

La liste des plus imposés n'est pas moins intéressante à recueillir :

	Paires de :		
	bœufs	vaches	livres
Pierre Sobrier, de Peyre	2	»	272
Rigal Palhol, de Montcalvy	2	»	213
Jean Soubrier, de Puechmourier	2	»	206
Jean et Jean Julhe, père et fils, de Barriac...	1	»	184
Géraud et Pierre Laveissière, de Laveissière.	2	»	183
Pierre et Durand Troupel, de Froquières....	1	»	174
Antoine Bos, de Feyssergues	1	»	160
Antoine Delsériès, de Loubejac	1	»	154
Le métayer du sieur de Gorces, du Monteil..	2	»	154
Jean Laparra, métayer à Bassignac	5	»	151
Jean Borie, de Badailhac	1	»	150
Guillaume Poulhès, de la Cairie	1	»	146
Pierre Sabatier, dit Cambre, d'Albospeyre...	1	»	146
Ramond Gibert, de Badailhac	1	»	135
Le fermier du sieur de Varcilles, au Pouget..	2	»	134
Jean Poulhès, de Golusclat	1	»	133
Catherine Julhe et son fils Jean Baduel de Barriac	1	»	121
Antoine Bos, dit Iraliou, de Barriac	1	»	119
Jean Delpuech, de Lavergne	»	1	118
Jean Bersanges, consul, de Vixe	»	1	116
Agnès Caminade, de Bouygues	»	1	112
Antoine Montjou, dit Alade, de la Bonétie...	1	»	112
Le fermier de feu Antoine Bénech, de Badailhac	2	»	112
Le fermier des Clarisses du Mur-de-Barrez, de Griffoul	2	»	111
Antoine Delsériès et Guillaume Sangray, son gendre, de Falhès	»	1	109
Pierre Devèze, de Pailherols	1	»	106
Antoine Ouvrier, dit Claudou, d'Albospeyre..	1	»	106
Jacques Fontanges, de la Bonétie	1	»	106
Annet Cat de Rastinhac, de Raulhac, outre le domaine de Poulhès	»	»	105

Jean Delmas, de Griffoul......................	1	»	102
Le fermier du sieur de Vareilles, de Ladoux.	»	1	101
Durand Combouricu, du Mont..............	»	1	98
Françoise Lafon et Jean Auzolle, son fils, de Sistrières......................	»	1	97
Antoine Degoul, consul, de Griffoul.........	»	1	95
Le fermier du sieur de Griffoul, de Griffoul.	2	»	95
Jean Bounal, fermier du sieur de la Salle, à Feyprat..,...................	2	»	95
Les fermiers du prieuré, de Raulhac.........	»	»	92
Antoine et Jacques Mialet, père et fils, de Feyssergues......................	1	»	92
Jean Manhe et Jean Mialet, son gendre, de Griffoul......................	»	1	88
Jacques Bastide et Antoine Mialet, beaux-frères, de Brommet......................	»	1	88
Jean Bos, gendre Sabatier, dit Trompou, de de Lavergne,......................	»	1	87
Bertrand Cat de Rastinhac, seigneur de Messillac, taxe personnelle, non compris celle des fermiers de la Borie Grande, de Courbelimagne et du meunier de Messillac...	»	»	84
Pierre Coffinhal, notaire, et Antoinette Delmas, de Sistrières,...................	1	»	83
Hélis Bastide et Durand Degoul, de Badailhac.	»	1	83
Jean de Monteils, sieur de Gorces, pour le fond qu'il jouit à Florac...............	»	»	83
Jean Servières, de Lagarde...............	«	1	81
Antoine Montjou, de Barriac...............	»	1	81
Géraud Labro et Antoine Prunet, son gendre, de Vixe......................	»	1	78
Antoine Manhe, de Sistrières	»	1	78
Messire Antoine Delmas, prêtre et prieur de Ladinhac en Rouergue, faute de bailler un tenancier pour son domaine de Sistrières.	1	»	78

etc., etc. [1]

Celle des privilégiés est également digne d'attention. Sont exempts de l'impôt foncier pour cause de noblesse personnelle :

---

[1] Ces chiffres sont extraits du rôle 1695. Sur 474 cotes, nous donnons les 50 plus élevées. — Voir Min. Froquières.

1° Annet-Joseph d'Escorailles, chevalier, seigneur de Cropières, pour ses domaines de Cropières, la Cairie, Lavergne, la Maisonade et Brommet.

2° Gaspard d'Escorailles, écuyer, sieur de Lamazière, pour son domaine de Valduchez.

3° Bertrand d'Humières, écuyer, sieur de Vareilles, pour ses domaines du Pouget, Griffoul, Bassignac et Albospeyre.

4° Joseph de Laveissière, écuyer, sieur de Vitrac, pour son domaine du Mas ;

5° Joseph de Boisset, écuyer, sieur de la Salle, pour son domaine de Feyprat ;

6° Les dames Clarisses, du Mur-de-Barrez, pour leur domaine de Griffoul.

Cette liste est extraite du rôle de 1687. Le rôle de 1688 renferme un privilégié de plus : Jasques d'Escaffres, écuyer, sieur del Mas, pour un domaine qu'il possède à Raulhac et qu'il fait valoir à la main. En 1689 la liste s'allonge encore, et deux nouveaux privilégiés viennent s'y inscrire : de Seguy, écuyer, sieur d'Espels, pour son domaine de Lavergne, et de Palemorgue, écuyer, sieur de Montflour, pour son domaine de Pailhès.

Il faut ajouter à cette liste les propriétaires ecclésiastiques, c'est-à-dire, en premier lieu, la communauté des prêtres de Raulhac pour les propriétés appartenant à la collectivité, ou formant le titre clérical de chacun d'eux, ou constituant la dotation des diverses chapellenies établies dans la paroisse, et en second lieu le chapitre cathédral de St-Flour, prieur de ladite paroisse, pour les biens-fonds qu'il possède en cette qualité dans la circonscription paroissiale.

Enfin viennent les privilégiés des services publics. Ces derniers sont au nombre de quatre, du moins en 1705 : Antoine Ouvrier, syndic de la paroisse, Jean Poulhès, garde-étalon, Jean Mabit et Pierre Degoul, commis au tabac.

On pourra s'étonner de ne pas trouver parmi les nobles privilégiés Bertrand Cat de Rastinhac, seigneur de Messillac, Malheureusement pour lui il était entré dans la vie par la mauvaise porte. Enfant naturel légitimé par lettres du roi Louis XIV, il ne pouvait de ce chef invoquer le privilège de l'exemption, le vice de sa naissance le frappant d'une sorte d'incapacité légale, et il avait été impliqué dans les recherches de 1666 ordonnées par Colbert contre les faux nobles, qui firent mettre à la taille quarante mille d'entre eux. Quand aux nobles vériflés et d'antique race, on sait qu'ils ne payaient pas l'impôt sous l'ancien régime, ou qu'ils ne le payaient que tout à fait indirectement, puisqu'ils ne devaient rien comme propriétaires, et que leurs fermiers n'étaient cotisés que pour moitié de ce qu'auraient payé les propriétaires roturiers.

Toutes ces exceptions rendaient nécessairement plus lourde la taxe des contribuables ; d'autant que le privilège qui existe déjà pour la taille se répète pour la capitation. Etablie en 1695, suspendue en 1698, rétablie en 1701, la capitation était une sorte d'impôt personnel, qui, dès l'abord, devait être payé indistinctement par tous les Français au marc la livre. Mais on sait comment le clergé et la noblesse surent s'en affranchir, le premier totalement, moyennant rachat, et la seconde quasi totalement, par les larges concessions qu'elle obtint. Voici ce que disent encore les rôles de l'époque à ce sujet :

Assiette pour la capitation de la paroisse de Raulhac

en 1703	3.400 livres
en 1705	3.170 —
en 1709	3.260 —
en 1712	3.509 —
en 1713	3.702 —
	17.041 —

Ce qui fait par an, pendant cinq ans, une moyenne d'impôt de 3.408 livres, à répartir entre tous les taillables de la paroisse, à la réserve des privilégiés. Or, les taillables de la paroisse, privilégiés non compris, sont de quatre à cinq cents. Voici encore quelques chiffres extraits des rôles :

Années	Cotes
1687	491
1689	482
1690	488
1691	387
1695	474
1704	454
1705	482
1706	413
1708	491
1709	500
1710	395
1711	476

1712	471
1713	479
	6.483

Ce qui fait par an, pendant 14 ans, une moyenne de cotes de 463.

Qnatre cent soixante contribuables pour payer une taille de 14.723 livres, d'une part, et une moyenne de capitation de 3.408 livres, d'autre part, telle était la situation financière et économique à Raulhac à la fin du XVIIe siècle et au commencement du XVIIIe. Avec ces trois données, il est facile de dégager l'inconnue qui reste, c'est-à-dire de déterminer la charge moyenne du contribuable. En additionnant la taille et la capitation, on obtient un total de 18.131 livres, et en divisant ce total par le nombre des cotes, on a pour chaque cote 39 livres 3 sous, ou 78 francs trente centimes de notre monnaie.

L'impôt par feu nous mène tout de suite à l'impôt par habitant. Le feu se composant généralement de cinq personnes, il en résulte que chaque personne doit le cinquième de l'impôt qui frappe la collectivité, par conséquent le cinquième de 78.30 — ou de 80, chiffre rond — ce qui fait 16 livres par tête. Or, cet impôt de 16 francs par tête est excessif, puisqu'il ne comprend que la taille royale, et si l'on tient compte du pouvoir de l'argent en 1691 et en 1906, par exemple, il est facile de voir que la charge supportée en 1691 était beaucoup plus lourde que la charge supportée en 1906, car les 16 livres d'alors représenteraient plus de 32 francs en valeur d'aujourd'hui. Par suite, une multitude de domaines y sont abandonnés : 80 en 1708, 60 en 1709 et 50 en 1711.

A un autre point de vue, si l'on compare les rôles de 1691 et de 1906, on constate que la propriété foncière était plus divisée à la fin du XVIIe siècle qu'au commencement du XXe. Ainsi, en 1691, Cropières comptait 5 propriétaires fonciers, il n'y en a qu'un aujourd'hui ; Combourieu 16 en 1691, 9 aujourd'hui ; Laveissière 7 en 1691, un seul aujourd'hui ; Lasclauzades 10 en 1691, 6 aujourd'hui ; Poulhès 8 en 1691, 6 aujourd'hui ; Albospeyre 18 en 1691, 11 aujourd'hui ; Lagarde 6 en 1691, 3 aujourd'hui ; la Maisonade 13 en 1691, 8 aujourd'hui. Partout, les villages se dépeuplent, et la fermeture successive des maisons amène l'annexion successive de la petite propriété à la grande. Golusclat est le seul hameau qui fasse exception à cette loi générale : il n'y avait qu'un propriétaire aux 17e et 18e siècles, il y en a 3 aujourd'hui.

VII

Sous le rapport de l'impôt, la paroisse de Raulhac dépendait de l'élection d'Aurillac. Cette élection était administrée par un tribunal composé d'un président, de plusieurs conseillers appelés élus, d'un procureur et d'un greffier. Ce tribunal siégeait à Aurillac, et avait dans ses attributions la répartition de la taille entre les paroisses et le jugement de toutes les réclamations qui lui étaient adressées par les contribuables. Il remplissait les fonctions qui sont aujourd'hui dévolues à la Direction des contributions directes et au Conseil de préfecture. Les appels de ces décisions étaient portés devant la cour des Aides de Clermont-Ferrand.

A Aurillac résidait un receveur des tailles, qui centralisait les recettes de toute l'élection. Celle-ci comptait 95 collectes, parmi lesquelles celle de Raulhac occupait un rang important [1]. La quote-part de chaque collecte était fixée par les élus, agissant conjointement avec un trésorier de France et l'intendant d'Auvergne, dont la voix était prépondérante. En conséquence des mandements de répartition, signés de tous ces personnages, étaient envoyés à chaque communauté. Après la réception de ce mandement, les asséeurs [2] rédigeaient ou faisaient rédiger le rôle.

Les asséeurs, depuis l'édit de mars 1600, n'étaient autres que les collecteurs, c'est-à-dire qu'après avoir dressé le rôle, ils en faisaient le recouvrement. Ils ne devaient pas comme nos contrôleurs de contributions directes, ni comme nos percepteurs, leur nomination au choix de l'administration ; ils étaient désignés par la communauté dont ils répartissaient l'impôt, et la communauté devait les prendre parmi les habitants. L'élection se faisait chaque année à la pluralité des suffrages, et toujours un dimanche à l'issue de la grand'messe, après qu'elle avait été annoncée au prône le dimanche précédent. Pour être

---

[1] En 1691, le principal de la taille de la paroisse de Raulhac s'élevait à 13.378 livres, et le principal de la taille pour l'élection d'Aurillac tout entière était fixé à 308.594 livres. Il aurait donc suffi de 23 paroisses comme celle de Raulhac pour réaliser l'impôt total de l'élection. Cette remarque permet de se rendre compte de l'importance de cette vaste paroisse.

[2] Le droit de nommer les asséeurs et collecteurs avait d'abord appartenu aux élus ; il passa ensuite aux communautés qui furent responsables de leur choix. (Ordonnance du 21 novembre 1379.)

éligible, aucune aptitude particulière n'était requise, et un grand nombre de ces consuls ou collecteurs d'impôts ne savaient pas signer. Généralement cependant on les choisissait parmi les personnes solvables, et lorsque cette condition n'avait pas été observée, le corps commun était saisi de vives réclamations de la part des consuls solvables, qui demandaient la déchéance de ceux qui ne l'étaient pas. Le corps commun faisait parfois la sourde oreille, et ne répondait ni à une première ni à une seconde sommation. Alors les protestataires tranchaient eux-mêmes la difficulté, révoquaient d'office les élus incapables, et en nommaient d'autres pour les remplacer « aux hazards, risques et périls de la paroisse ». Et si le corps commun, mis en demeure d'agir ou de contredire cette substitution, opposait encore un refus, les mêmes protestataires prenaient acte de ce refus et se faisaient délivrer une grosse devant un notaire et deux témoins [1].

Ces précautions n'étaient pas inutiles. Il faut songer en effet que chaque consul était responsable du recouvrement intégral de la taille du quartier qui lui avait été attribué. De plus, si en fin d'année, un ou plusieurs consuls n'avaient pas achevé de verser au receveur des tailles les sommes portées sur le rôle, les autres consuls, bien qu'ayant terminé leurs versements, avaient l'obligation de solder les restes non recouvrés par leurs collègues. Il y avait donc solidarité entre les neuf consuls de la paroisse [2]. Cependant les consuls diligents qui faisaient des avances aux consuls retardataires, avaient leur recours contre ces derniers, et ils ne manquaient pas de se faire consentir par eux des obligations hypothécaires représentant le montant des deniers avancés.

Les consuls, insuffisamment instruits en général pour pouvoir répartir la taille et rédiger le rôle, appelaient à leur aide une personne capable. Le rôle de 1691 est établi par Me Jean Lintilhac, procureur au bailliage et siège présidial de la ville d'Aurillac. On l'appelait le greffier des rôles de la commune. Aujourd'hui ce serait le contrôleur des contributions directes. Le rôle de 1695 est rédigé par Jacques de Montjou, qui était déjà greffier des rôles de Vic. Les rôles de 1711, de 1712, et de 1713 sont l'œuvre de Durand de Comblat, notaire royal à Raulhac. Ce fonctionnaire ou scribe assistant avait droit à une

---

1 Min. Froquières, liasses 1660, 1668, 1678, 1683, etc.
1 Cette solidarité subsista jusqu'à la déclaration du 3 janvier 1775.

rétribution de 3 deniers pour livre, c'est-à-dire 1.25 pour °/₀. Les consuls percevaient une remise de 6 deniers pour livre, c'est-à-dire 3 °/₀ du montant de la taille de leurs quartiers respectifs ; mais ils n'étaient pas exempts eux-mêmes de l'impôt, qu'ils payaient comme les autres contribuables proportionnellement à leurs facultés.

VIII

Les fonctions de consuls étaient donc une charge plutôt qu'un honneur, et il faut voir le système à l'œuvre pour se rendre compte des difficultés de toutes sortes auxquelles se heurtaient ces malheureux collecteurs. Mauvais vouloir des contribuables, vexations du receveur des tailles, responsabilité et solidarité pécuniaire, ils avaient tout contre eux, et la prison était quelquefois la récompense de leur peine. Ainsi en 1658, Jean Montjou, consul de la Bonétie, restait débiteur au terme fixé par les ordonnances de la somme de 407 livres envers le receveur des tailles d'Aurillac, un certain A. Debort. Ce dernier décerna contre le dit Montjou une contrainte par corps, et le fit incarcérer dans les prisons de l'élection audit Aurillac. L'emprisonnement durait jusqu'au paiement de la somme due. Un autre consul Jean Montjou, de Pailhès, était reliquataire à la même date de 846 livres 10 sols, Pierre Polverel, de Peyre, de 338 livres 6 sols, et Guillaume Degoul, de la Soyë, de 141 livres. Les cinq autres, Antoine Soubrier, de Puechmourier, Antoine Mialet, de Feyssergues, Antoine Tarrisse, de Raulhac, Jean Bénech, de Poulhès, et Durand Dessouslacarrière, de Leboucan, avaient versé intégralement la taille due par leurs quartiers respectifs. Mais comme ils étaient solidaires les uns des autres, désirant éviter l'incarcération qui les menaçait tous, les cinq derniers consuls dont les noms précèdent, furent contraints de s'obliger par acte notarié envers le sieur Debort pour une somme totale de 1733 livres. Antoine Soubrier, de Puechmourier, paya les 407 livres dues par Jean Montjou, de la Bonétie, et se fit consentir une obligation de pareille somme par la femme et le fils du prisonnier, qui purent ainsi obtenir son élargissement. Les sommes dues par Jean Montjou, de Pailhès, et Pierre Polverel, de Peyre furent versées par les autres consuls avec les mêmes garanties, et Guillaume Degoul paya lui-même ce qu'il devait [1].

---

[1] Min. Gizolme, Vic-sur-Cère.

En 1660, Antoine Gamel de Feyssergues, Pierre Manhe de Pailherols, Antoine Sabatier de Lavergne, Pierre Bastide de Badailhac, Jean Dégoul d'Esquiers, Jean Birou, dit Cantaïyre, de Griffoul, tous consuls de la paroisse de Raulhac, ne purent dans les délais règlementaires achever le versement des tailles paroissiales. Maître Jean Dubort commis au recouvrement des restes fit saisir leurs bestiaux et leurs meubles, et jeter dans les prisons d'Aurillac Sabatier et Bastide, bien que ceux-ci eussent payé depuis longtemps les sommes qu'ils étaient chargés personnellement de recouvrer. Ces malheureux consuls ne pouvant se procurer l'argent nécessaire pour leur libération restèrent prisonniers pendant plus de dix mois. Ils obtinrent enfin leur délivrance en souscrivant une obligation de 700 livres au profit du sieur Dubort par devant Charmes, notaire à Aurillac, le 17 novembre 1664. Une fois rendus à la liberté, ils réclamèrent le remboursement de leurs avances à celui qui en avait bénéficié, et par l'impuissance duquel ils avaient subi une si longue détention. Gamel, car c'était lui, ne put satisfaire à leur demande, et se trouvant sans crédit comme sans argent, il leur consentit, le 7 novembre 1666, la vente d'un pré appelé la Goutonne, sis à Feyssergues [1].

Antoine Vidalenc, de la Maisonade, était consul du quartier de Raulhac en 1708. N'ayant pu verser au receveur l'intégralité de la taille qu'il lui devait, il fut incarcéré dans les prisons de l'élection. Il en sortit en offrant comme caution Raymond Faliès, tailleur d'habits à Aurillac. Quelque temps après, en 1710, la dette d'Antoine Vidalenc n'étant pas encore payée, Raymond Faliès reçut une sommation de remettre incessamment ledit Antoine Vidalenc dans les prisons royales de la ville ou de s'y remettre lui-même. Antoine Vidalenc ne voulut pas sans doute sauver sa liberté au détriment de celle de son répondant, car à la date du 18 avril 1711 on le trouve détenu à Aurillac comme « reliquataire des deniers royaux ».

Pierre Trin, brassier de Vixe, était consul en 1734. Emprisonné pour le même motif, il ne put recouvrer sa liberté qu'en engageant sa responsabilité pécuniaire. Le 3 décembre 1735, au guichet de la maison d'arrêt, il souscrit une obligation équivalente à son dû, devant Roussy, notaire royal [2].

---

1 Communication de M. Morisque.
2 Min. Clavières.

Jean Delséricys, laboureur du Mont, était consul du mandement de Badailhac en 1736. Même retard dans les paiements, et même sanction. Cette fois c'est la femme qui s'en mêle, et qui donne généreusement du sien pour arracher son mari à la captivité. Grâce à ce dévouement conjugal, les rigueurs légales cessent, et la liberté est rendue au prisonnier le 23 avril 1734[1].

On pourrait multiplier les faits de cette nature ; ils sont tristement éloquents, et ils font ressortir jusqu'à l'évidence le vice du système. Et cependant les vexations exercées par le receveur des tailles n'étaient pas les seules auxquelles fussent en butte ces malheureux consuls. Les contribuables les prenaient aussi à partie, en cas d'imposition exagérée ou établie à tort ; et s'il était démontré que les règles de la justice distributive n'avaient pas été suffisamment observées, qu'une lésion avait été commise, qu'un denier avait été perçu en trop, ils devaient rembourser ce trop perçu sur leurs deniers personnels. Il est vrai que les sommes ainsi remboursées étaient presque toujours réimposées sur le rôle de l'année suivante et servaient à indemniser les consuls. La réclamation du contribuable était portée tout d'abord par les consuls devant l'assemblée des habitants. Ceux-ci en examinaient le bien ou le mal fondé, et donnaient leur avis après avoir pris connaissance des faits et des motifs allégués par le réclamant pour obtenir soit une radiation de cote, soit une réduction d'impôt. Si le corps commun rejetait la réclamation, le contribuable était obligé d'intenter une action judiciaire aux consuls de Raulhac par devant le tribunal de l'élection d'Aurillac. Il devait remplir les mêmes formalités de procédure que dans les affaires portées devant les tribunaux civils, et agir par l'intermédiaire d'un procureur ou d'un avocat. Il en était de même des consuls pris comme défendeurs qui agissaient en qualité de procureurs ou syndics de la communauté des habitants, nommés à cet effet par délibération expresse. Lorsque le tribunal de l'élection donnait gain de cause au contribuable et condamnait la communauté aux dépens, le montant de ces dépens était ajouté au rôle de l'année suivante, pourvu que les consuls eussent agi en vertu d'une procuration formelle du corps commun. Toutes ces formalités étaient très longues et très coûteuses ; les contribuables riches pouvaient seuls se les

---

[1] Ibidem.

permettre, les pauvres n'avaient guère le moyen de les entreprendre ni de les faire aboutir [1].

Un fait achèvera de démontrer tout ce que ces fonctions de consuls avaient de pénible et parfois même de dangereux. En 1761, les deux consuls de Pailherols furent arrêtés par les cavaliers de la maréchaussée, et conduits dans les prisons d'Aurillac sous l'inculpation d'avoir altéré les rôles qui étaient entre leurs mains. On leur reprochait des additions, des soustractions, des ratures, et le remplacement d'un feuillet authentique par un autre qui ne l'était pas. Ne sachant à qui confier leur défense, ils eurent recours au corps commun qui, par l'organe de maître Rastinhac, notaire à Raulhac, fit entendre la protestation suivante :

« Attendu que les sieurs Jean Manhe, dit *Canquiliou*, de Sistrières, et Jean Degoul, dit *Rounesque*, de Barriac, tous deux consuls du mandement de Pailherols pour la présente année 1761, sont des gens d'honneur et de probité, incapables par conséquent, non seulement d'avoir fait les dites altérations, mais d'y avoir participé de quelque manière que ce soit ; attendu que le sieur Manhe est complètement illettré et que le sieur Degoul sait à peine signer et lire, que dans ces conditions ils n'ont pu remarquer l'un et l'autre les altérations susdites, que les eussent-ils remarquées ils pouvaient croire que ces altérations étaient le fait de celui qui avait dressé les rôles, lequel se serait trompé et aurait voulu ensuite corriger son erreur ; attendu que la levée de l'impôt faite par eux n'a donné lieu à aucune plainte ni à aucune réclamation ; attendu qu'ils ont exhibé les rôles à la première réquisition et qu'ils les ont remis au receveur sans aucune résistance ; attendu qu'ils se sont laissé arrêter et saisir chez eux sans aucun semblant de fuite, comme des gens ayant la conscience tranquille et que le soupçon ne saurait atteindre,

Pour tous ces motifs.

Après avoir délibéré, le corps commun ne croit pas coupables les accusés du délit qu'on leur impute ; dit que s'il existe des altérations, elles ont été faites à leur insu et sans leur participation aucune ; dit qu'ils n'ont pas été en état de les reconnaître pendant que les rôles sont restés en leur possession ; dit

---

[1] Toute cette complication judiciaire est aujourd'hui remplacée par une simple lettre adressée par le contribuable au Préfet du département, ou même par une simple insertion sur le registre des réclamations déposé à la Mairie, ce que tous les contribuables, riches ou pauvres, peuvent faire facilement. C'est un progrès dont il faut s'applaudir.

qu'ils ont été trompés par celui qui a écrit ces rôles, auquel revient la responsabilité des susdites altérations, desquelles ils n'ont pas été avertis ; dit que ce qui les porte à présumer ainsi, c'est que la même chose est arrivée à d'autres consuls, proteste contre leur incarcération, demande leur élargissement, et déclare n'agir de la sorte que pour décharger sa conscience et rendre justice à la vérité [1].

De tels exemples jettent un singulier jour sur le rôle de ces malheureux consuls accusés de faux en écriture publique, et peut-être innocents jusqu'au fond de leurs âmes, subissant la prison et peut-être ne l'ayant nullement méritée, obligés de plaider leur liberté devant le corps commun parce que devant le receveur des tailles ils ne l'obtiendraient pas ; et ils expliquent pourquoi les fonctions de consuls ou collecteurs d'impôts, loin d'être recherchées par les chefs de famille, étaient au contraire très redoutées parce que très onéreuses. Et l'on ne s'étonne plus, quand on les a lus, de voir souvent les personnes investies de ce mandat s'en décharger sur des tiers moyennant une indemnité pécuniaire. Ainsi Antoine Gaidou du Pouget, consul de quartier de Sistrières pour l'année 1626, donne pouvoir à Jean Roussille et Antoine de Fontanges, son beau-fils, de Puechmourier, de faire à sa place la levée de la taille dans ledit quartier, et lui alloue pour ce travail la somme de 3o livres. La même année Claude Ameilhau de la Cairie, consul du quartier de Montjou, signe une semblable procuration envers les mêmes pour le prix de 24 livres [2]. Barthélemy de Fontanges, sieur de Rioumeyroux, chirurgien, demeurant à la Bonétie, nommé consul du mandement de Pailherols pour l'année 1752, se démet de ses fonctions en faveur de Jean Manhe, dit Cantayre, de Griffoul, et lui donne 59 livres pour faire les recouvrements à sa place. Antoine Coutel de Lagarde, consul en 1791, charge Antoine Nicolaudie, de Raulhac, de faire la collecte pour lui, et lui verse pour cela 5o livres [3]. — La corvée est lourde, pénible, et chacun éprouve la tentation de s'y soustraire ; mais comme elle est obligatoire, il faut qu'on s'y résigne ou qu'on s'y fasse remplacer, et nul ne l'endosse qu'à prix d'argent.

---

[1] Min. Rastinhac. La délibération est revêtue de 28 signatures, parmi lesquelles on remarque celles de trois prêtres : Messires Jean Sobrier de Peyre, Jean-Antoine Bénech et Jean Bastide de Sistrières.

[2] Min. Froquières.

[3] Min. Rastinhac.

IX

Les asséeurs-collecteurs, ou, pour parler plus brièvement, les collecteurs, rédigeaient leur rôle arbitrairement, sans base certaine et sans qu'aucun travail sérieux les eût préalablement mis à même d'apprécier d'une manière raisonnée les facultés de chaque contribuable. « Entre ces mains ignorantes et partiales, dit Taine, ce n'est pas l'équité qui tient la balance, c'est l'intérêt privé, la haine locale, le désir de la vengeance, le besoin de ménager un parent, un ami, un voisin, un protecteur, un patron, un homme puissant, un homme dangereux.[1] » De là des privilèges criants ou des surtaxes abusives. Tel domaine ne paie que deux sous pour livre du produit net[2], alors que l'ensemble de la paroisse paie quatre sous ; tel particulier est taxé à 6o livres, alors que sa cote ne devrait pas dépasser 3o ou 4o.[3]

Un cas particulièrement suggestif est celui de Jean Malmeja, fermier d'Escalmels au XVIIIe siècle. Ce Jean Malmeja, petit propriétaire à Raulhac, avait pris en 1722, à titre d' « investison et de locaterie perpétuelle » du marquis de Roussille, seigneur de Cropières, ledit fief d'Escalmels situé dans la paroisse de Jou-sous-Montjou, moyennant une redevance annuelle de 941 livres.[4] Il paya 4ooo francs de droit d'entrée, tant pour lui que pour ses prédécesseurs Pierre Combe et Françoise Delarbre, auxquels il était subrogé.[5] A peine en possessiou de son

---

[1] L'Ancien Régime, p. 479.

[2] Min. Bersanges. Voir délibération du 27 janvier 1765.

[3] Min. Froquières. Voir délibération du 4 novembre 1685.

[4] Cette redevance s'appelait *canon* emphytéotique. D'après le bail, elle se décomposait ainsi :

39 quintaux de fromage	estimés	780 l.
1 quintal beurre	»	25
1 veau de lait	»	6
4 paires de chapons	»	4
10 aunes de toile chanvre femelle	»	10
2 voyages au vignoble	»	20
1 transport de fromages	»	18
Argent	»	78
	Total	941 livres

[5] C'est le 11 novembre 1689, au château de Cropières, que fut consenti par Annet-Joseph d'Escorailles à Pierre Combe et à Françoise Delarbre, mariés, le bail emphytéotique d'Escalmels. *Voir minutes Froquières.*

bail, il mit tout en œuvre *per fas et nefas*, non seulement pour
échapper à une augmentation de taille qui le menaçait, mais
encore pour obtenir un dégrèvement qui ne lui était pas dû. Il
agit sur le seigneur qui l'avait « investi », il circonvint le greffier
des rôles de la paroisse, il fit le siège des consuls chargés de la
répartition, et par présents, intrigues, sollicitations, il se fit
octroyer une décharge de 12 à 15 livres. Consul lui-même deux
fois, en 1726 et en 1738, il se garda bien de toucher à sa cote ;
il écarta, au contraire, une augmentation qui devait le frapper,
et il s'accorda une diminution à laquelle il n'avait aucun droit.
De telle sorte que pendant 27 ans il fut le favori, le privilégié
de sa paroisse, riche en bestiaux, grains, revenus de toute
espèce, nageant dans l'abondance, ayant du bien-être plus que
personne, à peine touché par le fisc, astreint à la seule charge
de payer au seigneur la redevance emphytéotique, et n'éprou-
vant aucun scrupule à faire retomber sur les autres les aggrava-
tions d'impôt qu'il savait très bien s'éviter à lui-même.

Cette situation privilégiée ne faisait pas l'affaire des taillables
de Jou, qui se plaignirent à leur pasteur, homme « d'un mérite
distingué, d'une doctrine des plus saines et d'une capacité au-
dessus des autres curés du diocèse », Celui-ci se fit l'interprète
du mécontentement général, et adressa de vives remontrances à
qui de droit. On lui répondit par une fin de non-recevoir, et le
seigneur, le fermier, les consuls n'opposèrent que le silence à
une mise en demeure qui dérangeait leurs plans et troublait
leurs combinaisons. M. le curé de Jou ne se découragea pas et
résolut de faire triompher le droit contre l'injustice ; il prit un
parti aussi hardi que sévère : il refusa de confesser le fermier
et les consuls, n'ayant pas juridiction sur le seigneur.

Le marquis de Roussille se crut personnellement visé, et,
faisant sienne la querelle qu'amenait ce refus de sacrement tout
à fait inattendu, il cria à un déni de justice et soutint contre le
curé « rageur » qu'ayant obtenu par son crédit auprès de l'intendant une diminution de taille en faveur de la paroisse, il était
libre d'attribuer ou de faire attribuer cette diminution à qui bon
lui semblait. Le cas fut porté devant la Sorbonne qui, par l'organe de trois de ses plus graves et plus anciens docteurs, messieurs Lemoyne, de Romigny et le Tellier, répondit le 28 juillet 1730 que la diminution des tailles étant une faveur du Prince,
l'intention du roi en l'accordant avait été et était certainement
que la répartition s'en fît avec justice, au profit de tous, mais
plus particulièrement des pauvres. La décision ajoutait que si

cette règle avait été violée, les asséeurs étaient responsables, soit qu'ils eussent agi ainsi à l'instigation de leur seigneur, soit qu'ils eussent laissé le seigneur agir ainsi lui-même avec leur propre connivence, selon cette maxime de Boniface VIII : *Qui facit per alium perinde est ac si faciat per seipsum*. En conséquence, elle concluait à l'obligation pour les consuls de restituer solidairement aux pauvres ce que ceux-ci auront payé en trop, et s'ils se refusent à cette restitution, ayant le moyen de le faire, après que le curé les y aura engagés de son mieux, « dans le tribunal de la pénitence, le même curé pourra et devra leur refuser l'absolution, lorsqu'ils n'auront pas voulu se rendre à son avis ».

Fort de cette décision doctorale, qui allait si bien à ses vues, M. le curé de Jou maintint son attitude. Le fermier céda, au moins en apparence et pour quelque temps. Il reprit de la taille, se fit modeste et l'accès du tribunal de la pénitence lui fut rendu. Mais sa cote demeurait toujours relativement modique, et cette modicité était un sujet de plaintes continuelles de la part des habitants. Seulement, comment toucher à un privilège quand le privilégié est une créature du seigneur et que ce seigneur a toute autorité sur la paroisse par les droits qu'il y exerce? Augmenter le fermier, ç'eût été déplaire à son protecteur, et déplaire à celui-ci quand tous étaient ses emphytéotes, ses redevables, pouvait-on s'y risquer? Aussi l'abus persistait-il, et pour y mettre un terme, M. l'abbé Géraud Delrieu était véritablement embarrassé et ne savait plus par quel moyen s'y prendre.

Il consulta un homme sage, prudent et avisé, qui lui conseilla de patienter jusqu'à l'arpentage et évaluation des propriétés imposables de la commune de Jou, l'assurant que cette opération aurait lieu bientôt et qu'elle terminerait toutes les difficultés. Mais le marquis de Roussille était opposé à un arpentage sur ses terres, et son opposition le fit momentanément écarter. Ainsi les années se passèrent, et ce ne fut qu'en 1748, après le décès de l'influent marquis, que l'ordre du roi reçut son exécution. Cette fois, le fermier cessa d'être épargné et d'un seul coup, rien que par l'application du nouveau tarif, il vit sa cote augmentée de 152 livres, *dempto canone*. Il cria, il protesta, il agit, et il fit agir tant auprès de l'intendant que du commissaire du tarif; démarches, requêtes, supplications, tout fut inutile. La surtaxe avait été portée, et la surtaxe fut maintenue.

L'abbé Delrieu triomphait, et ses paroissiens étaient enfin soulagés de toute la quantité de taille qui grevait Malmeja, après les avoir si longtemps grevés eux-mêmes, Satisfait de ce premier résultat. M. le curé de Jou voulut en poursuivre un second. Il interpella le privilégié de jadis, lui représenta que pendant 27 ans les miséreux avaient payé sa taille, et fit sonner à ses oreilles le mot de restitution. Ce mot porta à son comble l'exaspération du fermier, déjà si irrité qu'on eut doublé sa cote. Il ne voulut rien entendre, déclara net qu'il n'accorderait ni dédommagement ni compensation à personne, et demanda un billet pour aller se confesser ailleurs.

Il s'adressa à un autre curé, qui le déclara « blanc comme neige », après avoir ouï ses explications. Selon le nouveau casuiste, le fermier n'était pas tenu et ne pouvait pas être condamné à la restitution, parce que le dommage causé par lui aux habitants de Jou n'était pas son fait, mais bien celui du seigneur qui était intervenu ou des consuls qui n'avaient pas fait leur devoir, parce que les consuls représentant toute la paroisse celle-ci était censée consentir la remise qu'ils avaient appliquée eux-mêmes, parce que d'ailleurs l'industrie, le commerce, le travail d'une personne n'étaient pas cotisables, mais seulement le fonds dont elle jouissait, qu'au surplus Malmeja, alors même qu'il aurait été consul, n'était pas obligé d'augmenter sa cote en dehors de sa part de l'augmentation générale, qu'il avait été de bonne foi, n'ayant agi ni auprès du seigneur pour se faire maintenir dans son privilège, ni auprès des consuls pour les empêcher de l'en dépouiller, que finalement il n'était pas devenu plus riche, soit parce qu'il eût retranché de sa dépense, soit parce qu'il aurait réduit les dots de ses trois filles qu'il a mariées, s'il avait su qu'un jour on le rechercherait pour la taille impayée et qu'on lui imposerait une restitution.

Ces raisons ayant paru à M. le curé de Jou plus spécieuses que solides, il les frappa d'opposition et en appela de la décision de son confrère mal éclairé au jugement plus sûr et plus solide de la Sorbonne, qui, une première fois, lui avait été favorable. Un long mémoire fut rédigé par lui et adressé à Messieurs les Docteurs, qui eurent à répondre sur toute une série de questions aussi précises les unes que les autres.

La première question était celle de la bonne foi invoquée par le fermier. — Sur ce chef, et après en avoir délibéré, les Docteurs dirent qu'il y a un principe général qui domine tout le débat et auquel il faut se référer, parce qu'il est fondé sur l'équité naturelle et inscrit dans toutes les ordonnances

royales [1]; ce principe est qu'à l'égard des tailles chacun doit
être imposé « suivant ses facultés ». Or le fermier dont il s'agit a
été deux fois consul, et en cette qualité il n'a pu ignorer qu'il ne
payait pas au prorata des autres habitants, et qu'à son occasion
une injustice était commise. Où est donc sa bonne foi, et s'il prétend s'abriter derrière le seigneur ou derrière les consuls, on
peut lui répondre que seigneur et consuls n'ont agi ainsi qu'à son
instigation, et parce qu'il les a harcelés, enveloppés sans cesse
de ses habiles manœuvres. En vain objecte-t-il que les consuls
représentent la paroisse, cette qualité ne leur confie pas le droit
de faire rien de préjudiciable aux particuliers, à moins que
ceux-ci n'y consentent expressément, selon la maxime : *quod
omnes tangit ab omnibus approbari debet*. En vain objecte-t-il
encore que payant pour le fonds il ne doit pas payer pour son
travail, la taille est réelle et personnelle à la fois, au moins dans
certains pays, et c'est le cas en Auvergne. — En vain objecte-
t-il toujours que les collecteurs ne sont pas tenus d'augmenter
leur cote, en dehors d'une augmentation générale ; cette alléga-
tion est fausse, car toute cote qui n'est juste ni proportionnée
à celle des autres taillables, doit être modifiée, même en dehors
du cas susdit.

La seconde question était relative à la restitution. — Le
fermier est de mauvaise foi, ajoutent les Docteurs, donc il n'a
pu légitimement faire siens les fruits qu'il a tirés de ses économies pendant 27 ans, en ne payant pas la taille proportionnellement aux autres contribuables, donc il faut l'obliger à restituer
tout ce dont il a ainsi bénéficié au préjudice de ses concitoyens,
car il est une règle de droit qui dit expressément : *Locupletari
non debet aliquis cum alterius injuriâ vel jacturâ*. Cette restitution doit être fixée au jugement des personnes prudentes, et
suivant ce que le fermier en cause aurait payé si l'autorité du
seigneur n'avait influé en rien sur la conduite des répartiteurs.
Si Malmeja ne peut pas actuellement la faire ou s'il ne peut la
faire sans s'incommoder beaucoup, il faut lui accorder du temps,
mais on doit l'obliger à verser chaque année une somme déter-
minée, à la décharge de la paroisse et plus particulièrement des
paroissiens pauvres.

La troisième question regardait la conduite à tenir vis-à-vis
du fermier dans le cas où il ne voudrait pas obtempérer à la

---

[1] Ordonnance d'Orléans, art. 123; ordonnance de Blois, art. 351;
ordonnance de 1605, art. 13; déclaration de 1635, art. 13.

décision des Messieurs de la Sorbonne.— Dans ce cas, concluent les Docteurs, le curé de ce fermier doit lui refuser l'absolution, alors même qu'il tomberait dangereusement malade, et qu'il serait ainsi exposé à mourir sans sacrements, car le refus de restitution entraîne le refus d'absolution, et le prêtre qui passerait outre pècherait gravement et prévariquerait contre son ministère.

La décision de la Sorbonne arriva à Aurillac le 24 avril 1749, et fut expédiée le lendemain à son destinataire par M. de Leygonie, chanoine-sacristain de Saint-Géraud, Cette décision confirmait une fois de plus les sagaces prévisions de M. l'abbé Delrieu, et justifiait pleinement son attitude vis-à-vis du fermier Malmeja. Aussi fut-elle accueillie par lui avec une satisfaction presque enthousiaste, qu'il n'essaya pas d'ailleurs de dissimuler. Ses paroissiens le félicitèrent et célébrèrent à l'envi son talent, pendant qu'ils déversaient le ridicule et le sarcasme sur les tenants de l'école opposée.

Mais le principe de la restitution une fois admis, il fallait en déterminer le montant, et c'est ici que le problème devenait délicat et ardu. L'officialité de Saint-Flour évoqua l'affaire à son tribunal, et le tout dûment examiné, il fut décidé que le fermier d'Escalmels verserait à la paroisse de Jou une provision de 200 livres, que cette provision serait distribuée par le curé aux pauvres, et que pour le surplus M. l'abbé Delrieu aurait la charité de porter le corps commun à lui en faire condonation. Si le corps commun s'y refusait, il serait déclaré déchu de ses droits, et il perdrait par cela même le bénéfice des 200 livres qu'on voulait lui allouer, et qu'alors on reporterait sur l'hôpital de la ville d'Aurillac.

Cette décision de l'officialité diocésaine fut communiquée à M. le curé de Jou par M. Decebié, vicaire général et curé d'Arpajon, le 30 septembre 1749. Elle le surprit et l'affecta profondément. C'était la douche d'eau froide qui tombait sur le zèle enflammé de l'apôtre, ou bien la montagne accouchant d'une souris après le grand bruit qui s'était fait autour de cette affaire. Sans prendre parti contre ses supérieurs et tout en se gardant de blâmer ouvertement leur arrêt, M. l'abbé Delrieu se demanda s'il n'y avait pas quelque chose à faire. Il écrivit à M. de Leygonie, son ami et son conseil, pour lui traduire ses embarras et lui soumettre ses perplexités. Le « sacristain » de Saint-Géraud était un homme éclairé et judicieux. Il n'eut garde de blâmer l'autorité diocésaine, mais il se permit pourtant de faire remarquer que « malgré l'habileté de ces messieurs », il ne voyait pas trop quel avait été leur fondement pour fixer la restitution à une somme si modique, et pour assujettir le corps commun à faire remise au fermier coupable de tout l'excédent des sommes dont il s'était enrichi au détriment de la paroisse. — Il n'y a que l'impossibilité, disait-il, qui puisse le dispenser de restituer actuellement, et Malmeja n'est pas dans ce cas ; d'autre part, c'est à la paroisse en corps, à qui est faite la restitution, d'en régler l'emploi, et non pas à ceux qui ont statué sur elle. — A votre place, continuait-il, j'assemblerais mes paroissiens un dimanche, je leur ferais part de la décision rendue par l'officialité, je les inviterais à prendre une résolution par écrit, et pendant qu'ils la prendraient, je me retirerais pour n'avoir pas l'air de peser sur eux. Et à la place de vos paroissiens, j'adresserais à Mgr de Saint-Flour des remontrances respectueuses, tant sur le montant de sommes à restituer par le fermier que sur les facultés de ce personnage, et j'indiquerais comme le meilleur emploi à faire des fonds, l'acquisition, par exemple, ou la construction d'un presbytère. Seulement, dans la délibération, il conviendrait de nommer un syndic capable pour poursuivre cette affaire.

Le conseil de M. de Leygonie cadrait trop bien avec les vues personnelles de M. le curé de Jou, pour que celui-ci ne s'empressât pas de l'adopter. Il convoqua donc ses paroissiens, leur lut la communication de M. Decébié, et leur suggéra immédiatement ce qu'il y avait à faire, rédiger une supplique où l'on exposerait tous les faits, et porter la question, non pas devant le conseil, mais devant la personne même de Mgr l'Evèque.

Les habitants de Jou suivirent l'avis de leur pasteur. Ils réunirent leurs griefs contre Malmeja et les formulèrent avec une précision rigoureuse, faisant à leur manière le procès de cet homme néfaste, qui les avait lésés pendant si longtemps. Le réquisitoire débute par une charge à fond contre ce fermier « lettré, éclairé et rusé selon le monde », dont toute la tactique pendant 27 ans a été d'amadouer la main du fisc pour l'empêcher de s'abattre sur lui et la faire tomber sur ses compatriotes. Cette tactique ne lui a que trop réussi, les suppliants en savent quelque chose. Après de longues souffrances, ils espéraient qu'on leur rendrait enfin justice : quelle n'a pas été leur déception, lorsque dernièrement sur l'ordre de M. Decébié, leur bon curé est venu leur proposer de faire remise audit Malmeja de tous les impôts qu'ils avaient payés en son lieu et place, à la réserve seulement de 200 livres, que ledit Malmeja offrait de verser à la paroisse pour « toute restitution » du passé. Une pareille proposition n'était pas acceptable : c'est pourquoi les suppliants l'ont repoussée et la repoussent encore. Le fermier, en effet, s'est trop enrichi à leurs dépens pour qu'on lui fasse quittance à si bon marché. Les impôts qu'il a fait payer à la paroisse, depuis 1722 jusqu'à la révision cadastrale, se montent à plus de 4000 livres, et les bénéfices qu'il a réalisés dans le même laps de temps ne sont pas inférieurs à 5 ou 6000 livres. Comment amnistier un homme qui se comporte ainsi, qui fait pénétrer la misère et la ruine chez les autres pendant que chez lui il introduit l'abondance et le confort ?

Les habitants de Jou n'ont pas été moins surpris de la menace qu'on leur a faite, à savoir que s'ils n'acceptaient pas le dédommagement offert par Malmeja de 200 livres, on allait leur retirer cet argent et en faire bénéficier l'hôpital d'Aurillac. Tel est notamment l'avis de M. le curé de Vic, qui se permet de taxer de « ridicule » la casuistique de leur docte pasteur, lequel a toujours été en vénération dans la province pendant vingt ans ou environ qu'il est demeuré le chef des missionnaires royaux. Qu'il plaise à ce jeune Monsieur d'exercer ainsi sa verve railleuse, il n'en résulte pas qu'il ait raison. Les suppliants, au contraire, sont persuadés que leur évêque n'a pas ratifié et ne ratifie pas une décision si extraordinaire, car enfin les principes sont là, et que disent les principes ? — 1° Que tous les taillables qui n'ont pas payé l'impôt sont tenus à la restitution vis-à-vis de ceux qui les ont payés pour eux —; 2° qu'ils ne doivent restituer que ce dont ils sont devenus plus riches s'ils se trouvent dans la bonne foi, mais s'ils sont dans la mauvaise, ils sont tenus de restituer, *vel in re vel in voto*, tout ce qu'ils n'ont pas payé et qu'ils devaient payer, quand même dans ce second cas ils ne seraient pas devenus plus riches ; — 3° que c'est celui qui a été diminué injustement qui est le premier tenu à la restitution ; — 4° que la restitution doit être faite à ceux qui ont été lésés, endommagés ou volés lorsqu'ils sont connus ; — 5° que l'église assemblée n'a pas le pouvoir de contraindre celui qui a souffert le dommage à en faire cession s'il n'y consent pas. — Ces cinq principes sont fondés sur le droit civil autant que sur le droit canon, et il n'est pas de directeur de conscience auquel ils ne soient familiers. Le cas du fermier est donc clair : il est tenu à restitution envers la paroisse de Jou, non-seulement de ce dont il est devenu plus riche, mais même de tous les impôts que cette paroisse a payés pour lui et de tout le dommage qu'elle en a souffert, à cause de la mauvaise foi où il se trouve et où l'ont placé ses agissements répréhensibles. — Il a beau recourir à une échappatoire, publier et faire publier partout que si cette restitution lui est imposée, cela va troubler les consciences, alarmer ceux qui sont dans le même cas que lui, et qu'ainsi le bien public étant en cause, il doit être dispensé de toute restitution, parce que le bien public l'emporte sur le bien particulier. Ce raisonnement ne tient pas debout, et il est facile de le retourner contre son auteur. Dans la paroisse de Jou, en effet, Malmeja est le seul qui n'ait pas payé les impôts qu'il devait payer, et que le corps commun a acquittés pour lui ; or où est ici le bien public, du côté de Malmeja ou du côté des habitants ? Et que demande ce bien public, qu'un particulier soit épargné, que le corps commun souffre à sa place, ou bien que la communauté ne soit pas victime d'un de ses membres, et que la société ne soit pas subordonnée à l'individu ?

Les suppliants ne se permettent ces observations que pour justifier pleinement la conduite de leur vénérable curé dont ils prendront la défense « jusqu'aux pieds du trône », et pour faire échec aux imputations calomnieuses dont ses ennemis, « qui seraient à peine ses écoliers », essaient de le noircir, alors que son mérite, sa capacité, la pureté de ses doctrines sont inattaquables. Quant à la restitution qu'ils demandent, ils osent espérer que Sa Grandeur ne fera aucune difficulté de la leur octroyer, attendu que Malmeja est leur redevable depuis 27 ans et qu'il est en mesure de leur faire cette restitution bien plus qu'ils ne le sont de lui en consentir la remise. Le montant pourrait en être fixé par leur curé, eu égard à la vraie valeur du fief d'Escalmels et à la vraie portion d'impôts qu'il comporte, à moins que Monseigneur ne préfère se réserver le cas et liquider lui-même ladite restitution à la somme de 3.000 livres — chiffre qu'ils acceptent et auquel ils veulent bien se limiter, à condition que cette somme de 3.000 livres sera répartie sur tous les taillables de la paroisse et distribuée entre eux au marc le franc.

La supplique des habitants de Jou était trop doctement rédigée pour être l'œuvre de quelques villageois, même délibérant à plusieurs têtes et s'aidant les uns les autres. On y sent percer la discussion théologique, et le théologien qui fourbit les armes et apporte les arguments, se devine sans peine. M. le curé de

Jou èst là qui tient la plume et qui dresse son apologie pendant
qu'il fait le procès du malheureux fermier. On ne s'y méprit
pas à St-Flour et la supplique n'y eut pas tout l'effet qu'en attendaient ses auteurs. On accusa le curé d'envenimer le débat et
de travailler à faire œuvre de haine et de représailles plutôt
qu'œuvre de charité et de justice ; et comme le curé continuait
à parler, on lui imposa silence et on donna ordre à Malmeja de
décliner sa juridiction et d'aller se confesser à Pailherols : ce
qu'il fit en 1750 et ce qu'il renouvela en 1752, très content d'ailleurs d'en agir ainsi et de forcer les mains qui ne voulaient pas
lui donner la communion à la lui donner malgré elles.

Cependant M. l'abbé Delrieu, même en battant en retraite, ne
voulait pas s'avouer vaincu. Il lui en coûtait d'abandonner une
partie qu'il avait si chaudement plaidée, et où il voyait son honneur en jeu. Il résuma tous ses griefs, et il en adressa l'expression
attristée à M. Décébié dans une lettre réfléchie où l'on sent
déborder toute l'amertume de son âme. — Enfin ses ennemis
triomphent ! Malmeja voit ses théories sur l'impôt ratifiées par
une commission qui devait le condamner et qui l'a presque
absous, et le marquis de Cropières peut dire impunément dans
ses conversations que le curé de Jou est « un concussionnaire ».
Le mot est bien gros, et il serait facile de le relever, mais
l'accusé, puisque accusé il y a, ne l'entreprendra pas, vu qu'on
lui a imposé le silence. Ce qu'il tient néanmoins à dire, c'est que
ses actes et ses démarches ont été au grand jour, et qu'il n'a
pas à en rougir. Dieu lui est témoin qu'il n'a pas menti : *testis
est mihi Deus, quia non mentior,* et c'est tout ce qu'il lui faut.
S'il s'est « avancé » dans cette affaire, ç'a été sur le sentiment
de deux hommes remarquables, M. de Leygonie, sacristain, et
le père Pichot, jésuite, qui en savent tous les tenants et abou-
tissants ; ç'a été surtout sur la première manière de voir de
Monseigneur, alors qu'on ne l'avait pas encore circonvenu, car
depuis on l'a si bien « travaillé », on lui a fait de ce maudit
curé de Jou un portrait si épouvantable, que le prélat n'a pu
moins faire que de changer d'avis, L'autorité, il est vrai, reconnaît maintenant qu'elle a été trompée ; elle regrette de s'être
mêlée de cette affaire, elle affirme qu'on ne l'y reprendra plus ;
Dieu veuille que son repentir lui tienne lieu d'excuse. Quant à
l'abbé Delrieu, il n'a rien à rétracter et il ne rétracte rien de
sa thèse. Le marquis et ses partisans ont beau chanter leur
refrain favori : en fait de tailles, sauve qui peut. — Un confesseur éclairé ne peut pas admettre cette maxime, et puisque ces

grands casuistes se disent si forts, leur adversaire les renvoie au Tome II des *Conférences d'Angers,* sur les *Cont.* et *Rest.,* page 355 : ils y trouveront leur condamnation [1].

Cette lettre est la dernière pièce du procès, qui se termina par conséquent, non pas comme le curé et les paroissiens de Jou l'avaient demandé, mais comme l'officialité diocésaine l'avait décidé, c'est-à-dire par la condamnation de Malmeja à la somme de 200 livres, et par la remise que dut lui faire du reste le corps commun. C'était une cote mal taillée, qui ne donnait satisfaction à personne, ni au demandeur ni au défendeur, mais qui avait l'avantage de concilier les principes avec les intérêts, et qui cherchait moins les précisions rigoureuses que les approximations accomodantes.

Le procès était fini entre Malmeja et les habitants de Jou, mais la querelle dura longtemps encore, entre l'intrépide curé et le marquis de Roussille, Jacques-Antoine Izarn de Freissinet de Valady, qui avait succédé à son oncle Louis-Théodose d'Escorailles, et qui avait hérité de toutes ses rancunes contre l'abbé Delrieu. Le nouveau seigneur de Cropières ne pardonnait pas plus que l'ancien à M. le curé de Jou d'avoir eu le verbe très haut pendant toute cette affaire, et surtout il lui reprochait d'avoir pris pour cible un homme qui était son fermier, et que cette seule considération aurait dû lui faire respecter. Mais le curé indépendant se souciait bien peu de plaire ou de ne pas plaire à l'omnipotent marquis. Il avait aperçu une injustice dans la répartition inégale de l'impôt, et cette injustice l'avait révolté et il l'avait poursuivie de toute l'énergie de son âme. Cette attitude peut-être un peu trop belliqueuse avait offusqué M. de Valady, qui disait pis que pendre de M. le curé de Jou et qui ne se gênait pas pour l'appeler dans l'intimité et même publiquement *fripon, faussaire, coquin..* L'abbé Delrieu recueillait avec soin tous ces propos et faisait parler avec habileté ceux qui les avaient entendus. Lorsqu'il se crut à peu près sûr de ses témoins, il songea à déposer une plainte contre son détracteur, et l'acte d'accusation suivant fut dressé ;

1º M. de Valady a traité publiquement d'ignorant l'évêque de St-Flour, parce que celui-ci n'a pas assisté à l'Assemblée générale du clergé de France ;

2º Il a qualifié d'ivrognes ou d'impudiques tous les prêtres de Raulhac ;

----

[1] Papiers Trin de Rentières.

3º Il s'est joué des « Menettes » en n'exécutant pas les dispositions testamentaires de son oncle à leur égard ;

4º Il a fait abattre les moutons de ses gens pauvres, parce qu'ils avaient pénétré dans ses prairies au cœur de l'hiver ;

5º Il a fait marier par force des garçons et des filles qui sont aujourd'hui des plus malheureux ;

6º Il a donné asile sur ses terres à plusieurs réfractaires du canton lors du tirage au sort de la milice :

7º Il affecte l'irréligion, puisque chaque année au temps de Pâques il prend la poudre d'escampette ;

8º Il a proféré et il profère sans cesse contre le curé de Jou les plus insolentes menaces ;

9º Aux menaces il joint les excitations. « Assemblez-vous, disait-il dernièrement à un groupe, déguisez-vous et assommez-le à coups de barre. »

Les rapports étaient donc très tendus entre le curé de Jou et le château de Cropières. Qui eut finalement raison, du curé ardent ou de l'irascible seigneur ? La chronique ne le dit pas. Il est probable que tout se passa en escarmouches et que l'affaire qui avait commencé par une question d'impôt n'eut pas son dénouement devant la police correctionnelle. En tout cas, c'est un bien curieux épisode que celui du fermier d'Escalmels, et comme étude de mœurs, il méritait bien une place dans l'histoire financière du pays. [1]

---

[1] Cet abbé Delrieu, qui soutint si courageusement les intérêts de ses paroissiens contre le fermier Malmeja et les seigneurs de Cropières, était originaire du village de Buzers, paroisse de Saint-Martin-sous-Vigouroux. Il avait pour frère Antoine Delrieu, avocat à Vic, qui avait épousé une Froquières, dont il sera question plus tard.

CHAPITRE IX

LE COMMERCE A RAULHAC

Si l'impôt était lourd à Raulhac, du moins le commerce y était-il florissant ? Cette localité était trop éloignée des villes et trop dépourvue de moyens de communications pour que les produits de son sol pussent s'écouler facilement. On y cultivait toutes les céréales : froment, seigle, avoine, sarrazin, orge, maïs ; on y élevait des animaux de toute espèce, le bœuf, le cheval, le mouton, la chèvre, le porc, etc. ; on y fabriquait du beurre, du fromage, de l'huile, du cidre, du chanvre, du lin ; mais toutes ces denrées ne s'exportaient pas, les unes se consommaient sur place, les autres allaient se vendre sur les marchés voisins, qui étaient Mur-de-Barrez et Aurillac. Vic, malgré ses eaux et son bailliage, n'avait pas le don d'attirer les Raulhacois. Ils y allaient alors comme ils vont aujourd'hui, uniquement pour y trouver dame Justice. Leurs procès étaient là, mais leurs relations et leurs affaires se traitaient ailleurs.

I.

Au commencement du XVIe siècle, les habitants de Raulhac
voulurent tenter un progrès. Ceux de Thiézac avaient obtenu
trois foires et un marché le 1er septembre 1469, et ces foires
étaient prospères, et ce marché faisait fureur. Or, ce qui avait fa-
vorisé la vallée de la Cère favoriserait également la vallée du
Goul, et les deux bourgs, sans être très distants l'un de l'autre,
l'étaient assez cependant pour que le commerce de celui-ci ne
nuisît pas au commerce de celui-là. On s'assembla donc, on
délibéra, et la création de quatre foires et un marché fut de-
mandée au roi, dont la mère Louise de Savoie était alors vicomtesse de Carlat. François Ier avait trop à cœur le développement de la richesse nationale pour ne pas favoriser de tout
son pouvoir cette institution des foires et marchés, qui en était
un si puissant facteur. Il prit en considération la requête qu'on
lui adressait, et sur le vu de cette requête il rendit une ordonnance dont voici la teneur :

« François, par la grâce de Dieu, roy de France, savoir
faisons... nous avoir reçu humble supplication de notre amé et
féal Nicolas de Fontanges, chevalier, et des manans et habitans
de la paroisse de Roilhac, contenant que ladite paroisse est de
belle et grande estandue, en laquelle paroisse seraient bien
convenables quatre foyres par chacun an et un jour de marché
en chacune sepmaine. C'est assavoir : deux des dictes foyres
au bourg de Roilhac, et deux au lieu de Paillcrolz, qui est de
ladicte paroisse, s'il nous plaisait les y créer, ordonner et
establir, et sur ce impartir nostre grâce. Pour quoy nous, ces
choses considérées, désirans le bien, proulfict, utillité et commodité de noz subjectz et de la chose publicque, avons en la
dicte paroisse créé, ordonné et estably, et par ces présentes,
de notre grâce espécial, pleine jouissance et auctorité royal,
créons, ordonnons et establissons quatre foyres en l'an et un
marché en chacune sepmaine, pour y être doresnavant à tous
jours mais perpétuellement tenues et continuées, c'est assavoir :
audict lieu de Roilhac, la première, le premier jour de septembre, la seconde le jour saint Vincent en janvier, et audict lieu
de Pailleros, l'une le jour de la Magdeleine, et l'autre le premier jour de juing, et ledict marché un chacun jour de samedi
audict lieu de Roilhac ; et que ausdicts foyres et marché, tous

marchans puissent aller, venir, séjourner, vendre, achetter et eschanger toutes marchandises licites, et en icelles, tant en allant et séjournant que retournant, joyr et user de tous telz droiz, privilèges, franchises et libertez qu'ilz font ès aultres semblables foyres du pays, pourveu qu'il n'y ait auxdicts jours aultres foyres ni marché à quatre lieues à la ronde. Si donnons en mandement, par ces présentes, au bailly des Montagnes d'Auvergne, ou à son lieutenant à son siège d'Orilhac, et à tous nos anltres justiciers ou à leurs lieutenans, que de nos présens grâce, créacion et érection desdicts foyres et marché ils facent, souffrent et laissent lesdicts supplians et leurs successeurs, et les marchans, allans, séjournans et retournans desdictes foyres et marché, joyr et user plainement et paisiblement, et lesdictes foyres et marché facent crier, signiffier, publier et assavoir ès lieux circonvoisins, et ailleurs où il appartiendra et dont ils seront requis et pour tenir lesdictes foyres permectent ausdicts supplians faire construire et édiffier halles, bancz, estaulx et autres choses convenables.... Donné à Paris au mois de juing l'an de grâce mil cinq cens vingt-huit, et de notre règne le XIIIIᵉ. Ainsi signé :

Par le Roy,
ROBERTET.

Visa contentor : DESLANDES.[1]

Une fois en possession de leurs foires, les habitants de Raulhac auraient dû mettre tout en œuvre pour les faire réussir. Ils furent au contraire malhabiles, négligèrent totalement la réclame et ne surent attirer ni acheteurs ni vendeurs. Malgré cette apathique indifférence, la foire de la Saint-Vincent débuta avec éclat, et devint bientôt célèbre dans toute la région, malgré les rigueurs de l'hiver, qui en cette saison de l'année en rendaient parfois la tenue impossible. On y vendait des gâteaux indigènes très renommés, vulgairement appelés *tartres*, qui étaient des modèles du genre et faisaient les délices de tous les gourmets d'alentour. Le soir venu, quand on avait bien fêté la dive bouteille, il était d'usage de se chercher querelle et de ne pas se quitter sans avoir échangé quelques vigoureux coups de bâton. Les jeunes gens d'une commune se liguaient contre ceux de la commune voisine, et les questions personnelles se transformaient rapidement en mêlée générale. On se lançait, on

---

[1] Arch. nat., JJ. 243, fol. 136.

se ruait les uns sur les autres, et les chapeaux s'abattaient sur les chapeaux, les corps roulaient sur les corps dans un tohu-bohu indescriptible, qui faisait le désespoir de la maréchaussée, mais qui était l'exercice préféré de cette jeunesse turbulente, parce que tout solide gars y trouvait l'occasion d'y faire éclater la supériorité de sa force et de se mettre en renom dans le pays. Ce genre de sport a cessé d'être à la mode, et les luttes épiques n'existent plus que dans le souvenir des anciens. Celle de 1871 a été la dernière, et pour l'honneur de la civilisation et du progrès il est à souhaiter qu'elles ne recommencent pas.[1]

A la différence de celle de St-Vincent, la foire du 1er septembre ne fit pas long feu. La date en était-elle mal choisie? Les habitants de Raulhac ne s'en désintéressèrent-ils pas un peu trop? Nous ne savons. Toujours est-il que cette foire n'a survécu ni dans les documents, ni dans la mémoire des hommes, puisqu'on ne trouve sa trace nulle part. Il en est de même du marché hebdomadaire destiné à ravitailler le bourg et à faciliter l'écoulement des produits de la ferme. Ce marché échoua, parce qu'il était trop voisin de celui de Mur-de-Barrez. Les deux frères rivaux entrant en lutte l'un contre l'autre, ce fut le plus ancien qui battit le plus jeune, et la ville qui resta maîtresse de la campagne, dans ce duel commercial où les intérêts n'étaient pas précisément en opposition, et où la libre concurrence pouvait s'exercer pour le plus grand bénéfice des uns sans préjudice des droits acquis des autres.

Les habitants de Pailherols surent mieux manœuvrer que ceux de Raulhac. Ils avaient obtenu l'établissement de deux foires, et cet établissement leur semblait d'une importance capitale pour l'avenir de leur section. Ils se remuèrent donc beaucoup et firent du zèle, de la publicité, de la réclame. Le succès répondit à leurs efforts. Le 1er juin fut bientôt comme la St-Vincent une foire très renommée dans le pays, et l'on y vint d'Aurillac, de St-Flour, d'Allanche et d'ailleurs. Les moutons et les bestiaux y affluèrent, et de nombreuses transactions s'y opérèrent chaque année. Le 22 juillet fut un peu moins suivi, et la « Matouène [2] »

---

[1] La foire de la St-Vincent a beaucoup perdu de son importance d'autrefois par suite de la création d'une nouvelle foire au Mur-de-Barrez à la date du 20 janvier. Elle n'est plus que la moitié de ce qu'elle était il y a seulement 30 ans. On n'y trouve plus ni « tartres » ni « batuestes », et ceux qui aiment l'originalité s'en éloignent de plus en plus.

[2] Vieux mot patois, *Matouène* pour Madeleine.

n'eut jamais qu'une réputation de second et même de troisième ordre. Du moins elle s'est maintenue, et on la trouve encore debout après une période de 378 ans.

La maison de Cropières avait créé au XVIe siècle les foires de Raulhac et de Pailherols. Au XVIIe elle créa celles de la Capelle-Barrez. Ce fut, en effet, à la requête de noble Jean-Rigal d'Escorailles-Fontanges que parurent en 1682 les lettres-patentes du roi portant création de quatre foires et deux marchés [1] dans cette localité relativement importante, qu'à tort ou à raison on a surnommée la « reine des Montagnes ». Les foires nouvelles devaient se tenir le 7 mai, le 23 juin, le 29 août et le 22 octobre. Elles répondaient sans doute à un besoin réel du pays, puisqu'elles réussirent toutes et promptement. Leur succès ne s'est pas démenti jusqu'à nos jours. Une remarque frappe seulement l'étranger : c'est la différence de composition qui s'observe entre les deux champs de foire voisins. Les animaux conduits à Pailherols ont généralement le poil rouge et trahissent ainsi la race de Salers, tandis que ceux exposés à la Capelle-Barrez ont généralement le poil fauve et révèlent par conséquent la race d'Aubrac. La ligne de démarcation est donc facile à trouver, et c'est dans l'ancien mandement de Barrez qu'il faut la fixer.

II

Le commerce était facilité par les foires, mais il était entravé par les péages, que la féodalité avait établis partout, et qui rompaient les artères de la France selon l'expression juste et énergique d'un député de Lyon aux états du Dauphiné. Entendu dans son sens strict, le péage est tout droit perçu ses les chemins, ponts, bacs, etc., pour le passage des personnes, animaux ou marchandises. A la différence des droits de douane qui ne s'appliquent qu'à la frontière et ne frappent les denrées qu'au moment de leur importation ou de leur exportation, le péage s'exerce à l'intérieur et il est dû par le seul fait du passage des marchandises, quelles qu'en soient la nature et la des-

---

[1] Les deux marchés de la Capelle ne réussirent pas mieux que celui de Raulhac. On essaya bien de les tenir, de les achalander, mais les populations du voisinage n'y vinrent pas, et peu à peu ils tombèrent d'eux-mêmes. L'agglomération était trop petite et les vivres apportés ne trouvaient pas preneur.

tination. Primitivement, les péages étaient considérés comme un dédommagement pour les frais d'entretien et de surveillance des routes. Les seigneurs « péagers » devaient protéger les marchands et *tenir en sûreté* les voyageurs. Mais la cupidité les fit bientôt dégénérer en droits purement fiscaux, et l'on s'occupa moins de protéger les voyageurs que de les rançonner. Les péages furent multipliés arbitrairement et donnèrent lieu à une infinité de vexations. La royauté dut intervenir et, à plusieurs reprises, réprimer les abus. La Bulle *in Cæna Domini* prononce l'excommunication contre ceux qui en établiront de nouveaux sur leurs terres, et Colbert obligea tous les possesseurs de titres à en subir la vérification la plus rigoureuse (déclaration de 1663 et ordonnance de 1669). Tout péage dont l'établissement n'émanait pas de l'autorité royale, était, en principe aboli ; en réalité une longue possession équivalait pour les hauts justiciers à une concession du prince.

L'Auvergne dut se soumettre comme les autres provinces aux ordonnances royales, et les péages y furent partout vérifiés. La maison de Cropières en possédait trois : un à Curebourse sur le chemin de Vic, un à Pailherols sur le chemin de Murat, et un à Lacapelle-Barrez sur le chemin de Saint-Flour. Le comte de Roussille fut invité à présenter ses titres, et à faire preuve de la possession immémoriale où il prétendait se trouver. Il produisit un dossier volumineux, en trois liasses, où étaient rassemblés tous les actes relatifs auxdits péages, et dont les archives de Cropières nous ont transmis l'indication.

La première liasse concernait le péage de Pailherols. Le comte de Roussille établissait que lui et ses auteurs avaient toujours été propriétaires des estrades de Montjou et de leurs dépendances, et conséquemment du péage qui se levait à cet endroit, à cause des châtellenies de Cropières et de Puechmourier ; puis il montrait que ce péage avait une origine très reculée, qu'il avait d'abord appartenu aux Montjou, puis aux Fontanges, puis aux Scorailles, leurs successeurs. Et comme chacune de ses affirmations était corroborée par le témoignage d'un texte écrit, il en résultait jusqu'à l'évidence que la maison de Cropières n'avait commis aucune usurpation, mais qu'elle était dans le légitime exercice d'un droit qui lui avait été primitivement concédé, et qu'en tout cas, le temps avait largement consacré.

La deuxième liasse regardait le péage de la Capelle-Barrez. Ici trois titres faisaient également foi que ce péage était très ancien, et qu'il n'était advenu à la maison de Cropières que par une très légitime succession d'actes authentiques. Le premier de ces actes était une vente de 1291, faite par Robert de Saint-Urcize, à Hugues de Giou, de plusieurs droits que ledit seigneur de Saint-Urcize possédait dans le village de Feyssergues, et par exprès du droit de péage dont il jouissait au lieu de la Capelle-Barrez. Le second était une revente de ces mêmes droits, y compris toujours celui de péage, consentie par noble Jacques de Giou à noble Annet de Fontanges, protonotaire apostolique, le 21 février 1555. Le troisième était le testament du même Annet de Fontanges, par lequel celui-ci transmet tous ses droits à la maison de Cropières le 24 mars 1582.

La troisième liasse avait pour objet le péage de Curebourse.

Ici la preuve était plus compliquée, parce que ce dernier péage ne relevait pas d'un possesseur unique : il appartenait pour moitié à la maison de Cropières, et pour moitié à la famille de la Roque, devenue plus tard celle de Brezons. Deux preuves au lieu d'une étaient donc nécessaires, et c'était à chaque intéressé à faire la sienne séparément. Le comte de Roussille s'attacha d'abord à prouver que, pour la part qui le concernait, ledit péage de Curebourse avait appartenu dès le principe à la maison de Morèze, que celle-ci l'avait reconnu au roi le 27 septembre 1634, qu'elle l'avait ensuite loué, vendu, racheté, revendu, repris encore entre le 7 février 1645 et le 2 décembre 1652, et qu'il était demeuré en sa possession jusqu'au 2 avril 1658, époque à laquelle un testament l'avait fait passer à la maison de Cropières. Le comte de Roussille produisit ce testament, et de cette pièce il résultait qu'il était lui-même l'héritier général du dernier des Morèze, et qu'ayant ainsi hérité de tous leurs droits, il avait par là même hérité du péage en question.

Pendant que le comte de Roussille établissait ainsi ses droits sur Curebourse, l'autre co-propriétaire , Claude de Brezons , seigneur de la Roque, ne demeurait pas inactif. Lui aussi avait réuni un dossier important, où figuraient huit pièces justificatives et où se trouvait la preuve par baux, sentences judiciaires, hommages ou autrement, que, depuis l'an 1446 jusqu'à l'an 1672, la maison de la Roque d'abord, et ensuite celle de Brezons qui lui avait succédé,[1] n'avaient cessé de percevoir sur

---

[1] Ce fut Tristan de Brezons, seigneur de Massebeau, qui ayant cédé son château d'Azenières à noble François de la Roque, seigneur de la Roque, en obtint en échange le 22 juillet 1592 ladite terre de la Roque, située sur la paroisse de St-Clément. Les Brezons y furent remplacés à leur tour par les Miramon, qui ont gardé cette seigneurie jusqu'en 1789.

lé lieu appelé des « Butterelles », autrement de Curebourse, le péage contesté. Cette longue possession, toujours paisible, jamais interrompue, était le meilleur des titres que pouvait invoquer le produisant. Aussi l'examen du dossier ne fut pas long et la conviction de M. de Marle, intendant d'Auvergne, se trouva-t-elle faite en quelques heures. Le 20 mai 1679, M. de Marle rendit une ordonnance motivée [1], par laquelle faisant droit à la réquisition et représentation du sieur de Brezons, il déclarait le maintenir en possession du péage de Curebourse, à la charge par lui d'entretenir ledit lieu, d'y lever les droits conformément à la pancarte du 21 août 1624, d'y faire afficher cette pancarte sur un poteau apparent, et d'en faire déposer un double au greffe du bailliage de Vic « pour y avoir recours quand besoin sera ». Par la même ordonnance il était défendu aux commis ou préposés de percevoir plus d'un droit sur la même personne ou sur la même voiture, d'user de menaces et à plus forte raison de voies de fait envers les voyageurs sous peine de punition corporelle, comme aussi il leur était expressément ordonné de tenir un registre exact des droits perçus par eux chaque jour, de donner quittance de tout paiement au-dessus de cinq sols, et de se trouver à leur poste au moment du passage pour ne pas retarder les intéressés : faute de quoi il devenait permis à ceux-ci de continuer leur chemin sans acquitter leur dû, et tout individu qui se permettrait de les molester, de quelque qualité qu'il fût, était passible de 300 livres d'amende.

L'ordonnance de M. de Marle fut enregistrée au bailliage de Vic le 9 juin 1679 par les soins de M. de Sistrières, lieutenant général, et publiée deux jours après au prône de la messe paroissiale de St-Clément par messire Jean Boissy, curé. Le règlement était pour tous et il fallait que nul n'en ignorât. Seuls les habitants du lieu et paroisse de Vic furent maintenus dans le privilège dont ils jouissaient de temps immémorial, à savoir celui de faire circuler en franchise leurs denrées et leurs animaux. Les droits de péage ne les atteignaient pas.

En même temps que celui de Curebourse, les péages de Pailherols et de la Capelle-Barrez furent rétablis, et la maison de Cropières comme celle de Brezons se trouva ainsi remise en possession de ses anciens droits. Elle en jouit paisiblement jusqu'en 1740, époque à laquelle les possesseurs des péages furent de nouveau inquiétés et obligés de reproduire leurs titres devant

---

[1] Cette ordonnance se trouve dans les archives de Cropières.

une nouvelle commission d'examen. Le marquis de Roussille se soumit à l'enquète, et en appela à la bonne foi des habitants de la Capelle, Pailherols, Curebourse et autres lieux circonvoisins. Il y eut trois réunions successives, une pour chaque région, devant un commissaire spécial. Tous les comparants déposèrent de la même façon, à savoir qu'ayant péage chez eux, ils avaient vu de tout temps la maison de Cropières percevoir par ses gens, domestiques ou fermiers les droits de ce péage, tels qu'ils étaient gravés sur une *platine de plomb,* et se lisaient en grosses lettres à l'entrée de leur localité respective. Ces droits étaient :

Au lieu de Curebourse

Pour chaque mulet et mule............	13	deniers
Pour chaque bœuf, vache, taureau et velle.	2	»
Pour chaque pourceau et chèvre........	2	»
Pour chaque poulin ou pouline qu'on mène à la main......................	13	»
Pour chaque mouton à laine...........	1	»
Pour la brebiaille allant paître à la montagne du Cantal, pour chaque douzaine	8	»
Pour chaque charge de voiture de marchandise......................	4	»
Pour chaque charge de blé	2	»
Pour chaque charretée de vin........	12	»
Pour chaque animal à courreau........	10 sols »	»

Au lieu de Pailherols

Pour chaque barrique de vin........	1 sol	
Pour chaque charretée de marchandise...	1 sol	
Pour chaque charge de marchandise...,,	2	»
Pour chaque vieux poulin............	2 sols	
Pour chaque jeune poulin............	5	deniers
Pour chaque bœuf et vache...........	2	»
Pour chaque chèvre................	2	»
Pour chaque pourceau	2	»
Pour chaque bête à laine...........	1	»
Pour chaque animal à courreau	5 sols	

Au lieu de la Capelle-Barrez

Pour chaque barrique de vin.........	1 sol	
Pour chaque charretée de marchandise..	1 sol	
Pour chaque charge de marchandise....	2	deniers
Pour chaque vieux poulin............	2 sols	
Pour chaque jeune poulin	5	deniers

Pour chaque bœuf ou vache............ 2 »

Pour chaque pourceau................ 2 »

Pour chaque chèvre.................. 2 »

Pour chaque bête à laine............. I »

Pour chaque animal à courreau........ 5 sols » »

Ces trois déclarations étaient précises, et avaient d'autant plus de poids qu'elles émanaient des témoins les plus considérables de chaque section. Partout les curés s'étaient fait un devoir de joindre leur déposition à celle de leurs paroissiens, et parmi ceux-ci c'étaient les plus honorables qui avaient parlé. Comment ne pas croire à tant de voix, dont les unes pouvaient évoquer un si long passé, et dont les autres ne faisaient que répéter, mais répétaient si fidèlement ce qu'ils avaient entendu dire à leurs ancêtres ? Aussi ces dépositions furent-elles recueillies avec le plus grand soin par maître Boyssou, notaire à Raulhac, et formèrent-elles pour M. de Roussille la preuve sans réplique, établie par trois certificats distincts : certificat du 26 mars 1741 pour le péage de Curebourse, certificat du 3 avril 1741 pour le péage de la Capelle, et certificat du 4 avril 1741 pour le péage de Pailherols. [1]

III

Le prix des grains, des fromages et des bestiaux a nécessairement varié suivant les époques. Le plus ancien document qui nous soit parvenu sous ce rapport est un jugement rendu par arbitres le 4 juin 1636. Une affaire commerciale étant venue devant le juge du mandement de Vigouroux, qui n'était que le lieutenant de celui de Murat, M. de Traverse, juge ordinaire de cette ville, assembla un conseil de prud'hommes pour avoir sur la matière un avis sage et éclairé. La réunion eut lieu à Paulhenc sur les confins de l'Auvergne et du Rouergue. Les personnages consultés étaient les sieurs Jacques Lavinhe, de Ladescols, Guillaume Lavinhe, de Saint-Martin, et Jean Dutrieu, de Lébréjal, tous trois marchands de grains sur les marchés du Mur-de-Barrez, Pierrefort et Saint-Flour. Ils déclarèrent que les cours devaient faire loi, et que d'après les cours en vigueur le froment valait 6 livres le setier, le seigle 5 livres, l'avoine 3 livres 10 sous : ce qui ferait environ 23 francs, 19 francs et 13 francs au taux actuel [2].

Un extrait du *Livre des évaluations* faites à la Halle aux blés

---

[1] Min. Gizolme.

[2] Arch. de Messillac.

du Mur-de-Barrez nous fait connaître le prix des grains pour une période plus rapprochée de nous, bien qu'encore relativement éloignée. Il s'agit de cinq années qui se suivent et qui ne furent pas les moins brillantes du règne de Louis XIV.

A la Saint-Michel

Pour	le froment vaut	le seigle vaut	l'avoine vaut
1676,	15 sous le carton	13 sous	6 sous
1677,	18 sous 6 deniers	16 sous	7 sous
1678,	20 sous	12 sous 6 deniers	6 sous 6 deniers
1679,	23 sous 6 deniers	17 sous 6 deniers	8 sous
1680,	22 sous	17 sous	8 sous [1]

Les *Documents historiques* continuent cet exposé, et publient un état du prix du blé pour toute la période qui va de 1680 à 1750. L'auteur de ce rapport, qui écrivait sans doute pour le prince de Monaco, nous apprend que de 1680 à 1689 le setier de seigle n'a valu que 2 livres 11 sous 4 deniers en moyenne, ou comme on dit une année dans l'autre.

Depuis 1690 jusqu'en 1699..........	4 livres
Depuis 1700 jusqu'en 1709..........	2 livres 14 sous
Depuis 1710 jusqu'en 1719..........	3 livres 18 sous
Depuis 1720 jusqu'en 1729..........	4 livres »
Depuis 1730 jusqu'en 1739...,.....	4 livres 8 sous
Depuis 1740 jusqu'en 1749..........	4 livres 18 sous

et les autres grains en proportion. [2]

Ce rapport est rédigé à Vic et porte la date du 29 décembre 1753. Il s'applique à tout le pays du Carladès, et par conséquent à Raulhac qui en occupait le centre.

Le prix des bestiaux n'est pas si facile à déterminer que celui des grains. Les seuls renseignements auxquels on puisse puiser, ce sont les baux à ferme ou les inventaires de cheptel assez nombreux dans les minutes notariales. Or d'après ces baux ou inventaires une paire de bœufs est estimée: en 1574 75 livres, en 1625 80 livres, en 1643 90 livres, en 1746 70 livres, en 1765 150 livres, etc. Une paire de vaches vaut 33 livres en 1574, 80 livres en 1692, 90 livres en 1700, 60 livres en 1746, 100 livres en 1765. En divisant par deux on obtient le prix de chaque unité. Ces chiffres, il est vrai, n'ont rien d'officiel. Ce ne sont pas ceux publiés par les mercuriales du temps, ce sont ceux établis par experts ou à l'amiable par l'accord libre et volontaire

---

[1] Ibidem.

[2] Tome premier, p. CCLXXI.

des parties, en dehors des foires et marchés. Mais s'ils n'indiquent pas avec précision les cours publics, ils les reflètent, ils s'en rapprochent, et ils permettent de se rendre à peu près exactement compte de la valeur vénale des animaux à telle et à telle époque. Et pour le paysan de nos jours il n'est pas sans intérêt de savoir ce que coûtait une vache au XVIe, au XVIIe, au XVIIIe siècle ; aux cours d'alors il compare ceux d'aujourd'hui et il peut ainsi juger de la différence des époques et des progrès économiques qui se sont accomplis.

Le prix du fromage a subi les mêmes variations que celui des bestiaux. Il est aujourd'hui de 80 francs le quintal, alors qu'il n'était que de 60 francs l'année dernière à pareille époque. Le prix moyen des trente dernières années a été de 50 francs ; il était de 13 livres sous Louis XIV, et sous les successeurs de Philippe-le-Bel, en plein moyen âge, de 30 ou 35 sous seulement. Il est vrai que le sou d'alors valait plus que le franc d'aujourd'hui, et que tout compte fait, les anciens cours qui de prime abord paraissent si prodigieusement distants des cours actuels, au fond n'en sont pas très éloignés. L'écart est plus apparent que réel, et il n'y a plus value sur la marchandise que parce qu'il y a moins value sur l'argent. L'argent était rare à une époque ; peu à peu il est devenu abondant, et son abondance a amené sa dépréciation. De là la cherté progressive des vivres, et la nécessité de doubler, de tripler, de quadrupler, etc., les prix, puisque l'argent a perdu la moitié, les deux tiers, les trois quarts de sa valeur.

<h2 style="text-align:center">IV</h2>

Une autre cause de variation, ce sont les disettes si fréquentes sous l'ancienne monarchie. Quiconque a lu attentivement l'histoire du XVIIIe siècle, sait combien cette période fut malheureuse pour la Haute-Auvergne en général et pour la vallée de Raulhac en particulier. Une longue série de mauvaises récoltes, qui avait commencé dès l'année 1690, amena une pénurie extrême des grains et de toutes les denrées alimentaires. D'indignes commerçants, connus sous le nom d'accapareurs, spéculaient sur les malheurs publics ; ils se procuraient des grains par tous les moyens possibles, et les tenaient en réserve jusqu'à ce que l'élévation des prix leur permît de réaliser des bénéfices considérables. Pour déjouer ces manœuvres coupables, les intendants ordonnèrent en 1709 à leurs subdélégués de s'enquérir des quantités de grains de toute nature existant chez les particuliers, afin que l'administration sût à qui s'adresser lorsqu'il y aurait lieu d'approvisionner les marchés et d'empêcher par cet approvisionnement les populations de mourir de faim. Les habitants de Raulhac durent obéir aux ordonnances du roi, et faire leurs déclarations devant ses représentants en tournée. Voici les résultats particls de cette enquête, tels qu'ils se trouvent dans les papiers de la famille Coutel de la Maisonade, et que nous devons à une bienveillante communication :

Madame Marie-Charlotte de Tubières de Lévis de Caylus, marquise de Roussille, lieutenante du roi dans la Haute-Auvergne, habitant le château de Cropières, déclare posséder 600 setiers de seigle, 500 de froment et 10 d'avoine. Ces grains proviennent des années 1705, 1706, 1707 et 1708. Sur cette quantité elle est obligée de nourrir tous ses métayers et leurs domestiques au nombre de 186 personnes. De plus elle consomme chaque semaine 15 setiers de blé de toute nature pour sa maison, pour ses domestiques et pour les pauvres. Elle ajoute que dans tous ses domaines elle ne récoltera pas assez pour faire les semailles prochaines.

Messire Jean-Marc-François d'Escorailles, écuyer, habitant au château de Valduchez, déclare avoir 58 setiers de seigle, 5 setiers de froment, 4 setiers de blé noir, 2 cartons d'avoine, 1 setier de farine de seigle et 3 cartons de farine de froment provenant de la récolte de 1708. Il a 16 domestiques à nourrir, sans compter les manœuvres nécessaires pour faire la récolte de ses foins et de ses blés. Son approvisionnement ne lui suffira pas, et il ne récoltera pas assez pour ensemencer ; il fait des aumônes, et il a 7 personnes de sa famille à nourrir.

Messire Jacques Coffinhal, curé de Raulhac, et Antoine Coffinhal, son frère, de Brommet, ont 26 setiers seigle, 5 cartons de blé noir, pas de farine et 14 personnes à nourrir. Cette quantité ne leur suffira pas et ils ne récolteront pas assez pour ensemencer.

Blaise Laborie, notaire de Raulhac, a 10 setiers de froment, 6 setiers de seigle, 4 setiers de blé noir, pas de farine, 17 personnes à nourrir, et sa récolte « très méchante ».

Jean Dunoyer, « hoste et bolongier », a 18 setiers de seigle, 23 setiers de froment, 3 cartons de blé noir, 6 setiers de farine de seigle ou de froment, 9 personnes à nourrir, et une « méchante » récolte.

Jean Froquières, notaire de Raulhac, a 25 setiers de seigle, 21 setiers de froment, 2 setiers de sarrazin, 2 cartons d'avoine et 3 setiers de farine. Sur cette quantité, dont il a acheté la plus grande partie, il doit fournir à Guilhen Vigier, son métayer, 10 setiers de seigle et 5 setiers de froment pour les semailles prochaines.

Messire Jean Froquières, prêtre de Raulhac, a 15 setiers de froment, 12 setiers de seigle, 2 setiers de blé noir, 1 carton d'avoine, 2 cartons de farine.

Guillaume et Jean Poulhès, de la Cayrie, ont 6 setiers de froment, 13 setiers de seigle. 6 setiers de blé noir, 12 personnes à nourrir et ne récolteront pas assez pour faire les semailles prochaines.

Delphine Vigier, de Raulhac, a 15 setiers de seigle, 4 setiers de froment, 2 setiers de farine, 3 cartons de blé noir et 6 personnes à nourrir.

Messire Jean Carrier, prêtre de Raulhac, a 9 cartons de farine, 8 setiers de froment et 1 carton de blé noir.

Jean et Joseph Bos, de Lavergne, ont 18 setiers de farine, 10 cartons de blé noir, 2 setiers d'avoine, 2 cartons de froment, et 13 personnes à nourrir.

Antoinette Lamouroux, « bolongière », de Raulhac, a 16 setiers de froment, 4 setiers de seigle et 1 carton de farine de froment.

Jean Montjou, de Lavergne, a 6 setiers de seigle, 6 cartons de froment, 2 cartons de farine, 1 setier de blé noir et 8 personnes à nourrir.

Messire de Laveissière de Beauregard, sieur de Vitrac, habitant son château du Mas, a 3 setiers de froment, 2 cartons d'avoine et 2 setiers de sarrazin. Il a été obligé d'acheter jusqu'à ce jour 20 setiers de blé à Messieurs les fermiers du prieuré de Raulhac ; il a 22 personnes à nourrir, et il achète du blé chaque année.

Jacques Delmas, de Raulhac, a 2 setiers de froment, 4 setiers de blé noir et 2 cartons d'avoine. Il fait le commerce de voiturier pour gagner sa vie et achète du blé pour le revendre à Aurillac. Il a 4 personnes à nourrir.

Rigal Redouly, de Cropières, a 4 setiers de froment, 3 setiers de sarrazin, et 7 personnes à nourrir ; il a acheté le froment dans la Viadène.

Antoine Vidalenc, de la Maisonade a 4 setiers de froment, 2 setiers de blé noir, 2 cartons d'avoine, et 7 personnes à nourrir.

Jacques Laborie et Jean Ladoux, de Goul, ont 4 setiers de

froment, 5 setiers de seigle, 2 setiers de blé noir, 1 setier de farine, et 8 personnes à nourrir.

Claude Trin et Annet Delpuech, son gendre, de Raulhac, ont 6 setiers de froment, 4 setiers de seigle, et 1 setier de blé noir.

Bertrand Chapt de Rastinhac, seigneur de Messillac, n'a rien et achète le blé depuis six mois pour faire subsister sa famille.

Pierre Bernard, sieur de la Villette, de Combourieu, achète le blé depuis le 1er janvier, et tous les blés qu'il a semés ont été détruits par les intempéries.

Messire Joseph Poulhès, prêtre, et Jean Poulhès, son neveu, de Golusclat, ont 15 setiers de seigle, 18 setiers de froment, qu'ils ont achetés pour leur subsistance, ou pour payer la rente qu'ils doivent pour l'année courante. Ils n'ont rien récolté en 1708, et n'ont pas l'espoir d'avoir une meilleure récolte en 1709. Ils ont 6 setiers de blé noir, 2 cartons d'avoine, 1 carton de farine, et 10 personnes à nourrir.

. . . .

La liste des déclarants s'arrête ici et ne comprend que 22 noms sur 500 contribuables qu'il y avait cette année-là dans la commune de Raulhac. L'enquête est donc très restreinte, mais en la généralisant par la pensée, on voit que toutes ces déclarations se ressemblent, que chacun y dissimule le plus possible l'état de ses ressources, et que le subdélégué n'avait pas à compter sur les habitants de Raulhac pour approvisionner les marchés voisins.

L'année 1709 ne fut pas la seule où la famine se fit extrêmement sentir. Les années 1740, 1750, 1770 et 1789 furent aussi des années terribles. La correspondance des intendants d'Auvergne est très suggestive à cet égard. Rossignol, un d'entre eux, écrit le 28 mars 1750 à tous ses subdélégués pour leur enjoindre d'empêcher la sortie des grains de la Province. Le subdélégué de Pierrefort, M. Artis des Clauzels, dont le ressort s'étend jusqu'à la commune de Raulhac, a établi une garde permanente au pont de Tréboul sur la Truyère, et tout voiturier qui passe est immédiatement arrêté. L'effet de cette mesure se fait aussitôt sentir sur la rive opposée, et de l'autre côté de la rivière, dans la Viadène, à deux lieues seulement de Pierrefort, il y a des personnes qui sont obligées de manger des herbes et qui meurent de faim.

En 1770, M. de Montyon, intendant d'Auvergne, fait distribuer une ration de riz et de pommes de terre aux quatre plus pauvres familles de chaque collecte. C'était un secours bien insuffisant. Au surplus, ces deux aliments, aujourd'hui si répandus, étaient alors inconnus dans les montagnes d'Auvergne, et inspiraient une grande méfiance. Aussi, lorsque les femmes de Raulhac reçoivent ce secours à Vic, à la porte de M. Pagès de Vixouse, leur subdélégué, elles s'écrient : « C'est l'aumône du diable ». M. de Vixouse a beau leur expliquer qu'en mêlant 10 livres de riz, 10 livres de pain, 10 litres de lait et 60 pintes d'eau, on peut nourrir 60 personnes pendant 24 heures, elles ne goûtent que médiocrement la recette et ne paraissent pas du tout rassurées.

D'après le même M. de Montyon, la Province comptait alors 600.000 âmes, dont « les cinq sixièmes, soit 500.000, sont dans le cas de demander des secours ». A Aurillac, on compte 2.000 personnes vivant de charités. A Mur-de-Barrez, sur une population de 1.086 habitants, on compte 401 pauvres et 94 mendiants. A Brommes, le quart de la paroisse a besoin de secours. Cette proportion était à peu près la même dans toute la province. La même situation se reproduisit en 1789. Le subdélégué interdit de nouveau la sortie des grains, d'accord en cela avec la population de Raulhac, qui n'hésitait pas à assommer les voituriers lorsqu'elle en rencontrait. Ils avaient beau demander grâce : ventre affamé n'a pas d'oreilles. Du pain, du pain ! tel est le cri qui éclate, qui se répercute de maison en maison, de village en village ; et comme la faim est mauvaise conseillère, les nouveautés politiques sont partout bien accueillies, les têtes se montent, et du mécontentement général à l'explosion révolutionnaire il n'y a qu'un pas. [1]

V

Les poids et mesures usités à Raulhac étaient les mêmes que ceux employés en Carladès. Mais le Carladès n'était pas lui-même homogène sous ce rapport. Il y avait la région de Boisset

---

[1] Les renseignements qui précèdent sur la disette en Auvergne ont été extraits en partie d'une étude publiée en 1895 dans la Revue d'Auvergne par M. Chotard, doyen de la Faculté des Lettres de Clermont, d'après la correspondance des intendants de la Province existant aux Archives Départementales du Puy-de-Dôme. (*Communication de M. Morisque*).

qui suivait la mesure de Maurs, la région d'Arpajon qui se servait de celle d'Aurillac, la vallée de Cère qui était régie par celle de Vic, et la vallée du Goul par celle du Mur-de-Barrez [1]. Raulhac appartenait à cette dernière, et dans les quarante villages de cette grande paroisse, c'était la mesure du Mur qui faisait loi : loi dans les contrats, loi dans les hommages, loi dans les transactions. On ne s'en écartait que dans les cas de convention expresse et lorsqu'il s'agissait de biens situés en dehors du district.

Les mesures employées étaient de trois sortes : les mesures de capacité, les mesures de longueur et les mesures de superficie.

La plus grosse mesure de capacité, celle dont on se servait généralement partout, était la *charretée, lou carri* ou *corrado*. On disait une charretée de bois, une charretée de foin, comme on disait une charretée de blé, une charretée de vin, une charretée de marchandise. C'était la charge d'une voiture à deux bœufs, dans un temps où les chemins étaient mal assis, mal entretenus et les transports particulièrement difficiles. Sans doute, les seigneurs, les intendants, la royauté veillaient au bon état des routes, et le paysan y apportait sa contribution en nature ou en argent; mais jusqu'à Louis XIV aucun progrès notable ne fut accompli sous ce rapport, et même sous Louis XV la Haute-Auvergne était encore très arriérée. Témoin les délibérations paroissiales de cette époque, où les communautés se plaignent du mauvais état des chemins et demandent des réparations à cor et à cri. Les minutes notariales à ce point de vue sont précieuses à consulter [2].

Après la *charretée*, la principale mesure de capacité pour les grains était le *setier* qui différait de contenance d'un pays à

---

[1] Sauf la paroisse de Saint-Clément qui se rattachait à Vic.

[2] Nous avons sous les yeux une de ces délibérations. Ce sont les trois paroisses de Raulhac, de Jou et de la Capelle-Barrez, assemblées le 1ᵉʳ et le 8 avril 1759, qui demandent la réfection du grand chemin allant de Saint-Flour à Aurillac. et passant par les villages de Peyre, de Froquières et la Croix dite des *Sept-Chemins*. — Ce chemin, disent les délibérants, est le seul par où puissent s'effectuer entre St-Flour et Aurillac les transports de vin et de fromage. Or il a été tellement raviné par les orages, qu'il est à peu près détruit, et que des accidents d'animaux ou de voitures s'y produisent tous les jours. Pour y maintenir la circulation, il est urgent que l'intendant fasse vérifier l'état des lieux, dresser les devis des travaux, et déterminer la part qui doit revenir à chaque collecte. Les 3 paroisses fourniront la corvée, et le syndic de chacune d'elles en surveillera l'exécution. — *Min. Rastinhac.*

l'autre, et qui avait pour divisions l'*émine*, le *carton* et le *carteron*. Le setier, mesure du Mur-de-Barrez, valait 6 décalitres
63 centilitres, l'émine était la moitié du setier, le carton la moitié
de l'émine, et le carteron le huitième du carton.

Le vin se vendait à la *barrique*, à la *baste*, à la *pinte*, à la
pauque. La barrique du bon vieux temps n'avait rien de commun
avec celle d'aujourd'hui. Elle équivalait à la charretée, et repré-
sentait par conséquent la charge que pouvait traîner une paire
de bœufs. La baste valait 5o litres, la pinte ou le quart 1 litre 96,
et la pauque 0,49. L'huile se mesurait par quart et par coupe;
mais les documents qui énoncent ces mesures n'indiquent pas
leur capacité.

Les mesures de longueur étaient, le *pied*, l'*aune*, la *canne*.
Le pied valait entre 32 et 33 centimètres, l'aune 1ᵐ19, et la
canne 1ᵐ94. Le pied servait à mesurer la taille d'un homme,
l'aune la quantité de drap qu'il fallait pour l'habiller, et la canne
la dimension des matériaux qu'il employait ou des édifices qu'il
faisait bâtir.

Les mesures agraires étaient la *toise*, la *cartonnée*, la *séterée*,
l'*œuvre* ou le *journal*. La toise carrée de 6 pieds 6 pouces valait
4ᵐ458, la cartonnée 115 toises, la séterée 400 toises, et l'œuvre
ou journal 900 toises. Les 400 toises carrées donnent pour la
séterée une contenance de 17 ares 83 centiares, et pour le
journal une superficie de 40 ares 12 centiares. Ces deux dernières mesures subsistent encore et s'emploient même couram-
ment, la première pour évaluer la surface des terres, et la
seconde l'étendue des prés [1].

Les poids étaient un peu moins variables que les mesures au
pays du Carladès. Le poids d'Aurillac s'employait surtout pour
les fromages et les beurres de montagne, le poids du Mur pour
les volailles et autres menues denrées, le poids de Montpellier
pour les huiles. Le quintal, la livre, l'once étaient les principales
unités. Le quintal valait 100 livres et la livre 16 onces dans toute
l'étendue de la vicomté. Il n'était pas question de grammes ni
de kilos. Ce n'est qu'en 1799 que fut adoptée pour toute la
France la grande et utile réforme des poids et mesures. Par
cette réforme à jamais mémorable, le kilogramme est devenu
l'étalon pour les poids comme le mètre pour les mesures, ce qui

---

[1] Ces diverses mesures sont extraites pour la plupart d'un tableau
dressé par Bertrand, notaire expert à Vic, et actuellement en ma possession.

à mis fin au système féodal et à la déplorable diversité qui régnait partout. [1]

VI

A cette question du commerce se rattache celle de l'émigration. L'émigration est un des problèmes les plus ardus et les plus redoutables de l'heure présente. Elle a pris de telles proportions depuis quelques années, dans les cantons de Vic, de Pierrefort, de Saint-Flour, de Chaudesaigues, de Laguiole, de Sainte-Geneviève, de Mur-de-Barrez, etc., elle est devenue si intense, si irrésistible, qu'elle entraîne quotidiennement départs sur départs, et des familles entières s'en vont, des maisons se ferment, des villages se dépeuplent, rien que par l'exode continuel qu'elle produit ; et pour peu que cet exode s'accentue, on se demande si l'agriculture ne manquera pas bientôt des bras nécessaires, et les propriétaires, fermiers, métayers entrevoient déjà avec terreur le jour prochain où il ne leur sera plus possible de trouver des domestiques même en les payant à prix d'or. L'émigration draine toutes les recrues, absorbe toutes les forces vives du pays, et il semble que pour les enfants de l'Auvergne il n'y a plus qu'un rêve, pour nos jeunes gens qu'une ambition, pour le jeune ménage qui vient de se fonder qu'un calcul, celui de s'arracher à la terre maternelle pour aller faire une campagne à Paris, où l'argent se gagne vite et où l'on travaille en tout cas *sans tremper son dos* à la pluie et *sans brunir sa peau* au soleil.

Ainsi raisonnent le fils de famille comme le valet de ferme, la jeune fille qui n'a que quinze ans comme celle qui en a vingt-cinq. Et le même raisonnement se faisant à tous les âges et dans toutes les conditions, les départs se multiplient, les trains s'emplissent de voyageurs, et sur cent émigrants il y en a quatre-vingt-dix-neuf qui prennent leur billet pour la capitale. Avant le dernier siècle, le spectacle était tout différent. Aucun Raulhacois n'avait vu les bords de la Seine. Les nobles du pays étaient les

---

[1] Cependant telle est la puissance de la coutume et des habitudes reçues, que le système métrique est encore fort en retard dans nos campagnes. Demandez au paysan ce que c'est qu'un stère de bois, un hectare de terrain, il hésitera à vous le dire ; mais parlez-lui du *selier*, de la *baste*, de l'*aune*, de la *séterée*, du *journal*, il est familier avec toutes ces mesures et les évaluera aussitôt. Il faut encore deux ou trois générations avant que l'ancienne manière de compter ou de mesurer ait complètement disparu.

seuls qui les eussent visités, et encore ces visites ressemblaient-
elles à des apparitions plutôt qu'à des séjours. Les Rastinhac,
les d'Humières, les d'Escorailles passent toute leur vie au fond
de leurs châteaux, et le seul personnage qui prend pied à la
Cour est la duchesse de Fontanges. Paris ne dit rien au peuple,
et les commerçants, les travailleurs, tous ceux qui cherchent
fortune en dehors de leur pays, n'ont pas leur objectif de ce
côté. Leur itinéraire, leur rendez-vous, c'est l'Espagne, la Catalogne, la Manche, l'Andalousie, Grenade, Séville, Valence et
autres lieux. Ils partent de Raulhac, d'Albospeyre, de Froquières, de Brommet, de Griffoul, de tous les points de la commune,
le voisin entraînant le voisin, l'oncle le neveu, le frère son frère,
et ils ne partent que toutes précautions prises. L'avant-veille ils
ont fait leur testament, la veille ils ont communié, et le jour de
l'adieu ils ont leur conscience tranquille. Après un voyage des
plus mouvementés, sur les meilleures montures du pays, quand
ils ont franchi la frontière et planté leur tente en un coin de la
péninsule, ils marquent leur arrivée par une missive à leurs
parents, et ce devoir accompli, chacun se livre au métier qu'il
a choisi ou au trafic que comportent ses aptitudes. Celui-ci se
fait sellier, celui-là cordonnier, un troisième sera marchand de
mules, de laines ou de soieries. Le commerce prospère-t-il, on
s'amasse rapidement un petit pécule, et les bénéfices d'une année se cumulant avec le bénéfice des années précédentes, on
revient bientôt avec l'aisance, on achète une propriété dans son
village, et l'on ne meurt pas ailleurs que dans son pays natal.
Mais quelquefois l'émigré n'a pas le temps de réaliser son rêve :
la mort le frappe au cours d'une de ces expéditions lointaines,
avant que la fortune ait eu pour lui le moindre sourire, et alors
de deux choses l'une : ou il est décédé *ab intestat*, et sa famille
n'a de lui aucune nouvelle, ou il a laissé un testament, et
c'est un notaire espagnol qui est dépositaire de ses dernières
volontés et qui les transmet aux siens. Traduites en langue
française, ces dernières dispositions trahissent la préoccupation
et l'amour de la terre natale. On y sent percer un regret, celui
non pas tant de mourir, que de mourir à l'étranger. Le legs le
plus ordinaire est un trentenaire ou un annuel de messes, à dire
dans l'église de sa paroisse d'origine où le testateur a reçu le
baptême, fait sa première communion et renouvelé ses solennelles résolutions au moment du départ.

Ainsi les choses se passaient aux XVIIe et XVIIIe siècles.
car pour les temps antérieurs, pour la période du moyen âge,

par exemple, on est moins documenté. Il paraît cependant certain que l'émigration cantalienne au-delà des Pyrénées existait déjà, même avant cette dernière époque, — on affirme qu'elle remonte jusqu'aux Celtes, et que du temps de César il y avait des Arvernes faisant du négoce en Ibérie [1]. Le pèlerinage de Saint-Jacques de Compostelle vint ensuite et ne contribua pas peu à attirer les foules du côté de l'Espagne. L'amour du lucre se mêla peu à peu à la piété, et plusieurs pèlerins se transformèrent en commerçants. Ceux de la vallée de Raulhac furent-ils plus exemplaires que les autres ? Il est permis d'en douter.

---

[1] *Dict. Stat. du Cantal,* II, p. 138-139. — *Impressions d'Espagne,* par le duc de la Salle de Rochemaure, p. 102-106.

CHAPITRE X

LE NOTARIAT A RAULHAC

I. **Notaires seigneuriaux, royaux, apostoliques. —
II. Familles notariales: les Montjou. — III. Les
Comblat. — IV. Les Coffinhal. — V. Les Froquières.
— VI. Les Rastinhac. — VII. Notaires isolés. —
VIII. Notaires résidant dans les villages. — IX. No-
taires d'ailleurs ayant exercé dans la paroisse. —
X. Notaires de la paroisse ayant exercé ailleurs. —
XI. Les prêtres investis du droit de recevoir les
testaments sous l'ancien régime.**

Une chose frappe quand on étudie le notariat sous l'ancienne
monarchie: c'est de constater le grand nombre de notaires,
tabellions, garde-notes, jurés du scel, qui pullulaient partout.
On n'en trouve pas seulement dans les villes et les bourgades,
mais dans les simples villages et jusque dans les moindres
hameaux. Vic n'en comptait pas moins de cinq et Mur-de-Barrez
moins de neuf le 3 février 1455 [1], et encore le document qui
nous a transmis leurs noms ne les énumère pas tous; il ne
désigne que les élus des prêtres, qu'on avait dû choisir parmi
les plus capables et les plus cotés. A la résidence de Raulhac il
y en eut toujours deux, souvent trois et quelquefois quatre, du
moins à partir du XVe siècle, car pour la période antérieure à
1400, nous n'avons que des données vagues et imprécises.

---

[1] Arch. nat., p. 582, fol. 54 et suiv.

Ainsi Guillaume Maurin, clerc, qui instrumentait en 1316, et Bonplan qui exerçait en 1350 dans la vallée du Goul, étaient tous deux notaires publics de la vicomté de Carlat, mais il n'est pas sûr qu'ils eussent leur résidence à Raulhac, encore moins qu'ils en fussent originaires. C'est pourquoi nous les laissons en dehors du cadre d'ailleurs très restreint de cette monographie.

Parmi les nombreux notaires qui peuplent les anciens actes, les uns étaient nommés par le vicomte de Carlat et portaient pour ce motif le nom de notaires *seigneuriaux* ou vicomtaux. A partir de la réunion du Carladès à la couronne sous François Ier, ils reçurent leurs provisions du roi lui-même, ou de la reine douairière quand le Carladès faisait partie de son douaire [1], et ils s'appelèrent notaires *royaux*, titre qu'ils conservèrent jusqu'à la Révolution, même pendant la période où le Carladès appartint aux princes de Monaco, c'est-à-dire de 1643 à 1789. Le prince nommait, le roi agréait. Les notaires seigneuriaux ou vicomtaux pouvaient instrumenter dans toute l'étendue de la vicomté de Carlat, c'est-à-dire dans cinq ou six cantons différents. Ils avaient pour obligation de faire apposer sur leurs actes le sceau de la vicomté pour les rendre authentiques. Ce sceau était appliqué sur un cachet de cire qui était rattaché à l'acte par une lanière de parchemin. Le juge d'appeaux du Carladès en était seul détenteur, et avait seul le droit de sceller les actes. Il se qualifiait pour ce motif *garde du sceau* de la vicomté de Carlat. C'est lui qui examinait les aspirants au notariat et recevait leur serment après les avoir admis [2].

---

[1] Nous n'en citerons qu'un exemple. Jean Coffinhal fut nommé le 20 janvier 1592 notaire à St-Étienne-de-Carlat par Isabelle, douairière de France, duchesse d'Auvergne et du Bourbonnais, suivant pouvoir à elle donné par le défunt roi Henri de pourvoir à tous les offices situés dans son douaire, en remplacement de Gaspard Cayrie, celui-ci originaire de Montamat et décédé il y a quatre ans. La somme versée au fisc par le nouveau titulaire est de 20 écus, chiffre auquel a été taxé par modération l'office de notaire royal en la dite paroisse. — *Arch. de Messillac.*

[2] Sous l'ancien régime, pour être notaire, il fallait comme aujourd'hui faire un stage et se former à la triture des affaires par une longue et sérieuse étude du droit, sous la direction d'un praticien expérimenté. Une fois la science suffisante acquise, le postulant adressait une requête au juge d'appeaux de Vic, lui indiquait les paroisses de son ressort où il voulait exercer, et produisait avec l'extrait baptisaire qui attestait qu'il était majeur, un certificat de bonne vie et mœurs et de religion catholique. La demande était transmise au procureur du roi, qui examinait le dossier et donnait son avis. Le juge mandait alors à sa barre le récipiendiaire, lui faisait subir un examen, et s'il le trouvait capable, il prononçait son admission et recevait son serment. Procès-verbal était dressé séance tenante, et le nouveau titulaire entrait aussitôt en fonction.

L'apposition de ce sceau donnait lieu à la perception d'une taxe appelée droit de sceau, qui constituait un des revenus de la vicomté. Ce sceau créé en 1293 par Henri II, vicomte de Carlat, resta en vigueur jusqu'en 1690, époque à laquelle il fut supprimé par l'établissement du papier timbré, qui remplaça dans la France entière tous les anciens sceaux des différentes seigneuries. Les notaires qui avaient prêté serment devant le chancelier garde du sceau de la vicomté, étaient qualifiés notaires *jurés du scel*. Cette mention était insérée en tête de tous les actes, immédiatement après l'énonciation du seigneur suzerain et de son garde du sceau.

Outre les notaires royaux et seigneuriaux, il y avait des notaires *apostoliques*, dont l'origine remonte à une certaine antiquité. Ils étaient nommés par les archevêques et évêques pour recevoir les actes concernant les bénéfices, et pour exercer la fonction de notaire en matière bénéficiale dans l'étendue du diocèse. S'agissait-il, par exemple, de la collation d'une chapellenie ou de la mise en possession d'une cure, les notaires apostoliques avaient seuls qualité pour y procéder ; mais s'agissait-il d'une affaire temporelle, il leur était défendu de s'en occuper. Néanmoins ils empiétèrent souvent sur les attributions des autres notaires. Plus tard ils furent obligés de se pourvoir d'offices royaux, et alors c'était le roi qui les instituait, et l'évêque qui les commissionnait. Dès le principe on conférait cette fonction canonico-civile aux notaires de campagne tout aussi bien qu'aux notaires de ville, mais peu à peu l'usage s'introduisit de réserver la collation des bénéfices aux notaires d'arrondissement et de canton. Ceux des paroisses rurales n'y procédaient plus ou n'y procédaient que par délégation. C'est ainsi que le 31 mai 1754 sont nommés pour faire les fonctions de notaires apostoliques dans l'archiprêtré d'Aurillac maîtres Antoine de Lamandie, Jean Mabit, Louis Sérieys, et Jean Cabanes, tous les quatre notaires royaux de la ville et y demeurant ; ils pourront se faire remplacer dans ce travail, mais soient qu'ils instrumentent par eux-mêmes ou par leurs délégués, ils seront tenus de payer au clergé du diocèse la somme de cinquante francs annuellement et solidairement. La commission est pour six ans, et elle émane de M. Decébié, curé d'Arpajon, vicaire général et official, agissant au nom de l'évêque de Saint-Flour [1].

---

[1] *Insinuations ecclésiastiques*, arch. de l'évêché, Saint-Flour.

Ces différentes fonctions de notaire, aux XIIIe, XIVe et XVe siècles, étaient souvent exercées par des prêtres, grâce sans doute à leur connaissance de la langue latine, et aussi à leur instruction générale. Au XVIe siècle ce fait est beaucoup plus rare, mais ce qu'on rencontre fréquemment, ce sont des notaires « clercs », instruits dans la langue de l'église, jaloux de communier avec elle et portant la tonsure avec fierté. L'ordonnance rendue par François Ier, en 1539, qui prescrivait l'emploi exclusif de la langue française dans les actes publics, permit aux simples laïques d'aborder en plus grand nombre ces fonctions de notaire, qui étaient alors très répandues. Les actes de ces temps-là indiquent chez leurs rédacteurs des connaissances en droit nombreuses et variées. Ces connaissances leur permettaient de remplir plusieurs autres fonctions dont les émoluments s'ajoutaient au produit de leur étude. Les notaires de Raulhac étaient presque toujours juges, ou lieutenants de juges, ou greffiers de justices seigneuriales, soit de Cropières, soit de Messillac ; parfois ils étaient fermiers des châtellenies de Carlat, de Cromières, de Mur-de-Barrez, ou du prieuré de Raulhac, emplois beaucoup plus lucratifs que ceux de notaire et de juge ; quelques-uns sont receveurs des rentes et droits seigneuriaux de telle ou telle terre, située dans la paroisse ou ailleurs. Ce cumul de fonctions augmentait sensiblement leurs revenus, et les mettait à même de mener une existence aisée et honorable. Aussi tinrent-ils bon rang dans la société raulhacoise, et sans être nobles, rien que par l'ascendant de leur bourgeoisie fine et lettrée, exercèrent-ils une influence très sérieuse sur leurs contemporains.

La classification qui suit est aussi nette que possible : peut-être mettra-t-elle un peu de clarté dans une étude aussi embrouillée que confuse, où les noms s'enchevêtrent avec les noms, les résidences avec les résidences, l'exercice de l'un avec l'exercice de l'autre. En les groupant par familles, nous avons déjà la liste et la succession du plus grand nombre d'entre eux. Les autres groupements ne sont qu'accessoires, et complètent plutôt qu'ils ne forment le fond du tableau.

II

La plus ancienne famille notariale de Raulhac est celle des Montjou, qui occupent les XVe et XVIe siècles, et une partie du XVIIe (1420-1633). Ces Montjou viennent de Cropières, apparemment, branche cadette, branche bâtarde, qui, exclue du château, avait cherché fortune ailleurs. La branche aînée avait gardé la seigneurie, la terre des aïeux, et la branche cadette ou bâtarde avait dirigé ses fils vers l'étude du droit et les avait pourvus d'un office de notaire dans le bourg de Raulhac. C'est là que d'oncle à neveu ou de père en fils nous les trouvons exerçant leurs fonctions entre les deux dates précitées. Cinq noms composent la liste que nous avons pu dresser. Le premier est Pierre de Montjou (1420-1462), prêtre, dont les pouvoirs paraissent avoir été très étendus, puisqu'il s'intitule notaire apostolique, vicomtal, impérial, et et qu'il tient les sceaux pour illustre prince Bernard d'Armagnac, comte de Pardiac et vicomte de Carlat. C'est lui qui fut appelé au lit de mort de noble Pierre de Bénavent, seigneur de Messillac, et qui reçut son testament le 16 août 1439. — Le second est messire Guillaume de Montjou (1484-1487), qui paraît avoir été le neveu du précédent, et qui en tout cas était prêtre comme lui et notaire apostolique comme lui. — Jacques de Montjou vient ensuite (1530-1555), et ne prend pas d'autre titre que celui de notaire royal. Il signe : *Montejovis,* traduction latine de son nom patronymique. Il est mentionné dans une reconnaissance rendue le 20 février 1554 par Antoine Ramond, propriétaire du Pajou, à noble Jean de Durat et à dame Claude de Loubertes, son épouse, seigneurs de ce domaine. Antérieurement à cette date, il avait quitté Raulhac pour aller s'établir au Mur-de-Barrez, où on le trouve le 9 octobre 1545 cumulant avec les fonctions de notaire celle de receveur des rentes de la châtellenie de Montamat.[1]

Etienne de Montjou, notaire royal (1569-1590), figure dans deux affaires importantes de cette période, toutes les deux concernant Messillac. La première est une transaction du 28 décembre 1571 entre noble François du Port, seigneur de Messillac, et noble Annet de Fontanges, seigneur de Cropières. Les deux parties se disputaient la possession de la chapelle de Notre-Dame dans l'église de Raulhac, et l'affaire traînait depuis longtemps devant les tribunaux. Témoins d'une procédure qui tournait à la ruine de l'une comme de l'autre, des amis communs s'interposèrent et décidèrent les deux adversaires à traiter. L'accord fut passé devant Etienne de Montjou, notaire royal à Raulhac. La seconde est le contrat de mariage de haut et puissant seigneur Raymond Chapt de Rastinhac, capitaine distingué,

---

[1] Min. Dusoulier.

avec Marguerite de Saunhac, dame de Messillac. Le contrat fut
passé au château de Messillac et reçu par ledit de Montjou le
16 août 1579 ; nous en parlons ailleurs. Trois ans après, en 1582,
le même de Montjou reçoit encore sept reconnaissances, consenties aux prêtres de Raulhac par leurs tenanciers du village
de Combourieu. [1]

Jacques de Montjou, notaire royal (1610-1633), avait épousé
Blanche Fabre, de laquelle il eut cinq enfants : Jean de Montjou, prêtre, Antoine de Montjou, clerc en 1633, Bertrand de
Montjou, praticien, qui émigra à Rodez, où il acquit plusieurs
biens et où il testa vers 1650, Jeanne de Montjou, mariée à Jean
Delsolier, et autre Jeanne de Montjou, qui épousa Jean Roques,
notaire à Raulhac de 1647 à 1657 [2] : nous le retrouverons tout
à l'heure.

III

Les Comblat forment la seconde famille notariale de Raulhac.
Nous les classons après les Montjou, parce qu'ils firent alliance
avec une héritière de cette maison, et qu'ils quittèrent alors la
vallée de Cère, berceau de leur famille pour s'implanter sur
les rives du Goul. Le premier de la série est maître Claude de
Comblat, qu'on trouve en exercice depuis 1595 jusqu'en 1639.
Il était fils de Charles de Comblat, notaire à Vic, et de Jeanne
Deboxie ou Deborie ; marié deux fois, il avait épousé en premières noces Catherine de Montjou, qui le fit son héritier général par testament du 13 août 1612, reçu Boissy, et en secondes
noces Françoise Cassanhard, qui lui laissa plusieurs enfants,
entre autres Durand de Comblat, qui lui succéda, autre Durand
de Comblat, notaire royal à Peyre, et Jean de Comblat, religieux de l'Observance de Saint-François à Rodez [3].

Claude de Comblat était greffier de la justice de Messillac
en 1607, et il apportait à ses fonctions autant de science juridique que de rigoureuse exactitude. Ses concitoyens qui appré-
ciaient beaucoup son esprit lucide et net, le déléguèrent le 3
mai 1609, par délibération expresse de ce jour, pour traiter
avec le Chapitre cathédral de Saint-Flour une affaire litigieuse
et difficile à arranger. L'église et le clocher de Raulhac étaient

---

[1] Arch. de Messillac.

[2] Min. Froquières.

[3] Le nom de tous ces enfants se trouve dans le testament de Claude
de Comblat, reçu Froquières. le 28 mars 1639.

alors en très mauvais état, et il s'agissait d'y faire de grosses réparations. Le Chapitre ne voulait y contribuer que pour un tiers, les habitants prétendaient n'être tenus que des manœuvres et des corvées. On discutait beaucoup, et on s'entendait encore moins. Muni de son mandat et accompagné d'un certain Antoine Dunoyer, qu'on lui avait donné comme second, Claude de Comblat se rend à Vic, s'abouche avec le délégué du Chapitre, le chanoine Vidal Champagnac, débat avec lui les conditions de l'affaire, propose les devis, plan et adjudication des travaux, fait dresser le cahier des charges, et conformément à ce cahier, il est décidé que les réparations auront lieu, et que la dépense sera supportée moitié par le prieur, moitié par la paroisse (15 août 1609) [1].

En 1623 Claude de Comblat reconnut au roi sa maison sise à Raulhac, appelée de *maître Claude*, jadis de *la Gardette*. Il n'avait pas d'ambition pour lui-même, quelque avisé qu'il fût, mais il en avait pour ses enfants, si bien que le 27 décembre 1636, lorsqu'il réussit à marier sa fille Jeanne, qu'il avait eue de Catherine de Montjou, à noble Antoine de Laveissière, sieur de Beauregard, il fut au comble de la joie. Cette alliance était aussi « honorable qu'avantageuse », et lui donnait entrée, sinon séjour, dans un château. L'orgueil paternel pouvait-il rêver mieux ? Aussi furent-elles douces les années qui suivirent la célébration de ce brillant mariage, malheureusement elles ne durèrent pas. Claude de Comblat mourut le 29 mars 1639. La veille il avait testé devant Froquières, faisant héritière particulière sa seconde femme, et héritière générale Jeanne de Comblat, sa fille préférée. L'office de notaire était dévolu à Durand de Comblat, son fils aîné [2].

Durand de Comblat tint l'étude de son père au moins 45 ans (1639-1684). Il avait épousé Gabrielle de Laveissière, fille d'Antoine de Laveissière, susnommé, et d'Isabeau de Mels ou de Bénavent. Il devint ainsi le gendre de celui dont il était déjà le beau-frère, en sorte que les familles de Comblat et de Laveissière se trouvèrent unies par une double alliance, partant par une double parenté. Le crédit de l'une ne fit qu'accroître le crédit de l'autre, et il en résulta pour le nouveau notaire une situation très forte, sinon prépondérante dans le pays. Nous le trouvons d'abord assistant à l'inventaire des biens de son père, inventaire commencé le 5 mai 1639 et terminé seulement le 2

---

[1] Min. Boissy, ét. Gizolme, Vic-sur-Cère.
[2] Min. Froquières.

janvier 1640 ; puis le 15 mars 1647 il signe un accord avec sa sœur au sujet de la sucession paternelle. Par cet accord Jeanne de Comblat, héritière générale de Claude, s'engage à payer à chacun des enfants dudit Claude, non mariés, la somme de 135 livres pour tous droits de légitime qu'ils peuvent prétendre sur ladite succession, et Durand de Comblat, assisté de sa mère, souscrit à cet engagement, moyennant un supplément, pour lui de 15 livres, et de 100 livres pour Françoise Cassanhard [1]. Le 19 septembre 1652, devant Coffinhal, notaire à Jou, il forme une association avec Jean Roques, notaire comme lui à la résidence de Raulhac. Par ce traité les deux parties s'engagent vis-à-vis l'une de l'autre à se partager le gain de tous les actes qu'elles passeront dans la paroisse de Raulhac et autres lieux circonvoisins. Tous les six mois elles s'en communiqueront le répertoire, qui sera dressé avec la plus scrupuleuse exactitude. Les voyages et les expéditions seront également partagés. Les originaux demeureront au pouvoir de celui qui les aura recueillis. Les obligations et autres actes ne portant pas minute seront au profit personnel de celui qui les recevra. Si on les demande pour un terrier, le premier appelé avertira l'autre, qui se mettra au service de son confrère, travaillera avec lui, et touchera sa part d'émoluments après avoir fait sa part de l'œuvre commune. La minute du terrier restera aux mains du premier requis, par bénéfice d'appel. En cas de contravention, l'amende sera de 10 livres pour le contrevenant au profit de la partie lésée. En cas d'absence ou de maladie, le malade ou l'absent aura les mêmes honoraires que celui qui aura instrumenté. En cas d'empêchement, celui qui ne pourra pas agir pourra exiger que l'autre agisse à sa place, et que compte lui soit rendu de l'objet de la démarche et de son résultat [2].

Cette association est curieuse, et en en y réfléchissant, on se demande à quel mobile avaient obéi les contractants. Est-ce l'amitié qui les faisait agir ainsi ? est-ce l'intérêt qui les liait si puissamment l'un à l'autre ? est-ce le besoin de se défendre plus efficacement contre un tiers, dont l'influence peut-être concurrençait la leur et faisait baisser leur clientèle ? Avaient-ils à se plaindre de Pierre Froquières, le troisième notaire d'alors en résidence à Raulhac ? Quoi qu'il en soit de ces motifs,

---

[1] Ibidem.
[2] Min. Coffinhal.

et des causes qui avaient amené l'association, celle-ci ne vécut pas longtemps : elle n'existait déjà plus en 1669, puisqu'à cette date Jean Roques était mort.

Durand de Comblat semble avoir été l'homme de confiance du château de Messillac, du moins à une certaine époque. C'est ainsi que le 3o septembre 1664 il reçoit le testament de noble Franc-Bertrand Cat de Rastinhac, le fils aîné du gouverneur, et le 8 novembre suivant, le contrat de mariage du même Franc-Bertrand, converti *in extremis*, avec Marguerite Viguières, dame de Palisse.

Le 23 octobre 1665 il est chargé du renouvellement du terrier de Messillac, travail qui dure près de trois ans et qui lui est payé 3oo livres.[1] En 1667, il exerce la justice sur les terres de cette importante seigneurie, non pas en premier, il est vrai, mais en second, car il n'est que lieutenant de juge, le juge étant Me Jean Tarrisse, docteur en droit, notaire royal au Mur-de-Barrez.

Durand de Comblat testa devant Froquières le 1er avril 1668. Il veut être enterré dans l'église de Raulhac au tombeau de ses prédécesseurs, et fait son héritière générale Gabrielle de Laveissière, son épouse aimante et adorée.[2] Ce testament n'était qu'une précaution et ne devait devenir une réalité que longtemps après. En 1684, en effet, Durand de Comblat vivait encore, mais il était déjà mort le 28 juillet 1690.[3] Il laissait six enfants et une fortune modeste, qui, jointe à celle de son épouse, permettait de doter les deux garçons à 35o livres chacun, et les quatre filles à 5oo livres chacune.[4] Le préciput de l'aîné était en sus, et l'on sait que ce préciput, selon la coutume d'Auvergne, faisait la part de l'aîné double de celle des autres.

François de Comblat succéda à son père à une date que nos documents ne précisent pas, mais qu'ils indiquent approximativement. Simple « praticien » le 23 juillet 1687, il était déjà installé comme notaire le 28 juillet 1690. Il mourut le 26 juin 1700, ce qui représente un exercice de dix ou douze ans. Il avait épousé Antoinette Coffinhal, qui lui survécut jusqu'en 1715, et qu'on trouve mentionnée dans le testament de Me Denis de Comblat, notaire royal *del Mon*, du 18 novembre 1703.

---

1 Min. Boissy.

2 Min. Froquières.

3 Ibidem. Voir testament de Gabrielle de Laveissière en date de ce jour.

4 Ces chiffres sont établis sur les 2 testaments combinés du père et de la mère,

Ce Denis de Comblat, notaire royal *del Mon,*[1] était le frère puîné de François de Comblat, qui, par testament, lui avait « baillé » son office de notaire, pour le gérer temporairement et le transmettre ensuite à son fils aîné, à la majorité de celui-ci. Mais la majorité de ce dernier ne devant survenir qu'en 1707, la mort de son oncle arrivée le 1er décembre 1703 amena la vacance momentanée de l'étude, laquelle dura quatre ans. Durand de Comblat, le nouveau titulaire, était déjà en fonction le 29 mai 1708. Comme il entretenait de très bonnes relations d'amitié et de voisinage avec maître Laborie, notaire royal à Raulhac, celui-ci lui proposa la main de sa fille, et la proposition ayant été agréée, le 7 juillet 1710, dans la maison dite *del Puech,* par devant Me Conducher, notaire royal à Lasdoulours, fut passé le contrat qui unissait Durand de Comblat à Agnès Laborie. La dot constituée à la future épouse était de 1200 livres, en trois tiers égaux qui provenaient l'un de son père, l'autre de sa mère, et le troisième de ses économies personnelles. Le lit garni traditionnel, une batterie de cuisine rudimentaire, et une garde-robe assez meublée pour le temps formaient le trousseau indispensable. Le futur apportait sa clientèle de notaire, l'hérédité de François de Comblat à lui remise par sa mère Antoinette Coffinhal, et une somme de 500 livres que celle-ci donnait à son fils sous la réserve de l'usufruit, sa vie durant. Les témoins de ce contrat étaient Joseph de Laveissière de Beauregard, Jean Froquières, notaire royal, et Annet Rastinhac, praticien.[2]

La cérémonie religieuse fut ajournée, et n'eut lieu que le 10 novembre suivant. De cette union naquirent dix enfants, qui eurent des destinées diverses[3]. — Durand de Comblat les fit élever tous bourgeoisement, mais comme cette éducation soignée coûtait cher, et que les revenus ordinaires ne pouvaient pas y suffire, pour y mieux subvenir, il joignit à son étude la ferme de la châtellenie de Cromières (1720-1732). C'était le moyen de se créer des ressources supplémentaires, et d'écarter la gêne de sa maison. Le 15 septembre 1721 il eut un bonheur inespéré, et la vérité de cet aphorisme que Dieu bénit particulièrement les familles nombreuses, se manifesta pour lui avec la dernière évidence. Devant Laroche, notaire royal au Mur-de-

---

1 Qu'il faut lire *du Mont,* village appartenant aujourd'hui à la commune de Badailhac.

2 Min. Conducher.

3 Blaise et Antoine furent successivement notaires, Denis et Jean-Baptiste, prêtres, Marie embrassa la règle de Ste Agnès, etc.

Barrez, il reçut en donation l'important domaine de Combourieu, du labourage d'une paire de bœufs et d'une cote foncière de 70 livres environ, qui appartenait à Jean-Bernard de Lavilette, prêtre de la communauté de Raulhac et vicaire de Pailherols. Cette donation fut renouvelée le 6 janvier 1724, sous la condition que le donataire payerait au donateur une rente annuelle de quatre setiers seigle, deux de blé noir et 60 livres d'argent [1].

Durand de Comblat testa le 8 mars 1722 devant messire Jacques Coffinhal, curé de Raulhac, mais il survécut à cet acte jusqu'au 13 mars 1732, comme l'attestent les registres paroissiaux de l'époque. Sa veuve, qui était une femme de tête, continua d'être fermière de la châtellenie de Cromières (1732-1745), pourvut à l'établissement de ses filles en mariant Jeanne avec Pierre Galibert de la ville d'Aurillac, le 6 février 1742, Claire avec Pierre Bersanges, notaire, le 5 août 1766, Marie avec l'Epoux invisible des vierges, et testa à son tour devant Rastinhac le 21 novembre 1772, faisant héritier général Antoine de Comblat, son fils, procureur du roi au bailliage de Vic.

Blaise de Comblat était le fils aîné du précédent, et en cette qualité il hérita de l'étude de son père, qu'il tint de 1733 à 1744. Il ne vécut que 32 ans, et il ne voulut connaître de la vie que le double charme de la piété filiale et de l'amitié, partageant son temps entre le culte de sa mère et la société du sieur Bernard de Lavilette, le bienfaiteur de sa famille, qu'il admit à sa table moyennant une pension de 180 livres [2]. Il renonça au mariage qui ne lui souriait pas, et il mourut célibataire le 21 janvier 1744, après avoir légué à sa mère tout ce qu'il possédait et un annuel de messes aux prêtres de Raulhac [3].

Antoine de Comblat n'avait pas encore 22 ans, lorsqu'il fut appelé à recueillir la succession notariale de son frère. Il se hâta de faire son stage, d'étudier son droit et de prendre sa licence, car il tenait à être un notaire instruit et versé dans le Code, en attendant que l'avenir lui réservât une autre situation. Lorsqu'il eut atteint sa majorité et qu'il fut muni de ses grades. il entra dans la carrière et ne tarda pas à acquérir une vogue considérable. Son mariage avec mademoiselle de Bonafos acheva de le poser dans le pays. Celle-ci était la sœur utérine de mademoiselle Antoinette d'Humières, qui habitait le château de

---

[1] Min. Boyssou.
[2] Ibidem,
[3] Min. Rastinhac.

Bassignac, et M. de Comblat en était le protégé. Négocier cette union, faire connaître le futur à la future, leur ménager sous son toit de fréquentes entrevues, les disposer, les préparer l'un pour l'autre en accordant leurs désirs et en inclinant leurs volontés, et une fois les époux conquis conquérir leurs parents et leur faire sanctionner le résultat de ses démarches et de ses négociations, tel fut le rôle de l'habile entremetteuse, et ce rôle aboutit à la conclusion du mariage qui fut contracté à Bassignac le 20 juillet 1753, et religieusement célébré dans l'église de Raulhac quatre jours après. Mademoiselle de Bonafos était assistée de M. Philippe de Bonafos, son frère aîné, et de M. Bertrand d'Humières, baron de Scorailles. Les témoins du marié étaient Valady de Roussille, Laveissière de Beauregard et messire Combier, curé de Cros.[1]

Ce mariage fut dans le pays un événement à sensation. La jeune dame venait de loin, du château de Lamothe, paroisse de Mourjou, et portait une dot de 6.000 livres. A la noblesse du nom la tradition raconte qu'elle joignait celle du caractère si bien que, sous elle, la maison de Comblat qui avait un peu versé dans la roture, ne tarda pas à reprendre son lustre des anciens jours. Les deux époux, d'ailleurs, étaient bien faits l'un pour l'autre. M. de Comblat était un esprit fin et distingué ; il ne se sentait pas à sa place dans une étude rurale, où l'on n'a guère pour clientèle que le *profanum vulgus* dont parle le vieil Horace : il trouvait les paysans bornés, entêtés, égoïstes, et il aspirait à un milieu, à des fonctions qui fussent plus en rapport avec ses talents et ses goûts. La charge de procureur du roi étant devenue vacante au bailliage de Vic, il s'empressa de l'acquérir, et y fut officiellement promu le 18 octobre 1758. Il en prit possession le 4 décembre suivant, et la garda 27 ans, jusqu'au 23 février 1786, époque à laquelle il s'en démit en faveur de Bertrand de Comblat, son fils aîné. Nommé conseiller honoraire, après sa démission, il continua de siéger à la Cour avec voix délibérative tant aux audiences qu'en Chambre du Conseil, toutefois sans toucher aucun gage et sans pouvoir présider en aucun cas. Il vivait encore en 1804, et il habitait Varcilles, paroisse de Brommes (Aveyron)[2].

---

[1] Min. Rastinhac.

[2] Communication de Mademoiselle de Comblat, receveuse à la Teste, près Bordeaux. — Les minutes des Comblat sont perdues comme celles des Montjou, leurs prédécesseurs. Nous les avons recherchées et fait rechercher partout sans résultat.

Pierre Bersanges fut le successeur d'Antoine de Comblat, dont il devait plus tard devenir le beau-frère. Il avait alors vingt-cinq ans, et il était né à Albospeyre, de Martin et d'Antoinette Castanié. Il fit bâtir dans le bourg de Raulhac la maison qui depuis a appartenu à la commune et que celle-ci a vendue il y a quelques années, et il l'habita jusqu'à sa mort, survenue le 21 août 1784. Le 26 juillet précédent il avait résigné son office en faveur de Jacques-Géraud Combes, praticien, à condition pour celui-ci d'obtenir l'agrément du prince de Monaco, comte du Carladès[1].

Jacques-Géraud Combes est le dernier anneau de cette longue et importante succession de notaires. Son exercice embrasse une période de 30 ans (1785-1815), pendant laquelle il vit changer trois fois le gouvernement de son pays, et fut obligé de renouveler trois fois ses panonceaux : notaire *royal* sous la monarchie, *public* sous la Révolution, et *impérial* sous l'empire. Il servit successivement les trois régimes, mais pas avec une égale ardeur. La Révolution eut ses préférences, et en 1793 il se signala parmi les Jacobins les plus exaltés de la commune. Il était alors maire de Raulhac, et il fallait bien donner le ton à ses administrés[2].

<h2 style="text-align:center">IV</h2>

Les Coffinhal n'occupent pas une place moindre que les Comblat dans l'histoire du notariat. Ils sont si nombreux, qu'on ne sait s'il faut les rattacher les uns aux autres, ou s'ils forment plusieurs familles différentes. N'y a-t-il pas les Coffinhal de Raulhac, les Coffinhal de Jou, les Coffinhal de Brommet, les Coffinhal de Sistrières ? Entre toutes ces branches on cherche la parenté, la filiation, la souche commune et on ne la trouve pas. Elle existe sans doute, mais sans le texte précis comment l'affirmer ? Or, les Coffinhal formant des groupes distincts, mais sans cohésion, sans lien manifeste les uns avec les autres, on peut les étudier séparément, et c'est ce que nous allons faire. Nous parlerons d'abord de ceux de Raulhac, les autres viendront plus tard.

Le premier Coffinhal dont nos titres fassent mention est maître Jean Coffinhal, clerc, notaire juré du scel, du lieu de

---

1 Min. Rochéry, notaire à Vic.

2 Les minutes Bersanges et Combes ont été conservées et se trouvent en l'étude de maître Fabre, notaire à Raulhac.

Raulhac. Nous le trouvons en exercice déjà en 1494 et encore en 1544, donc pendant cinquante ans. On a de lui deux actes, où il agit, dans l'un comme simple particulier et dans l'autre comme officier ministériel. Comme simple particulier, le 15 novembre 1530, il est devant Jacques de Montjou, notaire royal, et il déclare tenir en emphytéose et perpétuelle pagésie. des prêtres de Raulhac, la maison qu'il possède et qu'il habite dans le bourg confrontant à la place publique, plus six parcelles qui en dépendent et qui n'en sont pas éloignées [1] ; et comme officier ministériel, le 27 novembre 1533, il reçoit une reconnaissance rendue auxdits prêtres de Raulhac par Balthazar Laveissière pour divers héritages sis à Laveissière. [2] — Pierre Coffinhal, son fils, 1544-1569, figure également dans deux actes concernant la communauté des prêtres de Raulhac. Le premier est une vente consentie auxdits prêtres par noble César Laroque, seigneur de Loubejac, le 11 septembre 1558, d'une rente foncière assise sur le village d'Albospeyre et payée par divers tenanciers énumérés au contrat, qui s'engagent vis-à-vis des nouveaux seigneurs de la même manière qu'ils étaient liés à l'égard de l'ancien, [3] et le second est encore une vente, non plus reçue, mais consentie par lui, Pierre Coffinhal et son fils, sous pacte de rachat, à la même communauté des prêtres de Raulhac, d'un pré appelé de Goutteroquière, contenant deux œuvres pour le prix de 100 francs tournois. Ce prix ayant été jugé trop faible en 1601 par l'héritier des vendeurs, un autre Pierre Coffinhal, celui-ci attaqua la vente et en demanda la rescission à M. le Juge d'appeaux de Vic qui maintint la validité de l'acte et défendit qu'on troublât les acquéreurs dans leur légitime possession. Les prêtres offrirent alors de rendre l'héritage vendu, à la seule condition que le demandeur rembourserait aux défendeurs le prix d'achat. Cette offre fut rejetée, et remplacée par une proposition d'arbitrage qui amena la solution définitive de l'affaire. Comme dans le jugement de Salomon, on partagea le pré en deux ; la moitié du côté de la Soÿe resta aux prêtres, et l'autre fut attribuée à Pierre Coffinhal. [4]

Jacques Coffinhal, le frère du précédent et par conséquent l'oncle de celui qui va suivre, était notaire de Raulhac en 1576.

------

[1] Arch. de Messillac.
[2] Arch. de Laveissière.
[3] Arch. de Messillac.
[4] Ibidem.

Avant cette date il avait exercé au Mur-de-Barrez, puisque le
11 septembre 1566, de résidence dans cette ville, il reçoit le
contrat de mariage de noble François du Port et de Marguerite
de Saunhac, demoiselle de Messillac [1].

Pierre Coffinhal, petit-fils de Jean, occupe toute la fin du
XVI⁰ siècle (1590-1599). Il avait épousé Anne de Caldaguès,
qui lui donna deux fils, Pierre qui demeura fixé à Raulhac, et
Jacques, qui alla habiter le Mont.

Barthélemy Coffinhal est le cinquième et le dernier de la
série. C'est le plus célèbre de tous, et de beaucoup. Un long
exercice (1574-1624), une grande notoriété, une participation
considérable aux affaires de son temps, telle est la note qui le
distingue. Quelques-uns de ses actes nous sont parvenus. En
1582 il reçoit le testament d'un des plus puissants personnages
de la région, messire Annet de Fontanges, protónotaire apostolique, seigneur de Puechmourier, Feyssergues, Hauteval,
coseigneur de Raulhac, doyen de la collégiale de St-Chamand,
prieur commendataire de St-Michel, de Paulhenc et de
Brommat. En 1585 il est chargé du renouvellement du terrier
de noble Louis de Fontanges, sieur de la Salle et d'Escalmels.
En 1586 il reçoit le contrat de mariage d'Anne de Fontanges,
fille naturelle de noble Annet de Fontanges, seigneur de Cropières et de Palmont, avec Jean Sobrier, fils d'Etienne du
village de Peyre. En 1588 il est greffier de la justice ordinaire
du seigneur de Cropières. En 1597 il reçoit la cession que fait
la dame de Messillac aux prêtres de Raulhac de tous ses droits
sur la chapellenie de Porte. Enfin le 10 mars 1624 il passe le
contrat de mariage de Claude de Comblat, son confrère, avec
Françoise Cassanhard du village de Pailherols [2].

<h2 style="text-align:center">V</h2>

Barthélemy Coffinhal laissait une fille, Anne Coffinhal,
mariée à Pierre Froquières, *praticien,* comme on disait alors,
c'est-à-dire stagiaire, clerc, étudiant en droit ou le droit chez
quelque tabellion du lieu ou du voisinage. Les notaires d'aujourd'hui ne se forment pas autrement, et l'examen qu'on leur

---

[1] Ibidem.

[2] Les minutes des cinq Coffinhal de Raulhac ont été détruites ou
égarées et ne se trouvent pas avec celles des Coffinhal de Jou, de Brommet
et de Sistrières, conservées en l'étude Gizolme.

fait subir, avant leur entrée en fonctions, devant une Chambre gagnée d'avance, n'offre pas plus de garantie que celui de l'ancien régime devant les magistrats royaux. Pierre Froquières tenait de race. Un de ses ancêtres avait fait toute sa carrière dans le notariat et s'y était distingué. Jean de Froquières [1] est mentionné comme notaire de la vicomté de Carlat, à la résidence de Raulhac, dès l'an 1464. Il rédige à cette date un acte d'investiture par Bernard de Bénavent, seigneur de Messillac, au profit de Barthélemy Trin du village de Griffoul, d'une terre appelée *Camp Longuet*, située dans ce village. En 1473 il reçoit une reconnaissance pagésiale consentie par Jean Artis, de Lavergne, paroisse de Raulhac, à noble Bertrand Laroque, seigneur de Couffoulens, paroisse de Saint-Clément. En 1478 il est chargé du renouvellement du terrier de noble Pierre d'Yolet, seigneur du Cayre, près Bassignac, dans la vallée du Goul. En 1485 il vend à noble Jacques de Montamat, seigneur de Montamat, Polminhac, Folholes, etc., une rente foncière et autres droits seigneuriaux appartenant aux luminiers de l'église de Raulhac et possédés par eux sur un pré appelé des Clausels, sis à Montamat, paroisse de Cros. Le 3 juin 1502 il instrumente encore dans une reconnaissance rendue par Bertrand Boissier, du lieu et paroisse de Peyrat, à noble Jacques de Montamat pour un tènement ou affar appelé de Cardouche. [2]

Jean de Froquières était clerc et portait la tonsure selon la mode du temps. Cet usage avait cessé lorsque plus d'un siècle plus tard parut sur la scène son arrière petit-fils ou petit-neveu pour faire revivre dans la famille Froquières une vocation et des goûts longtemps interrompus. Pierre Froquières fut nommé notaire royal le 23 juillet 1625, et prêta serment le même jour devant honorable homme Mᵉ Guillaume Teillard, conseiller du roi et juge d'appeaux au siège de Vic [3]. Il s'installa à Raulhac

---

[1] Cette famille tirait son nom du village de Froquières, paroisse de Raulhac, qu'elle possédait en partie, et où elle résidait de toute ancienneté, Elle n'était pas noble malgré la particule *de*, qui figure dans son nom. Mais il est à présumer qu'elle avait la même origine que les familles nobles d'extraction, c'est-à-dire qu'elle descendait des hommes libres, possesseurs de terres, de l'époque gallo-romaine et de l'époque franque. Au moment où se constitua la féodalité, une innovation se produisit dans la désignation des personnes. On ajouta alors au nom de l'individu celui de la terre qu'il possédait; le nom de l'individu devint le prénom et celui de la terre le nom de famille.

[2] Communication de M. Morisque.

[3] Min. Froquières. Voyez le répertoire.

dans une maison qui n'était ni spacieuse ni grandiose, mais qui avait du cachet, et qui naguère encore constituait un monument des plus curieux de l'ancien bourg. C'est là que pendant 32 ans il reçut la nombreuse clientèle de son beau-père et celle qu'il sut se faire lui-même, malgré les études rivales des Comblat et des Roques-Montjou dont il a été question.

Parmi les milliers d'actes qu'il a passés, on cite les testaments de Gabrielle de Castelnou, dame de Loubejac, 17 février 1626, de Guillaume de Laroque, son mari, 11 septembre 1636 [1], d'Antoine de Laveissière, sieur de Beauregard, 21 mai 1639, de Louis de Scorailles, baron de Cropières, 27 août 1639, d'Anne Delarbre, fille de noble Jacques Delarbre, seigneur d'Escalmels, 12 février 1642, etc., et les contrats de mariage de noble Louis de Turenne, seigneur du Fraysse, avec Marguerite Poujoulat, de Puechmourier [2], 9 mai 1626, de Durand Troupel de Froquières, avec Marguerite Sabatier, de Combourieu [3], 4 septembre 1633, de Jeanne-Marie de Scorailles, avec François de Rochemure, sieur de Manouël, 17 décembre 1635, de Jeanne de Comblat, avec noble Antoine de Laveissière, 27 décembre 1636, de Florette de Rastinhac, fille naturelle de Franc-Bertrand Cat de Rastinhac, seigneur de Messillac, avec Jean Brommet de Casternac, paroisse de Thérondels, 9 juillet 1645, etc. — En 1649, il rédige une délibération touchant les gens de guerre logés à Thiézac, en 1652 il dresse l'inventaire des titres de l'église de Raulhac,[4] et la même année François d'Humières, écuyer, sieur de la Calsade, le charge de recevoir les reconnaissances pagésiales de ses emphytéotes. Ce dernier travail l'occupa longtemps, et n'était pas encore achevé en 1659.

A un savoir juridique très profond, Pierre Froquières joignait une qualité très précieuse pour le temps : il était traducteur des actes espagnols. Un contrat, une donation, un testament

---

[1] Il est dit en tête de ce testament qu'il n'y avait alors aucun notaire résidant sur la paroisse de Carlat.

[2] Ce contrat est passé au village de Puechmourier, dans la maison de Me Pierre Poujoulat, *archer de la compagnie* du vice-bailli Lacarrière, et de Madeleine Roussille, mariés, père et mère de la future.

[3] Ce Durand Troupel est la souche des Troupel de Combourieu et des Troupel d'Albospeyre, qui forment aujourd'hui deux des familles les plus considérables de la paroisse de Raulhac.

[4] Ces deux actes sont malheureusement aujourd'hui perdus ; on se demande quel est l'indiscret qui a pu les détacher des liasses de M. Mabit et les emporter.

surtout passé au-delà des Pyrénées par quelque émigrant de la vallée du Goul, ce n'était pas chose rare à cette époque, et quand la poste de Grenade ou de Madrid en apportait un dans le pays, les intéressés étaient trop heureux d'en demander le sens à l'habile interprète. Les tribunaux eux-mêmes le désignaient d'office pour cette particulière fonction. Son étude n'en était que plus achalandée, et ses revenus ne s'en trouvaient pas plus mal.

Pierre Froquières fut atteint de la goutte sur ses vieux jours, et cette infirmité le faisait cruellement souffrir. Ne pouvant plus rédiger ses actes ni même les signer, tant la main était devenue défaillante, il résigna son office le 14 septembre 1657, et le transmit au cadet de ses fils,[1] Jean Froquières, déjà son associé, pour ne pas dire son lieutenant. Cette cession imposait au nouveau titulaire trois conditions. Il devait : 1º nourrir et entretenir dans sa maison ses père et mère, et en cas d'incompatibilité, leur servir une pension annuelle et viagère de 10 setiers de froment et de 50 livres d'argent ; 2º doter ses frères et sœur, Antoine et Jean sur le pied de 200 livres chacun, et Jeanne à raison de 400 livres ; 3º tenir à la disposition de ses parents une réserve de 400 livres, payer leurs dettes et se charger des honneurs funèbres après leur mort.[2]

Jean Froquières fut reçu notaire le 17 novembre 1657 par M. de Sistrières, lieutenant général et juge présidial de Vic. Il entra aussitôt en fonction et occupa la maison paternelle, après l'avoir considérablement restaurée et embellie, tant à l'intérieur qu'à l'extérieur. Lorsqu'il eut rallié à lui la nombreuse clientèle de son père, ce qui lui fut facile, car il était très avenant et très habile en affaires, il songea à se marier. Nous le trouvons au village de Ferval, paroisse de St-Jacques-des-Blats, dans la maison de Mᵉ François de Caldaguès, juge-prévôt à Vic, le 12 mars 1670. Par devant maître de Comblat, notaire royal à Peyre, assisté de messires André Armandie, curé de Thiézac, et Durand Dunoyer, curé de Raulhac, il épouse mademoiselle Anne Gaillard, fille de François, de son vivant conseiller du roi en l'élection d'Aurillac, et de dame Barbe de Jarousset.[3] La dot constituée à la future est de 1200 livres, environ 4.000 francs de notre monnaie.

---

[1] L'aîné Antoine est mentionné comme étant alors au royaume d'Espagne.

[2] Min. Coffinhal.

[3] Min. de Comblat, et Gizolme.

A partir de ce jour la situation de maître Froquières fut
pour ainsi dire hors pair. Les nobles et les paysans, les officiers
de judicature et de finance, la communauté des prêtres, le
corps commun, toutes les institutions et toutes les classes
coururent à lui et assiégèrent son étude du matin jusqu'au soir.
Il fut le notaire attitré du Mas, de Valduchez, de Messillac, de
Loubejac, de Cropières, et d'autres bonnes maisons. Les d'Escorailles surtout s'attachèrent à lui et l'honorèrent de la plus entière
confiance. Dans son testament olographe du 24 juillet 1690 le
marquis de Roussille, futur lieutenant du roi en Auvergne, lui
donne mille livres « pour les bons offices qu'il lui a rendus et
qu'il espère lui voir rendre à sa Maison ». Il veut qu'il contribue
à la nomination et élection de son héritier, et il défend à celui-ci
de se marier « sans son avis et consentement ». Il le nomme
son curateur et le charge de l'assister « pendant sa minorité
aux affaires [1] ».

Homme de bon conseil, Jean Froquières fut aussi un homme
de résolution et de courage. Il lutta vaillamment contre le fisc,
et sut faire respecter ses droits en matière d'impôts. Taxé
d'office à la somme de 60 livres, il trouva excessive cette taxe,
et adressa une requête à l'Intendant, qui renvoya l'affaire aux
consuls, lesquels la portèrent à leur tour devant le corps
commun. Mis en demeure de se prononcer, celui-ci lui accorda
une remise, ou du moins émit l'avis que cette remise lui fût
accordée par délibération du 4 novembre 1685 [2]. Une sentence
de modération intervint, et la cote de 60 livres fut ramenée à
30. C'était le triomphe de la résistance personnelle, et la
meilleure preuve que pour réussir dans une affaire il faut commencer par la tenter.

Outre ses fonctions de notaire, Jean Froquières en exerça
plusieurs autres. On le trouve lieutenant de la justice de Cropières le 17 décembre 1659 et le 14 avril 1687 [3], c'est-à-dire
pendant vingt-huit ans, et cette magistrature il est probable
qu'il la garda toute sa vie. Il fut pourvu de l'emploi de
receveur de la même terre de Cropières par acte passé devant
maître de Comblat le 1er janvier 1668. A la même époque il
possédait l'office de greffier en la juridiction ordinaire de la
seigneurie de Messillac. Il mourut le 26 avril 1712, et fut
inhumé le lendemain dans l'église paroissiale de Raulhac. Son

---

[1] Min. Froquières.
[2] Min. de Comblat.
[3] Voir inventaires Polverel et de Comblat, de Peyre, min. Froquières.

exercice avait duré 55 ans : c'est le plus long que les annales raulhacoises aient enregistré.

Les minutes de Jean Froquières, après avoir été détenues quelque temps par un autre Jean Froquières, frère du défunt et prêtre communaliste de Raulhac, passèrent à maître Jean Revel, notaire à Vic, qui dut les acheter. Elles sont aujourd'hui, pour le plus grand nombre du moins, en l'étude de M. Francisque Mabit ; quelques liasses se sont égarées chez M. Gizolme. et quelques autres se sont perdues, au détriment de la légitime curiosité du chercheur.

IV

Nous voici aux Rastinhac, la dernière famille notariale dans l'ordre chronologique, Les Rastinhac venaient du château de Messillac, et leur généalogie n'est pas difficile à établir. Ils sont issus de François Cat de Rastinhac, sieur du Cäyre, qui était lui-même un bâtard non légitimé de noble Franc-Bertrand Cat de Rastinhac, le fils aîné du gouverneur. Marié à Cécile Servières, ce François Cat de Rastinhac eut plusieurs enfants, entre autre Noë Rastinhac, qui épousa Anne Delpuech, de Raulhac, le 15 octobre 1687, et fut le fondateur de la branche qui subsiste encore. Noë ne prit jamais la particule, et ses descendants imitèrent son exemple. Ils furent avant tout des hommes d'affaires, et marquèrent leur rang dans la vie active et laborieuse, sans faire parade de l'illustration de leur origine, mais sans la dédaigner non plus.

Annet Rastinhac, fils de Noë, fut notaire et expert féodiste de 1720 à 1767. Il exerça d'abord à Raulhac, 1720-1725, puis à Saint-Clément, 1725-1750, puis de nouveau à Raulhac, 1750-1767. Il avait épousé Madeleine Verdier, de Brommes, par contrat reçu de Comblat et Rongier, notaires royaux, et passé à Saint-Clément le 30 janvier 1725, dans la maison du sieur André Froquières, bourgeois, et de demoiselle Marie Auzolles, mariés. Ceux-ci étaient l'oncle et la tante de la future ; ils aimaient leur nièce, et ils voulurent contribuer à la doter. Ils lui donnèrent chacun la moitié de leurs biens, et lui offrirent en plus, à elle et à son conjoint, le vivre et le couvert, à condition que les nouveaux époux résideraient à St-Clément, et partageraient la société des donateurs. Les charges du mariage étaient ainsi évitées, et tous les bénéfices de l'étude devenaient profit net[1].

----

[1] Arch. de Messillac.

Des conditions aussi avantageuses fixèrent à St-Clément le jeune ménage, et lui firent quitter Raulhac, la petite patrie, avec le regret de s'en aller mais avec l'espoir de revenir. Les années se passèrent. Six enfants naquirent de cette union, et animèrent de leurs joyeux ébats le foyer si triste et jusque là si solitaire des donateurs [1]. L'aînée de la famille, Jeanne Rastinhac, sut capter les préférences de sa grand'tante Marie Auzolle, qui la fit héritière de la moitié restante de ses biens, après qu'elle-même eut hérité de son mari en vertu d'un testament mutuel passé entre eux le 16 août 1731 [2], ce qui permit de lui constituer une belle dot et de la marier avantageusement le 25 avril 1747 à M. Bertrand de la Volpilière, écuyer, sieur de Roupon. Madeleine Verdier ne vit pas cette alliance honorable, qui aurait flatté son amour-propre maternel : la mort l'avait enlevée dans l'intervalle, et dans ses papiers on trouva une supplique que quelques jours auparavant elle avait adressée au prieur des Dominicains de Saint-Flour, pour demander l'érection d'une Confrérie du Rosaire dans une chapelle de l'église de Saint-Clément, chapelle qu'elle affectionnait beaucoup et où elle voulut avoir son tombeau [3].

Annet Rastinhac adopta la même manière de faire que tant d'autres notaires, ses contemporains ou ses prédécesseurs. Trouvant que ses fonctions ministérielles ne lui rapportaient pas beaucoup, il y joignit plusieurs affermes, notamment celle du prieuré de Narnhac en 1733, celle du prieuré de Raulhac en 1741, celle du chapitre de Conques et celle de la châtellenie de Carlat à des dates postérieures. Il fallait de l'argent pour vivre bourgeoisement, surtout pour élever ses fils et caser ses filles, qu'il dotait sur le pied de 1600 livres. Or le revenu du domaine de Raulhac, n'était pas gros. D'après un extrait des rôles des tailles de l'année 1768, ce domaine ne rapportait bon an mal an, toutes charges déduites, que 145 livres 10 sols. La part de Madame de Roupon avait peut-être dépassé un peu la quotité

---

[1] Voici leurs noms : 1° Jeanne, épouse de M. de Roupon; 2° Antoine, qui succéda à son père comme notaire royal ; 3° André, qui fut prêtre et le dernier chapelain de la Chapelle du Cantal; 4° Pierre, qui entra dans la carrière des armes ; 5° Marie, qui épousa Jean-François Rames, de Thiézac, le 2 septembre 1749, contrat reçu Clavières ; et 6° Marguerite, qui fut religieuse à la Visitation d'Aurillac.

[2] Min. Delrieu.

[3] Arch. de Messillac.

disponible, et pour faire grandement les choses, on n'avait pas épuisé, mais on avait amoindri les ressources de la maison.

Devenu veuf et ayant donné à sa fille aînée, en la mariant à M. de Roupon, tous les immeubles qu'il possédait à St-Clément, sous réserve de 4.000 livres, Annet Rastinhac reprit le chemin de Raulhac où il était né, où il avait passé toute sa jeunesse, et où il n'avait cessé de posséder la plus belle partie de sa clientèle. Il s'installa dans la maison Froquières, encore pleine du souvenir de ceux qui l'avaient occupée avant lui, et y exerça dix-sept ans, concurremment avec le dernier des Comblat et Pierre Bersanges qui lui disputèrent successivement le haut du pavé. Le 22 mars 1767 il céda toutes ses minutes à Antoine Rastinhac, son fils, se retira complètement des affaires, et alla habiter avec son gendre et sa fille au château de Messillac, où il mourut le 13 août 1783, à l'âge de 92 ans.

Antoine Rastinhac, époux Lagarde, ne tint pas dans le notariat une place aussi considérable que son père. Il n'exerça que 27 ans alors que le père en avait exercé 47. Il quitta les affaires pour la politique à l'époque de la Révolution, et fut nommé agent national. Jaloux des lauriers de son confrère Combes, qui avait ceint l'écharpe municipale, il rechercha, lui, le périlleux honneur de poursuivre l'exécution des lois, de requérir contre les délinquants, et de les dénoncer au district. Ce rôle de policier et de délateur avait quelque chose d'odieux dans les circonstances critiques où l'on se trouvait alors : heureusement pour lui il ne l'exerça pas longtemps. Il mourut le 3 ventôse an III.

VII

Après les notaires qu'on peut étudier par groupes ou par filiation, viennent ceux qu'il faut considérer isolément. Cette nouvelle série n'est pas, à beaucoup près, aussi importante que la précédente, et ne mérite ni le même développement, ni la même attention. Quelques noms de ceux qui la composent n'ont dans les documents qu'une simple mention. C'est ainsi que Guibert de Poulhès est notaire public à Raulhac en 1420 : c'est tout ce que nous savons de lui. Antoine Bouygues est notaire seigneurial en 1423 : personnage totalement inconnu. Jean de Malerive, prêtre de Raulhac, est notaire de la vicomté de Carlat en 1455 ; il est cité trois fois dans nos titres. — Pierre Cantuern, en latin *de Cantuerno*, se dégage un peu mieux des obscurités de l'histoire. Nous savons qu'il était clerc, natif du lieu de Raulhac, et qu'il exerça plus de vingt ans, 1482-1503. En juin 1493 il reçoit une vente consentie par noble Bernard de Bénavent, seigneur de Messillac et en partie de Montamat, aux prêtres communalistes de Cros, messire Gille Porte, recteur, Jéan Cayric aîné, Bernard Julhe, Guillaume Prunet, Bernard Combier, Jean Poulhès, Jean Cayric jeune, et Antoine Venzac, tous formant ladite communauté de cette église. L'objet de cette vente est une rente foncière appartenant audit seigneur sur les villages de Laveissière, Morzière, Escoubiac, Montamat, et cédée par lui aux dits prêtres moyennant le prix de 41 livres tournois, dont la moitié sera payée en argent, et l'autre en acquit de messes pour le repos de l'âme de noble Jean de Bénavent, frère au vendeur, décédé [1]. — Le 19 janvier 1502 il reçoit la déclaration des biens de noble Jacques de Montal, seigneur de Puechmourier, en vue de l'hommage à rendre par celui-ci à illustre et excellent prince Pierre de Bourbon, vicomte de Carlat [2].

Jean Dusoulier, qui vient ensuite, fut notaire à Raulhac vers le milieu du XVI siècle (1542-1556). Ses minutes ont été conservées en partie et se trouvent à l'étude Gizolme de Vic-sur-Cère. La plupart sont des actes sans importance, mais quelques-unes offrent un réel intérêt. C'est ainsi qu'on y trouve deux prises de possession de cure par procureur, celle de Saint-Étienne-de-Capels le 23 novembre 1543 par Claude Servières, du diocèse de Saint-Flour, agissant comme délégué de messire Jean Amouroux, curé nommé à cette cure par Mgr l'archevêque de Bourges, et celle de Peyrat le 20 mars 1544 par honorable homme Annet de Fontanges, protonotaire apostolique, prieur de Paulhenc et de Brommat, agissant comme mandataire de messire Pierre Cabanial, prêtre du lieu de Vitrac, curé nommé à ladite cure par Monseigneur l'évêque de Rodez,

Blaise Laborie, né à Badailhac, marié à Catherine Porte le 27 mai 1688,[3] était agent d'affaires à Cropières et receveur de la châtellenie de Cromières avant d'être notaire. Il fut nommé par le prince de Monaco et agréé par le roi le 6 août 1688, en remplacement de Pierre Coffinhal, décédé.[4] La résidence de

---

[1] Arch. de Messillac.
[2] Arch. de Comblat-le-Château.
[3] Min. Froquières.
[4] Communication de mademoiselle de Comblat.

Jou s'offrait à lui, mais il préféra se fixer à Raulhac, où étaient les biens, les relations et la parenté de sa femme. Il y trouva un rival redoutable dans la personne de maître Jean Froquières, alors à l'apogée de sa renommée. Il se tourna du côté des Comblat, qui lui paraissaient d'un accès plus facile, et nous avons vu qu'il donna sa fille Agnès à l'héritier de cette maison. Par cette alliance, les intérêts du gendre et du beau-père se confondirent un tantinet, et la jalousie du métier disparut. Sans s'effacer devant Durand de Comblat et sans cesser d'exercer de son côté, Blaise Laborie se renferma davantage dans ses fonctions de contrôleur. Il était garde-scel, et il avait le privilège d'enregistrer ses actes, ainsi que ceux de ses confrères. Il mourut le 14 mars 1724 et fut enseveli dans l'église de Raulhac.[1]

Guillaume Clavières fut notaire de 1729 à 1754. Il exerça d'abord à Peyre, dans la section de ce village qui appartenait à la paroisse de Jou, mais il quitta cette résidence pour habiter Raulhac aussitôt après son mariage avec mademoiselle Catherine Laborie. Celle-ci était la fille de Pierre[2] et de Jeanne Rastinhac[3], et petite-fille du précédent. Le mariage eut lieu le 20 juin 1730, et fit de Guillaume Clavières le neveu d'Annet Rastinhac et de Durand de Comblat en même temps qu'il en faisait le gendre de la maison Laborie; de telle sorte que les notaires de Raulhac se trouvèrent tous parents ou alliés les uns aux autres. Dès lors cessa toute rivalité entre eux, et pour un temps les actes se passèrent au petit bonheur. Guillaume Clavières reçut le contrat de mariage d'Annet-Joseph Coffinhal, le père du célèbre Terroriste, et de Françoise Dunoyer le 18 mai 1745. Il mourut le 26 janvier 1754 et fut enterré le 27 dans l'église de Raulhac[4].

Pierre Boyssou, originaire d'Aurillac, secrétaire du marquis de Roussille en 1724, procureur d'office de la juridiction de Cropières en 1727, épousa Antoinette Poulhès, de Raulhac, le 4 juillet 1730. Les témoins de ce mariage furent Me François Martin, directeur des postes de la ville d'Aurillac, et messire Durand Redouly, prêtre, docteur en théologie, du village de

---

1 Ses minutes sont introuvables.

2 Frère d'Agnès Laborie, mariée à Durand de Comblat, notaire à Raulhac.

3 Sœur d'Annet Rastinhac, notaire à St-Clément.

4 Min. chez M. Gizolme.

Cropières. Pierre Boyssou ne devint notaire que cinq ans après ;
il exerçait à la résidence de Raulhac, où il mourut le 24 juillet
1749 [1].

VIII

Quittons maintenant le bourg, et opérons une sortie dans les
villages. La liste des anciens notaires n'est pas encore close, et
va se continuer. Nous voici à Albospeyre, sur la rive droite du
Goul, presqu'en face du clocher de Raulhac. Dans une ancienne
maison qui n'est plus aujourd'hui qu'une ruine déserte, mais
qui naguère encore était debout avec ses pierres sculptées et
son aspect moyennageux, nous rencontrons deux notaires, dont
le XVIe siècle nous a transmis les noms avec la durée partielle,
sinon totale, de l'exercice de chacun d'eux. Le premier est Jean
de Porte, ou plus simplement Jean Porte, tabellion juré du
scel, ayant pouvoir d'instrumenter, non seulement dans son
village et dans la paroisse de Raulhac, mais encore dans toute
l'étendue de la vicomté de Carlat. Il fut chargé en 1526 du
renouvellement du terrier d'une partie de la seigneurie de
Messillac, appartenant à Bernard de Montamat, et comme on le
trouve déjà mentionné en 1494, il en résulte que son exercice
se traduit par une durée d'au moins 32 ans (1494-1526). Antoine
Porte, son fils, lui succéda, et résidait comme lui à Albospeyre.
Il fut notaire de 1531 à 1554, sous François Ier et François II,
vicomtes de Carlat.

Un siècle et demi plus tard, au village du Mont, toujours
sur la rive droite du Goul, c'est maître Denis de Comblat, qui est
notaire par intérim et qui gère l'étude de François de Comblat,
son frère, pour le compte de Durand de Comblat, son neveu,
1700-1703. Il possédait une propriété au Mont, et il avait épousé
Marguerite Pradal dont il n'eut pas d'enfants, et qu'il institua
son héritière générale par testament du 18 novembre 1703. Il
mourut le 1er décembre suivant, et fut inhumé dans l'église de
Raulhac au tombeau que lui valurent ses pieuses libéralités
« joignant et attenant à celui de la maison de Messillac », dit
la charte de concession. [2]

Passons maintenant sur la rive gauche, et, par le col de la
Berque, sortons de la vallée de Raulhac pour gagner les hauts

---

[1] Min. ibidem.
[2] Min. Froquières.

plateaux de Pailherols. Deux anciennes résidences notariales s'offrent à nous. La première est Brommet, sur la route départementale d'Aurillac à Pierrefort. Au centre de ce village, près des belles habitations Carcuac, est située une maison particulière qui n'est ni chaumière ni château, et que les gens du pays appellent simplement « *l'oustaou del noutari* ». Pourquoi cette appellation, que la génération qui précède transmet à la génération qui suit, sans s'en demander la cause ? C'est que là au temps jadis, de 1651 à 1667, habitait un homme de loi, qui avait nom Pierre Coffinhal, et qui avait épousé Béralde Poujoules. Après dix-sept ans de notariat dans ce village, il aurait changé de résidence par suite d'une nouvelle union avec Antoinette Delmas, de Sistrières. Ce qu'il y a de certain, c'est que, de 1667 à 1694, un nouveau Pierre Coffinhal, plus probablement le même, est installé à Sistrières comme notaire y résidant, et qu'il passe beaucoup d'actes sur les hauts plateaux. Il reçoit notamment le contrat de mariage de François Conducher, notaire à Lasdoulours, avec demoiselle Claire Froquières, de Raulhac, le 15 juillet 1692. Ce qu'il y a de certain aussi, c'est que ce même Pierre Coffinhal fut le bisaïeul des Coffinhal de la Révolution et de l'Empire, et que d'Antoinette Delmas il eut au moins quatre fils : Antoine Coffinhal, de Brommet, Jacques Coffinhal, curé de Raulhac, Annet-Joseph Coffinhal, prieur de Ladinhac en Rouergue, et Claude Coffinhal qui lui succéda.[1]

Ce dernier était déjà notaire le 16 juillet 1699, lorsque sa mère susnommée testa devant Froquières, et le fit son héritier particulier en lui léguant la somme de 500 francs. Deux ans après cette succession, le 18 juillet 1701, nous le voyons contracter mariage au Mur-de-Barrez, lui âgé de 34 ans, avec une jeune fille de 16, Anne Delherm, fille de François, maître chirurgien, et de feue Catherine Bélestat. L'apport de la future est de 1200 livres, et celui du futur consiste ou consistera dans la moitié des biens paternels et maternels, qui lui est présentement donnée par son frère Annet-Joseph, muni de pleins pouvoirs à cette fin. Assistent au contrat reçu Froquières, Blaise Laborie, notaire à Raulhac, François Béral, curé du Mur-de-Barrez, et Guillaume de Monteils, seigneur de Ladinhac, Mandillac, Lébréjal et autres lieux.[2]

Cette union ne fut pas de longue durée. Le 22 septembre

---

[1] Min. Froquiéres.
[2] **Ibidem.**

1705 les deux époux eurent un fils, qu'ils prénommèrent Annet-Joseph, du nom de son oncle et parrain le prieur de Ladinhac, et le 9 mai 1708 Claude Coffinhal descendit dans la tombe. Il mourut âgé de 41 ans, et fut enterré à Notre-Dame de Pailherols. Avec lui disparut le notariat de Sistrières.

<h2 style="text-align:center">IX</h2>

A côté des notaires de Raulhac qui ont résidé dans le bourg ou dans les villages, nous devons signaler les notaires voisins qui, quoique n'étant pas de la paroisse, y ont cependant instrumenté presque à l'égal de ceux dont la revue précède. Ces notaires limitrophes sont ceux de Jou et de Peyre, qui par leurs familles ou par leurs alliances se rattachent aux groupes déjà exposés et en forment l'indispensable complément. — Le premier de cette nouvelle catégorie est maître Jean Coffinhal, notaire à Jou vers la fin du XVIe siècle et au commencement du XVIIe. Le 26 janvier 1599 il reçoit le testament de haut et puissant seigneur Annet de Fontanges, seigneur de Cropières, Palmont, Puechmourier, Feyssergues, Hauteval et coseigneur de Raulhac. Le 24 août 1632, déjà vieux et retiré des affaires, il teste lui-même devant Froquières au village de Laroque, paroisse de Saint-Clément, dans la maison des héritiers de feu Jean de Séverac. Il était marié deux fois, en premières noces à Hélis Roussille, et en deuxièmes à Suzanne Laroque, veuve elle-même du sieur de Sieujac. Il fait son héritier général Barthélemy Coffinhal, notaire royal à Jou, son fils aîné, et le charge de ses honneurs funèbres qui auront lieu à Jou ou à St-Clément, selon que celui-ci en décidera. [1]

Barthélemy Coffinhal, notaire royal à Jou, avait épousé en février 1621 Catherine Malmeja, fille de Pierre et de Jeanne Trin, du village de Brommet. Par ce contrat ledit Pierre et la dite Jeanne avaient donné à ladite Catherine, leur fille unique, trois parts sur quatre de tous leurs biens. Cette donation fut confirmée par les donateurs par acte du 8 mars 1638 passé devant Froquières. Le 28 avril 1640, Barthélemy Coffinhal céda à son frère Pierre, habitant avec lui Jou-sous-Monjou, l'office de notaire royal qu'il possédait au Mur-de-Barrez, moyennant la somme de 300 livres. Le 21 juin suivant il le fit son héritier général par testament reçu Froquières. Il était déjà mort le 26 juin 1643. [2]

---

[1] Ibid.
[2] Ibid.

Pierre Coffinhal, notaire royal à Jou (1643-1674), s'était marié deux fois comme son père : le 26 février 1642 avec Marguerite Boric, de Badailhac, et le 23 avril 1644 avec Marguerite Pagès, de Vixouse. Il n'eut pas d'enfants de son premier mariage, en eut-il du second ? En tout cas, c'est lui qui clôt la dynastie. Après lui plus de notaire à Jou du nom de Coffinhal. Il eut pour successeur Blaise Laborie, que nous avons rencontré plus haut, et qui fixa sa résidence à Raulhac.[1]

Durand de Comblat, notaire royal à Peyre (1664-1687), était fils de Claude de Comblat, notaire royal à Raulhac. Dans la supplique qu'il adresse à M. de Sistrières, juge d'appeaux de Vic, et qu'on trouve au rang de ses minutes, supplique datée du 11 mars 1664, il dit qu'il a 28 ans d'âge, 15 ans de pratique, une science juridique suffisante pour « gagner sa vie », et il demande à être pourvu d'un office de notaire dans les lieux et paroisses de Jou, Raulhac, Saint-Clément et la Capelle-Barrez, toutes dépendantes du siège présidial de Vic et du parlement de Paris, sous l'offre qu'il fait d'ailleurs de subir son examen et de remplir toutes les autres formalités nécessaires. Le même jour il est mandé à la Chambre, ouï, examiné, et suffisamment trouvé capable par ledit M. de Sistrières, qui lui fait prêter serment et l'investit de sa nouvelle charge[2]. Il exerça 23 ans, concurremment avec les notaires voisins, c'est-à-dire Durand de Comblat, son frère, Jean Froquières de Raulhac, et Pierre Coffinhal de Jou. Le 26 mars 1674, au château de Cropières, il reçoit le testament de haute et puissante dame Aimée-Éléonore de Plas, comtesse de Roussille, épouse de Jean-Rigal d'Escorailles et mère de la duchesse de Fontanges. Le 8 septembre 1681, au même château de Cropières, déjà veuf de Guillemine Irlande de Peyre, qu'il avait épousée le 1er février 1663, il convole en secondes noces et donne sa main à Marie de Montfabès de Belcastel, fille de Louis, sieur d'Escayrac, et de Catherine de Montet, de St-Cyprien, diocèse de Cahors.[3] Le 17 avril 1684, par contrat reçu Vialar, il devient fermier pour cinq ans de la châtellenie de Cromières appartenant au prince de Monaco, à raison de 600 livres par an. A cette afferme il joint l'emploi de receveur des terres de Cropières et de St-Juéry, mais comme il n'apporte pas à la reddition de ses comptes une exactitude

---

[1] Les minutes des Coffinhal de Jou, de Brommet et de Sistrières se trouvent à l'étude Gizolme.

[2] Min. de Comblat.

[3] Min. Froquières,

complète, lorsqu'il meurt sans testament le 21 mars 1687, on
s'empresse de faire mettre les scellés sur ses meubles et papiers.
L'inventaire a lieu le 14 avril et jours suivants, et c'est maître
Froquières qui y procède, en qualité de lieutenant de la justice
de Cropières, assisté de Pierre Sobrier, procureur d'office, et de
Blaise Laborie, commis-greffier. Le bail de Cromières est résilié
le 23 juillet par la veuve Marie de Belcastel, agissant tant en
son nom qu'en sa qualité de tutrice des mineurs, et la suite en
est adjugée audit Laborie pour les deux années qui restent à
courir : 1687 et 1688. [1]

Durand de Comblat mourut à cinquante ans et fut enterré à
Jou. [2]

François Conducher avait été notaire à Thiézac avant de
transporter sa résidence à Lasdoulours. Il quitta la vallée de
Cère pour celle du Goul, par amitié pour sa fille aînée Françoise
Conducher, mariée à Gabriel-Joseph de Sistrières, juge d'appeaux
de Vic et propriétaire de cette charmante quoique modeste
villa. Il avait épousé lui-même Claire Froquières, sœur d'Antoine
Froquières, juge-prévôt de la même ville, en sorte qu'il se trouvait à
la fois parent du chef de la prévôté et du chef du bailliage.
Sous ces deux hautes influences, on devine aisément le crédit
considérable dont il jouissait et le rôle important qu'il dut tenir.
On a vu que le 7 juillet 1710, il avait passé le contrat qui unissait Durand de Comblat à Agnès Laborie. Le 5 novembre 1718,
il reçut le testament de Marie-Charlotte de Tubières-Caylus,
veuve d'Annet-Joseph d'Escorailles, dame de Cropières et lieutenante du roi en Auvergne. Le 30 octobre 1725, il prêta son
ministère au contrat de mariage de Jean-François Dunoyer,
maître chirurgien, avec Elisabeth Poulhès, l'aïeule maternelle
du trop célèbre Coffinhal. Enfin, le 18 mars 1739, il fit à Lasdoulours son testament olographe, par lequel il élit sépulture
dans la chapelle du Rosaire de N.-D. de Jou, et, dans le cas
où il viendrait à décéder à Thiézac, au tombeau de ses prédécesseurs. [3]

X

Aux nombreux notaires qui ont instrumenté sur le territoire
de Raulhac et qui appartiennent à cette paroisse ou à sa voisine
Jou-sous-Monjou, il nous faut encore ajouter quelques noms :

---

[1] Min. Froquières.

[2] Les minutes de Comblat de Peyre se trouvent à l'étude Gizolme.

[3] Min. Rastinhac et Fabre, Raulhac. — Les minutes Conducher se
trouvent chez M. Mabit, notaire à Vic-sur-Cère. Elles sont en 3 liasses, qui

ce sont ceux des notaires émigrés, c'est-à-dire des notaires originaires de Raulhac qui sont allés exercer ailleurs. — Antoine Froquières, de Froquières, fut notaire d'Escoubiac, paroisse de Cros, de 1657 à 1710, c'est-à-dire pendant 53 ans. Il était né en 1617, avait épousé Françoise Boissier de Peyrat, eut deux fils qui se marièrent tous deux au village de Froquières, et mourut le 1er janvier 1715, à l'âge de 98 ans.[1] — Jean Troupel, du même village, était notaire au Mur-de-Barrez le 2 février 1685. — Jean Vialar, de Badailhac, est inscrit parmi les notaires de Vic pour un exercice de 40 ans (1669-1709). Il avait épousé Hélis Boissier de cette ville, à laquelle il porta 2.000 francs de dot, et chez laquelle il alla résider après son mariage célébré devant Boissy le 2 mai 1669.[2] — Jean Clausel, de Raulhac, doit être classé parmi les notaires du Mur-de-Barrez où il exerça de 1769 à 1799[3], et c'est à tort que dans certaine liste imprimée on le fait figurer parmi les anciens notaires de Raulhac. Il s'y était marié, il y passa ses vieux jours, il y mourut le 25 août 1813, de même que sa femme Marie-Anne Laborie, lui âgé de soixante-dix ans et elle seulement de quarante ; mais il n'y passa pas ses actes, et il était démissionnaire depuis longtemps lorsque la mort vint le frapper.

XI

Une observation terminera ce chapitre. On a vu que primitivement les fonctions de notaire étaient surtout exercées par des clercs, lévites, prêtres et autres. Plus tard il fut défendu aux ecclésiastiques d'être notaires, mais ils conservèrent le droit de recevoir les testaments. Quand ils étaient appelés près d'un moribond et que celui-ci voulait mettre ordre à ses affaires temporelles, en l'absence de l'officier ministériel, le prieur, curé ou vicaire pouvait instrumenter. Quelquefois le notaire est éloigné, et on craint qu'il n'arrive pas à temps. Quelquefois il est présent, mais il se trouve parent ou allié du testateur à un des degrés prohibés par la loi. Quelquefois il est en course, malade ou indisposé, et recourir à un autre n'est pas pratique :

---

commencent en 1700 et finissent en 1742. La plupart des actes ont été passés dans la vallée du Goul, et regardent par conséquent Raulhac, Jou et Saint-Clément plutôt que Vic, Thiézac et St-Jacques-des-Blats. C'est une preuve que François Conducher a résidé à Lasdoulours plus longtemps qu'à Thiézac.

[1] Minutes chez M. Mabit.
[2] Min. Boissy, ét. Gizolme.
[3] Min. chez M. Fabre.

dans ces différents cas le confesseur a qualité pour procéder lui-même à la confection de l'acte. Il fait exprimer au moribond ses dernières volontés, devant témoins bien entendu, les couche sur le papier, les rédige en forme testamentaire et, sa rédaction terminée, il donne lecture à l'intéressé de ce qu'il vient d'écrire, et sur l'affirmation de ce dernier que le texte est exact et qu'il y persiste, il fait signer les témoins et signe lui-même avec le testateur. Le testament ainsi reçu est déposé chez un notaire de l'endroit pour être mis au rang de ses minutes et valoir ce que de raison en temps opportun.

Ce droit de recevoir les testaments, les prêtres de Raulhac ne le laissèrent pas périr. Ils l'exercèrent surtout pendant le XVIIᵉ siècle et les trente-cinq premières années du XVIIIᵉ. Les prêtres des communautés voisines suivirent leur exemple, et mirent partout leur plume au service de leurs malades. Aussi nombreux sont les testaments rédigés par ces notaires d'occasion. De 1629 à 1739, pour ne parler que de la période que nous avons particulièrement étudiée, nous en avons trouvé environ 200. Les professionnels eux-mêmes n'hésitent pas à confier aux gens d'église l'expression de leurs dernières volontés. C'est ainsi que Denis de Comblat, notaire royal del Mon, teste devant messire Jacques Coffinhal, curé de Raulhac, le 18 novembre 1703. Durand de Comblat, son neveu, en agit de même le 8 mars 1722. Une année particulièrement remarquable sous ce rapport fut l'année 1693. La peste régnait partout, une affreuse peste dont les registres paroissiaux n'indiquent pas la nature, mais dont ils ont enregistré les funèbres résultats. [1] Aussi chacun croyant mourir, s'empressait-il de faire son testament, et les vicaires de Raulhac n'avaient pas moins de travail pour régler les affaires temporelles de leurs pénitents que pour mettre ordre à leurs affaires spirituelles. L'un d'eux reçut sept testaments, et l'autre jusqu'à quinze en cette année terrible, et encore faut-il noter que ce chiffre serait peut-être doublé si nous avions les minutes des Comblat comme nous possédons celles des Froquières et des Coffinhal. Tant les habitudes d'autrefois étaient différentes de celles d'aujourd'hui, et tant ce qui nous paraît à nous un privilège excessif, était alors la loi commune contre laquelle personne ne songeait à protester.

---

1 Il y eut 121 décès du 21 avril au 30 décembre 1693. En 1694, la peste continuant, 60 personnes moururent du 1ᵉʳ janvier au 15 septembre. En 1695, la peste ayant cessé, il n'y eut que 11 décès d'un bout de l'année à l'autre. — *Etat-civil de Raulhac.*

CHAPITRE XI

LE BARREAU ET LA MÉDECINE A RAULHAC

I. Ressemblance entre le barreau et le notariat. — II. Liste des avocats produits par la commune de Rau lhac. — III. Différence entre les médecins et les chirurgiens. — IV. Plus de chirurgiens que de médecins. — V. Enumération des uns et des autres.

Le barreau a plus d'un trait de ressemblance avec le notariat. D'abord il faut remarquer que les deux professions supposent la même étude, l'étude obligatoire du droit, et que le Code civil est le *vade mecum* de l'avocat comme il est le livre indispensable du notaire. Qu'on veuille faire passer un acte ou intenter un procès, on ne prendra pas la même direction, on ira frapper à deux cabinets différents, mais les deux hommes qu'on consultera auront ceci de commun, c'est qu'ils seront instruits, non pas de la même manière, mais des mêmes choses et que la science de l'une ne sera qu'une variante de celle de l'autre. Ensuite revient ici, à propos des avocats, l'observation que nous avons déjà faite plus haut à propos des notaires. Nous avons dit que, primitivement, les fonctions de notaire étaient surtout exercées par des clercs, lévites, prêtres et autres, à cause de leur connaissance de la langue latine et aussi à cause de leur instruction générale. Or au XIII⁰ siècle, la plupart des avocats, et les plus célèbres de ce temps, dit M. Rivière, étaient des personnages ecclésiastiques, pourvus de dignités et de bénéfices, instruits en droit canon et civil, « apprenans la pratique principalement par les Décrétales » [1]. Qu'il en fût ainsi à Raulhac, nous ne nous risquerons pas à l'affirmer, car nous ignorons si à Raulhac il y avait déjà des avocats sous le règne de Saint Louis et de Philippe le Hardi. Mais il y en eut plus tard, et à l'époque où nous constatons leur existence, nous relevons un trait de plus de ressemblance entre les deux professions ; on les trouve généralement exercées par les mêmes familles, sinon par les mêmes individus. C'est ainsi, par exemple, que l'aïeul et le père sont notaires, tandis que le fils et le petits-fils sont avocats ; et ce fait n'est pas rare, on l'observe jusqu'à trois fois dans le cours du XVIIIe siècle. Entrons au détail, et après avoir discouru sur les tabellions et les notaires, parlons un peu des avocats et des procureurs.

I

L'histoire du barreau d'Auvergne comme celle des barreaux de la plupart des provinces, fournit peu de documents pour connaître et apprécier les hommes qui ont pu se distinguer dans cette carrière aux époques reculées, et si cette remarque s'applique au Cantal en général, à plus forte raison doit-on la faire pour un coin du pays comme Raulhac. Aussi nos recherches ne portent-elles que sur des périodes ou des dates relativement récentes. Pour le XVIIe siècle, nous n'avons guère qu'un nom, Annet Coffinhal, fils d'Antoine, marchand de Raulhac, avocat en 1659. Où exerça-t-il, au Mur-de-Barrez, à Vic, à Aurillac, ou nulle part ? Connut-il le succès, la vogue, ou ne fut-il qu'un médiocre consultant ? Ce qu'il y a de certain, c'est qu'il abandonna sa profession pour se faire prêtre, et que la cléricature lui parut préférable au barreau. [2] Les autres appartiennent au XVIIIe siècle, et peuvent être classés par familles comme les notaires, ce qui nous ramène des noms déjà connus : les Froquières, les Coffinhal, les de Comblat.

II

Antoine Froquières naquit à Raulhac en 1665. Son père Jean Froquières était notaire, et notaire très en vue, comme on l'a

---

[1] Institutions de l'Auvergne, t. I, p. 505.

[2] Titre clérical constitué à Annet Coffinhal, avocat, par son père Antoine Coffinhal, le 14 novembre 1667. Voir minutes *Froquières d'Escoubiac*, étude Mabit.

dit plus haut. Il aurait voulu faire de son fils le continuateur de sa carrière, mais celui-ci n'avait aucun attrait pour cette vie de bureau si monotone, si prosaïque et en même temps si dépendante, surtout dans nos campagnes. Il préféra étudier le droit ailleurs que dans les vieux grimoires, se fit graduer par la Faculté, et sa licence une fois obtenue, il se fixa à Vic comme avocat vers 1692. Il assiste comme tel, le 6 avril 1695, à l'inventaire des biens de François Conducher, décédé à Thiézac, et père d'autre François, son beau-frère, qui devait être plus tard notaire à Lasdoulours.[1] On le voit aussi figurer comme témoin dans l'inventaire des titres et papiers appartenant au prince de Monaco et qui furent délaissés par Pierre Boissy à sa mort survenue le 27 mars 1698.[2] Ce dernier était agent d'affaires du Prince, et en même temps juge-prévôt à Vic. La double charge étant devenue vacante, Antoine Froquières sut si bien gagner les bonnes grâces de Son Altesse Louis Ier que celle-ci lui confia l'une et l'autre, l'administration de ses domaines et la justice de son comté. Cette double investiture le flatta beaucoup, et il s'empressa d'en tirer vanité en prenant dans tous les actes publics et privés les titres pompeux et sonores de « conseiller du roi, président, juge-prévôt civil et criminel, et commissaire examinateur du Carladès ». Comme il était si bien en cour, personne n'osait lui résister. Il s'empara du banc des échevins dans l'église paroissiale de Vic, s'y installa comme en une place conquise, et par une usurpation de jouissance plus que contestable, il créa un titre coloré de possession en faveur de maître Antoine Delrieu, avocat, son futur gendre et un de ses futurs successeurs.[3]

Antoine Froquières aimait l'histoire, surtout l'histoire locale, que le long exercice de sa charge lui avait permis d'étudier à fond. C'est pourquoi à sa qualité de juge il tint à joindre l'honneur d'être historien. M. de Sistrières lui avait ouvert la voie, en retraçant à sa manière la formation et la division territoriale du Carladès. Jaloux des lauriers que s'était acquis dans ce travail le chef du bailliage, il voulut, lui, le chef de la prévôté, s'attirer semblable gloire. Il se mit donc à l'œuvre, et il com-

---

1 Papiers Guary, de Vic-sur-Cère.

2 Arch. de Monaco.

3 Cte de Dienne. *Querelles entre magistrats à Vic*, Revue de la Haute-Auvergne, 1902, 2ᵉ fascicule, p. 204.

posa sur le même sujet un manuscrit de 14 folios, auquel il donna pour titre : *De la vicomté de Carlat et de ses vicomtes.* Ce récit, qui part des origines de la vicomté et se poursuit jusqu'au milieu du XVIe siècle, n'a jamais été imprimé. Il est aux archives communales d'Aurillac, où on peut le consulter utilement. On y trouvera certaines inexactitudes, mais somme toute il renferme des indications assez précieuses pour l'histoire du pays.

Antoine Froquières mourut à Vic le 30 avril 1745, âgé d'environ 80 ans [1]. Il avait épousé Jeanne de Montjou, d'une famille bourgeoise de la petite cité, qui lui donna cinq enfants : 1o Jean-Baptiste Froquières, son fils aîné, qui lui succéda ; 2o Jean Froquières, chanoine théologal de la cathédrale de Noyon [2] ; 3o Pierre Froquières, curé de Bornel, près de Beaumont-sur-Oise ; 4o Françoise Froquières, mariée le 15 octobre 1720 à Antoine Delrieu, avocat à Vic ; et 5o une autre fille dont les documents ne disent pas le nom, qui entra à la Visitation d'Aurillac le 6 juillet 1721.

Jean-Baptiste Froquières, époux Bénex, jouit comme son père de la faveur du prince de Monaco. Avocat en 1721, capitaine des garde-chasse du Carladès en 1730, il fut nommé juge-prévôt de Vic en 1745, après la vacance de la charge. Mais il ne la garda que trois ans, la mort l'ayant frappé le 4 décembre 1748 [3]. Il la transmit à Antoine Delrieu, son beau-frère, qui ne la garda lui-même que quelques mois, la prévôté ayant été supprimée par édit du roi donné à Versailles au mois d'avril 1749.

Jean-Baptiste Froquières ne laissait qu'une fille, Jeanne Froquières, mariée à messire Jacques-Philippe de Métivier, seigneur de Vals, en la paroisse de St-Santin-Cantalès. Celle-ci

---

[1] Etat civil de Vic.

[2] Ce Jean Froquières fut dans son temps une célébrité de la chaire. Il prêcha souvent devant le roi, et fit les stations du Carême dans la cathédrale de Clermont en 1751. Nous possédons son testament daté de Noyon le 7 février 1747, dans lequel il élit sépulture dans l'église cathédrale dudit Noyon, fait sa légataire universelle Marie-Eléonore Delrieu, sa nièce « qui est avec lui depuis longtemps », et nomme pour exécuteur testamentaire M. Gosset, chanoine de ladite église cathédrale. Par un codicille du 27 octobre 1750, il lègue à M. Perrin, ancien chanoine de Noyon et à présent curé de Ste-Croix de la Cité, ses sermons et ses homélies. Il mourut le 24 juillet 1755.

[3] Etat civil de Vic.

était déjà veuve en 1786, lorsqu'elle fit faire l'inventaire de la maison Froquières, sise à Raulhac, précédemment occupée par Rastinhac, notaire royal. A partir de ce moment, la famille Froquières n'ayant plus de représentant à Raulhac, n'y existe plus qu'à l'état de souvenir.

La famille Coffinhal fit comme celle de Froquières ; elle quitta Raulhac pour se transplanter à Vic. Les Froquières avaient délaissé le notariat pour le barreau, les Coffinhal suivirent le même exemple. Né à Sistrières le 22 septembre 1705, de Claude, notaire, et d'Anne Delherm, Annet-Joseph Coffinhal n'avait pas encore trois ans lorsqu'il perdit son père le 9 mai 1708. A 25 ans il aurait pu reprendre l'étude paternelle, à 21 ans il préféra être avocat. Nous le trouvons en 1726 déjà licencié en droit, et en 1728 il est inscrit au barreau de Vic. Travailleur infatigable, il a bientôt une clientèle, et la clientèle, l'étude, les affaires l'absorbent tellement, qu'il ne songe pas même à se marier, bien que de très beaux partis s'offrent à lui. A 40 ans cependant on lui fait de telles propositions ou il est l'objet de telles instances, qu'il finit par se décider. Il se rend à Aurillac dans le monastère de Notre-Dame, il est introduit au parloir, il fait un brin de cour à une jeune pensionnaire, et le mariage est arrêté. On se donne rendez-vous au village de Puy-Basset, paroisse de Carlat, et le 18 mai 1745, au mois des belles fleurs et des riantes espérances, Me Annet-Joseph Coffinhal, avocat en parlement, épouse mademoiselle Françoise Dunoyer, de Raulhac. Par ce contrat reçu Clavières, Bernard-Alexis Dunoyer, curé de la Valette en Angoumois, oncle de la future, renonce en faveur de sa nièce à tous ses biens patrimoniaux, ne se réservant que son titre clérical et 2.000 livres pour en disposer à la fin de ses jours. Les deux époux se marient avec leurs droits respectifs. Le gain de survie sera de 700 livres pour la future, et de 500 livres pour le futur. Les bagues et joyaux appartiendront au dernier survivant [1].

Ce mariage se fit « sans bruit » dans la chapelle du couvent où était recluse la jeune pensionnaire. Le cloître ne doit pas ouvrir ses portes au monde, et si un jour en passant il consent à lever sa consigne sévère, c'est à la condition expresse que le monde ne troublera pas sa solitude et laissera dehors toute la rumeur étourdissante de ses cortèges et toute l'ostentation pompeuse de ses cérémonies. Une fois unis aux pieds des autels, les

---

[1] Min. Gizolme.

deux époux prirent le chemin de Raulhac, où ils avaient l'un
et l'autre leurs intérêts. Ils y résidèrent cinq ans, pendant lesquels le cabinet d'affaires qu'on s'était créé à Vic et où l'on
n'allait plus que les jours d'audience, dut forcément perdre de
sa clientèle et de son renom. Cette résidence quinquennale est
attestée par les registres paroissiaux de Raulhac où naquirent et
furent baptisés les trois premiers enfants de cette union qui devait plus tard en compter douze.[1] Les actes notariés de l'époque
corroborent d'ailleurs sur ce point les affirmations de l'état-
civil. Le 7 mars 1747 Annet-Joseph Coffinhal prend à bail
emphytéotique le domaine de Poulhès appartenant aux prêtres
de Raulhac « pour en jouir à perpétuité moyennant la somme
de 600 livres payables chaque année à la fête de St-Michel ».[2]
— Le 28 janvier 1750 il afferme à moitié fruits à Jean Combourieu, de la Cayrie, la propriété constituant la dot de son épouse,
sise à Raulhac ou dans ses dépendances, se réservant pour lui
la maison « que les deux époux jouissent audit lieu de Raulhac
avec four et jardin attenant.[3] Mais il est facile de voir que dans

---

[1] Voici l'état civil de chacun d'eux :

    1° Jean-Baptiste Coffinhal, né à Raulhac le 1er avril 1746 (voir
        notice ci-après);

    2° Pierre Coffinhal, né à Raulhac le 13 juillet 1747, docteur en
        médecine ;

    3° Antoinette Coffinhal, née à Raulhac le 21 février 1749;

    4° Louise Coffinhal. née à Vic le 3 novembre 1750, mariée le 5 fé-
        vrier 1771 à Antoine Moulin, procureur au bailliage de Vic ;

    5° Antoinette Coffinhal, née à Vic le 25 mai 1752;

    6° Jean Coffinhal, né à Vic le 11 mai 1754. sous-diacre en 1775, curé
        de St-Sauveur de Puy-Normand. au diocèse de Bordeaux;

    7° Pierre-Paul Coffinhal, né à Vic le 22 septembre 1756, marié à
        Montauban, commissaire des guerres, mort en 1802 à Limo-
        ges, où il était visiteur de la Régie et entrepreneur du Timbre;

    8° Joseph Coffinhal, né à Vic le 11 février 1757, conseiller d'Etat,
        baron sous l'Empire, mort conseiller à la Cour de cassation
        en 1844.

    9° Jean-Baptiste Coffinhal, né à Vic le 17 août 1758, mort le 15 dé-
        cembre 1760;

    10° Jean-François Coffinhal. né à Vic le 18 mars 1761 ;

    11e Pierre-André Coffinhal, né à Vic le 7 novembre 1762, procureur
        au Châtelet, vice-président du Tribunal révolutionnaire de
        Paris, guillotiné le 27 juillet 1794;

    12° Anne Coffinhal, née à Vic le 23   1764.

[2] Min. Clavières.

[3] Ibidem.

sa pensée cette maison n'est qu'un pied à terre, qu'il aspire à retourner à Vic, pour y reprendre ses consultations et y ressaisir sa clientèle, et de fait il y est de nouveau installé avant la fin de cette année 1750. Il n'a encore que quarante-cinq ans, il est plein de vigueur, et Jean-Baptiste Froquières, le rival de jadis, ne lui disputera plus la place. Le voilà donc revenu à ses plaidoiries et à ses dossiers, et cette vie de palais si active, si mouvementée, dure encore dix-sept ans. Pour être plus libre de s'y consacrer tout entier, il se dégage de son bail emphytéotique, il vend en 1757 la plus grande partie de ses propriétés de Raulhac, il ne garde que Sistrières, le patrimoine de ses aïeux. En même temps il surveille l'éducation de ses nombreux enfants, il envoie Jean-Baptiste à l'école de droit, Pierre à l'école de médecine, ses demoiselles dans les pensions voisines. Mais son œuvre n'est encore que commencée, lorsque la mort arrive le 6 décembre 1767. Heureusement sa vaillante épouse lui survivra et le suppléera longtemps — jusqu'au 27 mai 1781 [1].

Jean-Baptiste Coffinhal occupe dans le barreau une situation tout autre que celle de son père. Plus intelligent, plus cultivé, plus instruit, il fut un des personnages les plus marquants du bailliage de Vic pendant la dernière période de son existence. De 1773 à 1790 il se distingua en plusieurs affaires, et s'acquit une grande notoriété, ce qui lui valut d'être désigné par l'opinion publique pour le poste de procureur-général syndic du département. Il fut ensuite accusateur criminel sous la Révolution, puis député sous l'Empire. Nous le retrouverons tout à l'heure parmi les illustrations locales.

Les de Comblat émigrèrent vers Vic comme les Froquières et les Coffinhal, et la caractéristique de ces trois familles bourgeoises au XVIIIe siècle, est une répugnance marquée pour le notariat, où les pères et les grands-pères avaient fait bonne figure, et où les fils et les petits-fils ne voulurent rien être. Antoine de Comblat était pourtant notaire encore en 1757, mais on a déjà vu qu'il n'aspirait qu'à cesser de l'être et à céder à un autre son étude rurale. La charge de procureur du roi au bailliage de Vic étant devenue vacante par la démission de Jean-François Pagès des Huttes, il l'acheta et se démit lui-même de ses fonctions de notaire en faveur de Pierre Bersanges, son beau-frère. Il n'avait encore que trente-cinq ans, puis-

---

1 État civil de Vic.

qu'il était né à Raulhac le 28 septembre 1722. Sa carrière dans la magistrature devait être longue et honorable. Il y fut remplacé en 1786 par Bertrand de Comblat, son fils aîné, qui s'était marié en 1783 et avait épousé une pensionnaire de l'abbaye royale de Buis-lès-Aurillac, mademoiselle Marie-Madeleine-Rose de Bourieu de Boisse. Les droits de mutation furent payés au prince de Monaco, et s'élevèrent à la somme de 550 livres [1].

La famille Sobrier, de Peyre, fournit aussi quelques avocats, mais nous n'en connaissons qu'un de certain, Durand Sobrier, qui exerçait en 1789. Antérieurement à cette date, on trouve plusieurs Sobrier notaires, procureurs, officiers de justice, mais comme une famille de même nom existait à Vic, dont l'origine se confond peut-être avec celle de Peyre, on risquerait de créer des confusions en attribuant à l'une ce qui appartient à l'autre. Que le lecteur se tienne pour averti, et qu'il fasse lui-même les recherches, s'il le juge à propos.

Pierre Delrieu, avocat, tient des deux vallées. Vicois par sa naissance, il est Raulhacois par son origine maternelle et par son mariage avec mademoiselle Françoise Poulhès, de Golusclat.[2] Ce mariage eut lieu le 7 août 1764. Pierre Delrieu y était doté sur le pied de 6.000 livres; plus tard, il reçut une libéralité testamentaire de 1200 livres, ce qui portait son avoir total à 7.200 livres. Mais après la mort de son père, il se prétendit lésé, et réclama un supplément de légitime à son frère aîné, maître Géraud-François Delrieu, conseiller du roi et lieutenant particulier au siège présidial de Vic. Celui-ci lui ayant opposé une fin de non-recevoir, il l'attaqua devant le tribunal, qui ordonna une enquête sur la fortune delaissée par l'auteur commun des parties.

---

[1] Communication de mademoiselle de Comblat.

[2] La famille Poulhès est une des plus anciennes de la paroisse de Raulhac. Son berceau est Golusclat, petit village situé sur la rive droite du Goul. Ce village, aujourd'hui possédé par trois familles différentes, n'eut longtemps qu'un propriétaire unique, et ce propriétaire était la famille Poulhès, qui donna plusieurs prêtres à la communauté de Raulhac. Jean Poulhés payait 133 livres d'imposition en 1695, et en 1704 Joseph Poulhès, prêtre de Golusclat, afferme son moulin à blé, à huile et à foulon à Joseph Salvage, maître teinturier d'Aurillac, à condition que celui-ci enseignera la teinture à Jean Poulhès, son neveu *(Min. Froquières)*. Le 10 février 1684, Guilhen Poulhés, de Golusclat, fils à Jean, épouse Jeanne Terrisse, de la Cayrie, et fonde ainsi le rameau des Poulhès de ce village, qui a subsisté jusqu'à nos jours *(Ibidem)*. Le 15 février 1735, Etienne Poulhès, de la Cayrie, s'unit à Catherine Bersanges, de Lagarde, et forme à son tour le rameau des Poulhès de cet autre village, dont les représentants subsistent encore *(Min. Boyssou)*.

La succession immobilière était facile à évaluer. Elle fut portée par les experts Trincard et Gervaud à la somme de 72.675 livres. Le mobilier n'ayant pas été inventorié, échappait davantage à l'appréciation. Il fallut convoquer des témoins et recourir à l'enquête de *commune renommée*. Cette enquête, composée de 27 dépositions, nous apprend qu'Antoine Delrieu, le père commun, se fixa à Vic en 1720 par son mariage avec Mademoiselle Françoise Froquières dotée de 4000 livres, qu'il n'avait alors pour tout bien qu'un petit domaine au village de Buzers, paroisse de Saint-Martin-sous-Vigouroux, de la valeur au plus de 15000 livres et sa profession d'avocat ; que par une conduite exemplaire et un travail opiniâtre il était parvenu à nourrir et à faire élever dix-sept enfants issus de cette union, qu'il avait eu la confiance du prince de Monaco, du marquis de Miramon et du marquis de Roussille, que cette confiance lui avait beaucoup rapporté, qu'il avait eu notamment la régie ou ferme générale du comté de Carladès depuis l'année 1749 jusqu'à son décès, que dans cette ferme il avait réalisé des bénéfices considérables, qu'il avait été volé deux fois dans sa maison de Vic, qu'il avait été assassiné dans son cabinet le 7 août 1766, qu'il était mort onze mois après des suites de sa blessure, et qu'il laissa une grosse succession soit en biens-fonds, soit en effets mobiliers, soit en argent, quoiqu'il eût beaucoup dépensé pour l'éducation et l'établissement de sa famille.

Commencée le 22 mai 1780, l'enquête fut close le 5 juillet suivant. Le commissaire-enquêteur était maître Augustin-Jérôme Bô, avocat en parlement, ayant hôtel et résidence à Vic. Vingt-sept témoins avaient été entendus dans cette affaire, mais la déposition de l'un d'entre eux fut attaquée comme s'étant produite en violation de l'article 1er du Titre 24 et de l'article 2e du Titre 22 de l'Ordonnance de 1667. Que disent en effet ces deux articles ? Qu'une personne parente ne peut déposer en faveur d'une autre personne parente. Or c'est le cas de la dame de Métivier, le pénultième témoin de l'enquête, qui a déposé en faveur de Pierre Delrieu, le demandeur : elle se trouve sa cousine germaine, et partant sa déposition est nulle et doit être rejetée [1].

Pendant que ces choses se disaient et se discutaient au palais, voilà que Pierre Delrieu se laisse mourir, et un instant on peut croire le procès terminé. Il n'était que suspendu, car sa

---

[1] Papiers Guary, de Vic-sur-Cère.

veuve Françoise Poulhès ne tarda pas à reprendre l'instance au nom et comme tutrice de leurs enfants mineurs.[1] — Ayant épousé en secondes noces un noble d'extraction, messire Joseph de Laveissière, écuyer, sieur de Lacamp, elle se fait autoriser de lui, se choisit un conseil et, assistée de ce conseil, elle évalue la succession mobilière de son beau-père à la somme de 111.054 livres. Ce chiffre « fabuleux » fait jeter de hauts cris au défendeur, maître Géraud-François Delrieu, qui répond le 7 mars 1787 par un mémoire très étudié où il discute une à une les assertions de la dame de Lacamp et s'attache à les réfuter. Celle-ci réplique le 7 mai suivant et oppose de nouvelles affirmations aux dénégations de son adversaire. Le 25 juillet, nouveau réquisitoire du sieur Delrieu : madame de Lacamp a du front ; elle ne recule ni devant le « faux », ni devant l' « équivoque », ni devant les « sarcasmes les plus indécents » pour les besoins de sa cause. On ne lui rendra pas injure pour injure, mais on lui mettra sous les yeux les « erreurs et les horreurs » sur lesquelles elle a bâti sa thèse, qu'elle a fait soutenir par un vieillard de 80 ans passés, alors que celui-ci n'a rien à y voir. Il n'est en effet ni le tuteur ni le cotuteur des enfants Delrieu ; tout au plus comme second mari de la tutrice a-t-il le droit de contrôler et de surveiller son administration. — Et le réquisitoire continue sur ce ton irrité pendant plus de soixante pages, et les conclusions sont naturellement des plus sévères contre la dame de Lacamp, qui doit être déboutée de sa demande et condamnée aux dépens.

Quel fut le résultat de ce procès ? Il durait encore en 1792, entre le sieur Géraud-François Delrieu, toujours défendeur, et les époux Delrieu-Besse, demandeurs aux lieu et place de M. et de Madame de Lacamp, qui s'étaient désistés. Il y eut un jugement le 2 mai 1793. qui dut terminer l'affaire ; affaire peu intéressante en soi, si l'on veut. mais parce qu'elle se rattache aux annales judiciaires du barreau et qu'elle nous permet d'entrevoir la physionomie d'un de ses membres, né à Vic, mais marié à Raulhac, nous avons tenu à la raconter.[2]

Nous mentionnerons aussi les Verdier, sieurs d'Aubusson, avocats à Aurillac. Il n'appartiennent ni à la noblesse, ni à la

---

1 Il n'y avait que deux filles : l'aînée, Dorothée Delrieu, fut mariée le 29 septembre 1789 à un sien cousin, Pierre Besse, de la Rouquette, paroisse de Brommat, qui lui apporta une dot de 12.681 livres (*Min. Combes*). Le nom de Poulhès se perdit de plus en plus par suite de cette nouvelle alliance, et aujourd'hui qui se souvient qu'il y a eu des Poulhès à Golusclat ?

2 Papiers Guary de Vic-sur-Cère.

bourgeoisie raulhacoises, et pour ce motif nous les passerions sous silence si leur domaine du Pajou n'en faisait des contribuables fixes et des résidents intermittents de la commune de Raulhac. Ils y sont déjà en 1668, mais ils n'y ont ni château, ni meubles, ni confortable. Aussi n'y viennent-ils qu'en camp volant, au pied levé, comme des touristes qui passent et qui sont attirés par le seul attrait d'une excursion, d'une chasse ou d'une partie de plaisir. Celui d'entre eux qui paraît y avoir séjourné le plus longtemps est maître Elie-Joseph du Verdier, avocat, qui y fit son testament le 14 avril 1693, léguant ses biens à Bernard du Verdier, sieur d'Aubusson, son père.[1] Ce testament d'ailleurs demeura lettre morte, puisque vingt ans après le testateur était encore plein de vie. Nous le retrouvons, en effet, le 14 mai 1713, au château de Bassignac, chez son seigneur et ami Bertrand d'Humières, chevalier, sieur de Varcilles, duquel il déclare tenir en emphytéose et perpétuelle pagésie, à cause de la châtellenie de Montamat, tout le domaine, affar et tènement qu'il possède au Pajou, paroisse de Raulhac.[3]

Il est dit dans cette reconnaissance que le domaine du Pajou a appartenu de toute ancienneté à une famille de paysans du nom de Ramond, qu'il a été reconnu par elle à trois seigneurs différents, savoir : au seigneur de Montamat, devant de Pétra, notaire, le 31 janvier 1494 ; à Jean de Durat, chevalier, et à la dame Claude Loubertes, son épouse, devant de Montejovis, notaire, le 20 février 1554, et plus tard au marquis de Benazel, devant Martres, notaire, le 29 décembre 1633. Le domaine ainsi reconnu était de la contenance de cent seterées, mais depuis il a été agrandi au moyen d'acquisitions successives, et actuellement il est braucoup plus considérable qu'alors. Le cens annuel s'élèvera donc à argent 3 livres, froment 7 setiers, etc., plus les droits de garde et de guet, lods et ventes, taille aux quatre cas, justice haute, moyenne et basse. Le sieur Verdier ne pourra mettre sur lesdits héritages aucun surcens, ni les détériorer, ni les vendre aux personnes prohibées de droit, et il sera tenu d'en donner une nouvelle reconnaissance à chaque mutation de seigneur et d'emphytéote.

Jean-Antoine du Verdier habitait le Pajou en 1753. Il avait épousé Gabrielle Rocher de Sistrières, et demeurait avec elle

---

1 Min. Froquières.
2 Arch. de Messillac.
3 Etat-civil de Raulhac.

dans cette résidence rustique. Ils y eurent un fils qu'ils prénommèrent Antoine, et qui fut baptisé à Raulhac le 4 juin 1755.

III

Comme les avocats et les notaires, les médecins au moyen âge étaient clercs, et ils le restèrent jusqu'en 1452. A cette époque le cardinal d'Estouteville qui s'occupait de la réforme de l'Université, leur donna la permission de se marier. Ils renoncèrent volontiers au célibat, mais jusqu'au XVIIIe siècle ils ne voulurent pas quitter leurs insignes distinctifs, notamment la robe longue et l'usage de la langue latine. Cette persistance à demeurer stationnaires dans une société qui s'était renouvelée, jointe aux incertitudes de la science médicale, les fit souvent prendre à partie par les auteurs satiriques du temps. Rabelais, de Thou, Molière les criblèrent d'épigrammes. Seulement comme le fait remarquer la Bruyère dans un chapitre de ses Caractères, « il y a longtemps qu'on improuve les médecins et que l'on s'en sert ; le théâtre et la satire ne touchent point à leurs pensions ; ils dotent leurs filles, placent leurs fils aux parlements, et dans la prélature, et les railleurs eux-mêmes fournissent l'argent. Ceux qui se portent bien deviennent malades ; il leur faut des gens dont le métier soit de les assurer qu'ils ne mourront point. Tant que les hommes pourront mourir et qu'ils aimeront à vivre, les médecins seront raillés et bien payés ».

Les médecins de l'ancienne France se divisaient en deux corporations : les *médecins* proprement dits, les docteurs, et les *chirurgiens-barbiers* ou simplement les *chirurgiens*. Tandis que les médecins furent de très bonne heure, dès le XIIe ou XIIIe siècle, réunis en une Faculté de médecine qui faisait partie de l'Université de Paris, était régie par un doyen (comme aujourd'hui) assisté d'un certain nombre de professeurs ou régents, et avait seule qualité pour surveiller les études médicales, conférer les grades — baccalauréat, licence, doctorat — recevoir le serment des candidats à ces grades, les chirurgiens eurent pendant longtemps une existence assez précaire et mal définie, en droit, sinon en fait :

Ils se distinguaient en deux catégories : les *barbiers* (la plus modeste), qui avaient pour insigne une boîte et pour attributions de pratiquer la saignée, de soigner les clous, anthrax, bosses, charbons, à l'exclusion de toute plaie ouverte, et les chirurgiens d'un ordre plus relevé, qui avaient pour insigne la

---

1 Chéruel, *Dictionnaire des Institutions*, tom. II. p. 759.

lancette et qui pratiquaient de véritables opérations. Ces derniers formèrent d'abord une confrérie, placée sous le patronage des saints Côme et Damien (confrérie de st-Côme), puis avec le temps ils s'arrogèrent le titre de Collège royal des chirurgiens de Paris. Les deux catégories, barbiers et chirurgiens, souvent en lutte, d'autres fois unies, furent presque toujours en hostilité plus ou moins ouverte avec la Faculté de médecine, celle des docteurs. La Faculté leur intenta un procès vers 1660, et leur fit interdire par le Parlement le droit de porter la robe et le bonnet, insignes du médecin, ainsi que celui d'inscrire sur la porte de leurs établissements le titre de Collège royal de chirurgie. Les chirurgiens prospérèrent néanmoins par la faveur successive des monarques, Louis XIV, Louis XV, Louis XVI, et sous la juridiction du premier chirurgien du roi. Ils eurent leurs statuts approuvés, leurs écoles spéciales et leurs grades spéciaux, accompagnés aussi de l'inévitable serment, d'observer lesdits statuts et d'exercer la profession en toute honorabilité. Vers le milieu du XVIIIᵉ siècle il semble même que les écoles de chirurgie de Paris comptaient plus d'élèves que la Faculté de médecine voisine, à telle enseigne que l'immeuble occupé aujourd'hui, boulevard Saint-Germain par l'Ecole de médecine, avait été construit à la fin du siècle dernier pour... les écoles de chirurgie. Les apprentis chirurgiens suivaient à Paris des cours théoriques de 3 années, agrémentés d'un certain nombre d'examens, puis ils devaient encore suivre un enseignement pratique, (dissections et exercices opératoires), et assister aux opérations dans les hôpitaux. C'était donc un cours d'instruction théorique et pratique assez sérieux [1].

Le plus grand nombre des élèves de ces écoles de chirurgie de Paris au XVIIIᵉ siècle venaient de la province, et devaient sans doute y retourner, leur cours une fois terminé. Mais Paris n'attirait pas tout ; Montpellier formait aussi des médecins et des chirurgiens par une organisation, des cours et des méthodes plus ou moins analogues, et grande fut pendant longtemps la réputation de cette illustre faculté. On y courait de tout le Midi et du Centre, et qui sait si de la vallée du Goul les étudiants ne se dirigeaient pas de préférence de ce côté ? En tout cas nos documents ne renferment aucune indication précise sur ce point, et laissent le champ libre aux hypothèses.

___

[1] Communication de M. le docteur Cazals, ancien député, maire et conseiller général de Saint-Mamet.

IV.

Un premier point est acquis : la différence qui existait entre médecins et chirurgiens. Les deux ordres étaient absolument distincts comme juridiction, examens, grades et attributions, ce qui ne les empêchait pas de collaborer à l'occasion, avec la présence toujours réservée au médecin. Un second point ne paraît pas moins certain : c'est que si les médecins étaient assez nombreux dans les villes, dans les campagnes ils étaient rares, alors que les chirurgiens abondaient partout. Cette multiplicité des chirurgiens s'explique. D'abord le programme des connaissances exigibles était moins étendu, la durée des études moins longue, et conséquemment plus facile l'obtention des grades. La préférence des jeunes gens pour cette carrière se trouvait ainsi des plus motivées. Ensuite il faut surtout remarquer les mœurs, l'état social où l'on vivait à cette époque. Plus on remonte dans l'histoire, plus on recule vers le moyen âge féodal, moins on rencontre de sécurité. Le pouvoir central est faible et mal obéi au fond des provinces. La police est débordée et souvent impuissante contre les crimes et les criminels. Les guerres sont fréquentes entre peuples, et les combats plus fréquents encore entre seigneurs voisins. Les rixes éclatent à chaque instant entre citoyens d'une même localité ou de deux localités limitrophes, et les blessures sont suivies de blessures, parce que chacun est armé et que chacun éprouve le besoin de se défendre. Il y a beaucoup de plaies à soigner, et les *physici* (médecins) s'y refusent, ou sont trop éloignés, et pour les appeler la bourse du paysan est trop vide. « La chirurgie était donc pratiquée par des chirurgiens d'occasion, qui s'adonnaient exclusivement à ces pratiques considérées comme inférieures. Ils avaient des clients plus qu'ils n'en voulaient, avaient peu de mal à conquérir leurs grades, peu de connaissances à acquérir ; que pouvaient-ils demander de plus [1] ». — Le peuple est bon prince, et laisse volontiers libre carrière à tous ces charlatans qui l'exploitent et l'abusent en spéculant sur sa crédulité. Et ce que notre siècle tolère, lui pourtant si orgueilleux et si chatouilleux sur certains points, ce qu'il tolère malgré les conquêtes de la science et les diplômes officiels, comment

---

[1] *La France Médicale*, 10 janvier 1903. (*Communication de M. le docteur Louis de Ribier*).

s'étonner que le moyen âge l'ait permis alors qu'on était encore dans l'enfance de l'art, et que l'ère moderne à son tour, quoique plus éclairée et plus civilisée, se soit montrée coulante vis-à-vis de ces praticiens, de ces empiriques, qui soignaient plaies et bosses, et pouvaient indiquer les remèdes à employer pour les cas les plus ordinaires ou les plus urgents ? Les malades veulent être traités avant tout ; peu importe le traitement ou la main qui l'applique. L'essentiel est qu'on puisse se faire illusion, et il y a tant d'esprits disposés à s'illusionner eux-mêmes.

Les chirurgiens étaient nombreux, et les médecins rares dans les campagnes, voilà ce que révèlent les documents des XVIIe et XVIIIe siècles. La paroisse de Raulhac ne faisait pas exception à cette règle générale. Si nous consultons, en effet, les archives locales, nous trouvons trois chirurgiens en exercice dans le XVIIe siècle, et quatre dans le XVIIIe. Les médecins brillent par leur absence, je veux dire les médecins nés à Raulhac et ayant exercé à Raulhac, car des médecins venant d'ailleurs, étrangers à la localité, on en trouve au Mur-de-Barrez, à Pierrefort, à Vic, à Aurillac, c'est-à-dire dans tous les centres voisins, et ceux-là ne sont pas de simples praticiens, mais des docteurs en titre, des diplômés de la Faculté. On les appelle pour les grandes circonstances, pour les cas compliqués, et ceux qui les appellent sont généralement les nobles du pays, ceux qui ont de la fortune, des moyens. Car le paysan regarde comme un luxe ces sortes de visites, et lui qui n'a pas d'argent, qui paie difficilement la taille, qui est le souffre-douleur de la monarchie, se passe de médecin ou se contente d'appeler le chirurgien du voisinage. Celui-ci est là tout près, sur le territoire de la paroisse ou de la paroisse voisine, et outre qu'il sera plus tôt arrivé, il cotera moins cher ses honoraires. Puis il pourra surveiller le malade, le visiter plus fréquemment, et au moindre signe accourir. Et si le malade succombe, le règlement de compte sera plus facile à établir : il pourra être discuté, il pourra être réduit, tandis que ces messsieurs de la Faculté ont des prix invariablement fixes, et auxquels il est bien difficile d'échapper.

V

Les testaments nous donnent les noms de ces opérateurs, médecins, chirurgiens, apothicaires, officiers de santé, qui ont assisté certains malades, et qui ont été requis par eux comme témoins signataires de leurs dernières volontés. Le 23 février 1646, c'est Jean Roques, chirurgien de Raulhac, qui signe le testament de messire Jean Durand, prêtre de Lavergne, et le 25 mai 1642, c'est Antoine Dunoyer, chirurgien du même lieu, qui apostille celui de messire Jean Rigal, prêtre de la Calsade [1]. A la même époque, dans la paroisse voisine de Jou-sous-Montjou, il y a aussi deux chirurgiens résidants, qui exercent la médecine concurremment avec ceux de Raulhac. Le premier, Léonard Jonys, est appelé près du lit de mort de noble Jean-Rigal d'Escorailles, seigneur de Cropières, le 3 avril 1666 [2], et le second, Jean Fournier, signe le procès-verbal de la bénédiction du cimetière de Pailherols le 30 mai 1668 [3].

Le plus illustre de la petite phalange, Antoine Dunoyer, avait épousé Jeanne Froquières, fille de Pierre, notaire, et sœur de Jean, notaire aussi, et il était le frère de messire Durand Dunoyer, curé de Raulhac. Cette double parenté était une double recommandation, et il ne faut pas s'étonner de la vogue relative dont il jouit pendant près de cinquante ans (1660-1706). — Jean Dunoyer, son fils, s'allia à une Delherm, du Mur-de-Barrez, et fut chirurgien comme son père. On le trouve en exercice en 1690, et il vivait encore en 1752. Jean François Dunoyer, son petit-fils, embrassa la même profession, mais il ne tint pas longtemps la lancette. Né le 9 janvier 1701, marié le 30 octobre 1725 à Elisabeth Poulhès, il mourut le 24 juillet 1737. Il ne laissait qu'une fille, Françoise Dunoyer, la mère du trop célèbre Coffinhal.

Barthélemy de Fontanges, maître chirurgien de la Bonétie, exerça pendant la seconde moitié du XVIIIe siècle. On le trouve souvent mêlé aux opérations chirurgicales de son temps, et il semble avoir été un praticien distingué. Il avait épousé mademoiselle Marguerite de Conquans de Laveissière le 13 février 1748. En 1770 il devint le beau-frère de M. Joseph de Chazelles, écuyer, sieur d'Œillet, le fondateur de la branche de Chazelles, de Raulhac. Il entretint avec lui les meilleures

---

1 Min. Froquières-

2 *Ibidem.* — Le cas devait être grave, car outre Léonard Jonys, chirurgien, on y trouve quatre docteurs en médecine, savoir : Pierre Pichot, de Murat, François Dessartre et Henri de Combes, d'Aurillac, et Jean de Rive, prêtre de Vic. (Voir le testament du comte de Roussille aux minutes de maître Mabit, notaire à Vic-sur-Cère).

3 Arch. de Combret.

relations, et l'union des deux chefs amena l'intimité des deux familles. Il est mentionné dans le testament de sa belle-mère, Marguerite Laveissière, en date du 1er avril 1775 [1].

Jean-Baptiste-Noë Bonal clôt le XVIIIe siècle. Il était du hameau de Feyprat, paroisse de Raulhac, et il prend la qualité d' « officier de santé » le 19 mai 1793. Ce titre nouveau n'indique pas une profession nouvelle, mais une transformation dans les études médicales, qui n'était elle-même que la conséquence de la transformation sociale qui s'opérait alors. La Révolution était survenue, entichée d'unité et d'égalité, et avait juré la ruine de toutes les vieilles institutions. La corporation des chirurgiens fut supprimée, et désormais il n'en sera plus question dans l'histoire.

Pierre Coffinhal est le seul médecin d'origine locale dont nos titres fassent mention. Il naquit à Raulhac le 13 juillet 1747, et il était le cadet de cette nombreuse famille qui eut des destinées si diverses, pour ne pas dire si opposées. Il assiste comme « étudiant » au baptême de Jean-François Coffinhal, son frère, le 19 mars 1761, et comme « docteur en médecine » au contrat de mariage de Jean-Baptiste Coffinhal, son frère aîné, le 4 mai 1772. Fixé comme médecin à Aurillac, il est dénoncé le 16 mars 1792 par une certaine Catherine Loiseau, domestique chez lui, comme ayant abusé d'elle et l'ayant rendue mère d'un enfant du sexe féminin. Coffinhal reconnaît le bien-fondé de l'accusation, consent que l'enfant dont il est le père putatif soit baptisé en son nom, et prend l'engagement de le nourrir, de l'entretenir et de le faire élever selon sa condition. [2]Au plus fort de la Terreur, il est désigné avec Brugoux pour examiner l'état de maladie ou d'infirmité des prêtres condamnés à la déportation. C'était un poste délicat, et les avis sont autant d'arrêts de mort ou de mise en liberté. Coffinhal se plaint au représentant du peuple Bô d'avoir été gêné dans ses opérations par un des commissaires de l'Administration du département, le citoyen Destaing, qui a cherché, dit-il, à peser sur ses décisions. Destaing réplique qu'un tel aveu, de la part de Coffinhal, est de nature à l'avilir aux yeux des vrais républicains, et il affirme qu'il s'est borné à émettre son opinion sans se mêler en rien de l'examen médical, ni des conséquences favorables ou défavorables qu'il pouvait avoir.

---

1 Les Fontanges de la Bonétie étaient un rameau bâtard de la maison de Cropières.

2 Arch. dép. du Cantal, min. Delzuc.

Thermidor arrive et la chute de Robespierre entraîne celle de
Coffinhal, vice-président du tribunal révolutionnaire de Paris.
La réaction qui se fait contre lui, ses œuvres et sa mémoire ne
semble pas trop rejaillir sur sa famille : Pierre, en particulier,
continue tranquillement l'exercice de sa médecine, jouit d'une
certaine considération, et lors de la Constitution de l'An VIII fait
partie de la liste des notables du département du Cantal. Le
23 germinal An XII, il est élu le sixième dans le canton nord
d'Aurillac des vingt-neuf électeurs de ce canton, et devint ainsi
membre du collège électoral du chef-lieu. Il avait alors cinquante-
six ans, était marié, père d'un enfant et possédait 40.000 francs
de fortune personnelle. [1]

---

[1] Communication de M. Jean Delmas.

CHAPITRE XII

ILLUSTRATIONS LOCALES

I. **Jean Rolland**, évêque d'Amiens. — II. **Raymond Chapt de Rastinhac**, gouverneur de la Haute-Auvergne. — III. **Marie-Angélique d'Escorailles**, duchesse de Fontanges. — IV. **Jean-Baptiste Coffinhal**, accusateur public sous la Révolution et député sous l'Empire. — V. **Joseph Manhe**, garde-française.

La paroisse de Raulhac qui s'honore d'avoir été la plus considérable de tout le pays du Carladès, peut se flatter aussi de posséder un certain nombre d'illustrations locales. La première par rang de date et de dignité est Jean Rolland, évêque d'Amiens. La *Gallia Christiana* le fait naître en Auvergne, dans le diocèse de Clermont, sans indiquer autrement le lieu de sa naissance, *ex Claromontensi diœcesi in Arvernis natus;* mais le curé Teillard qui avait pris à ce sujet des renseignements plus précis, et après lui M. Raulhac dans ses *Annotations historiques*, M. de Ribier du Châtelet dans le *Dictionnaire du Cantal*, M. Aigueperse dans sa *Biographie des grands hommes d'Auvergne*, Monseigneur Bouange dans son *Histoire de Saint Géraud d'Aurillac*, etc., tous sont d'accord pour placer à Cromières, paroisse de Raulhac, le berceau de ce grand personnage. Il est très possible que ces divers auteurs se soient copiés les uns les autres, et qu'ainsi l'erreur se soit successivement accréditée sous leur plume. Tel semble être l'avis de M. Bouillet, l'auteur du *Nobiliaire d'Auvergne*, qui voudrait, lui, que l'illustre cardinal fût né à Rochefort dans le Puy-de-Dôme et non pas à Cromières, dans la vallée du Goul. Mais comme les raisons qu'il en donne ne sont pas tout à fait péremptoires, nous tenons, jusqu'à preuve du contraire, pour l'opinion la plus reçue, c'est-à-dire pour celle qui rattache l'évêque d'Amiens à la famille des Rolland, seigneurs de Cromières.

I

Donc Jean Rolland naquit à Cromières avant 1317. Nous disons avant 1317, car postérieurement à cette date, il ne serait plus né dans le diocèse de Clermont, il serait né dans celui de Saint-Flour, qui fut précisément créé cette année. Il fit ses études à Aurillac, dans le monastère célèbre entre tous par son érudition, sous les arceaux du même cloître qui avait vu passer le savant Gerbert. Il fut le condisciple, d'autres disent le précepteur, d'Hugues Dauphin, seigneur de Saint-Cirgues, près d'Issoire, et frère de Bérald Ier, comte d'Auvergne. Il était docteur ès-lois et archidiacre de Bourges, lorsqu'il fut nommé, le 14 janvier 1376, à l'évêché d'Amiens, par le pape Grégoire XI. Il prit possession de son siège par procureur, le 2 février suivant, et ne l'occupa définitivement que le 2 août 1379. A cette date, dit la *Gallia christiana,* il fit son entrée solennelle dans la ville et donna un grand festin à la noblesse et au clergé picards, comme l'attestent les documents contemporains. Le grand schisme d'Occident déchirait alors l'Eglise, et la chrétienté était partagée en deux obédiences. Comme tant d'autres illustres personnages de son temps, l'évêque d'Amiens prit parti pour Clément VII, qui était tenu en France pour le pontife légitime, et il rallia à sa cause le roi de Castille et de Léon, ainsi que les évêques de Flandre. Clément VII voulut le récompenser de ses vertus plutôt que de ses services, et le nomma cardinal le 12 juillet 1385. Mais il refusa par modestie le chapeau qui lui était offert, au moins si nous en croyons certains auteurs ; selon d'autres, au contraire, il l'accepta, mais il n'en fut que plus indigne à ses propres yeux. Le lendemain de son élévation à la pourpre romaine, il eut l'honneur de bénir dans son église cathédrale le mariage du roi Charles VI avec Isabelle de Bavière, en présence de toute la cour et des princi-

paux seigneurs d'Allemagne. Il mourut le 17 décembre 1388, et
fut inhumé derrière le chœur de sa cathédrale, dans la chapelle
de Saint-Jean-Baptiste, où il avait fondé une messe quotidienne,
Sur son tombeau on grava l'épitaphe suivante :

> « Ci-gît un pontife d'illustre mémoire, Monseigneur Jean
> « Rolland, évêque d'Amiens, jurisconsulte fameux, l'orne-
> « ment des prélats de son siècle, le père des sublimes
> « esprits, modeste, sobre, chaste, doux, modèle de piété et
> « prototype de toutes les vertus, très secourable aux
> « pauvres de Jésus-Christ, qu'il combla de ses largesses de
> « son vivant, et qu'il voulut avoir pour héritiers après sa
> « mort. » [1]

Ses armoiries étaient d'azur, au cor de chasse d'argent, lié
de gueules et virolé de sable.

II

Raymond Chapt de Rastinhac était le cinquième enfant de
Claude Chapt de Rastinhac et d'Agnès de Montberon, mariés le
15 octobre 1535. Né en Périgord, où sa famille s'illustra dans
la carrière des armes et dans le sacerdoce, ce « respectable
fonctionnaire » serait étranger à notre pays, s'il n'y était venu
par suite d'une alliance qu'il contracta chez nous, et qui en fit
un de nos concitoyens les plus sympathiques et les plus distingués. Il nous appartient donc par forme d'adoption et parce
qu'il a rendu à notre province les services les plus signalés ;
et si la Haute-Auvergne a le droit d'être fière de Raymond Chapt
de Rastinhac, qui fut un de ses hommes de guerre les plus remarquables, la paroisse de Raulhac en particulier a le devoir
d'honorer et de garder pieusement sa mémoire, parce qu'il fit
rajaillir sur elle l'éclat d'un grand nom illustré de hauts faits.

Raymond Chapt de Rastinhac fut d'abord page du roi
Henri IV, qui prenait plaisir au dire des chroniqueurs, à lui
faire monter les chevaux les plus fringants et les plus difficiles
de ses écuries. Raymond était la souplesse et l'agilité même, et

---

[1] *Gallia Christiana, ecclesia ambianensis.* — Baluze, T. I, p. 191. —
Justel, Histoire de la maison d'Auvergne, Liv. IV. — Histoire des cardinaux français, par Duschesne. — Biographie des Grands hommes d'Auvergne, par Aigueperse. — Histoire religieuse de la ville de Saint-Flour,
par l'abbé Chaumeil. — Discours de M. Raulhac, p. 9-75. — Histoire de
Saint-Géraud d'Aurillac, et de son illustre abbaye, par Mgr Bouange, etc.

il se révéla dès lors tel qu'il devait être plus tard, un cavalier accompli. En 1567 et 1569 il n'était encore qu'homme d'armes dans les ordonnances du roi, mais en 1571 il devint capitaine d'une compagnie de gens de pied. Ce fut le commencement de sa fortune politique. Il prit aussitôt de l'importance parmi les seigneurs et gentilshommes périgourdins, une importance même si considérable, que le roi lui écrivit de Paris pour le prier de faire exécuter dans la ville de Périgueux son dernier édit de pacification. Le marquis de Lignerac, de son côté, résolut de se l'attacher, et l'attira en Auvergne dans l'espoir d'en faire un de ses lieutenants les plus braves et les plus redoutés. Le 16 août 1579 il lui fit épouser l'héritière de Messillac, qui avait trois ou quatre mille livres de rente et qui était déjà veuve de deux maris. Rastinhac apporta dix mille écus à sa respectable fiancée, et il lui en promit mille s'il venait à décéder avant elle. Cette dot devait être reconnue sur les biens de la dame de Messillac et remboursée au futur époux par les héritiers de la dite dame, dans le cas où celle-ci viendrait à mourir sans enfants issus de ce mariage. Le contrat fut passé au château de Messillac devant Etienne de Montjou, notaire royal, en présence de M. Jean de Sistrières, juge des sceaux du Carladès, Annet Levadoux de Combourieu, et Jean Laplanche, du lieu de Planche en Limousin. Ce n'était pas une brillante assistance pour un futur bailli, et un futur gouverneur de la Haute-Auvergne.

Rastinhac ne jouit pas longtemps du repos et du charme domestiques que cette alliance lui faisait espérer. Trois partis se disputaient alors la France : les royalistes, les ligueurs et les huguenots. Après avoir hésité quelque temps entre les deux premiers, Rastinhac se décida pour la royauté contre la Ligue, et fut un ardent défenseur de Henri III, d'abord, contre les Guise, et d'Henri IV, ensuite, contre Mayenne. Cependant ses premiers coups ne furent pas pour les Ligueurs, il les dirigea contre les huguenots. Ceux-ci s'étant emparés de Mur-de-Barrez, il les y assiégea et les y pressa si vivement, qu'il les força de capituler le 1er novembre 1581. Quelque temps après il arracha de leurs mains la ville d'Entraygues qu'ils avaient prise d'assaut, et s'il fut blessé dans ce combat, il eut au moins la gloire d'abattre d'un coup d'épée un de leurs principaux chefs. Ces brillants faits d'armes lui acquirent une telle réputation dans le pays, que les consuls d'Aurillac lui députèrent un des leurs pour le prier de venir séjourner quelque temps dans leur

ville, afin d'y relever le courage des habitants et d'y maintenir
la fidélité au roi, qui commençait à « branler ». Il s'y rendit le
7 février 1587, et l'effet de sa seule présence fut tel que la confiance publique se trouva aussitôt raffermie, et que les protestants intimidés n'osaient plus s'aventurer sur les bords de la Jordanne, au moins de quelques jours.

Le zèle de Rastinhac ne tarda pas à recevoir une magnifique récompense. Le 6 mai de cette année, Charles de Cayrols,
procureur du roi, revenant de la cour, lui apporta les provisions
de lieutenant général et gouverneur pour le roi, non-seulement
de la ville d'Aurillac, mais de tout le Haut-Pays d'Auvergne.
Cette nomination le flatta beaucoup et la joie qu'il en eut fut
extrême. Il prêta serment de fidélité au roi et au pays et promit
solennellement deux choses : de ne jamais abandonner la ville
d'Aurillac, pour quelque raison que ce fût, même pour maladie
contagieuse, et de repousser de toutes ses forces les huguenots
avec l'aide de Dieu.

Il tint parole, et à partir de ce moment sa vie fut prodigieuse
d'activité, de mouvement, de vigilance, d'attention, de résolutions viriles, d'attaques aussi soudaines qu'imprévues, de combats aussi heureux que rapides, de périls mille fois courus et
mille fois évités. Il est d'une endurance excessive ; il fait vingt
lieues par jour sans manger, et il ne s'en porte pas plus mal. Il
a le don d'ubiquité : il est à Aurillac, et il est partout ; au centre comme aux extrémités de son gouvernement, dans la Basse-
Auvergne comme dans la Haute, dans les provinces voisines
comme dans la sienne, aujourd'hui en Rouergue, demain en
Limousin, après demain en Languedoc ou en Quercy. Il se défend lui-même et il défend les autres. Il a une telle réputation
que les chefs de son parti viennent de tous côtés lui demander
l'appui de sa vaillante épée. Le grand Prieur d'Auvergne, le
duc de Ventadour, le capitaine Pradal, les consuls de Villefranche, le jeune vicomte d'Arpajon, gouverneur du Rouergue,
tous se réclament de lui, et immédiatement il les secourt. Dans
la bataille il ne connaît personne, sa fougue l'emporte et il ne
faut pas lui demander de mesurer ses coups ; mais après la victoire il est humain, généreux, et même avec ses pires ennemis il ne veut pas de guerre d'extermination. Il a pitié des
vaincus, et quand on lui propose la paix à des conditions honorables, il l'accepte et traite, plutôt que de tout saccager et de
tout ruiner. Il ne tue donc pas pour tuer, mais il est jaloux de
de son drapeau, et il faut que le pavillon des autres s'incline

devant le sien. Du reste, chez lui, le courage civique est à la hauteur du courage militaire. Il s'enferme dans Aurillac au milieu de la contagion, comme il s'enfermerait dans une citadelle au milieu des obus, et il n'a pas plus peur des pestiférés qu'il n'a peur des balles qui sifflent à ses oreilles. Il préside l'assemblée des Etats avec le même sang-froid qu'il présiderait un conseil de guerre, et il n'hésite pas plus à provoquer le vote d'un subside quand il le croit nécessaire, qu'il n'hésite à voler à la défense d'une place lorsqu'il la voit menacée. Gouverneur et bailli, il est à la fois l'administration et la justice, et tous les pouvoirs sont en ses mains. Il dispose des troupes, il a le maniement des deniers publics, il a le droit de porter des sentences comme celui de les faire exécuter. Et gare aux ennemis, gare surtout aux traîtres ! Il n'en souffre pas dans son parti, encore moins dans ses rangs, et quand il apprend qu'un de ses soldats l'a trahi, qu'un de ses officiers a livré une position qu'il était chargé de défendre, il arrive à l'improviste, il instruit sommairement l'affaire, il fait arrêter le coupable et lui passe la corde au cou. Et quand il n'opère pas par lui-même, il opère par son lieutenant, le brave et fidèle Lacarrière, qui se tient constamment à ses ordres, et qui les exécute avec autant de rapidité que de précision.

Suivons pas à pas la vie extraordinaire de ce héros citoyen, et assistons un peu à ses prouesses. En 1588 il se mesure avec le comte de Randan dans les plaines d'Arpajon, le culbute, lui et ses 3.000 hommes, le fait prisonnier, le conduit à Aurillac, et ne lui rend la liberté qu'à la condition expresse qu'il repassera les montagnes. En 1589 la Ligue tente un nouvel effort, et le fait attaquer par le sieur Marmiesse du côté d'Aurillac, par le sieur de Drugeac du coté de Salers, et par le sieur de Dienne du côté de Saint-Flour. Le gouverneur commence par mettre à la raison Marmiesse et sa compagnie de pillards, qui vident toutes les métairies des environs d'Aurillac et opèrent des razzias jusqu'aux portes de la ville. Il l'assiège dans le château de Cologne où il s'est enfermé avec madame de Lignerac — l'âme de la Ligue dans nos contrées — et l'oblige à se rendre après vingt-quatre heures de résistance, sous la promesse solennelle qu'il remettra la place, qu'il restituera tout ce qu'il a enlevé, et qu'il sera à l'avenir loyal et fidèle serviteur du roi. Ensuite il porte ses efforts sur Carlat, qui par la trahison d'un soldat était passé à l'ennemi, et le fait reprendre sur le sieur de Sales par M. de Morèze, son allié et son cousin. Puis ce sont des chevauchées en zigzag sur Fontanges, Saint-Cernin, Saint-Chamand, Saint-Martin-Valmeroux et Salers, dont les habitants ont réclamé son secours, attendu qu'ils étaient vivement pressés par le baron de Drugeac, le lieutenant de Randan, et le chef de la Ligue au pays des Montagnes. Mais sous la conduite de leurs consuls et du président de Vernyes ils se sont vaillamment comportés et leur fidélité n'a pas fléchi un instant. Aux menaces et aux sommations qu'on leur a faites, ils ont répondu qu'ils étaient catholiques, serviteurs du roi, et qu'ils n'entendaient obéir qu'à leur gouverneur M. de Messillac. Celui-ci les rassure, jette des forces imposantes dans leur ville, et court dans les environs guerroyer contre Drugeac, pendant que Drugeac avec le même acharnement guerroie contre lui. Enfin les deux rivaux consentent à traiter, et un accord est signé entre eux le 5 septembre 1589. Par cet accord l'autorité du gouverneur est reconnue, et le parti de la Ligue s'engage à ne plus faire la guerre au roi. Drugeac rend le fort de Saint-Martin, et on lui rend le château et place d'Itrac : le passé est oublié.

L'année 1590 fut funeste à la Ligue. Nous sommes dans la Basse-Auvergne en face d'Issoire, et la bataille de Cros-Rolland est décidée. D'un côté les royalistes commandés par Chabannes-Curton, Rastinhac, Lavedan, et de l'autre les soldats de la Ligue, obéissant à Randan, et appartenant tous ou presque tous aux premières maisons du pays. La mêlée s'engage, et bientôt elle devient furieuse. Les escadrons se ruant sur les escadrons, les charges succédant aux charges, c'est à qui abattra le plus de têtes et tranchera le plus de vies. Enfin la Ligue est enfoncée, grâce à l'ardeur bouillante, impétueuse, irrésistible de Rastinhac, et le malheureux Randan lui-même, blessé mortellement de deux balles dans la cuisse, ne tarde pas à expirer. La déroute fut complète, et les royalistes vainqueurs purent se féliciter grandement de cette journée, car elle assura la tranquillité à l'Auvergne presque entière, au moins pendant un certain temps.

Les Etats voulurent récompenser le sieur de Messillac des services éminents qu'il avait rendus au pays, et en même temps le dédommager des dépenses considérables qu'il avait faites soit pour équiper ses soldats, soit pour refondre l'artillerie de la ville. Ils s'assemblèrent donc le 24 mai de cette année, et lui votèrent, avec les plus chaleureuses félicitations, dix mille écus, dont 9.000 pour le passé, et mille pour l'avenir, tant qu'il serait gouverneur, à partir du 1er janvier 1591.

Cependant quelques habitants murmuraient contre lui, et ne s'expliquaient pas qu'il servît avec tant d'ardeur une cause qui leur paraissait, sinon tout à fait mauvaise, au moins fort sujette à caution. Henri IV, en effet, était dans l' « huguenotisme » ; il avait promis d'en sortir, et il n'en sortait pas. Or, la ville d'Aurillac qui haïssait cette secte, ne pouvait être que mécontente de cette attitude du roi. Le gouverneur pour prévenir les défections, n'hésita pas à se prononcer. Il déclara hautement que si le roi n'abjurait pas, il se mettrait du côté de la Ligue contre lui. Cette déclaration rassura les habitants, et les contint dans l'obéissance et le respect dus à l'autorité royale.

L'année 1591 fut marquée par des expéditions à Calvinet, Marcolès, Maurs, Leynhac, Saint-Constant. Toutes ces localités étaient infestées d'agents secrets, qui travaillaient, les uns pour le compte de la Ligue, les autres pour celui des Huguenots. Il fallait les mater, et par le châtiment des rebelles obtenir la fidélité des indécis. Il y eut quelques arrestations, et même quelques exécutions capitales. Mais l'affaire la plus sérieuse fut la trahison de Maurs. Deux officiers du gouverneur, le capitaine la Violette et l'enseigne le Rouergas, tenaient garnison dans cette ville, et cette ville obéissait au roi. Sous prétexte qu'elle n'était pas sûre, que son capitaine avait formé le projet de la livrer, le Rouergas en sortit, et il en fit sortir tous les soldats qui étaient avec lui. Surpris de cet exode et plus encore du motif allégué pour le justifier, le gouverneur se rend sur les lieux, mande venir à sa barre les deux officiers suspects, et somme celui qui est coupable de se déclarer. Le Rouergas accuse la Violette, la Violette accuse le Rouergas, et l'affaire devient de plus en plus mystérieuse. Pour vider ce différend, le comte de Messillac ordonne que les adversaires se mesureront en champ clos et que le *jugement de Dieu* sera la sanction de cette affaire. Après plusieurs passes, la Violette est vainqueur et le Rouergas tombé à terre, blessé de quatre coups d'épée, confesse sa faute, reconnaît qu'il a faussement accusé son capitaine, lui demande pardon ainsi qu'à l'assemblée ; puis relevé et pansé de ses blessures, il est conduit en prison, et dans la huitaine pendu et étranglé sur le lieu même du combat. Son corps demeurera longtemps suspendu à la potence pour servir d'exemple à tous les traîtres présents et futurs.

Au commencement de 1592, une alerte se produisit à Aurillac. On y annonça que le duc de Nemours était en route, qu'il ne tarderait pas à venir assiéger la ville, et le bruit ayant paru fondé au gouverneur, il fit aussitôt mettre en état de défense les murailles et les fossés, qui furent réparés depuis la porte d'Aurinques jusqu'à celle des Cordeliers, par les bras des populations voisines. Mais Nemours ne parut pas, ce qui permit au gouverneur de se porter ailleurs, sur des points plus sérieusement menacés. Avec son fidèle bailli il assaillit les Ligueurs du côté de Mur-de-Barrez et de Pierrefort, leur reprit les forts de Gourdiège et de Laussac qu'ils avaient occupés, et leur donna la chasse en main endroit, notamment à Vigouroux où ils perdirent Lescure, et à Cussac où 600 d'entre eux se rendirent à discrétion.

Mais le grand effort de cette année eut pour théâtre le Midi, sur les bords du Tarn. Le sieur de Thémines, gouverneur du Quercy, était assiégé dans Villemur, et cerné par des forces imposantes qui obéissaient au duc de Joyeuse, le chef de la Ligue en cette région. Averti de ce danger, et résolu à quelque prix que ce fût, même au péril de sa vie, à délivrer son intime ami, Messillac se rend à Montauban, dispose ses forces en face de celles de ses adversaires, et fond sur eux avec une telle impétuosité, que le désordre et la panique s'étant mis dans leurs rangs, ils sont culbutés, taillés en pièces ou précipités dans le Tarn, Joyeuse lui-même est percé de coups et disparaît dans l'eau, emporté par la violence du courant. Encore une fois la Ligue est vaincue, et Villemur devient le digne pendant d'Issoire.

Le gouverneur rentra à Aurillac le 24 octobre, couvert de gloire. Il y fut acclamé. Aux félicitations du pays, le roi Henri IV tint à joindre les siennes, et le 23 novembre il adressa une lettre autographe au héros de Villemur [1]. Dans cette lettre il remerciait celui-ci de son dévouement à la cause royaliste et des services multipliés rendus par lui à cette cause. Il l'assurait de toute sa gratitude, et lui laissait entrevoir toute la largeur de ses libéralités. Mais Rastinhac était trop désintéressé pour puiser à pleines mains dans la cassette royale. Il se contenta d'accepter pour lui la commission de bailli des Montagnes, qui lui fut délivrée par la reine Louise, douairière de France, le 12 décembre suivant, et pour les habitants de Cros, sujets de sa seigneurie de Messillac, il demanda la création de deux foires et un marché. Cette création lui fut accordée par lettres-patentes du roi données à Chartres au mois de janvier 1593. Les foires

---

[1] Cette lettre autographe se trouve aux archives de Messillac.

concédées devaient se tenir le 20 juillet et le 4 octobre de chaque année, et le marché le jeudi de chaque semaine au bourg de Cros-de-Montamat.

Le gouverneur n'exerça pas tout de suite ses fonctions de bailli. L'existence guerrière et aventureuse qu'il menait se conciliait peu avec la vie sédentaire et paisible de juge dans un tribunal, et à tout prendre il se sentait fait pour la première beaucoup plus que pour la seconde. Il fallut cependant se décider à prendre possession de son siège, et conséquemment se faire installer. Cette cérémonie eut lieu au présidial d'Aurillac le 20 novembre 1593, et à la prévoté de Saint-Flour le 28 juillet 1594. Rastinhac n'était pas pressé, et l'avantage de siéger parmi les hommes de guerre lui parut toujours préférable à l'honneur de siéger parmi les magistrats.

Nous le retrouvons au printemps de cette année 1594 fort occupé. Les habitants de Saint-Flour se sont révoltés contre leur évèque, et sans égard pour sa dignité épiscopale l'ont jeté en prison. Rastinhac accourt avec son fidèle bailli, se poste aux châteaux du Saillans et du Rochain, et envoie estafette sur estafette pour savoir au juste ce qui s'est passé. Des pourparlers s'engagent, des négociations succèdent aux pourparlers, et le gouverneur est assez heureux pour obtenir des habitants et des consuls qu'ils rendront la liberté à leur évèque, et qu'ils se retireront de la Ligue pour se placer sous l'obéissance du roi, Plus fier de ce succès diplomatique que d'une bataille gagnée, il en fait porter immédiatement la nouvelle au roi par Guillaume Mérals, son secrétaire, lequel en gratification obtient du monarque un brevet pour le premier canonicat, qui vaquera dans la cathédrale de Rodez, en faveur de Michel Mérals, son frère, prêtre et aumônier du gouverneur.

De retour à Aurillac, Rastinhac fit enfoncer à coup de pétards le château de St-Etienne, où le sieur de Morèze avait mis une garnison d'opinion équivoque, qui était suspecte à la ville. La place ouverte, il la fit occuper par le vice-bailli Lacarrière, son bras droit et son homme de confiance. Celui-ci y resta neuf jours, comme il l'a noté lui-même dans ses *Chevauchées*, au bout desquels il en sortit et remit la forteresse à M. de Messillac.

Pendant ce temps s'était formé en Limousin un corps de révoltés et de pillards, qui ravageait le pays et faisait la guerre aux partisans du roi. On les nommait les *Croquans*, ou les *Tard-venus*, qualificatif que les historiens nous ont transmis sans en préciser le sens. Informé de leurs déprédations, le gouverneur arma secrètement contre eux, quitta la ville le 8 juin avec ses troupes, les surprit aux environs de Limoges, et leur tua 2.000 hommes, de telle sorte qu'on n'en parla plus, et que le pays se trouva complètement pacifié de ce côté.

Cette expédition lui valut le grand collier du St-Esprit, d'après Imberdis, Bouillet, d'Hozier ; mais ces auteurs se sont trompés, car le roi n'avait pas attendu jusque-là pour reconnaître les éclatants services de Raymond Chapt de Rastinhac. Il l'avait décoré beaucoup plus tôt. La preuve, c'est qu'il est déjà qualifié de *chevalier des ordres du roi* dans le traité qu'il passe à Salers le 5 septembre 1589 avec Drugeac, Montbrun, d'Estaing, et autres gentilhommes tenant le parti de la Ligue [1]. Ce qui paraît néanmoins certain, c'est que, retenu dans son gouvernement par des nécessités administratives, il ne put pas assister au Chapitre de l'Ordre où il devait être reçu, et c'est parce que cette formalité aurait été omise, que son nom ne figure pas sur la liste officielle publiée au IXe volume de l'Histoire des grands officiers de la Couronne. Mais lui et sa famille n'en doivent pas moins avoir tout l'honneur de cette nomination, et c'est avec justice que dans une copie vidimée de sa généalogie qui fut faite le 22 novembre 1595, on le représente revêtu de la cuirasse, ayant sur la tête un casque, et au col *le collier de l'Ordre du roi qui descend sur sa poitrine*, tenant de la main gauche l'épée qu'il a au côté, et portant à la main droite une lance au haut de laquelle pend un étendard, où il y a un lion. Ce sont là depuis longtemps les armes de la maison de Rastinhac. La devise est celle inscrite au château de Messillac : *In Domino confido.*

Mais achevons la vie de cet homme au courage infatigable, *virum indefessæ virtutis*, comme l'appelle l'historien de Thou. Le 26 janvier 1596 le gouverneur se rendit à la Fère, que le roi tenait assiégée contre les Espagnols. Ayant reçu audience de sa Majesté et traité avec elle quelques affaires qui le concernaient, il se disposait à repartir, lorsqu'il fut tué d'un coup de fauconneau tiré par une main inconnue, et que la Ligue avait soudoyée, dit-on, pour venger la mort de Randan. Son corps fut transporté à Paris, soigneusement embaumé, fermé dans un cercueil de plomb, et dirigé sur Aurillac. Il arriva le 13 février à Saint-Cernin, où les porteurs couchèrent, et le lendemain à la croix de *Croumali,* où les prêtres de

---

[1] Voir archives de la ville de Salers, fol. 2.0 et suivants.

l'église paroissiale de Notre-Dame, les consuls et presque tous les habitants de la ville s'étaient transportés pour le recevoir. Conduit aux Cordeliers, il y demeura en dépôt pendant qu'on faisait les préparatifs de l'enterrement. Tout le peuple fondait en larmes, et chacun faisait à sa manière l'éloge d'un si grand homme, qui avait été si bon gouverneur, et « à qui le général et le particulier avaient de si fortes obligations ». Le 26, qui était un lundi gras, la dépouille mortelle quitta le couvent des Pères de l'Observance de Saint-François, et fut transférée en grande pompe à l'église paroissiale où eut lieu la messe solennelle de *Requiem*. Plus de 200 flambeaux brûlèrent autour du corps, qui fut inhumé, après l'office dans la chapelle de Saint-Nicolas, devenue plus tard la sacristie. La dame de Messillac voulut honorer la mémoire de son mari, et fonda aux prêtres d'Aurillac un obit annuel de cinquante livres de rente, qui a subsisté jusqu'à la Révolution, et dont la célébration régulière est attestée par les quittances conservées aux archives du château [1].

ÉPILOGUE. — La postérité de Raymond Chapt de Rastinhac, gouverneur et bailli de la Haute-Auvergne est éteinte en ligne masculine, mais en ligne féminine elle subsiste encore et est actuellement représentée par M. le comte de Greils de Messillac, M. Jordan de Puyfol, M. Stanislas de Dienne, M. Armand Lacarrière, et autres. En 1860 il y eut un grand procès devant le tribunal civil de la Seine au sujet d'une notice historique et généalogique sur la maison Chapt de Rastinhac, imprimée à Paris par A. Witersheim, rue de Montmorency, 8, et publiée par les soins de madame la marquise veuve de Rastinhac et de madame la duchesse de Larochefoucauld-Liancourt. Ces deux dames émettaient la prétention de représenter seules la descendance légitime de l'illustre maison de Rastinhac. Après avoir rappelé dans cette notice la vie et l'illustration de Raymond de Rastinhac, seigneur de Messillac, gouverneur et bailli du Haut-Auvergne, elles y énonçaient que Bertrand Cat de Rastinhac, fils aîné dudit Raymond, ne se maria point, qu'il vécut en concubinage, et eut plusieurs enfants naturels dans lesquels se perdit sa postérité. Justement offensés de cette notice qui leur contestait la qualité de descendants légitimes de l'illustre Raymond, et estimant qu'elle portait atteinte à leur honneur et à leur considération, le général Antoine Chapt de Rastinhac, et le vicomte Edouard-Raymond de Rastinhac, tous deux propriétaires demeurant à Castel-Noël, près Mur-de-Barrez (Aveyron), assignèrent devant le tribunal de la Seine les dames susnommées, qui l'avaient ré-

---

[1] *Arch. de Messillac.* — *Annales de la ville d'Aurillac* sous les règnes d'Henri III et d'Henri IV. — *Chevauchées* des Lacarrière. — *Armorial d'Hozier, IIIᵉ registre*, histoire généalogique de la maison Chapt de Rastinhac.

panduc ou fait répandre. Ils demandaient la suppression de ladite notice, l'insertion du jugement à intervenir aux frais des parties défenderesses dans cinq grands journaux de Paris et dans l'*Echo du Cantal*, et pour le préjudice causé 20.000 francs de dommages-intérêts. Pour soutenir leurs prétentions, il produisirent deux actes, primo ; une copie authentique des Lettres de légitimation délivrées au mois de janvier 1662, par le Roi, à Bertrand et à Marguerite de Rastinhac, frère et sœur, lesdites lettres enregistrées tant à la Cour des Comptes qu'à la Cour Présidiale et d'appeaux du Carladès, et secundo : un copie authentique du contrat de mariage de Franc-Bertrand Cat de Rastinhac, seigneur de Messillac, avec la dame Marguerite Viguieyres, dame de Palisse, en date du 8 novembre 1664. Sur le vu de ces actes, ignorés jusque-là des parties défenderesses, le tribunal donna raison aux demandeurs. — Attendu, dit le jugement, qu'il est établi que Bertrand Cat de Rastinhac, seigneur de Poulhès, était le fils légitime de Franc-Bertrand Cat de Rastinhac et de Viguieyres de la Palisse, et ce tant par le bénéfice des Lettres du Prince que par la légitimation résultant du mariage de ses père et mère ; attendu qu'il résulte pareillement des débats que si les demandeurs sont les descendants de ce Bertrand légitimé, ils le sont par là-même d'autre Bertrand, son père, fils aîné du gouverneur, et conséquemment du gouverneur lui-même.... Par ces motifs, le tribunal déclare que c'est à tort et par erreur que dans la notice incriminée il a été dit que la postérité de Franc-Bertrand, fils aîné de Raymond, n'aurait été continuée que par des enfants naturels et que la descendance mâle légitime de la famille de Rastinhac serait aujourd'hui éteinte. Autorise les demandeurs à retirer du commerce tous exemplaires de ladite notice, et dit qu'elle ne pourra être réimprimée qu'en mentionnant les rectifications qui résultent du présent jugement. Fait et jugé en **audience publique de la première Chambre du Tribunal de la Seine le vendredi 10 février 1860** [1].

III

Marie-Angélique d'Escorailles, plus connue sous le nom de mademoiselle de Fontanges, était la fille de Jean Rigal d'Escorailles et d'Eléonore de Plas, seigneur et dame de Cropières. On sait que ceux-ci eurent sept enfants, qui sont ainsi énumérés dans le premier testament de leur mère reçu de Com-

---

[1] Communication de mademoiselle Chassaigne de Riom, qui en sa qualité de descendante de Rastinhac, possède beaucoup de documents sur cette famille et en particulier sur le gouverneur et bailli de la Haute-Auvergne, documents qu'elle a bien voulu mettre à notre disposition, que nous avons largement utilisés, et pour lesquels nous la prions d'agréer l'expression de toute notre reconnaissance.

blat le 26 mars 1674 : *Annet-Joseph,* marquis de Roussille et
lieutenant du roi en Auvergne, qui continua la filiation ; *Henri,*
écuyer, sieur de Grammont, mort au service du roi en 1676 :
Louis-Léger, abbé de Valloires au diocèse d'Amiens ; *Catherine,*
abbesse de Chelles, au diocèse de Paris ; *Catherine-Gaspare,*
mariée en premières noces au marquis de Molac, et en secondes
au marquis de Curton : *Marie-Angélique,* qui fut créée duchesse
de Fontanges, et *Anne,* demoiselle de Saint-Juéry, qui devint
prieure de Notre-Dame-des-Prés. Notre héroïne n'était donc ni
la plus jeune, ni la plus âgée. Les actes lui assignent le cinquième rang dans la généalogie de famille, et placent sa naissance en 1661, immédiatement après celle de Catherine-Gaspare,
sa sœur, et avant celle de son frère Louis-Léger.

Mais si l'époque de sa naissance est certaine, le lieu où elle
naquit l'est beaucoup moins. Il existe à ce sujet deux opinions,
qu'il faut écarter *à priori :* celle de ceux qui la font naître en Rouergue, et celle de ceux qui placent son berceau en Gévaudan, au
château de Saint-Juéry. Ni l'une, ni l'autre de ces opinions
n'est soutenable, par la raison péremptoire que les parents de
la duchesse n'ont habité que le manoir de Roussille en Limousin,
ou le château de Cropières, dans la vallée de Raulhac. Depuis
leur mariage en 1640 jusqu'à leur décès — 1685 et 1701 —
toute leur vie s'est écoulée entre ces deux résidences, et les
archives de Cropières ne permettent pas d'en supposer une
autre. Alors le champ des hypothèses est très circonscrit :
ou c'est Roussille, ou c'est Cropières, il n'y a pas de milieu.
Nous tenons pour Cropières, parce que si Roussille a vu naître
l'aîné des fils, Annet-Joseph, Cropières a vu éclore le plus jeune,
Louis-Léger ; or celui-ci étant venu au monde en 1663, il n'y a
pas loin de cette date à celle de 1661, qui marqua la naissance
de la célèbre duchesse. Qu'on fasse le rapprochement et qu'on
pèse les probabilités, la balance penche en notre faveur.

La vie d'Angélique d'Escorailles, duchesse de Fontanges, est
un roman et un roman bien connu. « Sa beauté était merveilleuse, disent les biographes, et le témoignage de tous les
contemporains est unanime à cet égard. Son teint avait la
blancheur et l'éclat d'une blonde accomplie. Ses yeux grands et
bleus, respirait une langueur qui annonce un invincible pen-
chant à la tendresse. Sa bouche divinement petite, laissait voir
des dents blanches, fines comme des perles. Enfin des traits,
d'une régularité parfaite, lui donnaient l'air d'une de ces grâces,
que l'antiquité appelait *décentes* et ingénues. Sa blonde cheve-

lure, de ce blond tirant sur le roux jadis si estimé à Venise, pouvait seul faire ombre à ce tableau, mais il était facile avec un peu d'art d'y remédier. La taille élancée et assez grande donnait à sa démarche beaucoup de noblesse, et lui permettait de prendre des airs de reine » [1].

César de Grollée, comte de Peyre en Gévaudan, chez qui la jeune fille allait de temps en temps passer quelques jours en qualité de proche parente, conseilla aux siens de la produire à la Cour, et lui procura l'appui de la duchesse d'Arpajon, Catherine-Henriette d'Harcourt, qui était elle-même en grand crédit, puisqu'en 1684, elle devait être dame d'honneur de la Dauphine. Celle-ci la fit placer en cette qualité chez la duchesse d'Orléans, femme de Monsieur, frère du roi, et elle y brilla bientôt parmi toutes ses compagnes. Sa ravissante beauté la mettait hors pair, et lui disputer le premier rang n'était aucunement possible. Louis XIV, qui commençait à se lasser de l'humeur impérieuse et bizarre de madame Montespan, ne l'eut pas plutôt aperçue qu'il en fut charmé. Il étudia la jeune fille, il observa ses mouvements, il la vit pâlissante et rougissante tour à tour, et le trouble calculé de son cœur, son embarras, sa modestie, son ingénuité firent sur lui un effet prodigieux. Il résolut d'en faire la conquête, ce qui ne lui était pas difficile, car les rois disposent de tant de moyens de séduction. Bals, concerts, représentations, grands soupers et petits soupers, galanteries, sourires, présents, et par dessus tout le prestige de la puissance royale qui semble tout légitimer et tout excuser... Comment résister à tant de charmes, comment se défendre contre tant de pièges si habilement tendus, surtout quand on arrive du fond de la province, qu'on n'a que dix-huit ans, et aucune expérience de la Cour et des dangers de la Cour ?

La jeune étourdie céda donc au caprice royal. C'était un jour de grande chasse et il y avait nombreuse et élégante société à Versailles. « Marie-Angélique était vêtue ce jour-là d'un justaucorps en broderie d'un prix considérable, et sa coiffure était faite des plus belles plumes qu'on avait pu trouver. Il semblait, tant elle avait grand air avec ce costume, qu'elle ne pouvait pas en porter un qui lui fût plus avantageux. Le soir, comme on se retirait, il s'éleva un petit vent qui obligea mademoiselle d'Escorailles à quitter sa *capeline*. Elle fit attacher sa coiffure avec

---

[1] *Le portrait de la duchesse de Fontanges*, par Victor Advielle, Paris, librairie Rapilly, 1900.

un ruban dont les nœuds, au lieu d'onduler sur ses épaules, lui
retombaient sur le front, et cet ajustement de tête plut tellement
au roi qu'il la pria de ne se point coiffer autrement de tout ce
soir. On se le dit, et le lendemain toutes les dames de la cour parurent coiffées de la même manière. La nouvelle mode fit fureur,
et les « fontanges » étaient adoptées dans toute l'Europe quelque temps après [1]. »

Pendant la chasse, le roi et sa jeune favorite s'isolèrent plusieurs fois afin de s'entretenir plus librement. Que se passa-t-il
dans ces mystérieux aparté, qui mettaient aux prises la candeur
et la passion, la faiblesse et la puissance, un sujet de dix-huit
ans avec un monarque de quarante-trois. « Toute la cour le sut
bientôt, ou du moins affecta de le savoir, et la jalousie armant
la médisance, on commença à chuchoter sur tous les tons et
dans tous les groupes. Madame de Montespan surtout se montra
particulièrement aggressive. Elle ne pardonnait pas à sa rivale
de l'avoir détrônée, et elle se plaisait à rappeler ce qu'avait dit
d'elle l'abbé de Choisy : « Belle comme un ange, mais sotte
comme un panier », ou encore la duchesse d'Orléans : « Belle
des pieds jusqu'à la tête, mais pas plus d'esprit qu'un petit chat.»
« Belle bête » ajoutait-elle elle-même malicieusement.

Ces quolibets faisaient leur chemin, et après avoir diverti la
Cour, ricochaient à Mademoiselle d'Escorailles, qui s'en montra
très irritée. Elle s'en plaignit au roi, qui pria madame de
Maintenon de s'entremettre et d'apaiser cette querelle de
femmes qui le fatiguait beaucoup. Madame de Maintenon s'y
employa de son mieux, mais la jeune favorite ne voulait rien
entendre. Elle bravait l'ancienne, et lui rendait au centuple les
dédains qu'elle en avait reçus; encore se prétendait-elle insultée,
et elle en demandait justice et l'exigeait avec des emportements
qui inquiétaient le roi. Celui-ci multipliait les promesses et les
protestations d'amour, et comme un autre Assuérus aux pieds
d'Esther, il semblait étendre son sceptre d'or vers la maîtresse
qui l'avait « ensorcelé. »[2]

Sûre de son royal amant, Marie-Angélique se livra tout
entière à la hauteur et à la prodigalité qui faisaient le fond de
son caractère. Elle prit une situation prépondérante à la Cour,
se posa en suprême dispensatrice des grâces et des faveurs,

[1] *Une maîtresse du grand Roi*, par Jules Barbot, Bulletin de la
Lozère. T. 41, 1899.

[2] Voir le même opuscule, *loc-cit.*

obligea tous les grands à compter avec elle, et ne se croyant pas moins souveraine que Marie-Thérèse, elle poussa la fatuité jusqu'à passer devant la reine sans la saluer. En même temps elle se faisait ouvrir la cassette royale, y puisait à pleines mains, et dépensait des sommes folles pour ses fantaisies, ses futilités, ses caprices. Ses demandes étaient tantôt exhorbitantes, tantôt puériles, et faisaient souvent repentir le roi de s'être attaché à une enfant.[1]

Mais Louis XIV était lié vis-à-vis de sa jeune favorite. L'enfant qu'elle portait dans son sein vint au monde à la fin mars ou au commencement d'avril 1680, ce qui obligea le roi à traiter mademoiselle d'Escorailles comme il avait traité madame de la Vallière et madame de Montespan, ses deux maîtresses précédentes. Il la créa duchesse de Fontanges, lui donna droit de tabouret à la Cour, lui monta une maison superbe, et lui accorda une pension de 80.000 livres par brevet du 2 juillet suivant. Mademoiselle, à partir de ce jour-là, fut appelée Madame, et le nom de Fontanges remplaça pour elle celui de Scorailles qu'elle avait toujours porté.

Mais ni l'or ni la grandeur ne nous rendent heureux, a dit le poète. Madame de Fontanges avait été extrêmement éprouvée par ses couches, si bien qu'elle devint « méconnaissable », et qu'il lui resta une perte de sang dont les Mémoires de l'époque et en particulier les lettres de madame de Sévigné font souvent mention. — « Vous avez ri de cette personne blessée dans le service, écrit méchamment celle-ci à la date du 14 juillet 1680 ; elle l'est au point qu'on la croit invalide ». — Et quelques jours après : « Madame de Fontanges est partie pour Chelles, elle est toujours languissante. On dit que la belle beauté a pensé être empoisonnée... je ne sache pas qu'il y ait un exemple d'une si heureuse et si malheureuse personne ». Le contraste en effet était complet. D'un côté tous les honneurs, toutes les largesses royales, et de l'autre une pâleur mortelle, une tristesse incurable, le dépérissement à vue d'œil, et plus rien de cette éclatante beauté qui avait séduit Louis XIV. *Sic transit gloria mundi*, dira plus tard madame de Sévigné en apprenant sa mort. En attendant l'infortunée duchesse, ne se faisant plus d'illusion sur son état, et ne sentant plus à sa place dans ce milieu mondain et élégant qu'elle avait tant aimé, pria le roi de

---

[1] Ibidem.

lui permettre de se retirer de la Cour, ajoutant avec larmes qu'elle ne devait plus songer qu'à mourir.

Louis XIV qui souffrait de la voir souffrir, et qui ne pouvait s'empêcher de faire son *meâ culpâ* toutes les fois qu'il passait devant elle, ne fit aucune opposition à ses projets, et lui accorda volontiers ce qu'elle demandait. Elle se retira dans un couvent du faubourg St-Jacques, à la célèbre abbaye du Port-Royal, où elle était sûre de trouver les secours spirituels en même temps que les soins temporels que réclamait son état. La voilà donc recluse dans un cloître, passée du monde à l'oubli, celle qui naguère encore jouait à la reine, en prenait le rôle et les atours, et recevait les hommages de toute une nuée d'adulateurs et de courtisans. Désormais c'en est fait d'elle : elle ne montera plus dans les carrosses royaux, elle n'assistera plus aux chasses princières, elle ne trônera plus en souveraine dans les salons aristocratiques de Versailles, elle ne recevra plus l'encens de cette multitude si empressée autour d'elle, les uns à mendier un de ses sourires, les autres à cueillir un de ses compliments. Il faut qu'elle en prenne son parti ; elle est bien morte, morte à la gloire, morte à l'éclat, morte à la grandeur. Si encore il lui restait la santé ! mais elle sent ses forces diminuer chaque jour et sa vie s'en aller par lambeaux. Que de pensers amers et quels cuisants souvenirs !

Cependant Louis XIV n'oubliait pas, personnellement, celle qui s'était donnée à lui et qui lui avait tout sacrifié. Il n'allait pas la visiter lui-même, mais il faisait prendre de ses nouvelles deux ou trois fois par semaine par le duc de la Feuillade. Celui-ci rapportait fidèlement à son maître l'état de la duchesse, mais le bulletin de santé devenait chaque jour plus alarmant. Enfin arriva un message qui ne laissait plus d'espoir, et par lequel la pensionnaire de Port-Royal faisait prier le roi de lui accorder la faveur d'une dernière visite. Louis XIV hésitait, crainte d'achever la mourante par une trop forte émotion. Cependant il se rendit. Il la trouva pâle, défaite, changée du tout au tout, et touché de voir disparaître tant de jeunesse et de beauté, il ne put s'empêcher de répandre des larmes. — Ah ! s'écria-t-elle, je meurs contente, puisque mes derniers regards ont vu pleurer mon roi. » — Et elle expira le 28 juin 1681, à l'âge de 20 ans. Le fils chétif qu'elle avait mis au monde et qui était né avant terme, la suivit dans la tombe quelques jours après [1].

---

[1] Ibidem.

La mort de Madame de Fontanges fut vivement commentée. On accusa Madame de Montespan de l'avoir empoisonnée pour se défaire d'une rivale, et on alla jusqu'à donner le nom d'un apothicaire complice, chez qui elle se serait procuré le poison destructeur. Mais cette accusation était aussi injuste que malveillante, et le rapport des médecins ne tarda pas à lui donner un démenti formel. Louis XIV, d'ailleurs, ne voulait pas de bruit autour de cette affaire, et il se montra irrité contre le prétendu scandale qu'on cherchait à en tirer. Néanmoins il ne put empêcher certaines chansons de se produire, et la malignité publique de s'y donner libre cours. Nous n'en citerons qu'une, connue sous le titre : *Epitaphe de Madame de Fontanges* :

> Beautés qui ne songés qu'à donner de l'amour,
> Un soin plus important en ce lieu vous appelle :
> Aprochés et voyés dans ce miroir fidèlle
> Le véritable état où vous serez un jour.
>
> Jalouses autrefois du bonheur de ma vie,
> Ayés pitié du sort dont vous eûtes envie ;
> Si l'amour m'éleva dans un illustre rang,
> Je fus de cet amour aussitôt la victime,
> Et si l'ambition m'engagea dans le crime,
> Il m'en a coûté tout mon sang.
>
> A la Cour tout d'un coup on me vit sans égale :
> Maîtresse de mon roi, je défis ma rivale :
> Jamais un temps si court ne vit un sort si beau,
> Jamais fortune aussi ne fut sitôt détruite.
>   Ah ! que la distance est petite
> Du faîte des grandeurs aux horreurs du tombeau !

Cette épigramme ne manquait pas d'esprit, et le portrait de la duchesse parut assez bien crayonné. On en rechercha l'auteur, et le nom de M. Racine père fut prononcé. Quoi qu'il en soit de cette paternité, le public s'en amusa beaucoup, surtout d'un quatrain qui ne tarda pas à lui faire suite, et qui était ainsi libellé :

> Amînte ne vit plus, quel changement étrange !
> L'état où on la voit est un puissant sermon.
> Ses plaisirs en vivant en ont fait un démon,
> Ses vertus en mourant de démon la font ange [1].

---

[1] Le portrait de la duchesse de Fontanges, Victor Advielle, *loc. cit.*

Pendant que les uns la chansonnaient, les autres s'occupaient de sa succession. Les appartements de la duchesse étaient vacants, tant au château de Saint-Germain-en-Laye qu'au monastère de Port-Royal, mais il y avait là de nombreux papiers, objets d'art, meubles de prix, sous scellés : qu'allait-on en faire ? On s'intéressait moins à la cassette, car étant donné les habitudes de prodigalité de la défunte, on pouvait sans témérité affirmer qu'elle était vide. Le roi, qui veillait, ne tarda pas à donner des ordres. Par lettre du 16 juillet 1681, adressée à M. le Camus, lieutenant civil, il enjoignit à celui-ci de lever les scellés, et de faire remettre à M. le Cosquino, garde général des meubles de la Couronne, tout le mobilier ayant appartenu à la Duchesse, qui se trouvait aux deux domiciles qu'elle avait occupés.[1] Ce mobilier venant de lui était censé resté propriété royale, et il ne voulait pas qu'il fût attribué à d'autres mains qu'à celles qui l'avaient offert.

Cette question de mobilier une fois réglée, Louis XIV, qui était très pieux malgré ses faiblesses, se souvint de cette parole du Livre des Machabées, *Sancta et salubris cogitatio pro defunctis exorare*, c'est une sainte et salutaire pensée de prier pour les morts. Il songea donc à l'âme de l'infortunée duchesse, et dans ce même monastère de Port-Royal où elle avait rendu l'esprit, il fonda ou fit fonder pour elle un service annuel et perpétuel au capital de 6.000 livres. L'acte fut passé par M. de Noailles au nom du roi avec l'abbesse du monastère le 15 juin 1682.[1]

Lous XIV ne s'en tint pas là. Il voulut honorer la mémoire de la duchesse dans la personne des siens, et aux messieurs d'Escorailles, père et fils, il accorda une libéralité de 100.000 livres. Déjà d'autres membres de la famille avaient bénéficié des faveurs et des largesses royales. C'est ainsi que l'abbaye de Chelles avait été donnée à Catherine d'Escorailles au mois d'août 1680, et celle de Valloires à Louis-Léger d'Escorailles au mois d'avril 1681. C'est ainsi encore, qu'en décembre de la même année Gasparc d'Escorailles, mariée au marquis de Molac, s'était vue octroyer une pension de 2.500 livres et une somme de 50.000 livres une fois payée. Mais tous ces avantages accordés à des collatéraux n'amélioraient en rien la situation du frère aîné de la duchesse, resté sur la terre patrimoniale. Cro-

---

1 Arch. nat. : *Secrétariat*, 1680-1682, Oix, 24, 25, 26.
2 Arch. nat. *loc. cit.*

pières était toujours le vieux manoir féodal décrit dans l'hommage de 1669, sans parc, sans communs, sans agréments d'aucune sorte, et Roussille gardait aussi toute son antique sévérité. il fallait des réparations aux deux châteaux, et le nerf de la guerre manquait aux châtelains. Or comme ils n'avaient point hérité de la duchesse de Fontanges et qu'ils avaient plus souffert [1] qu'ils n'avaient bénéficié de sa vogue malsaine, il semble que Louis XIV leur devait une compensation. Cette compensation leur fut donnée par les soins de M. de Noailles, agissant et payant au nom du roi, dans les derniers jours de l'année 1681. L'ordre du souverain portait que cette somme de 100.000 livres devait être substituée à celui des enfants du marquis de Roussille qui était filleul de la duchesse, et M. de Noailles insistait pour que cette formalité ne fût pas oubliée.[2] Les messieurs d'Escorailles père et fils, tinrent compte de cette réserve, en sorte que l'unique bénéficiaire des amours du Roi et de la Duchesse, ne fut ni son père ni son frère aîné, mais son neveu Louis-Théodose d'Escorailles, mort à Cropières en 1746, et ancêtre maternel des messieurs de Valady, qui possèdent actuellement cette belle propriété. [3]

IV

Jean-Baptiste Coffinhal naquit à Raulhac le 1er avril 1746, d'Annet-Joseph, avocat au bailliage de Vic, et de Françoise Dunoyer. Il était l'aîné de cette nombreuse et intelligente famille, dont nous avons donné plus haut l'état-civil, d'après les registres paroissiaux de Vic et de Raulhac. Il étudia le droit, d'abord à Toulouse, puis à Paris, et quand il eut pris ses grades, il se fixa à Vic, pour y exercer la même profession que son

---

1 Certains auteurs plus romanciers qu'historiens, veulent que les parents de la belle Marie-Angélique l'aient poussée à l'inconduite en la livrant pour ainsi dire à Louis XIV dans des vues intéressées. Cette assertion est contredite par le caractère élevé et moral des Scorailles, père et fils, et par la vertu rigide de sa pieuse mère, Éléonore de Plas, et c'est ne connaître ni les uns ni les autres que de lancer une pareille énormité.

2 Lettres de M. de Noailles à Messieurs d'Escorailles père et fils, trouvées dans les archives de Cropières.

3 Pour écrire cette notice, nous nous sommes adressé à M. le comte Christian de Valady, détenteur des archives de Cropières, qui nous a fourni plusieurs notes et plusieurs indications précieuses. Nous sommes heureux de l'en remercier ici.

père. Vic était alors une petite ville de province très renommée, non pas à cause de ses eaux mais à cause de son bailliage, et les carrières libérales qui s'y trouvaient en nombre y faisaient affluer toute la jeunesse intellectuelle du pays. Jean-Baptiste Coffinhal s'y posa tout de suite en homme de cabinet, de travail et par là-même d'avenir. Le père, du reste, avait frayé la voie au fils, et la clientèle de l'un avait préparé la clientèle de l'autre. Pour les réunir, il ne fallait qu'un peu d'habileté, et le jeune débutant n'en manquait pas. Résumons sa carrière en quelques traits :

Tout d'abord il se marie avec une noble et assez riche héritière du Midi, mademoiselle Madeleine-Adélaïde de Roblastre de Rhinville. Le père était un ancien mousquetaire du roi, devenu receveur de la Chambre à sel de la ville d'Albi ; la mère était une demoiselle Pomier du Motau. Le contrat de ce mariage fut passé le 4 mai 1772 devant maître Geneste, notaire à Aurillac. Le futur apportait en dot le domaine de Sistrières, qui était l'ancienne propriété de la famille des Coffinhal, et la future ses droits paternels et maternels, dont la recherche était à faire ainsi que la réalisation. Le 19 du même mois, dans l'église paroissiale de Notre-Dame d'Aurillac eut lieu la cérémonie religieuse, et ce fut M. l'abbé Lacroix, vicaire, qui reçut le consentement mutuel des deux époux. Six mois après, le 20 novembre 1772. Jean-Baptiste Coffinhal achetait de M. le comte de Bricy l'important domaine de Valduchez, situé dans la paroisse de Raulhac. Il le payait 34.300 livres, meubles et cheptel compris, ce qui semble indiquer que la dot de sa femme lui fut versée à ce moment. Le 21 janvier 1773 il était nommé avocat du roi au bailliage de Vic, en remplacement du sieur Louis de Séverac, démissionnaire en sa faveur. Il exerça ces fonctions jusqu'en 1790, c'est-à-dire pendant dix-huit ans et c'est là qu'il acquit dans la pratique des affaires, dans l'étude mûrie et réfléchie du droit, ces profondes connaissances qui devaient le mettre en renom et attirer sur lui les suffrages de ses contemporains.

La Révolution suspendit sa carrière de magistrat et en fit un homme politique, ce qui fut d'autant plus fâcheux pour lui, qu'il s'engagea dans les idées avancées, et prit nettement position parmi les exaltés de la nouvelle école. Peut-être se faisait-il illusion, et en attaquant vivement les abus de l'ancien régime ne prévoyait-il pas les excès regrettables qui allaient souiller le régime nouveau. Quoi qu'il en soit, au mois de février 1790,

il fut nommé officier municipal de la ville de Vic, et quelques
jours après il se vit investi de la plus importante mais aussi de
la plus redoutable des fonctions. A la première formation des
administrations du département, l'assemblée des électeurs
l'éleva au poste de procureur général-syndic. C'est assez dire la
grande notoriété qu'il s'était acquise, et qui l'avait mis en
vedette au-delà comme en deçà des monts. Le procureur général-
syndic n'était pas le président du Directoire, mais il en était
le personnage le plus qualifié, le plus actif, le plus influent.
A lui de requérir et de poursuivre l'exécution des lois, de
dénoncer les négligences et les infractions commises, de faire
punir les délinquants, de veiller sur le maintien de la tranquillité
publique, de faire observer la Constitution, de stimuler le zèle
des municipalités et des districts, de provoquer la vente des
biens nationaux, de faire prêter serment aux prêtres, de défendre les prêtres jureurs contre les prêtres réfractaires, d'installer
le nouveau culte dans les communes au milieu des populations
frémissantes et ameutées, etc. ; la tâche était lourde et ingrate,
surtout si l'on songe qu'il fallait opérer, non seulement sur un
canton ou un arrondissement, mais sur le département tout
entier. Mais Coffinhal avait toutes les qualités de l'emploi, du
zèle, de l'activité, de l'énergie, et par-dessus tout un républi-
canisme éprouvé, qui le mettait à l'abri de tout soupçon, et il
faisait merveille à l'avant-garde des idées nouvelles. Elu le
7 juillet 1790, il fut réélu le 6 septembre 1792, et il exerça ces
fonctions jusqu'au 20 décembre 1793, époque à laquelle elles
furent supprimées.

Un second rôle l'attendait. Le 14 pluviôse an II (2 février
1794), Jean-Baptiste Coffinhal fut nommé accusateur public près
le Tribunal criminel du département, par le représentant du
peuple Bô alors en mission dans le Cantal. Ce nouveau rôle
était autrement délicat et autrement périlleux que le précédent,
puisqu'à chaque instant il fallait requérir contre les malheureux
suspects qu'on lui dénonçait et qu'on lui amenait de tous côtés.
Comment s'y comporta-t-il ? Il est probable qu'il y fit bonne
figure — bonne figure de révolutionnaire et de jacobin — car il
fut maintenu en fonctions par le représentant du peuple,
Musset. L'histoire ne dit pas cependant qu'il se soit montré
féroce, ni qu'il ait poussé au crime et aux exécutions capitales.
Il ne fut pas non plus un concussionnaire comme Hébrard,
Milhaud, Boudier, Brugoux, Alary et quelques autres affreux
coquins qui se faisaient un jeu cruel de rançonner les « aristo-

crates », et vendaient la liberté aux détenus en leur extorquant de fortes sommes d'argent. Il improuvait les excès quels qu'ils fussent ; il voulait du zèle et il en faisait, voilà tout.

Autre était l'attitude de son frère, Pierre-André Coffinhal, vice-président du tribunal révolutionnaire de Paris. Celui-ci avait pris place parmi les démagogues les plus fougueux de la capitale, et comme il avait l'appui de Carrier, le regard et la force du lion, il faisait trembler tous les modérés. La loi du 22 prairial l'arma d'un pouvoir discrétionnaire, en exemptant de toute procédure le tribunal atroce qu'il présidait. La guillotine n'en devint que plus active, et les têtes des suspects tombèrent plus nombreuses que jamais. Heureusement le 9 thermidor, qui amena la chute de Robespierre, amena celle de ses principaux complices, et notamment celle du trop célèbre Coffinhal. Le nom qu'il laissait était tellement exécré, que deux de ses frères ne voulurent pas continuer de le porter, et se firent appeler, l'un Coffinhal-Laprade, et l'autre Coffinhal-Dunoyer. Jean-Baptiste ne connut pas les mêmes scrupules et persista à s'appeler Coffinhal tout court. Le nom flétri était le sien, et il refusa de l'échanger contre un autre. Cette flétrissure, du reste, ne paraît pas lui avoir nui beaucoup, puisque nous le voyons demeurer tranquillement à Aurillac après le 9 thermidor, et faire partie des administrations locales sous le Directoire, du 26 brumaire an IV jusqu'au 1er floréal an VII. Le 10 pluviôse de cette année il avait marié sa fille Françoise-Elisabeth-Catherine Coffinhal avec François-Michel de Sistrières de Vic, le futur général et le futur baron de l'empire, et cette alliance, en faisant entrer dans sa maison les galons d'officier et 200.000 francs de fortune, avait mis le comble à ses désirs [1].

Le 28 floréal an VII le gouvernement consulaire nomma Jean-Baptiste Coffinhal son commissaire près le tribunal civil d'Aurillac, et en 1804, Napoléon, qui se connaissait en hommes, en fit son procureur impérial. Elu membre du collège du département par le canton nord d'Aurillac le 26 germinal an XII, il est désigné par le même collège comme candidat au Corps législatif le 2 octobre 1806, et définitivement nommé député du Cantal par le Sénat conservateur le 17 février 1807.

Ce n'était pas une merveille que d'être député sous l'empire ; on touchait de beaux appointements, mais on ne siégeait que

---

[1] Ce mariage, d'abord purement civil, fut religieusement célébré à Vic en mai 1808.

pour se taire, et ce rôle de député muet pendant quatre mois de session faisait tout juste l'affaire de Coffinhal, habitué aux discours et impatient de parler. Il fut trop heureux en 1821 de secouer cette énervante inertie, et de rentrer dans la vie active, en reprenant ses fonctions de procureur impérial.

C'est dans cette place, du reste, qu'il s'est montré véritablement supérieur, et qu'il a déployé toute la richesse et toute la variété de ses talents. « Doué d'une sagacité rare, d'un esprit juste et pénétrant, d'une mémoire prodigieuse enrichie par le travail et la méditation, il improvisait sur toutes les matières. Sans préparation, sans avoir vu les procédures, il saisissait sur les plaidoiries les affaires les plus compliquées, traitait sans hésiter les questions les plus difficiles, et par une discussion claire, précise, entraînante, qui n'appartenait qu'à lui, il préparait les décisions des juges et proposait des avis qui étaient presque toujours adoptés. Il suivait en même temps les affaires criminelles, tenait ses correspondances, ne négligeait aucune de ses nombreuses attributions, et par un accord bien rare, il alliait le zèle et l'activité de la jeunesse avec le savoir et l'expérience de l'âge mûr. Modeste jusqu'à la timidité, il ne paraissait pas même avoir conscience des talents supérieurs qui le distinguaient, et il n'en était que plus respecté » [1].

La Restauration ne voulut pas de ses services et le cassa aux gages. Le 7 février 1816 Jean-Baptiste Coffinhal était révoqué et remplacé comme procureur par un royaliste de marque, M. Jean-Louis-Joseph de Falvelly. Cette disgrâce ne le surprit pas, il s'y attendait. Il l'accepta très noblement, sans plainte, sans murmure, et le magistrat redevint avocat, comme aux premiers jours de sa jeunesse, moins enthousiaste, plus rassis, bien désillusionné des hommes et des choses, et ayant appris à ses dépens que la roue de la fortune tourne quelquefois même contre ses meilleurs favoris.

Il ouvrit à Aurillac un cabinet de consultation, mais quoique inscrit au barreau il ne plaida plus. Une infirmité précoce l'empêchait de se rendre aux audiences, et toute sa satisfaction était de se mettre au service de ses clients et de les assister gratuitement de ses conseils. Doux, accessible, prévenant, il n'intimidait personne, il encourageait, au contraire, par son affabilité tous ceux qui l'approchaient. Ses confrères recouraient

---

[1] Discours de M. Guitard, avocat, prononcé sur la tombe de M. Coffinhal le 12 juin 1848.

à ses lumières comme les plaideurs, et pour les uns comme pour les autres sa parole était écoutée comme un oracle. *Magister dixit*, le maître l'avait dit, et il n'y avait pas d'autorité plus grande que la sienne au Palais.

Jean-Baptiste Coffinhal mourut à Aurillac le 12 juin 1818. Sa fin fut chrétienne, et digne du grand jurisconsulte qu'il était. On regrette seulement pour sa mémoire qu'il ait trop prêté son concours aux hommes et aux idées de la Révolution, et qu'il ait ainsi joué un de ces rôles d'avant-scène, qui peuvent plaire aux glorificateurs officiels de cette époque, mais que l'impartiale histoire ne peut accepter que sous certaines réserves. On admire le talent, on voudrait pouvoir admirer le caractère ; malheureusement il y a deux hommes en lui : l'un qui est très digne sous la robe du magistrat, l'autre qui déplaît sous les allures révolutionnaires [1].

<h2 style="text-align:center">V</h2>

Nous venons d'esquisser une figure de magistrat, voici maintenant la silhouette d'un guerrier. Il s'agit d'un de ces braves de l'époque héroïque, qui parti des rangs du peuple s'est élevé jusqu'au grade de capitaine et fait honneur à la petite patrie par sa *maëstria* militaire. Joseph Manhès était né à Sistrières [2], paroisse de Raulhac, le 4 décembre 1765, et il n'avait pas encore vingt ans lorsque sans argent, sans instruction il quitta le village natal pour aller porter les armes. Etre soldat, c'était son rêve. Lui fils de paysans aux mains calleuses, il ne voulait pas cultiver la terre, il aspirait à tenir une épée, à croiser le fer avec un ennemi, à donner l'assaut à une redoute, à s'emparer d'une pièce de canon, à conquérir un drapeau sur l'étranger, et tous ces calculs enflammaient sa jeune imagination. Entré au service dans les gardes françaises le 3 mai 1785, il est caporal le 2 mars 1789 ; puis il passe dans les chasseurs des Vosges et devient sergent le 1er janvier 1791. Versé dans l'armée des Alpes, il assiste au siège de Toulon, et sauve les jours de Bona-

---

1 C'est M. Jean Delmas, notre confrère de la « Haute-Auvergne », qui m'a fourni tous les éléments de cette notice et de la suivante. On sait combien il est documenté sur les hommes et sur les choses de la Révolution, et avec quelle bonne grâce il s'empresse de faire bénéficier les autres de ses connaissances personnelles.

2 et non pas à Ladinhac, comme le dit le *Dictionnaire statistique du Cantal,* tome II, page 276.

parte blessé, quoique blessé lui-même de deux coups de feu au bras droit le 22 mai 1793. Au fort de Saint-Elme il se distingue encore, et reçoit un nouveau coup de feu au bras droit le 22 mai 1794. A la redoute de Dégo il est merveilleux d'entrain, et fait preuve d'une audace inouïe. Une pièce de canon est là sous ses yeux, montée par un artilleur qui s'apprête à y mettre le feu ; l'intrépide Manhes bondit, terrasse le canonnier, et la pièce est conquise. C'était le 14 avril 1795. Le 2 janvier 1797, à l'affaire de la Corona, le sang de Manhes coule encore, et à Rivoli, treize jours après, un coup de baïonnette lui perce le côté droit. Tambour-major le 24 juillet suivant, il est sous-lieutenant le 14 avril 1800. lieutenant le 5 juillet 1802, et capitaine au 55e de ligne le 1er mai 1806. Napoléon qui le connaît, qui l'a vu à l'œuvre, qui l'apprécie, veut le récompenser de ses services. Il lui remet un sabre d'honneur devant tous ses camarades le 16 messidor an X, lui attache la croix des braves sur la poitrine le 1er vendémiaire an XII, et après l'avoir fait chevalier, il le nomme officier de la Légion d'honneur, le 14 juin 1804.

Toutes ces distinctions ne l'énervent pas, ne diminuent pas chez lui la flamme militaire. Il rêve encore de gloire, et quoiqu'il compte déjà six campagnes et cinq blessures, il lui semble qu'il n'a pas encore payé sa dette à la patrie. Ayant donc quitté le camp de Boulogne pour s'enrôler dans la grande armée, il est à Eylau le 8 février 1807. Il s'y bat comme un lion, se joue de la mitraille, mais atteint d'un coup de feu à l'épaule gauche, il se voit mis hors de combat et forcé de prendre sa retraite avant.... quarante-deux ans. Rentré dans le Cantal, il se met au repos, et travaille cinq ans à cicatriser ses blessures. Au printemps de 1812, il se croit guéri, et la fougue de son tempérament l'emportant sur les conseils de sa raison, il reprend du service au 55e, et s'estime heureux de pouvoir défendre encore la grande cause, la cause du grand empereur. Seulement il a trop présumé de ses forces, et le 22 juillet 1813, il est contraint de se retirer de nouveau. On ne le verra plus reparaître qu'une fois, comme commandant par intérim le 2e bataillon de la garde nationale d'élite, en activité, du Cantal, du 9 juin au 1er août 1815. Il est à Lyon et il essaie de sauver de la débâcle le grand vaincu de Waterloo [1].

Après la chute de l'empire, le vaillant Manhes n'est plus qu'un

---

[1] Arch. administr. du ministère de la Guerre.

meurtri, qu'un éclopé des grandes guerres, atteint de douleurs rhumatismales dans toute l'étendue du corps. Il ne peut plus marcher ou il ne marche que difficilement. Il lui faut le repos et le repos complet, mais non pas chez lui, dans la montagne, au pays natal : à Sistrières, l'air est trop vif, le climat trop meurtrier, Aurillac lui convient mieux, et il se fixera au chef-lieu de son département. Là il aura encore l'illusion de la vie militaire : il entendra sonner le clairon ou retentir le tambour, il assistera aux revues, il verra défiler les troupes, il saluera le drapeau, et les souvenirs guerriers, les émotions du champ de bataille lui reviendront en mémoire. Il racontera sa vie à de vieux compagnons d'armes, retraités comme lui, et ceux-ci lui raconteront la leur. Les événements de 1830 le font sortir un instant de l'ombre, et le commandement du premier bataillon de la garde nationale d'Aurillac lui est à ce moment confié. Puis l'éclipse recommence, et l'ancien capitaine de la vieille garde rentre sous la tente pour n'en plus sortir. Il est mort à Aurillac le 5 février 1841. Ses obsèques, dit Bouillet [1], ont eu lieu au milieu d'un concours nombreux d'officiers retraités, d'officiers de la garnison, et de citoyens recommandables. Un détachement du 52ᵉ de ligne lui a rendu les honneurs, et l'auteur de ce Livre est trop heureux de déposer la plume sur la tombe de cette belle figure de soldat.

---

[1] Tablettes historiques de l'Auvergne, Tome II, 1841, page 82.

Appendice à la Iʳᵉ Partie de cet Ouvrage

1° Sur la chapellenie Sainte-Anne de Raulhac.

Cette chapellenie était à la collation du prince de Monaco, de même que celles de Saint-Blaise de Paulhenc et de Sainte-Anne du château du Mur-de-Barrez. Elle devint vacante le 26 janvier 1696 par la résignation qu'en fit le titulaire d'alors, messire Martial Moulins, entre les mains de son Altesse Louis Iᵉʳ. Celle-ci, par brevet du 14 mars suivant, la conféra à messire François Dumas, vicaire de l'église paroissiale de Vic, dont les lettres de provision furent reçues et enregistrées au greffe de la cour prévôtale de cette ville le 2 juillet de la même année *(Papiers personnels)*. Ces trois chapellenies marchaient généralement ensemble, et n'avaient qu'un seul et même titulaire.

2° Sur la chapellenie Saint-Jean du Cantal.

A la page 107 du 1ᵉʳ volume, il est dit que le service religieux de la Chapelle du Cantal se faisait encore en 1789, et qu'il ne cessa qu'avec la confiscation de la dotation en mai ou septembre 1790. Cette donnée n'est pas exacte d'après une quittance trouvée depuis et conservée aux Archives de Combret. Cette quittance, que M. le comte de Valady a bien voulu nous communiquer, est signée de M. l'abbé Rastinhac, qui prend la qualité de prêtre desservant la Chapelle du Cantal, et qui déclare avoir reçu de M. Pagès des Huttes, payant pour M. de Valady une rétribution de 42 livres pour le service qu'il a fait en ladite chapelle les années mil sept cent *nonante-un* et *nonante-deux*. On arrive donc jusqu'en 1793 sans avoir trouvé aucune solution de continuité. Cet André Rastinhac serait le dernier anneau de la chaîne, et son nom doit-être ajouté à la liste des aumôniers de la Chapelle du Cantal, que la Revue la « Haute-Auvergne » a publiée la première en ses colonnes, 3ᵉ fascicule, année 1899.

3º Sur le célèbre prieur de Raulhac, Etienne Aubert.

A la page 144 du 1er volume, traitant de ce grand personnage qui fut Pape sous le nom d'Innocent VI, nous nous sommes posé en note cette question : « Comment, étant évêque de Clermont, devint-il prieur de Raulhac » ? — Tout simplement, nous a répondu depuis M. Boudet, parce que le Pape accordait aux évêques et même aux cardinaux des bénéfices en vue du produit avec la faculté de se faire remplacer dans l'exercice de leurs fonctions. Jean XXII notamment a cumulé plusieurs fois sur la même tête une multitude de ces bénéfices. Ses successeurs immédiats l'ont imité. Ceci explique donc cela.

4º Claude Cat de Rastinhac, sieur de Pomeyrols, était prieur de Polminhac en 1629, Louis-Léger de Scorailles, prieur de Saint-Léger du Malzieu, en 1718, Antoine Troupel, curé de Saint-Mars-les-Prés le 16 juin 1732, Marie-Angélique d'Escorailles, religieuse de la Visitation d'Aurillac le 29 novembre 1733. Voir pages 194, 247, 249, 273, et rectifier.

TABLE DES MATIÈRES

CHAPITRE V

CHAPITRE VI

CHAPITRE VII

CHAPITRE VIII

CHAPITRE IX

CHAPITRE X

CHAPITRE XI

CHAPITRE XII

Imp. Moderne, J. Sérieys, Aurillac

ERRATA

Page 31, ligne 20, 60 herbage, lisez : 60 herbages.

Page 37, ligne 25, propriétaioes, lisez : propriétaires.

Page 42, ligne 6, nventaire, lisez : inventaire.

Page 49, ligne 36, avair, lisez : avoir.

Page 62, ligne 28, l'un et l'autre, lisez : l'une et l'autre.

Page 76, ligne 15, donaticn, lisez : donation.

Page 83, ligne 33, de Lastic, lisez : des Lastic.

Ibidem, ligne 34, monlagne, lisez montagne.

Page 87, ligne 38, lieutenant, lisez lieutenante.

Page 89, en note, communicatition, lisez : communication.

Page 101, ligne 37, ne tarda, lisez : ne tarda pas.

Page 115, ligne 27, Delphins, lisez : Delphine.

Page 117, ligne 3, mettrr, lisez : mettra.

Page 119, ligne 30, ne valent-il, lisez ne valent-ils.

Page 121, ligne dernière, 26 janvier 1595, lisez 26 janvier 1596,
    et regarder la note ² comme non avenue.

Page 129, ligne 27, Snccession, lisez : Succession.

Page 132, ligne 14, forèl, lisez : forêt.

Ibidem, en note, Min. Rochevy, lisez : Min. Rochery.

Page 136, ligne 27, les denx époux, lisez les deux époux.

Page 138, ligne 14, la plus difficiles, lisez : la plus difficile.

Page 140, en note, Aurilac, lisez : Aurillac.

Page 141, ligne 5, Burbauzou, lisez : Burbuzou.

Page 146, ligne 29, Scigueur de Pestels, lisez : Seigneur de
    Pestels.

Page 170, ligne 8, finir, lisez : fixer.

Page 191, ligne 17, Antoine Bos Feyssergues, lisez Antoine
    Bos de Feyssergues.

Ibidem, ligne 35, la Socye, lisez la Soye.

Page 194, ligne 15, Jasques d'Escaffres, lisez : Jacques d'Es-
    caffres.

Page 195, ligne première, vérifiés, lisez : vérifiés.

Page 204, ligne 22, en possessiou, lisez : en possession.

Page 216, ligne 3, moyens de communications, lisez : moyens
    de communication.

Page 278, ligne 18, note ³, lisez : note ².

Page 283, ligne 5, 25 mai 1642, lisez : 25 mai 1662.

Page 312, ligne 3, 1821, lisez : 1811.

www.ingramcontent.com/pod-product-compliance
Lightning Source LLC
LaVergne TN
LVHW020608060726
842526LV00003B/650